U0936723

中浦院书系·研究报告系列

总主编 冯俊

公共危机管理典型案例2010

肖晋 主编

人民出版社

《中浦院书系》学术顾问

《中浦院书系》编委会

《中浦院书系》总序

中国浦东干部学院（简称中浦院，英文名称为China Executive Leadership Academy, Pudong, 缩写为CELAP）是一所国家级干部教育院校，是由中共中央组织部管理的中央直属事业单位，地处上海市浦东新区。2003年开始创建，2005年3月正式开学，上海市委、市政府对于学院的建设和发展给予了大力支持。学院按照胡锦涛总书记提出的“努力把学院建设成为进行革命传统教育和基本国情教育的基地、提高领导干部素质和本领的熔炉以及开展国际培训交流合作的窗口”、“联系实际创新路、加强培训求实效”的办学要求，紧紧围绕党和国家的工作大局，依托长三角地区丰富的革命传统资源和现代化建设实践资源，把党性修养与能力培养、理论培训和实践体验相结合，紧扣改革开放的时代精神、经济社会发展的重大问题和干部工作的实际需要，着力推进自主选学制、课程更新制、案例教学制、社会师资制建设，着力提高培训质量，增强培训的针对性和实效性，走出了一条具有自身特色和优势的培训新路，从而在国家级干部教育培训格局中发挥着不可替代的独特作用，得到广大干部的好评和社会的广泛认可。

《中浦院书系》是基于学院办学特点而逐步形成的，也是过去几年教学成果的积累。为适应干部教育培训改革创新的要求，学院在培训理念、教学布局、课程设计、教学方式方法等方面进行了一系列的新探索，提出并构建了“忠诚教育、能力培养、行为训练”的教学布局。忠诚教育，就是要对干部进行党的理想信念教育和世界观、人生观、事业观教育，教育干部忠诚于党的事业，忠诚于国家和人民的利益，忠诚于领导者的使命和岗位职责，围绕马克思主义中国化的最新成果开展基本理论教育。能力培养，就是要着力培养干部领导现代化建设的本领。建院以来，学院着力加强领导干部推动科学发展、促进社会和谐能力的培训，尤其在改革创新能力、公共服务能力、社会管理能力、国际交往能力、群众工作能力、应急管理能力、媒体应对能力等方面形成了独具特色的系列课程。行为训练，就是通过必要的角色规范和行为方式训练，对领导干部进行岗位技能、行为品格、意志品质和心理素质的训练，比如时间管理技巧、情绪控制方法、媒体应对技术等，通过采取近似实战特点的行为训练，提高学员的工作技巧和岗位技能。学院在办学实践中逐步构建起课堂讲授、互动研讨、现场教学三位一体，案例教学、研究式教学、情景模拟式教学等相得益彰的培训特点。

《中浦院书系》包括了学院在教学科研过程中形成的如下几个系列。

“大讲堂系列”。对学院开设的讲座课程进行专题整理，形成了《改革开放实践与中国特色社会主义理论体系》、《干部教育培训的改革与创新》、《经济全球化与对外开放》、《资源节约型、环境友好型社会建设》等专题。学院特别强调开放式办学，坚持“专兼结合、以兼为主”的原则，从国内外选聘具有丰富领导经验的官员、具有较高学术造诣的专家学者以及具有丰富管理经验的企业家作为学院的兼职教师，尤其注重聘请那些干过事情、干好事情的人来培训正在干事情的人。目前，学院已形成500余人的相对稳定、不断优化的兼职教师队伍，成为培训的主力军。大讲堂系列所选入的专题讲座，只是部分专、兼职教师的精彩演讲，这些讲座内容不仅对广大领导干部的学习具有参考价值，而且对那些热衷于思考当代中国社会热点问题的人也有启发作用。

“案例系列”。案例教材是开展案例教学的基本条件。为促进案例教学，学院立足于构建有中浦院特色的案例教学模式和干部教育的案例库。目前已经完成了包括《领导决策案例》、《高效执行案例》、《领导沟通案例》、《组织文化案例》、《组织变革案例》、《危机管理案例》、《教育培训案例》、《领导者心理调适案例》八本案例集。建院五年来，学院非常重视开发、利用和积累鲜活的和富有中国特色的案例，把案例开发和教学紧密结合起来，初步形成了案例开发与应用的新机制。学院通过公开招标，设立了十多个教学案例研究开发课题，并将案例及时运用到教学中去，“危机决策流程模拟”等一批案例教学课程受到学员普遍欢迎。2009 年，学院设立了“改革开放经典案例研究”专题项目，“基层党建优秀案例征集与评奖活动”，采取与社会各方面力量合作的方式，进一步丰富了学院教学案例库。

“论坛系列”。学员在干部培训中的主体地位越来越受到重视，在各专题班次上我们组织学员围绕主题展开讨论，变学员为教员，成为中浦院课堂的主角，形成了具有中浦院品牌特色的“学员论坛”。比如，省部级干部“应对金融危机、保持经济平稳较快增长”专题研究班，“建设社会主义新农村”专题班，“现代城市领导者”专题培训班，还有西部开发、东部振兴、中部崛起等区域经济社会发展专题研究班，面向中央直属机关机要人员、档案局长的密码工作、档案工作专题培训班，等等。参加这些特色专题班的学员，熟悉其所在领域的工作，对问题有独到的见解，他们走上讲坛，作出精彩的演讲，既活跃了学院培训工作的氛围，也为学院今后的相关培训提供了鲜活的素材。

“研究报告系列”。学院提出“科研支撑和服务教学”的发展战略，鼓励教师积极参与科研工作，组织了系列研究报告的编撰工作。如：《中国领导学研究（2006—2008）》、《中国干部教育培训发展报告·2009》、《公共危机管理典型案例·2009》等，这些研究报告是我们追踪学术前沿，进行理论探索的结晶。

在我们未来的发展中，也许还会增加国外学术成果的翻译系列和当代中国研究的英文系列，待成熟之后逐步推出。

总之，《中浦院书系》是一个开放式的为干部教育培训服务的丛书系列，是体现中国浦东干部学院特色的学术成果集。参与书系编写工作的不仅仅是中浦院的教研人员，而且包括社会各界关心中浦院发展的领导、学者和实践者。当然，还有学院的学员、兼职老师以及很多关心支持中浦院工作的人士，他们为书系的出版也做了大量工作，不能一一列举，在此一并致谢。这项工程得到了人民出版社领导、编辑的大力支持，他们为书系出版付出了辛勤的劳动，在此表示衷心的感谢。

中国浦东干部学院常务副院长

冯　俊

2010 年 1 月

参编人员简介

（以编写章节先后为序）

肖晋，中国浦东干部学院教研部教学实验与案例开发中心讲师，上海交通大学法学博士，中国社会科学院农村所博士后研究人员，主持国家社科基金和省部级课题各一项。

翁文艳，中国浦东干部学院教研部领导学教研分部副教授，北京师范大学教育学博士，英国威尔士大学教育学博士后。曾留学日本东京大学。发表学术论文30余篇，专著、编著、译著、合著多部。

朱瑞博，中国浦东干部学院教研部教学实验与案例开发中心副教授，经济学博士，主持国家社科基金、上海市哲社规划课题、上海市政府决策咨询研究课题等多项课题。

周光凡，中国浦东干部学院教研部教学实验与案例开发中心副教授，文学博士，现任从事领导学、传播学、文学方面的科研教学工作。出版专著多部，发表论文多篇。

徐改，中国浦东干部学院教研部教学实验与案例开发中心副教授，教育学博士，研究方向：传播与领导力。在学院主讲“媒体沟通情景模拟”、“突发事件的新闻处置与媒体沟通”、“互联网时代的新闻传播与舆论引导”等课程。

李敏，中国浦东干部学院教研部教学实验与案例开发中心副教授，美国哥伦比亚大学和华东师范大学联合培养博士，研究方向为“危机传播与管理”。在学院主讲《网络舆论与政府社会管理能力建设》和《危机管理决策与处置》，并负责《新形势下领导干部如何面对媒体》媒体沟通情景模拟课程教学。

李德，中国浦东干部学院教研部政治与公共管理教研分部讲师，中国人民大学社会学博士后，曾在中央政府驻港联络办人事部挂职工作，研究方向：基层党建与社会管理、社会组织发展、社团运作、党内民主、公共服务等。

周望，中国浦东干部学院教研部法律与人文综合教研分部讲师，中国人民大学法学博士。

陈元志，中国浦东干部学院经济与工商管理教研分部副教授，上海财经大学管理学博士，研究方向：战略管理、商业模式。目前在学院主讲博弈思维、商业模式决策、创新管理、并购重组和资本运作相关课程。

中浦院书系
研究报告系列

目录

山西疫苗事件 /001

福建南平校园门口恶性凶杀案 /053

王家岭煤矿“3·28”特大透水事故 /075

河南赵作海冤案 /107

广东南海本田罢工 /125

富士康工人连环跳楼风波 /149

紫金矿业污染事故 /173

大连输油管道爆炸起火漏油事件 /217

甘肃舟曲“8·7”特大泥石流 /253

“8·24”伊春空难 /281

金浩茶油事件 /307

宜黄强拆事件 /333

奇虎 360 与腾讯 QQ 纷争事件 /371

河北大学“10·16”校园交通肇事案 /385

上海“11·15”特大火灾 /421

新疆智障“包身工”事件 /465

山西疫苗事件

一、案件始末

2010年3月17日，《中国经济时报》刊登了首席记者王克勤历经半年多调查撰写的《山西疫苗乱象调查》。该文随即引发各级政府部门的广泛关注和舆论的热议。

(一) 近百孩子不明病因致死致残

“永别了！我的孩子。”

“永别了！我的孩子。”

31岁的山西省柳林县农民王明亮，看了自己9个月的儿子最后一眼，拖着已被雨水淋透的身体离开了北京香山植物园。

这是发生在2008年8月22日的一幕。当天凌晨3时许，王明亮将整整抢救了6个多月，最终死于进京求医招待所中的孩子送到就近的香山植物园。在给路人留下一封请求帮忙安葬的信之后，王明亮带着“不知哭晕过多少次的”妻子，回了山西老家。

这个名叫王小儿的孩子，是王明亮唯一的儿子。2007年11月24日，王明亮盼来了“自己的命根子”。孩子出生当天，医院即为新生儿接种了卡介苗、乙肝疫苗。剖腹产子的同时妻子做了绝育手术。

孩子满月后不久，2008年1月2日下午，柳林县柳林镇青龙村卫生所医生杨桂兰来到王明亮家，为孩子接种了第二次乙肝疫苗。

一周后，“孩子开始抽搐，不断出现，我们以为可能孩子冷着了。”

一个月后，“大年初三的晚上，吃完奶后，孩子便开始呕吐，两个眼睛往上翻，脸上、身上发青。”

正月初四，即2008年2月10日1时许，孩子被送到吕梁市人民医院抢救。入院病历上写道:“继而呼吸暂停，微弱，面色灰白，频繁惊厥，发作时面肌颤动，口角抽动……”医院开出了《病危通知书》。

救治11天后，“控制不了抽搐，呼吸困难。儿科副主任高兰芳专程护送孩子到山西省儿童医院。”王明亮说。

该院的出院诊断为:吸入性肺炎伴中毒性脑病。

在山西省儿童医院住了36天后，医生讲，能做的检查都做了，就是找不到病因。2008年3月26日晚，山西省儿童医院神经内科主任医师韩红偕同一名护士，一路护送孩子赴国内神经内科最权威的北京大学第一医院。

在北京大学第一医院住院6天后，主治医生熊晖通知王明亮:“我们也找不到病因，没有办法了，你们回家吧。”出院诊断:癫痫，多发性部分运动性发作，部分性发作持续状态，遗传代谢病?

“西医不行，中医治!”有亲戚向王明亮推荐了北京香山医院的中医牛志刚，但无法安排孩子住院。王明亮只好带孩子回村，接受牛志刚医生的远程治疗。

2008年8月15日，看到孩子病情恶化，王明亮与妻子一起抱着孩子来到北京香山医院。然而，“这成了孩子生命中最后的一站”。

与王小儿一样，经历过“接种疫苗——抽搐、发烧等——救治——诊断不明——死亡”的孩子，在山西境内《中国经济时报》记者还发现了3人。他们分别是：长子县南陈乡善村的刘紫阳，来到这个世界仅仅8个月，便因“过敏性紫癜”死亡。还有阳泉市平定县县城南苑人家9号楼二单元的王仕超与阳泉市郊区义井镇泊里村的刘一，这两个男孩死亡时都仅仅三岁半。死亡的时间相差一年，一个是2008年10月死亡，另一个是翌年8月死亡。死前他们都曾被狗咬伤，均接种了狂犬疫苗，且都是在接种第4针次后，出现发烧、抽搐、呕吐等症状；均因抢救治疗无效死亡，医院给出的诊断结论均为“病毒性脑炎”。

《中国经济时报》记者从山西最北部的天镇县到最南边的运城市，纵横奔走，调查了解到，除上述4户家庭的孩子因病死亡外，还有74户家庭的孩子“因病致残或因病受重大影响”。记者先后访问了其中的36户，发现他们有一个共同特点，“发病前不久，均接种过疫苗。”

（二）病因何在

有的孩子因病死亡，有的孩子因病致残，有的孩子依然存在着这样那样的后遗症。记者所采访过的家长们忧心忡忡，许多人四处求助，寻找孩子患病的原因，到底是什么造成了这些悲剧？

王小儿死后，父亲王明亮开始查找儿子的死因，他向记者提出了自己的“排除法”：孩子发病后，先后就诊柳林当地、太原、北京多家医院，做了无数检查。先后排除了“孩子大脑损伤引发的原因”，颅脑核磁共振“未见异常”，还进行了遗传基因检查，均没有问题。“孩子出生近两个月时，都很健康。”“接种乙肝疫苗一周后，便开始抽搐了，找过的医院都查不明白，西医中医都救不了。”于是，王明亮将质疑的目光落到了疫苗上。

经过四个月的苦苦努力，依然没有救活王小儿的北京香山医院中医大夫牛志刚，2010年2月22日接受《中国经济时报》记者采访时说：“这孩子发病的因素会很多，疫苗可能是一个诱因。”

在山西，不单单是王小儿的父亲王明亮，记者见到的死亡、致残、发病孩子的家长们都在质疑与求证。

质疑之一:“接种乙脑疫苗何以又得乙脑?”

《中国经济时报》记者采访中所见到的几个孩子，交口县回龙乡回龙村8岁的强强、运城市垣曲县广场路8岁的豪豪、高平市三甲镇底池村17岁的靳中逸，均是在接种了乙脑疫苗后发病，而后被确诊是得了乙型脑炎。

强强的父亲高长宏对记者讲:“我们给孩子接种乙脑疫苗，就是为了预防乙型脑炎，结果一接种却得上了乙型脑炎。太荒唐了!”

质疑之二:“急性播散性脑炎怎能与接种无关?”

运城市盐湖区解州镇2岁的蕊蕊和临汾市洪洞县万安镇13岁的中学生玲玲，均在接种疫苗后产生不良反应，均诊断为“急性播散性脑脊髓炎”，并落下了后遗症。

他们的家长张海霞、易文龙认为，急性播散性脑脊髓炎又称接种后脑炎，如接种疫苗后近期患该病，就不能排除接种与患病的因果关系。他们提出了接种疫苗异常反应与事故鉴定申请。

山西省预防接种异常反应和事故鉴定小组组织调查鉴定，结论为:与接种疫苗无因果关系，属偶合病例。

但是，运城市盐湖区疾病预防控制中心对蕊蕊的接种异常反应组织了相关调查。2009年2月24日，召开鉴定专家会议，得出结论为“不排除脊髓灰质炎疫苗衍生病毒病例”。

质疑之三:“过敏性紫癜岂能与接种无关?”

只有七个月的刘紫阳2007年1月19日接种了乙肝疫苗后，3月1日儿科大夫诊断为“过敏性紫癜”。其父刘云斌提出质疑。

3岁的妞妞2008年8月8日接种了乙脑疫苗后，2008年9月22日突发病症，血小板减少，疑似紫癜、脑炎，而具体病因始终不明。其父贾海波提出质疑。

12岁的慧慧2006年5月14日接种了麻疹、风疹联合疫苗后，2006年5月29日发病，诊断为过敏性紫癜。其父韦惠民提出质疑。

质疑之四:“免疫接种变态反应岂能与疫苗无关?”

4岁的晨晨接种百白破疫苗后，患“婴儿痉挛症”，其母田霞提出质疑;

5 岁的君君接种百白破疫苗后，脑萎缩，专家多次会诊没有断清病因，其父李常勤提出质疑；10 岁的莉莉接种流感、流脑疫苗后，语言不清，动作怪异，手、脚、头部常常不自觉抽动。其父高径提出质疑；2 岁的燕燕接种乙肝疫苗后，患病毒性脑炎，其奶奶张建云提出质疑……

太原市小店区西温庄乡东温庄村女孩莉莉的父亲高径不断到省卫生厅上访。2008 年 11 月 7 日，省卫生厅组织了专家论证会，7 个专家中有山西省儿童医院神经病内科主任赵早鱼，她是山西最权威的神经内科专家之一。鉴定结论是：与疫苗接种无因果关系。

2009 年 12 月 28 日，《中国经济时报》记者随同莉莉父女，携带鉴定时的所有资料找到赵早鱼，做完相关化验后，赵与数名医生一起会诊却未诊断出病因。随即，又挂了该科李朝阳医生的号。全面细致检查后，李表示，这个病他很清楚，但就是不能说、不敢说，在山西任何地方都不会有医生告诉你真实病因，如果到北京的大医院诊断，可能会有专家告诉你真实病因。

为此，记者先后约访北京大学第一医院、北京儿童医院等几家医院儿科、神经科的权威专家，未果。

12 岁的慧慧（化名），家住山西省高平市野川镇东沟村蒲沟。2009 年 12 月 10 日，在慧慧的家里，其爷爷韦雷生告诉记者，孙女 1998 年 4 月 19 日生。2006 年 5 月 14 日，在高平市野川村卫生所注射麻疹、风疹联合疫苗，2006 年 5 月 26 日大便出血、两腿出现大量水疹。3 天后被送往高平市人民医院住院。6 月 2 日后先后转入长治市和平医院、北京儿童医院抢救治疗，诊断为过敏性紫癜，并引发肾炎，孩子病情经治疗并未好转，反而转化为紫癜性慢性肾炎。

北京儿童医院在抢救治疗中，帮助慧慧穷尽过敏原，寻找病因。结果，食物组过敏原检测、吸入组过敏原检测、C13 尿素呼吸试验（幽门螺旋杆菌检测）均呈阴性，全部被排除。

韦雷生将孙女过敏性紫癜的过敏原最后归结到疫苗上了。“我豁上老命也得给孙女讨个公道回来！”为抢救孙女卖完了 50 多头猪的“养猪专业户”韦雷生，几年来坚持不懈地上访申诉。

2009年3月28日，晋城市疾病预防控制中心委托的诊断专家组作出诊断报告，诊断报告称："过敏性紫癜、过敏性紫癜性肾炎与接种麻风二联疫苗在时间上和可能发生的常见疑似预防接种反应疾病上有相关关系"。

于是，韦雷生一家将疫苗生产厂商北京天坛生物制品股份有限公司及疫苗接种使用管理机构晋城市疾病预防控制中心告上法庭。2010年1月13日，高平市人民法院判决："接种麻风二联疫苗而诱发过敏性紫癜及过敏性紫癜肾炎属接种疫苗后的异常反应。"判赔慧慧医疗费、精神损失费等156178.52元。

2008年10月25日的《山西晚报》发表一篇题为《疫苗带来异常谁赔?这下清楚了》的报道，山西省疾控中心计划免疫科科长翟如芳在文中介绍：专家表示，疫苗接种异常反应发生的概率极低，仅为200万—300万人分之一。其中多为轻度异常反应，严重的异常反应很少。

中国疾病预防控制中心免疫规划中心主任梁晓峰曾公开表示："（接种合格疫苗不良反应的）发生率极低，据查国外的资料，大概200万分之一或者300万分之一。"

那么，这么多或死、或残、或病的山西孩子，他们的病因与疫苗到底有无关系?

"合格疫苗异常反应概率极其微小，而且多为轻度，严重的很罕见。但是，2006年以来，山西境内确实出现了大量的问题疫苗，也就是高温暴露疫苗，这样的疫苗已在山西省长期使用，必然要大幅度提高疫苗接种不良反应概率。"山西省疾病预防控制中心专门负责防病信息的原信息科科长陈涛安说。

（三）大量疫苗高温暴露

山西省疾控中心专门负责防病信息的原信息科科长陈涛安提出，从2006年以来，在山西境内出现了大量疫苗被高温暴露的情况。

陈涛安介绍：2005年12月，山西省疾控中心出现了一位来自北京的山西人，该人35岁，名叫田建国。12月28日，田建国被任命为山西省疾控中心生物制品配送中心主任，“负责全省疾病预防控制工作所需的疫苗配送及二类疫苗的供应和管理”。

“疫苗是全民防病的武器。从这一天开始，保障3500万山西人民生命健康的疫苗使用管理权，就由田建国掌握了。”

山西省疾控中心位于太原市迎泽区双塔西街小南关8号，分为南、北两个大院。当时，省疾控中心的疫苗冷库位于北院，而刚建成未交工的疾控大楼位于南院，两地相距约70多米。

山西省疾控中心物业科副科长卫军利告诉《中国经济时报》记者：“2006年、2007年，田建国管疫苗的时候，我看到他组织的人，将成箱的疫苗从冷库搬到还没投入使用的疾控大楼一楼，拆开包装箱，将疫苗堆了一地，堆得像小山一样。许多人在往疫苗盒上贴‘山西疾控专用’的标签。尤其是夏天，大家穿着短裤，他们依然照常天天在闷热的大厅里贴标签。”

《中国经济时报》记者王克勤先后采访了山西省疾控中心的多位职工，他们均佐证了此事。

《药品经营质量管理规范》规定，从事药品验收、养护、计量、保管等工作的人员，应具有相应的学历或一定的文化程度，经相关培训并考核合格后持证上岗。企业应定期对各类人员进行药品法律、法规、规章和专业技术、药品知识、职业道德等教育或培训，并建立档案。

“但是，为田建国贴疫苗标签的，都是临时找来的宾馆服务员、临时工、钟点工等。”山西省疾控中心的刘美丽（化名）回忆当时情景时如是说。

山西省疾控中心专职司机原江对记者说：“那两年，他们不仅一直在疾控大楼一楼里贴标签，还有一个同样严重的问题，给全省各地运送疫苗的冷藏车制冷机一直坏着，没有维修过。跑地区一趟，尤其是夏天，都变成闷罐车了。”

“这是人为制造疫苗存储运输不应有的操作环节，使疫苗长时间脱离规定的冷藏避光环境，主观故意制造了高温暴露疫苗。应该依法立即销毁，否则即是抗法杀人。”陈涛安分析说。

“由于高温暴露疫苗配送到各地没召回、封存，直到2008年年底，山西老百姓还在接种高温暴露疫苗。”

陈涛安还告诉记者："根据山西省公布的统计资料，这3年，全省每年至少接种疫苗1000万人次。疫苗因高温暴露而质量可疑，不知道全山西会有多少人接种了质量异常疫苗？尤其是孩子！"

(四) 高温疫苗的背后

山西为什么会出现大量高温疫苗？原来疫苗是如何管理的？

疫苗是保障人民生命健康的武器。对于疫苗的生产、供应，几十年来中国一直实行严格的计划生产、计划供应的管理体制，即所谓"封闭式渠道管理"模式——所有疫苗均由国家指定工厂生产，并由国家疾病预防机构统一逐级订购、分发和周转储存。并且要求"必须在卫生防疫机构监督指导下使用"。

作为由政府全额财政拨款组建的、实施山西疾病预防控制与公共卫生技术管理和服务的公益事业单位，山西省疾控中心的一个重要责任就是对攸关全省3500万人生命健康保障之疫苗进行管理与配送。

与全国各省区一样，山西境内疫苗的配送、管理过去一直实行"封闭式渠道管理"。在2005年10月之前，具体配送工作一直由该中心的内部科室——生物制品供应站负责。

疫苗分为两类：第一类疫苗，是指政府免费向公民提供，公民应当依照政府的规定受种的疫苗；第二类疫苗，是指由公民自费并且自愿受种的其他疫苗。

接种第一类疫苗由政府承担费用，即"政府计划分配，个人免费接种，国家统一埋单"。一类疫苗最小外包装的显著位置，均标明"免费"字样和"免疫规划"专用标识。

接种第二类疫苗由受种者或者其监护人承担费用，即"个人自主自费接种"。

在这种模式下，生物制品供应站一方面根据免疫规划采购供应一类疫苗，同时经营二类疫苗，但是经营二类疫苗的收入全部进入财政专户，纳入国库。

然而，自从2005年6月1日《疫苗条例》正式实施以来，二类疫苗供应与销售方式发生了变化。

新颁布的《疫苗条例》规定："疫苗生产企业可以向疾病预防控制机构、接种单位、疫苗批发企业销售本企业生产的第二类疫苗。疫苗批发企业可以向疾病预防控制机构、接种单位、其他疫苗批发企业销售第二类疫苗。"这一规定改变了过去疫苗统购统销的模式，打破了疾控机构垄断疫苗供应，特别是二类疫苗供应的体制，其根本目的是降低二类疫苗的价格，从而让百姓受益。

国家放开二类疫苗流通市场，对于二类疫苗，各级疾控中心和接种单位可向疫苗生产企业或经批准的药品批发企业直接购买，即"企业自由买卖，市场平等竞争"。

陈涛安对记者说：有人从《疫苗条例》中看到了巨大的"商机"。

首先，中华人民共和国《传染病防治法》、《疫苗条例》赋予卫生行政部门、疾控机构疫苗使用管理的权力，二类疫苗可以企业经营，这就有了商业机会与利润空间。其次，二类疫苗从出厂到零售的差价很大，出厂价10元，零售可达30—50元，存在暴利。最后，疫苗市场需求不断增长。"非典"以后老百姓防病意识很强，疫苗消费量逐年加大，特别是，卫生行政部门有权根据属地疫情发布接种二类疫苗"建议信息"。

更为重要的是，经过这些年的建设，全省已经形成了成熟而完整的疫苗系统网络。

陈涛安说，就在此时，山西省疾控中心发生一系列耐人寻味的人事变动，许多业务骨干被陆续免职。

2005年7月，山西省疾控中心信息科科长陈涛安被免职。10月，生物制品供应站站长陈宏生、副站长张俊书被停止工作。12月，财务科科长杜碧杰被免职。

陈涛安回忆说："单位一把手栗文元非常严肃地通知我，经过组织研究决定，你要离开本职岗位，调到后勤物业管理科从事杂务工作，具体的工作任务是长期休息，工资、奖金一点不会少。一把手还说：你的工作很突出，没什么失误，调你去那里是中心党委的决定。"

在许多业务骨干被免职的时候，来自北京的山西人田建国，于12月28日被任命为当天成立的生物制品配送中心主任。与此同时，原来负责疫苗配送的生物制品供应站撤销。

记者看到山西省疾控中心2005年12月12日的《会议纪要》这样写道：

经过慎重考虑，认真研究，仔细筛选，最后确定了卫生部部属企业北京华卫时代医药生物技术有限公司。该公司一直经营生物制品，并对山西市场比较了解。单位设山西省疾病预防控制中心生物制品配送中心，由该公司进行二类疫苗的市场经营，每年交中心380万元，每季度交一次，另交50万元风险抵押金。

16天后，山西省疾控中心发布《关于成立生物制品配送中心的通知》，“希望各级疾病预防控制机构和相关生物制品企业”“支持和配合”卫生部部属企业北京华卫时代医药生物技术有限公司（以下简称华卫公司）。该公司董事长田建国自此正式出任该配送中心的主任。文件规定：

配送中心的具体工作委托北京华卫时代医药生物技术有限公司负责。该配送中心的主要工作是负责全省疾病预防控制工作所需的疫苗配送及二类疫苗的供应和管理。该中心从2006年1月1日起正式运行。2005年12月31日前山西省疾控中心生物制品的债权债务委托北京华卫公司负责清理。

自2006年1月1日起，“卫生部企业”华卫公司负责山西省疾病预防控制工作所需的疫苗配送及二类疫苗的供应和管理。“山西全省疫苗的供应管理权被华卫公司托管了！”山西全省的一类疫苗由政府统一采购，交由田建国领导的生物制品配送中心向全省配送。“田建国只能赚点有限的配送费，很不积极。”

于是，垄断山西二类疫苗市场的“标签疫苗”出现了。陈涛安介绍说，从2006年3月开始，田建国便找来一些宾馆服务员、临时工、钟点工等，在山西省疾控中心刚建成未交工的大楼楼道里长期人海会战，往各类二类疫苗最小包装盒上粘贴“山西疾控专用”标签。

有接种者家人给记者提供了部分贴有标签的疫苗包装盒。记者看到，每个疫苗盒上均贴着比一分钱硬币小一点的椭圆形标识贴。该标上半部是“CDPC 长城图案”，即国家疾病预防控制机构的公益标志；下半部是“HW”，为华卫的拼音缩写；底部是红色的“山西疾控专用”字样。

记者发现，这些贴有“山西疾控专用”标签的疫苗，是由长春、北京、武汉、兰州、江苏等地的相关疫苗生产企业生产的。

在疫苗盒上贴“山西疾控专用”标签，是否合法？《药品说明书和标签管理规定》第 3 条规定，药品标签不得超出说明书的范围，不得印制暗示疗效、误导使用和不适当宣传产品的文字和标识。因此，药品标签不得印制“×× 省专销”、“原装正品”、“进口原料”、“驰名商标”、“专利药品”、“×× 监制”、“×× 总经销”、“×× 总代理”等字样。药品标签要经国家食品药品监督管理局核准。

卫生部办公厅《关于启用疾病预防控制机构统一标志的通知》规定：该统一标志使用范围仅限于“各级各类疾控机构的建筑标识及其相关物品、设备；疾控机构的指示性路标”。同时，“疾控机构标志的图案使用时，不得在标志中增删任何内容”。

“有了这个标签，他就可以垄断山西二类疫苗市场，将其他疫苗经营企业排除在山西市场之外，即排除异己，制造暴利。”

“田建国不仅在山西推出了全国独创的标签疫苗，而且让山西卫生厅为其进行行政推销。”“这个标签既没有我单位的承办印制科室，更没有保管部门，经费来源也不明。”陈涛安如是说。

2006 年 4 月 6 日，山西省卫生厅下发晋卫疾控［2006］13 号文件，在其附件《山西省 2006 年麻腮风联合疫苗免疫接种活动实施方案》中规定：“疫苗由省疾控中心统一订购，逐级分发，严禁任何单位和个人从非正规渠道购苗接种，一旦发现严肃查处。”“为保证免疫接种的安全有效，全省要统一使用山西省疾病预防控制中心逐级配送的标有‘山西 CDC 专用’字样的疫苗。”

2006 年 5 月 22 日，山西省卫生厅下发晋卫疾控［2006］21 号文件的附件《山西省 2006 年乙脑疫苗预防接种工作实施方案》、《山西省 2006 年流脑多糖疫苗预防接种工作实施方案》中，又重复了上述文字。

2007 年 3 月 16 日，山西省卫生厅又下发晋卫疾控［2007］4 号文件，在其附件《关于加强流行性乙型脑炎防控工作的通知》依然有上述文字。

晋卫疾控［2006］21号文件还规定，在有条件的地区和免疫规划以外人群主要推广使用效果更好安全性更强的“北京牌”乙型脑炎（Vero细胞）纯化疫苗（乙脑纯化疫苗）。各级应在活动开始前充分利用电视、广播、报纸、标语、板报等媒体，开展多种形式的宣传活动，并规定了一系列宣传推广二类疫苗的标语。

2007年3月，晋卫疾控［2007］4号文件，再次重复了以上内容，要求做好宣传推广工作。

“仅仅通过标签控制还不够，田建国为全面控制山西疫苗市场，在原有预防接种服务网络基础上，成立了各地疾控中心配送中心分中心，从而形成一个庞大的疫苗垄断经营网络。”陈涛安说。

从2006年4月开始，山西省疾控中心主任为甲方（由主任粟文元签名），华卫公司董事长田建国为甲方委托代理人，与长治、晋城、临汾、吕梁、忻州、朔州等地疾控中心签订了合作协议。

省疾控中心保证不向分中心以外的单位和个人配送二类疫苗，市中心保证从省中心采购疫苗。同时，《合作协议》第19条规定：“在所辖区域内执行综合市场治理计划，沟通和协调区县CDC和接种单位的疫苗采购渠道，确保市场控制力和较高的市场占有率。”

根据山西省卫生厅和山西疾控中心的规定，山西各地统一使用省疾控中心订购和逐级配送的疫苗，同时必须贴有“山西疾控专用”标签，如有违反，承担免疫接种是否安全、有效的责任。严禁任何单位和个人从非规定渠道购苗接种，一旦发现严肃查处。这样，华卫公司拥有了既能使用疾病预防控制机构的职能调控、引导市场，又能以疫苗批发企业的身份向社会倾销疫苗的双重身份。

（五）疫苗垄断利益揭秘

“卫生部企业”华卫公司进入山西，通过省卫生厅下发的一系列相关文件，推出了标签疫苗，“还做成了一笔又一笔可观的生意”。

华卫公司从中获取了多少利益呢？为何相关部门如此热情相助？这背后又有着怎样的关系？

山西省疾控中心提及华卫公司的第一份文件，即将省疾控中心“一千多万元资产送给华卫公司了”。

2005 年 12 月 28 日，山西省疾控中心出台［2005］21 号文件，向各市级疾控中心发出《关于成立生物制品配送中心的通知》。通知说：2005 年 12 月 31 日前山西省疾控中心生物制品的债权债务委托华卫公司负责清理。

几天后，2006 年 1 月 6 日，山西省疾控中心生物制品配送中心向各市疾控中心下发《货款结算账户告知函》称：“依据山西省疾控中心［2005］21 号文件，由山西省疾控中心成立生物制品配送中心，委托华卫公司托管运营和处理债权债务。”

《告知函》列出两个账号，除了省疾控中心的财政专户外，另一个就是华卫公司在交通银行北京分行水碓子支行开设的账号。

山西省疾控中心原生物制品供应站站长陈宏生，根据 2005 年 11 月 11 日省疾控中心出具的《2003 年 3 月至 2005 年 10 月 31 日生物制品供应站收入支出情况》算了一笔账：田建国接手之前，生物制品供应站拥有债权：2960.07536 万元；库存：二类疫苗库存 374.4098 万元（其中包括过期疫苗 8.4317 万元）；债务：省疾控中心欠二类疫苗生产、批发企业 2003.7935 万元。

债权 + 库存 – 债务 =1330.69166 万元。

也就是说，华卫公司接手省生物制品配送中心时，实际接手了 1330 多万元的国有资产。

华卫公司的第二笔大生意就是“扭曲卫生部文件变相销售收费的二类疫苗”。

2006 年 1 月 28 日卫生部下发《关于加强麻疹控制工作的通知》，要求各地做好一类麻疹疫苗查漏补种工作，加强对麻疹疾病的控制。

陈涛安说，2006 年 4 月 5 日，山西省卫生厅以落实卫生部的通知名义，发布了《山西省 2006 年麻风或麻腮风联合疫苗预防接种工作实施方案》，实质上是推销二类疫苗。省疾控中心根据该方案要求，印刷发行了《预防接种通知单》，约束全省基层预防接种门诊，必须为幼儿接种“普祥立适”牌麻腮风联合疫苗。

麻疹疫苗是免费的一类疫苗，而麻风或麻腮风联合疫苗是收费的二类疫苗。

山西省疾控中心出台的《预防接种通知单》进一步规定“普祥立适”牌麻腮风联合疫苗 84.2 元 / 人份。

“省卫生厅扭曲卫生部文件，压制一类免费疫苗，推销二类高价疫苗。疾控中心直到 2008 年 1 月 10 日，即一类免费麻疹疫苗失效前 20 天，才向基层接种点配送，导致全省各地大量一类麻疹疫苗失效。”陈涛安说。

记者看到中央电视台某栏目在此期间制作的部分采访录像显示，太原市周围一些地方当收到麻疹疫苗时，业已失效。

2006 年 8 月 11 日，山西省卫生厅下发了晋卫疾控［2006］26 号文件《关于加强流行性乙型脑炎防控工作的紧急通知》，要求山西省各地积极开展应急接种。

陈涛安认为，乙脑是山西省常见传染病，截至 8 月 9 日，全省 11 个地区，有 6 个地区存在散发乙脑病例，总共发生 69 例，其中 44 例散发在老疫区运城市的一些县区，山西省大部分县区并无乙脑疫情，开展全省乙脑疫苗反季节应急接种很不正常。他的理由是：

首先，乙脑病是由蚊子叮咬传播，乙脑疫苗每年 3—5 月份接种较合适，8 月中旬已过了乙脑疫苗的接种时期。2006 年 9、10、11 月，山西省都在应急接种乙脑疫苗，接种后 1 个月产生抗体，那时蚊子已经没有了，老百姓不但白花了钱，而且，对于感染乙脑病毒未发病的人，接种会增加发病的可能性。

其次，灭蚊防蚊、清理卫生应是预防乙脑流行的有效措施。卫生厅文件却强调，预防接种是最有效的控制疫情措施，加上部分媒体不断报道零星散发的乙脑病例，于是，在山西省形成了反季节接种社会运动，争抢接种的拥挤现场不但提高了乙脑传播几率，由恐慌、混乱带来的社会经济损失更是难以估计。

最后，根据《疫苗条例》第二条规定，应急接种疫苗都应是免费的。但是，本次应急接种，每人份却收费28元。

业内人士指出，乙脑疫苗2006年的出厂价为每人份9元，而山西接种者以28元购买，其中的环节是：北京华卫公司销售疫苗时，每人份收取4元的配送费、3元的贴标签厂家返利，以每人份13元价格给市疾控部门，市疾控每人份加4元给县疾控，县疾控再加4元给乡镇一级。

根据山西省卫生厅2007年11月7日发布的消息，2006年运城等地发生乙脑疫情后，山西省疾控部门及时组织第二类疫苗240万人份，实际应急接种192万人份。

以每人份赚取7元、共接种192万人份计算，华卫公司在运城乙脑疫情中净赚1344万元。

陈涛安估算，全省应急接种共消费疫苗500余万人份，以每人份赚取7元计算，可净赚3500万元，乙脑疫苗在春季采购的是9元／人份，但到了秋季生产厂家要销毁即将失效的疫苗，8—10月采购乙脑疫苗价格极低，一人份不到一元钱，如此计算，每人份赚取12元，可净赚6000余万元。

2007年10月9日，位于运城市的山西省亨通医药连锁有限公司（以下简称亨通公司）致函山西省人大常委会，提出，山西省卫生厅、省疾控中心发文要求统一使用贴有“山西疾控专用”标签疫苗等行政行为，严重破坏了二类疫苗市场平等竞争，损害了消费者的权益。

亨通公司储备了数万支疫苗，当他们向当地疾控部门推销疫苗时被告知，所有二类疫苗必须经过山西省疾控中心生物制品配送中心配送并贴有“山西疾控专用”字样，才能被接种。亨通公司的疫苗16元一支都卖不了，贴有“山西疾控专用”特权标签的疫苗，28元一支还供不应求。

2007年9月12日，山西省卫生厅副厅长李书凯接受某媒体采访时说：华卫公司是卫生部的大公司，山西人民确实受益了，2006年以前，一支乙肝疫苗，打三次的，卖到21元，最便宜15元。2006年以后，打三次总共只花7—8元。

这样算，乙肝疫苗每针次收费不超过3元。但是，大同市天镇县南河堡顾家湾村的燕燕2008年5月29日接种乙肝疫苗，一针次收费就达82元。就此，记者于2月22日通过当时负责接种的天镇县南河堡乡接种员王振中核实，王没有正面回答，抱怨了很久自己到各村庄接种疫苗多不容易，花销多么多么大。最后告诉记者："说不收钱是假的。"但他始终没有回答每针次收多少钱。而燕燕的奶奶张建云告诉记者："村里打乙肝疫苗都是收82元。"

2008年3月6日，山西电视台"都市110栏目"播出《定期接种疫苗收费不明不白》的报道称，太原市尖草坪区卢女士的女儿出生20个月，累计接种疫苗27次，花费达1233元。其中仅脊髓灰质炎疫苗享受了国家免费政策，其余都是有偿接种。

据陈涛安估算，华卫公司在山西垄断经营各类疫苗，2006年可获得8000万元利润，2007年可获得4200余万元利润，两年合计利润1.2亿元，经营额2.5亿元。

根据华卫公司与山西省疾控中心为期五年的《合作协议》，华卫公司获得"全省疾病预防控制工作所需的疫苗配送及二类疫苗的供应和管理"权利与权力，而条件是"每年交中心380万元，每季度交一次，另交50万元风险抵押金"。

陈涛安质疑：且不说年380万元是否按时上交，单说这50万元风险抵押金，大头其实并未到省疾控中心账上。

2008年1月7日，山西省卫生厅纪检组发布的《关于对反映省疾控中心主任栗文元贪污受贿洗钱等问题的初核报告》记载：根据省疾控中心与华卫公司业务托管合作协议，"甲、乙双方合作期限为5年，乙方在签署协议之后，交纳50余万元人民币或甲方认可的价值50余万元资产作为风险抵押金。2005年12月华卫公司用该公司的非基本账户资金购买广本雅阁2.4L汽车，以27万抵押在省疾控中心（车牌号为：京JD7033），该车由栗文元使用至2007年10月，之后封存在省疾控中心车库之内。2006年2月22日华卫公司电汇省疾控中心风险抵押金23万余元。"

"北京华卫公司抵押在省疾控中心的车未在双方固定资产账上体现。"陈涛安对记者说："华卫公司用50万元，抵押了山西3500万人民的生命保障权。而这50万元抵押金，田建国又给领导买了小轿车，居然没有上公家的账，这不是慷国家之慨，行贿赂之实，是做什么?!”

(六)“卫生部企业”真相

如此垄断山西疫苗市场、左右山西省卫生厅及全省疾控网络、坐拥财富的“卫生部企业”到底是怎样一家公司?

记者看到华卫公司总经理田建国的名片上是这样写的:

卫生部全国卫生产业企业管理协会副秘书长;

卫生部全国卫生产业企业管理协会医药科技开发专业委员会常务副秘书长;

卫生部北京华卫产业开发公司总经理;

卫生部北京华卫时代医药生物技术有限公司总经理;

山西省疾病预防控制中心生物制品配送中心主任。

那么，这个与山西省疾控中心合作的华卫公司到底是否“卫生部部属企业”?

其实，早在1984年12月，中共中央、国务院就发出《关于严禁党政机关和党政干部经商、办企业的决定》,2003年专门又发文重申这一规定。

田建国的“卫生部部属企业”又是从何而来?记者根据田建国名片上的电话致电卫生部全国卫生产业企业管理协会询问，对方称:“我单位有此人，华卫时代不是我们协会的公司，具体情况到工商局一问就知，那是他个人的公司。”

北京市工商局提供的北京华卫时代医药生物技术有限公司工商注册资料显示:该公司2004年1月6日在北京注册成立，法人代表:田建国，股东:田建国、黄彦红、于莉，股份分别占80%、10%、10%。

在该公司的工商注册资料里，记者发现一份2007年度的工商年检表，上面写着:“北京华卫时代公司为三人合伙的私有企业。”

有意思的是，2007年9月6日，即相关部门开始调查这个公司后，该公司召开第一届第一次股东会，作出变更股东决议。2007年9月13日，得到北京市工商局朝阳分局核准。黄彦红、于莉退出股东，分别以5万元的价格，将各自10%的股份转让给“全国卫生产业企业管理协会”开办的北京华卫产业开发公司（集体所有制）。

此后，北京华卫时代医药生物技术有限公司的股东只有两个，田建国个人占80%，北京华卫产业开发公司占20%。而这个北京华卫产业开发公司的法人代表也是田建国本人。

山西省卫生厅副厅长李书凯曾公开称：“华卫是卫生部的公司，专门搞疫苗配送的大公司。”

在北京华卫时代医药生物技术有限公司的工商注册资料中，记者发现了一份2005年7月26日北京市工商行政管理局作出的《行政处罚决定书》。

这份编号为“京工商朝处字（2005）第03769号”的《行政处罚决定书》指出：在北京市朝阳区十里堡北里农民日报社五层520房间办公的北京华卫时代医药生物技术有限公司，“当事人在开业登记时，委托代办公司采取垫资方式办理了公司登记。领取执照后代办公司将垫资款50万元全部提走，当事人未按规定补足出资。”

“当事人的上述行为属于虚报注册资本行为。”

“依法责令当事人60日内补足出资，处罚罚款50000元。”

而2004年1月6日这家公司在北京注册时，表明注册资本为50万元。股东出资表显示田建国40万元、黄彦红5万元、于莉5万元。企业类型是“有限责任公司”。

田建国的北京华卫时代医药生物技术有限公司，从2006年1月1日“负责全省疾病预防控制工作所需的疫苗配送及二类疫苗的供应和管理”直到2007年10月15日失踪，一直在经营管理山西全省的疫苗。然而，记者在该公司的工商注册资料中发现，这个公司在山西经营期间根本没有疫苗经营资格。

2004年1月6日，由北京市工商行政管理局颁发的该公司“营业执照”显示，这个公司的经营范围如下：

技术开发、技术转让、技术咨询、技术服务、技术培训；销售生物制品、仪器仪表、电子计算机及配件、化工产品（不包括危险化学品、不含

一类易制毒化学品）；投资咨询；会议服务；企业形象策划；营销策划；承办展览展示活动；组织文化交流活动。（未取得专项许可的项目除外）

2007年9月6日，即在相关部门开始调查这个公司后，该公司召开成立近4年来的第一次股东会，作出经营范围变更决议。也即该公司连续经营疫苗达1年零8个月后，2007年9月13日，北京市工商局朝阳分局正式核准，在这个公司的经营范围中增加了“疫苗”二字。

然而，2008年1月7日，山西省卫生厅调查组公布的《初核报告》却称：华卫公司2004年1月6日注册成立，经营范围中存在疫苗销售。

2007年8月，太原市人民检察院立案调查山西疫苗问题。2007年10月12日，当地媒体曝光山西疫苗问题，山西省卫生厅纪检组开始立案调查。

10月15日，山西省疾控中心生物制品配送中心突然关门，华卫公司员工全部撤离山西。山西省卫生厅调查组《初核报告》称，“2007年9月北京华卫公司向省疾控中心提出了中止合同的请求，2007年10月12日，省疾控中心解聘了华卫公司总经理田建国配送中心主任的职务。”

“当时，我已经举报四个月后，田建国针对相关部门的查处，给华卫公司突然加上了‘疫苗’经营范围，增加了20%的卫生部协会集体所有制股份，想把自己私营公司变成与卫生部沾边的企业后逃之夭夭，这些都是骗人的把戏。”陈涛安说。

针对上述种种问题，《中国经济时报》记者设法联系到了“卫生部企业”北京华卫时代医药生物技术有限公司总经理田建国。

对于记者提出的华卫与山西省疾控中心是否合作关系、高温标签疫苗、市场垄断、华卫是否卫生部企业等一系列问题，田建国称：“这些事情，我不好回答。请你到山西省疾控中心和政府部门了解吧，由政府部门来回答。”

2010年2月23日，《中国经济时报》记者来到山西省疾控中心。得悉，此前一直与田建国“密切合作”的该中心主任粟文元前不久刚刚被免职，“另有安排”、“出国旅游了”。

为此，记者找到了目前负责该中心工作的张杰敏副主任。张称：“我知道有标签疫苗，但没有见过他们贴标签。卫生厅纪检组只调查了经济问题，其他的具体情况，我不好回答，你最好找卫生厅纪检部门。”而山西省疾控中心党委书记闫明亮的回答几乎与张杰敏完全一致。

针对山西疫苗市场存在的一系列问题，《中国经济时报》记者试图采访山西省卫生厅副厅长李书凯与卫生厅疾控处，被告知：“没有厅新闻中心的同意，不接待记者”。该厅新闻中心的小刘告诉记者：“情况变化了，我们新闻中心领导让我告诉你，你这属于跨行业采访，需要相关部门批准。”

记者见到了参与查处此案的山西省卫生厅纪检组办公室主任武瑞明，他对记者讲：“我没有权力回答这些问题，这个案子早就移交省纪委了，你去问省纪委吧。”

记者随即赶往山西省委，省委传达室告知记者：“省纪委没有时间接待记者。”

之后，记者设法找到负责查处此案已达一年半之久的省纪委931室薛进仓处长，薛进仓反问：“你采访这个案子，想要干什么？”记者回答：“舆论监督。”面对记者的不断追问，薛进仓称：“这个案子我们还没有查完呢。”便挂了电话。

（七）高温疫苗举报风波

山西疫苗高温暴露问题是否能够浮出水面，49岁的山西省疾控中心原信息科科长陈涛安成为最关键的人物。

2007年年初，陈涛安在省疾控中心正在建设的新办公大楼里，发现了有许多生面孔的人在给疫苗盒上贴标签，“感觉很异常。”

陈涛安还发现配送中心分发二类疫苗使用企业票据；新来的田建国主任转移了配送中心分发二类疫苗的财政收入；“卫生部部属企业”账户替代了省疾控中心基本账户；山西二类疫苗批发企业告状，指责华卫公司特权标签垄断了全省疫苗市场；山西二类疫苗价格不搞市场竞争，由田建国的配送中心定价；省卫生厅不断发布文件推销标签疫苗等不正常的情况。

从2007年5月25日开始，陈涛安向山西省人民检察院、山西省纪委、卫生部、山西省药监局及太原市人民检察院实名举报“山西3500万人民生命健康保障权被官员出卖的一系列问题”。

三年来，陈涛安向有关部门举报、复议、信访山西疫苗问题30余次。

2007年9月14日，山西当地媒体刊发了《这个“权”能被“托管”吗》，将山西全省疫苗管理权出卖给私人老板的问题第一次公开曝光。

10月12日，由山西省纪委派出督察员参与的省卫生厅调查组正式开始调查。这个调查组正式开展工作的第三天，田建国及华卫公司便“突然失踪了”。

2008年1月7日，山西省卫生厅召开会议通报了《关于对反映省疾控中心主任栗文元贪污受贿洗钱等问题的初核报告》，结论是：

关于省疾控中心第二类疫苗供应合作方式，省卫生厅已向省政府作出答复，认为符合《疫苗流通和预防接种管理条例》等有关规定；

省疾控中心原生物制品供应站经营二类疫苗的国有资产没有流失；

华卫公司抵押在省疾控中心的本田雅阁车未在双方固定资产账上体现；

省疾控中心在财务管理债权、债务处理以及用轿车抵押风险保证金等方面的问题，栗文元负有一定责任。

“不可理解的是，对栗文元、田建国制售高温疫苗问题置之不理。”陈涛安这样对记者说。

随即，陈涛安将多篇揭露山西高温暴露疫苗问题的举报材料发布在网络上，引起了社会各方面广泛关注。

(八)“山西疫苗”是否正常

2008年5月，山西省洪洞县万安镇村民易文龙找到了陈涛安。易文龙的女儿接种流脑疫苗后，患上“急性播散性脑脊髓炎”，最后落下了“继发性癫痫”。易文龙为讨要说法正在四处奔走。

医学常识让陈涛安意识到：“急性播散性脑脊髓炎”又称“接种后脑

炎”，与接种疫苗关系密切。

这让陈涛安高度警惕，并开始怀疑——省疾控中心院内大量高温曝光的疫苗，是否就是引发孩子病症的祸根呢？陈涛安随即又向有关部门反映这一问题，未引起重视。

其间，山西各地许多家庭开始信访、要求复议，质疑他们的孩子接种疫苗后得病，甚至致死、致残，与疫苗存在因果关系。

对此，2008年7月，山西省纪委立案重新复查；当年11月，卫生部监察局也立案开始调查山西疫苗问题。

“相关部门在调查高温疫苗过程中，又发生了一系列匪夷所思的事情!”陈涛安这样讲。

在易文龙等部分质疑家庭不断上访、申诉后，从2008年8月28日开始，山西省卫生厅委托山西省预防接种异常反应和事故鉴定小组对其中5户当事人提出的质疑作出了鉴定结论：“与接种疫苗无因果关系”。

这些质疑家庭当事人接到山西省卫生厅的文件后，发现省卫生厅对上访所涉材料进行讨论分析的7名鉴定专家，未按《预防接种异常反应鉴定办法》的有关规定由受种方在专家库中随机抽取，且7名专家中有3名是省疾控中心人员，违反了有利害关系的人员应当回避的原则。

2008年12月8日，易文龙、王明亮向卫生部提出行政复议申请。2008年12月下旬，他们收到了卫生部不予受理的决定书。

2009年1月20日起，王明亮、易文龙等7个家庭，相继向太原市迎泽区法院投递了诉状，状告山西省疾病预防控制中心、北京华卫时代医药技术有限公司制售“山西疾控专用”标签高温暴露疫苗致使其子女被伤害，要求人身损害赔偿。但该法院至今不予立案也不驳回。

2008年9月23日，太原市小店区西温庄乡东温庄村10岁女孩莉莉的父亲高径向省卫生厅送去“控诉书”。

2008年11月7日，高径被通知来到省卫生厅，卫生厅《关于对高径信访回复的函》内写着：“西温庄乡东温庄村防疫员证明，莉莉在东温庄村卫生所仅于2006年9月接种乙脑疫苗（有记录）。接种后1年零7个月出现有关症状与接种省疾病预防控制中心高温曝光变质疫苗无因果关系。”

高径立即回村找到了村防疫员，询问这是为什么。村防疫员答："上面找了我多次，不能随便提供接种史，如果不听话就不要干了。"

高径给记者展示了一张红桃3扑克牌，上有如下文字："流感06.10.20、07.10.25，流脑07.11.28"。高径告诉记者，这是给省卫生厅提交材料前，找村防疫员时，对方随手在一张扑克牌上写的莉莉疫苗接种史。

于是，高径向省纪委、省检察院、卫生部纪检组举报："山西省卫生厅调查结果严重失实，存在舞弊问题。"

对此，《中国经济时报》记者采访了该村防疫员闫胜艳，闫胜艳告诉记者："我在扑克上写的，便是这孩子接种疫苗的情况。当时他们找上门来，我顺手便在一张牌上写了接种情况。""后来，省卫生厅来人调查，也是这样讲的，是什么就是什么！"

山西省疾控中心2009年第四期《中心会议纪要》记载："2009年3月17日，山西省疾控中心召开了中层干部会议。"卫生厅纪检组长李双才在会上谈道："针对举报山西省疾病预防控制中心疫苗存在曝光变质问题，厅纪检、省纪委配合卫生部监察局对此事进行了调查。卫生部监察局对存余疫苗的四个县进行了取样监测，检验结果全部合格，表明疫苗是安全的。"

对此，2009年3月18日，陈涛安向卫生部监察局快递了《关于山西疫苗问题情况的反映》，监察局立即派出关跃进副局长及两名随行人员，来到山西太原与陈涛安进行了两个多小时的谈话。

陈涛安提供给记者的谈话录音中，关跃进对陈涛安讲：卫生部监察局是调查疫苗案中的行政违法、违规问题，疫苗抽检鉴定属业务问题，不是我们的调查范畴，我们既没有在山西的县区抽样送检，更没有出具"曝光标签疫苗是安全的"调查结果。

"由此证实，山西省疾控中心会议纪要发布了虚构的卫生部监察局调查结果。又一次实施欺上瞒下的伎俩！"陈涛安说。陈涛安认为，该《会议纪要》中"对存余疫苗的四个县进行了取样监测"的陈述，表明山西省疾控中心承认山西高温暴露疫苗客观存在，直到2009年3月以前，山西人民仍在接种质量可疑的高温暴露疫苗。

(九) 新闻曝光后

《山西疫苗乱象调查》一文于2010年3月17日刊出后，随即引发政府部门和社会的广泛关注。

17日晚间，卫生部新闻办公室在卫生部网站发布公告，称“卫生部对此高度重视，立即开展有关调查工作，要求山西省卫生厅尽快报告预防接种异常反应监测新的情况”。

17日下午，山西省卫生厅通过新华网发布消息，称“目前，山西省未接到因注射疫苗出现聚集性异常反应的报告”。

当晚，山西省卫生厅再次通过新华网发布消息，称“报道基本不实”，并称山西省主要领导作出批示，要求相关部门高度重视，认真处理；“对有关报道中提到的15名致伤致残儿童，山西省卫生厅已根据线索，紧急安排人员赴基层逐一做调查核实”。

新华网3月17日当晚发布新闻《卫生部调查媒体报道的“因注射疫苗出现聚集性异常反应”事件》，报道称：

3月17日，有媒体报道称山西近百名儿童注射疫苗后或死或残，卫生部对此高度重视，立即开展有关调查工作，并要求山西省卫生厅尽快报告预防接种异常反应监测新的情况。

此前，曾有媒体登载过因注射疫苗出现聚集性异常反应的报道，为明确疫苗质量是否存在安全隐患，卫生部于2008年11月协调国家食品药品监管局对所谓的“高温暴露”A+C群流脑疫苗、乙脑疫苗和乙肝疫苗依法进行抽样检测，检测结果全部合格。此外，国家食品药品监管局于2007年11月在对疫苗进行例行检查时，也抽检了所谓的“高温暴露”流感疫苗，检测结果全部合格。

2008年11月，卫生部对山西省预防接种异常反应调查显示，2006年1月至2008年11月，因接种二类疫苗后出现不适到山西省各级卫生医疗机构接受诊治的儿童共11例。11例中6例属于一般反应，另外5例做了异常反应鉴定，其中4例排除与疫苗接种有关，1例虽鉴定为异常反应，但不属于所谓的“高温暴露”期间提供的疫苗。专家介绍，从山西省预防接种异常反应监测情况看，在接种时间、疫苗种类、地域分布上未出现疑似异常反应聚集性。

3月18日，新华网刊登题为《还原真相——新华社记者关于“山西疫苗事件”的访谈》报道，称“新华社记者就此事采访了涉及此事的山西省疾控中心及其主管部门山西省卫生厅和部分专家以及经核实被怀疑注射了‘高温暴露疫苗’的一名患儿家属，试图还原‘山西疫苗事件’的真相”。但该报道并没有具体记者的署名。

紧急查找到10人，只有一人出现异常反应

新华社记者：网络上提到涉及“近百人致死致残”，同时公布了15个人的名单，请问山西省卫生厅是否进行了核实？

山西省卫生厅厅长高国顺：事情发生后，山西省委、省政府高度重视，省委书记张宝顺、省长王君都做了批示，要求高度重视，认真调查、核实情况。副省长张建欣主持有关部门召开会议，责成专人，进一步调查核实有关情况。目前，这15名儿童情况已调查清楚。

山西省卫生厅疾病预防控处处长李贵：3月17日上午网络报道有关情况后，我们立即对报道中涉及的15个人进行了调查核实。调查情况如下：

使用实名的4人，使用化名的11人，查实的有10人，其余5人未找到。没有找到的原因是按报道中提到的详细地址没有发现相符情况的，现在卫生部门仍在积极查找。10名查实的儿童具体情况如下：

使用实名的四人为：

一个人叫刘紫阳，长子县人，2006年6月24日出生，2007年发病，3月1日入住长治和平医院，诊断为流脑，3月1日下午死亡。据称曾接种过乙肝疫苗、卡介苗，家长并未向当地疾控机构和接种单位反映接种后出现不适等情况。据患儿家长刘云斌反映，在此之前，一位自称是山西省疾病预防控制中心副主任的人，多次找过刘云斌，并告诉他：他孩子的死是由疫苗引起的。刘云斌说，今日网上刊登的所有关于刘紫阳死因的不正确说法，都是那位自称是省疾控中心副主任的人所为，与其本人无关。

另一个叫王仕超，男，阳泉市平定县县城南苑人家9号楼，2005年2

月 21 日出生。曾被狗咬伤后注射狂犬病疫苗第四针次后，因不适于 2008 年 10 月 8 日入住阳泉市第一人民医院儿科，出院诊断为“病毒性脑炎合并多脏器功能衰竭”，10 月 14 日死亡。

再一个叫刘一，男，阳泉市郊区义井镇泊里村，2005 年 11 月出生。2008 年 8 月 10 日在当地被狗咬伤，随后在市疾控中心购买狂犬病疫苗，回村卫生所按程序接种。该患儿于 8 月下旬因发烧，在阳泉市第一人民医院诊为病毒性脑炎，当日死亡。

第四个叫王小儿，男，柳林县柳林镇青龙村。分别于 2007 年 11 月、2008 年 1 月接种 2 针次乙肝疫苗，后因不适在北京大学第一医院诊断：癫痫持续状态、肺炎、神经遗传病。8 月 21 日死亡。2008 年 11 月 7 日专家讨论分析与接种疫苗无因果关系。

使用化名的 11 人为：

第一例是燕燕，女，2 岁，大同市天镇县南河堡乡顾家湾村。经调查，孩子 2008 年 4 月 30 日出生。2008 年 5 月 29 日由南河堡乡医生接种乙肝疫苗，随后出现症状。2008 年 9 月 20 日经过省级专家组鉴定，结论为癫痫、佝偻病和运动发育落后，与疫苗接种没有因果关系。我们把鉴定结论送达患儿的监护人，监护人未表示任何异议。

第二例是莉莉，女，10 岁，太原市小店区西温庄乡东温庄村人。经调查，孩子 1999 年 12 月 5 日出生。2006 年 8 月 24 日在村卫生所接种乙脑，此前再未在该村卫生所接种过任何疫苗。2008 年 3 月出现语言不清等症状。据村医称，该小孩接种疫苗前平常就有走路不稳、说话不利索的情况，表现疑似脑瘫的症状。经过省级专家讨论分析，该儿童 2008 年 3 月份出现的症状与疫苗接种无任何因果关系。

第三例是慧慧，女，12 岁，高平市野川镇蒲沟村人。经调查，孩子 1998 年 5 月 14 日生。2006 年 5 月 14 日下午在高平市野川镇大野川村卫生所接种了麻风二联疫苗。家长称次日该儿童出现不适。后在北京市儿童医院诊断为过敏性紫癜、过敏性紫癜性肾炎。经协调，与北京天坛公司签订补偿协议，一次性补偿 5 万元。2008 年患者家长又上诉至当地法庭，2010 年 1 月 13 日法庭判决北京天坛公司赔偿 15.6178 万元，目前该案已经上诉至晋城中级法院，尚未开庭。

第四例是玲玲，女，16 岁，临汾市洪洞县万安镇。经过调查，孩子 1995 年 9 月 2 日出生。2006 年 12 月 8 日上午接种了流脑疫苗，中午感到不适，曾先后在临汾市医院、山西省儿童医院、北京 301 医院就医。后经省异常反应专家组鉴定与疫苗接种无关。

第五例是蕊蕊，女，2008 年 6 月 11 日出生。经调查，该儿童在解州卫生院服用脊灰疫苗，9 月 28 日出现症状，曾在当地医疗机构治疗，后在北京市儿童医院、解放军 306 医院就诊。2010 年 1 月 15 日运城市医学会进行鉴定，结论为属于异常反应。该儿童接种脊灰疫苗为一类疫苗，与所谓“高温暴露”疫苗无关。

第六例是强强，男，8 岁，交口县回龙乡人。经调查，孩子为交口县回龙小学二年级学生。2006 年 7 月在乡卫生院接种了两针乙脑疫苗，8 月 25 日出现发烧症状，先后在汾阳医院和太原市传染病医院就治，诊断为乙脑。家长未曾向当地疾控机构和乡卫生院反映此情况。患儿家长高长宏回忆，孩子发病后省疾控中心陈涛安曾主动给他打电话了解情况，并于 2008 年到家中进行了调查。

其余 5 人按网络上提供的地址寻访，均未找到。

15 人中，除 5 人未找到外，在所能找到的 10 人中，只有 1 人被鉴定为疫苗接种异常反应，但接种的是一类疫苗，不属于报道中所说的所谓的“高温暴露”期间提供的疫苗。

“高温暴露疫苗”的来龙去脉

新华社记者：“高温暴露疫苗”这一说法，早在 2007 年该事情一些媒体就有过报道，卫生部还派员调查过，结果怎样?

李贵：此前，曾有媒体登载过因注射疫苗出现聚集性异常反应的报道，为明确疫苗质量是否存在安全隐患，卫生部于 2008 年 11 月协调国家食品药品监管局对所谓的“高温暴露”A＋C群流脑疫苗、乙脑疫苗和乙肝疫苗依法进行抽样检测，检测结果全部合格。此外，国家食品药品监管局于 2007 年 11 月在对疫苗进行例行检查时，也抽检了所谓的“高温暴露”

流感疫苗，检测结果全部合格。

2008年11月，卫生部对山西省预防接种异常反应调查显示，2006年1月至2008年11月，因接种二类疫苗后出现不适到山西省各级卫生医疗机构接受诊治的儿童共11例。11例中6例属于一般反应，另外5例做了异常反应鉴定，其中4例排除与疫苗接种有关，1例虽鉴定为异常反应，但不属于所谓的"高温暴露"期间提供的疫苗。专家介绍，从山西省预防接种异常反应监测情况看，在接种时间、疫苗种类、地域分布上未出现疑似异常反应聚集性。

新华社记者：接种疫苗不良反应，或者叫异常反应是几百万分之一？

山西省疾病预防控制中心免疫规划科科长、主任医师翟如芳：根据有关资料报道，乙肝疫苗是比较安全的，脊灰疫苗接种后发生疫苗相关病例在百万分之一左右，接种麻疹疫苗后的异常反应发生率也在百万分之一左右，乙脑、流脑疫苗相对高一点。

新华社记者：报道中提到，致死致残的有78户，你们这两年接到的上访，或者反映致死、致残的有多少？

翟如芳：根据监测网络报告的数字统计，2008年到2009年年末一共报告的疑似异常反应有238人，其中149人是因接种甲流疫苗，其余的是接种其他疫苗引起的疑似接种反应，与所谓曝光疫苗（均已封存）无关。预防接种要覆盖所有的新生儿，新生儿每年都有生病和死亡的，接种疫苗反应与病、死的偶合率就较高，一般对疑似接种疫苗后死亡的病例要求必须尸检进行确认，直接因接种疫苗后死亡的在我省还未曾有记录，多为偶合病例。

新华社记者：近年来因预防接种异常反应赔偿的有多少？

翟如芳：约有20多个。

山西省卫生厅监督处处长冯立忠：《疫苗流通和预防接种管理条例》有明确规定，一类疫苗出现反应以后，如果专家组鉴定与疫苗有关系，由省级财政给予补偿，二类疫苗由生产厂家给予补偿。

新华社记者：报道中说冷藏车的制冷机是坏的。是这样的状况吗？

翟如芳：我们有专门的疫苗冷藏车，都按要求冷藏运输。即使坏了以后也是赶快修好后再运行。

山西省疾病预防控制中心副主任张杰敏：就此事我了解过，司机对我讲："两年前，车是有一次坏了，我正在修车，有一个人上去问是不是坏了，我说是的。这个人没再说什么。"

冯立忠：冷藏车在运输疫苗过程中，都要严格按照《预防接种工作规范》记录温度，违反储藏规定的疫苗都不能使用。

新华社记者：如果接种了高温曝晒后的疫苗，会造成什么样的后果？

翟如芳：一般来讲，如果疫苗长期在高温条件下保存，对预防疾病的效果会有所降低。

新华社记者：报道说这样属于垄断行为，是这样吗？

张杰敏：我原来兼任省疾控中心的纪检委书记，所以我了解过此事，贴这个标签的出发点就是为了保持这个疫苗的安全使用和对使用者负责，就是只要贴了这个标签，这个疫苗出了问题就由我来负责任，是为了和社会上的疫苗不混乱而贴的，是做记号的形式，和垄断不垄断没有关系，就是说只要是我贴上标签，我配送的疫苗我自己负责。

新华社记者：这个事件发生之后华卫公司就撤了，二类疫苗现在怎么办？

山西省疾病预防控制中心副主任关联欣：按照《疫苗流通和预防接种管理条例》执行，具体规定为疫苗生产企业可以向疾病预防控制机构、接种单位、疫苗批发企业销售本企业生产的第二类疫苗。疫苗批发企业可以向疾病预防控制机构、接种单位、其他疫苗批发企业销售第二类疫苗。

疫苗接种一二三

新华社记者：疫苗接种的有效率是多少？

翟如芳：不同的疫苗有所不同，大部分都在85%以上，不是百分之百。

新华社记者：对于疫苗接种的收费情况，国家是如何规定的？

翟如芳：2005年开始实施《疫苗流通和预防接种管理条例》以后，国家规定凡注射一类疫苗一律不能收费，二类疫苗按照国家物价部门批准的价格执行。

新华社记者：山西省每年接种的疫苗有多少？

翟如芳：一类疫苗按每年40万儿童计算，每人22针次，加上二类疫苗至少有1000万左右人次。

新华社记者：疫苗接种后不良反应的表现有哪些？

山西省儿童医院专家梁英仪：有的打了以后24小时之内低烧，或者有过敏反应，这个会在打完疫苗之后几个小时到三天之内出现，最长的可能有一个多月。

新华社记者：接种疫苗出现异常情况，一般如何处理？

冯立忠：《预防接种异常反应鉴定办法》明确规定省、市、县疾病预防控制机构成立预防接种异常反应调查诊断专家组，预防接种异常反应鉴定由省、市医学会负责。

患儿家长如是说

太原小店西温庄乡东温庄村的“莉莉”是排查的15名儿童中注射过“高温暴露疫苗”的两人之一。

新华社记者：请介绍一下“莉莉”发病的情况。

“莉莉”的奶奶：“莉莉”目前在村里上小学四年级。在2008年以前一直没有发现异常，只是觉得身体有些“软”，在经过检查后，医生建议补钙。到2008年3月，发现孩子嘴斜得厉害，写字慢，说话不清楚。因为在2008年前，一直在注射接种各种疫苗，有在村里医院接种的，也有在学校接种的。这时家里人听说疫苗可能会导致一些症状，于是家里人带着“莉莉”到医院检查，经过核磁共振发现小孩“脑结构正常、脑电图不正常”。医生当时表示：如果没有家族病史，这种病不是先天形成的。

“莉莉”的姑姑：孩子出现症状后，就去山西省去卫生厅，多次协商后，卫生厅表示组织专家鉴定，在2008年年底，山西省卫生厅出具一份文件，表示孩子接种疫苗没有问题，不属于“高温曝光”的那一批次疫苗。

李贵：据村医称，该小孩接种疫苗前平常就有走路不稳、说话不利索的情况，表现疑似脑瘫的症状。经过省级专家讨论分析，该儿童2008年

3月份出现的症状与疫苗接种无任何因果关系。

2010年3月18日，《中国经济时报》发表声明。声明表示，报道中为保护未成年人权益，对大部分患儿使用了化名。山西省卫生厅称“已根据线索，紧急安排人员赴基层逐一做调查核实”，却未同该报就此组报道进行直接联系，亦未同采写此组报道的该报记者王克勤联系。该声明称：“我们愿对报道涉及的全部事实承担法律责任。”

负责该报道全部采写的记者王克勤称：

我对自己报道中的每一个字负全责。在历时半年的山西全境地毯式搜索调查采访中，我获得了70多份患儿病历，以及采访录音、录像、调查笔录，大量政府相关文件、法定文书，件件为证，可以说是铁证如山。

与此同时，多位家长赴太原“讨说法”。家住山西洪洞县的家长易文龙来到太原市迎泽区人民法院，欲起诉山西省疾病预防控制中心和北京华卫时代医药生物技术有限公司，但他的立案申请被拒。易文龙介绍说，2006年12月，他的女儿注射了流脑疫苗，不久后出现了思维不清、晕倒等不良反应，后来诊断为“急性播散性脑脊髓炎”，并留下了后遗症。他认为，这一切都是因为注射了高温疫苗造成的。

来自吕梁交口县的高长宏则介绍，他的大儿子强强在2006年注射了乙脑疫苗后，出现发烧症状，先后在汾阳医院和太原市传染病医院就治，诊断为乙脑。“医院发了几次病危通知书，虽然命最后保住了，但留下了后遗症，智力下降，现在念小学了，但学习跟不上。”高长宏说，由于强强患病，2007年，他和妻子又生了个小儿子，希望小儿子长大后能够照顾哥哥。“小儿子出生后没想到又成为三鹿奶粉的受害者。”

2010年3月19日，北京律师李方平通过特快专递方式向山西省卫生厅递交政府信息公开申请，共分为4大类14项申请。据《中国青年报》报道，这份政府信息公开申请主要包括以下内容：是否收到关于山西省疾控中心疫苗遭受高温暴露的举报，有无进行调查并作出局面结论；因储存、运输疫苗不规范，导致疫苗变质，继续进行注射的，会给接种人带来什么样的危害结果；既然当时医学专家鉴定并非预防接种异常反应，卫生厅接到报告后是否考虑与“疫苗质量不合格”之间的高度关联性，并提请相关质量监督部门封存检测；公开卫生厅根据媒体报道进行调查的调查组成员构成情况、采用的调查方法、程序、内容和结论；规定全省要统一使用山西省疾病预防控制中心逐级配送的标有“山西 CDC 专用”字样的疫苗的法律依据是什么，哪些生产厂家的疫苗获得了标有“山西 CDC 专用”的资格？

2010 年 3 月 20 日下午，6 名受害孩子的家长来到山西省卫生厅门前，在与记者的对话中抛出了几点疑问：一是他们是受伤害孩子的家长，但在调查中，卫生厅方面根本没有联系过他们；二是鉴定报告由山西省内的医学专家尤其是山西省疾控中心的专家完成，这些人是否应该回避？三是通过正常的诉讼渠道向法院递交诉状，法院却不予受理，也无书面回复；四是“调查核实”一天内完成，是否时间过于仓促？

2010 年 3 月 20 日，《中国新闻周刊》科技部主任方玄昌以“特约记者”身份在财经网发文指出，在这起山西疫苗案中，如果仅仅依靠王克勤文章的描述，未必每例患儿的症状皆与“问题疫苗”相关。值得注意的是，《中国经济时报》在 3 月 18 日的声明中也指出：“本报的报道并未对近百名患儿的死、伤必定系由疫苗导致作出判断，但本报记者在长达半年的调查采访中，收集到了 70 多名患儿的病历等相关资料，并对其中 36 名患儿家属进行了面访。通过调查，记者掌握了大量证明山西省疾控中心存在高温暴露疫苗、官商合谋垄断疫苗市场等问题的证据，包括人证、物证、录音录像等。由于存在这些问题，必然可以得出疫苗品质可疑的推论。并且，这些问题的出现与几十名患儿的死、伤在时间上关联度甚高，不能排除其存在内在相关性的问题。”

2010 年 3 月 21 日，山西多位受害孩子的家长以及实名举报的陈涛安收到了收买和恐吓短信，陈涛安的家属甚至接到了恐吓电话，这让事件变得更加复杂化。21 日，坚持实名举报的陈涛安在接受《广州日报》记者采访时，对此事件提出了 9 点质疑。

——问题一：卫生部门为何不报警？

让陈涛安不解的是，卫生部门为什么不公布和北京华卫时代医药生物技术有限公司的关系？“华卫公司招摇撞骗，假称卫生部企业，卫生部门

为什么至今不报警?”

陈涛安认为，山西省疾控中心有资格报警，山西省卫生厅有资格报警，卫生部也有资格报警，但为什么它们都不报警?

——问题二：每年数百万疫苗标签是谁贴的?

从2006年至2007年下半年近两年的时间里，山西全省统一使用贴了“山西疾控专用”字样的标签疫苗，标签上还有“CDC”、“HW”等字母。

“疫苗上的标签是否合法，依据是什么?这些标签谁组织印刷，谁组织管理，谁负责统计?标签的寓意是什么呢，是不是官商结合呢?贴标签的人员构成、谁来贴，有多少人贴?怎么培训的?”陈涛安提出了一连串的疑问。

——问题三：疫苗公司化合作的合法依据是什么?

陈涛安表示，山西省卫生厅2008年的一个文件称，山西省疾控中心和华卫公司的合作，符合有关规定，而且还使山西第二类疫苗供应充足，疫苗价格低于有些省份，使群众受益。“那么，说这个合作合法的依据是什么?使山西人民受益的依据又是什么?”

——问题四：2008年的检测如何证明2006年和2007年疫苗合格?

陈涛安表示，2008年11月的检测，如何证明2006年和2007年的疫苗是合格的?如果当时抽检疫苗合格，只能证明2008年的疫苗合格，而不能证明前两年的疫苗也是合格的。“卫生部门的鉴定怎么能够超越时空呢?”

3月18日，山西省卫生厅有关官员表示，卫生部于2008年11月协同国家食品药品监管局对所谓的“高温暴露”A+C群流脑疫苗、乙脑疫苗和乙肝疫苗依法进行抽样检测，检测结果全部合格。

——问题五：2008年11月的检测报告为何不公开?

陈涛安认为，既然卫生部门认为所谓高温暴露疫苗全部合格，但为什么不能公开2008年11月的检测报告?陈涛安认为，这个检测报告应该向社会公开，让老百姓信服。

——问题六：为何不找举报人调查?

尽管山西“疫苗门”迷雾重重，陈涛安称，至今，仍然没有相关部门来找陈涛安了解情况，对种种疑问展开调查。

——问题七：疫苗抽检如何保证同一性？

此外，陈涛安还提出了自己的看法："高温暴露疫苗的抽检如何保证同一性？如何抽检？如何确保这个抽检的科学性？"

——问题八：疫苗高温保存只会降低效果？

对于高温暴露疫苗的后果，山西省疾控中心有人士称："一般来讲，如果疫苗长期在高温条件下保存，对预防疾病的效果会有所降低。"

陈涛安对这一说法提出了质疑。"高温暴露疫苗只会导致疫苗降低效果，不会导致变质，它的科学依据是什么？"

——问题九：家长为何缺席专家鉴定？

此外，在对王鹏程、莉莉（化名）等孩子的情况做鉴定时，他们的家长王明亮、高径等人都没有参加，"这么重要的鉴定，家长却缺席了，卫生部门只是让一些专家召开鉴定会"。陈涛安质疑。

此外，在专家讨论意见书上，签名的7个专家为何3个都是山西省疾控中心的专家，为何不遵循回避原则呢？这样的鉴定是否有效？

2010年3月22日，据卫生部网站消息，由卫生部派出的8人专家组已于日前抵达山西，将对报道涉及的所有患儿逐一进行排查。

山西省政府于2010年3月22日下午召开新闻发布会。山西省政府副秘书长巨宪华、山西省委宣传部常务副部长杨波、山西省卫生厅副厅长刘星出席会议，向媒体介绍有关情况。发布会通报了三个方面的主要内容：第一，这次媒体对山西疫苗报道所涉及的问题是三年以前的事情。第二，媒体报道中说"有近百名儿童注射疫苗后或死或残"，省委、省政府看到报道后高度重视，当即责成卫生厅启动应急机制，组织有关市、县卫生部门迅速寻访媒体报道所提及的15名儿童，同时，抽调专家组成8个调查组，分赴太原、大同、阳泉、长治、晋城、吕梁、临汾、运城8个市的有关县区指导协助基层卫生部门调查核实相关情况，有关这方面的详细情况，随后还将邀请省外有关专家进行鉴定分析，并做专门的介绍。第三，关于山西疫苗目前的安全状况，山西省疫苗监管是严格的，疫苗质量是有保障的。广大人民群众可以放心地为孩子接种疫苗。

发布会证实北京华卫时代公司进入山西疫苗市场，没有经过严格的招投标程序，承认按照协议，北京华卫时代公司应缴50万元风险抵押金，栗文元违规将其中的27万元购买小轿车供个人使用。省政府办公厅副秘书长巨宪华表示，山西省的疫苗监管是严格的，疫苗质量是有保障的，广大人民群众可以放心地为孩子接种疫苗。整个发布会历时仅10分钟，进行了1个通报，回答了2个问题就宣布结束。就在同一天下午，山西省卫生厅副厅长王峻受命兼任山西省疾病预防控制中心主任。

需要指出的是，正如新闻发布会通报所指出的，此次山西疫苗事件曝光的问题早已不是一件新鲜事。早在2007年12月3日，《中国青年报》就发表记者刘万永的采访报道《一家小公司是怎样垄断山西疫苗市场的》，对该问题进行了曝光。

2010年3月24日，一份由山西省专家组出具的名为《关于网络报道15名儿童的基本结论》的文件中指出，媒体报道中涉及的15名儿童中，一名无疫苗接种史；八名儿童接种的是一类疫苗，不属于华卫公司管理，与“高温暴露”疫苗无关；三名儿童接种的二类疫苗是当地市、区级疾控中心自购疫苗，也与“高温暴露”疫苗无关；最后三名儿童接种的是华卫公司在2006年供应的第二类疫苗，但是不存在贴标签问题，因为贴标签是在2007年4月开始的。由此判定，这15个病例和所谓的“高温暴露”疫苗无任何关系。

该结论还提到，贴标签是在疫苗入库或出库短暂的时间内完成。根据《药典》，疫苗在37摄氏度条件下保持48小时至7天，不影响疫苗的质量；同时，华卫公司的疫苗在2007年至2008年间两次抽检结果完全合格，由此得出山西供应的疫苗是安全的结论。

但令人不解的是，山西省2006年即已出现“贴标签”的二类疫苗，该结论却称贴标签从2007年4月开始。而且，按照王克勤和陈涛安的调查，田建国掌控生物制品配送中心后，中心唯一的一辆冷藏车的冷藏设备就坏了，田建国一直未予修理。直到华卫公司撤离，车才被修好。“这样的车拉着疫苗，就像在闷罐里。”陈涛安形容。

若果真如此，用这辆车运输的一类疫苗虽然没有被贴标签，却同样可能“高温暴露”。以接种一类疫苗为由进行否认，理由并不充分。

针对目前山西省正在进行的官方调查，舆论普遍认为，当事部门自己组织专家进行的调查既难以服众，也有推卸责任之嫌。要想弄清事实，必须有独立第三方介入调查。

2010年3月19日到4月1日，由卫生部、国家食品药品监管局派出调查组赴山西调查。

2010年3月25日，卫生部发布《预防接种知识热点问题答问材料》称，我国上市疫苗总体上是安全的。提醒媒体对有关预防接种的信息发布要谨慎，并以国外的例子说明，媒体刊发不实信息，会导致预防接种工作无法开展，并可能导致悲剧发生。

2010年3月25日，举报人陈涛安接到了山西省疾病预防控制中心党委书记阎明亮的电话，被告知他提出见卫生部专家的要求已经得到允许。下午6点左右，陈涛安按照约定来到迎泽宾馆西侧楼6层会议室，与卫生部专家面谈。26日中午，陈涛安将他连夜撰写的《关于山西高温暴露疫苗有关问题专业鉴定的意见》递交到卫生部专家手里。

2010年3月30日，《中国经济时报》记者屈一平采访到了此次山西疫苗事件的关键人物、原山西省疾控中心主任栗文元。2009年12月，在山西省疾控中心原信息科科长陈涛安举报山西问题疫苗事件后，栗被免职，随即一家三口赴澳大利亚旅游。现在他回到了山西太原。

(十) 被鉴定风波

2010年4月1日15时，《中国经济时报》记者屈一平随同刘云斌——山西疫苗事件报道中提及的“发烧18小时死亡”的刘紫阳父亲，前往太原迎泽宾馆。

就在2010年3月31日，居住在深山沟里的刘云斌才在太原迎泽宾馆第一次见到“疫苗事件调查组”人员、第一次看到3月23日由山西省预防接种异常反应调查诊断专家组出具的《关于网络报道15名儿童的基本结论》、第一次得知自己的孩子刘紫阳已经被鉴定为：死亡与疫苗无关。

2010 年 4 月 2 日，记者获悉之前报道中提到的“不哭、不闹、不笑、不玩、不说、不会走路的“燕燕”——高奥学的父亲高二清及其家属已经来到太原，要求见记者，以澄清“被鉴定”事宜。

在交谈中，高二清陈述：2010 年 4 月 1 日被“安排”住在 620 室后，发生的深夜突袭式鉴定，让他十分不解。

高二清告诉记者，2010 年 4 月 1 日晚 10 时左右，他和妻子及父亲下楼去买东西，620 室只有孩子高奥学和奶奶两人。谁知，就在他们离开的二十分钟里，完成了他们期待已久的“鉴定”全过程！

“听说他们就拿个小锤锤什么的，来锤了下，摸了下，就说完了。”那十几个人走的时候留下一堆资料，是高奥学之前住院的证明和 2008 年的相关鉴定。在这些资料里，高二清第一次见到 2010 年 3 月 20 日由山西省大同市天镇县疾病预防控制中心出具的《网络报道接种疫苗异常反应儿童调查登记表》。鉴定结果显示：高奥学与疫苗无关。

“他们为什么深夜来鉴定，刚好我们还不在？”高二清十分不解。

（十一）信任危机蔓延

一波未平，一波又起。江苏延申、河北福尔的疫苗问题也再次被推出水面。事实的核心是，两家企业 21 万余份疫苗流向了 27 个省、区、市，而从事发的 2009 年 12 月至 2010 年 3 月的 4 个多月里，国家药监局的调查结果仍未出台。2010 年 3 月 29 日，江苏延申生物科技股份有限公司 7 名高层因涉嫌生产销售劣药罪而被批准逮捕。2010 年 4 月 1 日，江苏延申承认其 2008 年生产的 4 个批次、总计 17.9952 万人份的人用狂犬疫苗效价低于国家标准，可能导致疫苗接种后免疫抗体水平低，无法充分发挥疫苗应有的预防保护作用，属于不合格产品。但针对近期导致 15 名儿童死亡的山西“问题疫苗”事件，延申总经理刘武表示，这些儿童接种的是乙脑疫苗，而“延申从未生产过乙脑疫苗，山西儿童死亡事件与延申没有任何关系”。江苏延申 2008 年在中国人用狂犬病疫苗批签发数据榜上排名第四位，占据了国内 11%的市场。2009 年，作为中国 8 家具备甲型

H1N1 流感疫苗生产资质的企业之一，延申拿到了 630 万份订单，排名全国前三。

问题疫苗引发了民众的恐慌情绪和信任危机。一篇《宝宝，妈妈不再带你打疫苗》的文章在网上受到热捧。有关防疫专家于 2010 年 4 月 12 日强调指出：这一状况令人忧虑，如不及时解决，真的出现拒打疫苗现象，将直接危及公共卫生防疫屏障。因此建议“必须提升公众对疫苗的认知度和知情权”。

2010 年 4 月 1 日，卫生部、国家食品药品监管局发布《关于做好 2010 年预防接种工作的通知》，要求加大对疫苗生产和批发企业的监督力度，“不断提升各经营环节冷链保障能力”。强化疫苗流通和冷链运转管理，“未在规定冷藏条件下储存、运输疫苗的，依法严肃处罚，并按规定对所储存、运输的疫苗予以销毁”。

这一通知在一定程度上是针对“高温疫苗”而发的。之后，全国范围内开展了疫苗运输存储大检查。

2010 年 4 月 6 日上午，卫生部、国家食品药品监管局召开联合新闻发布会，通报山西“贴签疫苗”事件有关情况。卫生部疾病预防控制局于竞进副局长、国家食品药品监督管理局稽查局王立丰局长、中国疾病预防控制中心疾病控制与应急反应办公室冯子健主任出席新闻发布会。卫生部新闻发言人、卫生部办公厅副主任邓海华通报了调查组从 3 月 19 日到 4 月 1 日对报道涉及的患儿、疫苗和有关情况进行现场调查的有关情况下：

一、关于报道的患儿情况

疫苗接种造成病残和死亡的调查诊断是一项技术性、专业性很强的工作，需要多学科的专业人员共同参与。此次调查中，儿科神经内科学、感染症学、临床免疫学、血液病学、流行病学、疫苗学等多学科权威专家们，集中调阅了 15 名患儿的病历和相关资料；赴太原、阳泉、吕梁、临汾、运城、长治、晋城 7 市 11 个县区，对 11 名患儿逐一访视诊察，对 4 名已病故患儿的家属进行认真访谈；全面系统地核查了所有患儿疫苗接种史和患病后的临床资料，调查组集体对 15 名患儿的病情分别进行讨论分析，作出最终的结论。

第一，报道的15名患儿均有疫苗接种史，但均未接种过报道中所说的“贴签疫苗”。

第二，查清了报道的15名患儿情况。3例患儿所患疾病与疫苗接种有关，其中1例接种麻疹—风疹二联疫苗后发生过敏性紫癜，属于预防接种异常反应；1例服用脊髓灰质炎减毒活疫苗后，出现急性弛缓性麻痹症状，不能排除与接种疫苗的关系；1例接种乙脑减毒活疫苗后发生接种部位红肿痛，属于一般反应。按照国务院颁布的《疫苗流通和预防接种管理条例》有关规定，因为预防接种异常反应造成严重健康伤害的，有关方面应该给予一次性的补偿。12例患儿所患疾病与疫苗接种无关，其中4名病故患儿的诊断，1例为流行性脑脊髓膜炎，1例为癫痫、癫痫持续状态、遗传代谢病，2例为疑似病毒性脑炎伴中枢性呼吸衰竭。其他8例也都有明确诊断。

二、关于2006—2008年期间山西疫苗的安全情况

我国疫苗分为一类和二类疫苗管理，第一类疫苗是指政府免费向公民提供，公民应当依照政府的规定受种的疫苗，包括国家免疫规划确定的疫苗，省、自治区、直辖市人民政府在执行国家免疫规划时增加的疫苗，以及县级以上人民政府或者其卫生主管部门组织的应急接种或者群体性预防接种所使用的疫苗；第二类疫苗是指由公民自费并且自愿受种的其他疫苗。有关媒体报道的“贴签疫苗”发生于山西省疾控中心与北京华卫时代公司合作期间的2007年4月至2007年9月（合作从2006年1月至2007年9月），仅涉及第二类疫苗。为了科学、全面地分析疫苗有效性和安全性，调查期间，调查组收集和整理了2006年以来山西省疫苗的整体资料，特别详细地收集了疫苗使用数量、疑似预防接种异常反应个案资料，分别计算不同时段、不同疫苗异常反应，尤其是严重异常反应发生率，与国内外有关资料进行比较分析，从总体上评估2006—2008年期间山西省疫苗安全性。

第一，2006—2008年期间，山西省主要的疫苗可预防传染病的发病水平总体不高于全国平均水平。

第二，2006—2008年期间，山西省预防接种异常反应报告率没有出

现异常升高，在时间、地域、疫苗种类分布上也未出现聚集现象。疫苗异常反应报告发生率，未超过国内外监测报告水平。

第三，2008 年 11 月，中国药品生物制品检定所对山西省 3 个县级疾控中心和 3 个基层接种单位的 3 种“贴签疫苗”进行了抽样检测，对其中 1 个地点的乙型脑炎纯化疫苗（批号为 20070104—4）和 2 个地点的 A+C 脑膜炎球菌多糖疫苗（批号为 20070302）进行全项检测，对其中 1 个地点的重组乙型肝炎疫苗（批号为 2006090204）和 2 个地点的 A+C 脑膜炎球菌多糖疫苗（批号为 20070302）因样品数量不足进行了主要项目检测，上述检测结果均符合国家有关药品标准规定。2007 年 11 月，中国药品生物制品检定所对全国疫苗进行例行检查，对山西省疾控中心的抽样中也抽取了所谓的“贴签疫苗”，共检测 10 个批次的流感疫苗（批号分别为：20070507—01、20070614—03、200706C09.4、20070613—04、2007070203、200706C08.1、200706A07.2、20070720—03、200706C06.4、200707C11.1），结果均符合国家有关药品标准规定。

三、关于山西省疾控中心和北京华卫时代公司疫苗经营管理情况

尽管没有发现山西省“贴签疫苗”存在安全问题，但调查组认为，山西省疾控中心与北京华卫时代公司合作经营期间在疫苗管理上存在一定问题，除 2010 年 3 月 23 日山西省人民政府发布会所提及的问题外，还存在未经批准并违反操作技术规程在部分疫苗包装上加贴标签，下发的免疫方案涉及具体疫苗生产企业和疫苗批发企业等问题。北京华卫时代公司与全国卫生产业企业管理协会有关。对于山西省疾控中心与北京华卫时代公司在疫苗经营管理中可能涉及的问题，卫生部和国家食品药品监管局会同山西省正在依照法定程序，进行深入调查，对违规违法行为，无论涉及什么人，都要一查到底，绝不姑息，坚决依法处理。

四、进一步做好疫苗流通和预防接种管理工作

疫苗接种是预防控制传染病最有效、最经济、最安全的措施。经过 50 多年的不懈努力，目前我国已成为世界上最广泛使用疫苗的国家之一，国家免疫规划全面展开，传染病发生率显著下降，疫苗在保护和增进人民群众健康方面发挥了不可替代的重要作用，得到国际社会的广泛称赞。

国家免疫规划是一项长期、艰巨和复杂的工作，为做好 2010 年的有关重点工作，4 月 1 日卫生部、国家食品药品监管局已联合下发通知，要求各地认真组织做好 2010 年全国预防接种重点工作，广泛开展宣传普及预防接种知识，加强免疫规划管理，规范接种服务，加大对疫苗生产和批发企业的监督力度，强化疫苗流通和冷链运转管理，确保疫苗接种工作的安全有效。同时，做好疑似预防接种异常反应监测、报告与处置工作。卫生部和国家食品药品监督管理局还将开展全国性的督导检查活动，尤其是加强对麻疹、乙肝和狂犬病疫苗接种等重点工作的督导检查，加强疫苗监管，规范预防接种服务，让广大人民群众放心、满意。

在回答记者关于如何保证调查结果的客观公正问题，卫生部疾病预防控制局副局长于竞进表示：

对保证调查结果的公正性问题，卫生部和国家食品药品监督管理局高度重视，按照国家的法律法规，先后选派了 20 名专家和工作人员组成了调查组赶赴山西。对于报道中涉及的患儿、疫苗和有关情况进行现场调查。

此次调查诊断中，卫生部选派了神经内科学、感染症学、临床免疫学、血液病学、流行病学和疫苗学等多学科权威专家参加，专家们先期调阅了 15 名患儿的病历和相关资料，然后专家们又分组赴太原、阳泉、吕梁、临汾、运城、长治、晋城 7 个市 11 个县区对 11 名患儿逐一访视诊察，其中 1 名患儿当时在广州，2010 年 4 月 1 日专门接到太原由专家组进行诊察。对于 4 名已死亡患儿家属进行认真访谈，审阅和访查了所有患儿疫苗接种史和患病后的临床资料，专家们又花了接近 2 天的时间集体对 15 名患儿的病情分别进行了讨论分析，作出最终的调查结论。

与此同时，卫生部派出的流行病学、免疫规划以及疫苗安全等方面的专家对山西省近年来一类疫苗和二类疫苗的使用情况，疑似异常反应的情况进行调查，评价了山西省近年来 7 岁以下儿童疫苗针对传染病发病情况，根据以上的评估结果，根据系统评价，我们才得出了这次的结论。

在通报山西“贴签疫苗”事件有关情况后，再次强调，要进一步做好疫苗流通和预防接种管理工作。

在此大背景下，全国各省、区、市都重视疫苗运输存储的监管，对疫苗经营企业和接种医生的资质要求更为严格了。大夫们在接种前都询问儿童的健康情况，家长们无论接种什么疫苗，都多问几个为什么。

媒体上也开展关于疫苗监管体系的讨论，对疫苗监管献计献策。一边在修补、完善，另一边关于疫苗的事件仍在频出。

针对公众对疫苗的信任危机，在 2010 年 4 月 13 日卫生部例行记者会上，卫生部新闻发言人邓海华表示，要采取一系列措施，重建公众对疫苗的信任。

从 2010 年 4 月 7 日到 10 日，先后在江西、广东省揭阳、江苏南京、四川内江、辽宁凌源、广西来宾等地，发生接种后患病或死亡、假疫苗、疫苗质量风险等事件。

2010 年 6 月 3 日，为做好疫苗使用安全性监测工作，卫生部与国家食品药品监管局组织制定了《全国疑似预防接种异常反应监测方案》，表明卫生部已经对预防接种异常反应十分重视。

“以前发生的疫苗事件，很多没有引起重视。山西疫苗事件后，老百姓的觉悟提高了，所以都得到了曝光。”山西省疾病预防控制中心干部陈涛安说，“这些事件有的属于异常反应事件，有的则是明显的管理漏洞。”

疫苗信任已经濒临崩溃的地步，全国卫生系统必须强力重树信任。卫生部 2010 年 9 月 1 日向公众宣布将开展包括近 1 亿儿童的麻疹强化免疫活动。

之前的 2010 年 7 月 29 日，卫生部部长陈竺在“中国消除麻疹和疟疾工作会上”强调：“一定要确保这次麻疹疫苗强化免疫活动的成功，通过严格的管理和细化工作，重树公众对疫苗的信心。”

但始料不及的是，本应重树信任的免疫活动却引发了前所未有的信任危机。关于麻疹强化免疫的种种传言在网上纷纷流传，最初流传的是麻疹疫苗是“美国赠送的慢性毒药论”，更有甚者，网络上将这次免疫活动描绘成一场政治阴谋。

一位免疫学博士王月丹的质疑更是让公众不安，他在博文中“站在一个父亲的角度”表示，“如果是自愿，我不准备带女儿进行麻疹疫苗的强化接种”，并称“对于强化麻疹疫苗免疫的危险，我们有关部门的专家则过分地乐观”。

为了应对各种流言，卫生部网站在 2010 年 9 月 6 日至 9 日连续刊登 12 篇文章，针对此次强化免疫的各种问题进行了解答，并邀请世界卫生组织总部免疫、疫苗和生物制品部医学官员等专家在线访谈，解释中国的麻疹疫苗是安全的、有保障的。

而王月丹的特殊身份，让不少儿童家长都深信不疑，因此出现了民间与官方不同声音的碰撞。一位孩子家长说，2010 年来山西疫苗事件和狂犬病疫苗事件等，都是人祸，但肇事者根本没有伏法，让她很难相信公共卫生体系，“我是宁可信其有，我只有一个孩子，不能不小心”。

显然，疫苗信任的重建非一日之功，诚如卫生部新闻发言人、卫生部办公厅副主任邓海华所言：我们包括广大的公众，需要花更多的时间，做更多的工作，投入更多的力量，来重树公众对预防接种的信心。

二、各方评析

（一）“疫苗事件”应启动第三方调查

《广州日报》于 2010 年 3 月 22 日刊登评论文章指出：

山西疫苗事件之类公共事件，不妨引入第三方介入调查，当事部门自己组织专家进行的自我调查既难以服众，也有推卸责任之嫌。

山西疫苗事件，到现在依然是疑点重重，一方坚称自己历时半年所采写的报道全部属实；另一方则回应表示，“山西疫苗乱象调查报道基本不实”，并声称“经省级异常反应鉴定专家组鉴定，接种疫苗后的异常情况和疫苗接种没有因果关系”，而且“调查也未发现接种疫苗致死致残者”。

在事件真相未弄清楚之前，别人不好妄下结论，暂且不妨对双方的言语都持存疑的态度。但具体到山西省卫生部门的调查而言，其可信度显然难以服众。“山西疫苗乱象调查”报道2010年3月17日出街，但山西省卫生厅18日即表示，根据线索，已紧急安排人员赴基层逐一做调查核实，结果证明“报道失实”。因为报道中提到的“15名致死致残儿童中，在所能找到的10人中，只有1人被鉴定为疫苗接种异常反应”。

且不说记者历时半年调查，方得出如报道所说的“乱象”，山西省卫生厅仅用一天的调查，就得出“科学结论”，如此神速的调查，能否得出权威的结论，很是让人怀疑。更关键的是，有家长告诉记者，在山西省卫生厅发布的调查信息中，他们受伤害的孩子名列其中，但实际上根本没有调查组联系过他们。那么，这个历时一天的调查结果，究竟来自何处？其依据又是什么呢？山西省卫生部门有必要对此作出回应。

事实上，事情发展到现在，单靠其中一方来不断澄清，已不能消除公众怀疑。要想弄清楚事实，必须有一个独立的第三方介入调查。这个第三方可以是一个权威的、有公信力的调查组，调查组成员名单要向公众公布，以确保和疫苗事件没有任何利益瓜葛。最重要的是第三方的调查要向舆论公开，调查的每一个环节都要接受公众的监督。可行的做法就是选取有公信力的媒体记者随同调查组一起，将调查整个过程都通过媒体报道，让公众知晓。而且调查组还要定期召开新闻发布会，公布调查的进展状况。没有了利益牵扯，有的是公众的监督，这样的调查结果，其公信力也就有了一定的保证。

再推而广之，为提高类似公共事件调查的公信力，不妨引入第三方介入调查，而不是由当事部门自己来进行调查，这种自我调查既难以服众，也难逃推卸责任之嫌。比如说，在上海曝出钓鱼执法丑闻后，浦东新区城市管理行政执法局作为当事部门，就矢口否认存在钓鱼执法。遭到公众质疑后，浦东新区随后重新组织联合调查组，结果证明当事部门的调查明显违背事实。这个联合调查组即相当于一个第三方的独立调查组，其成员包括上海市人大代表、政协委员，还包括律师和媒体记者，从而还原了事实的真相。

再比如，湖南郴州市嘉禾县、桂阳县的数百儿童血铅超标事件，污染事件发生近9个月，但情况说明却称还在“加快调查进度”。这样的调查与其说是在调查，不如说是在拖时间，应付公众。由于其涉及当地官员的政绩，不启动第三方调查，再怎么“加快调查进度”，恐也无济于事。

“公平和正义比太阳还要有光辉。”对于山西疫苗疑案、湖南嘉禾血铅中毒等公共事件来说，为了寻求公平和正义，还须尽快启动第三方调查，而不能坐视孩子的生命安全和身体健康受到漠视。这是良知所在，也是社会责任所在。

《长江商报》2010年3月22日发表评论文章指出：

比较卫生厅的回应与家长们的质疑，两方声音虽不对等，但似乎已然形成一种交锋状态，并给人如下感觉：事件真相正得到步步逼问，似乎质疑一旦澄清，或者为继续回应质疑而给予更为圆满的答复，真相就要水落石出。可惜，这种交锋状态仅仅体现于一种舆论图景，换言之，责任主体与受害家属在疫苗事件中并没有面对面的质证，质疑与回应各自为阵，真相并非在这种交锋状态中一步步浮出水面，反而是越来越陷入谜团。

（二）疫苗事件系制度性人祸

中国政法大学副教授萧瀚在2010年3月29日出版的《新世纪》周刊发文指出：

举国关注的山西疫苗事件，事涉近百名致病、致残、致死者及其家属的权利救济，关系千万人的健康和安全。至今各方报道中所反映出来的问题，集中在山西省卫生厅、疾控中心等行政部门涉嫌渎职、官商勾结、垄断疫苗市场，涉嫌违规存储、运送、销售疫苗，涉嫌自辩自裁回避监督，涉嫌垄断信息蒙蔽公众等问题上——它们再次清晰展示权力场域中的罪错递增现象。

在这个以行政垄断市场为基调的链条中，本以管理、配送疫苗为职责内容之一，以实现公益目标的疾控中心，成了问题中心。山西省疾控中心前中心主任栗文元利用权力，变相开办垄断性企业（生物制品配送中心），任命毫无疫苗生产经营资质的北京华卫时代医药生物技术有限公司董事长田建国为生物制品配送中心主任，垄断山西全省二类疫苗市场。

华卫时代公司号称“卫生部部属企业”，田建国还挂着“卫生部全国卫生产业企业管理协会副秘书长”的头衔，在经营中层层违规，以致管理、存储、运送时疫苗高温暴露。

市场垄断必然导致劣质产品和劣质服务，甚至引发灾难，这是千百年来古今中外屡验不爽的基本公理，而以权力垄断为前提的市场垄断则更加邪恶。

因陈涛安的举报，2007 年 10 月，山西省纪委参与省卫生厅成立调查组之后，田建国神秘失踪，而调查结果却“对栗文元、田建国制售高温疫苗问题置之不理”，这无法不让人对权力的官官相护浮想联翩。高温曝光疫苗与患者病残死之间究竟有无病理因果关系？在后续的三年中，作为上级主管部门山西省卫生厅的种种作为，如“专家鉴定违反回避原则”、“改动患儿接种史”、“虚构卫生部调查结果”等，从反面佐证着人们怀疑的理由。

而在有关媒体报道之后，2010 年 3 月 17 日当晚，山西省卫生厅慌不择言地声明:“报道基本不属实”。与此同时，“讨说法家长卫生厅门前被推倒”、“家长申请立案被拒”、“举报人遭恐吓”、“疾控中心主任栗文元出国旅游不归”、“山西卫生厅记者会只开 20 分钟，当场指责记者”等诸多事件连续发生。

此外，不但山西本地的医界权威人物“封口”，就是远在北京的医界似乎也欲言又止。山西本省除了高平法院，其他法院迄今没有敢受理疫苗致死致残致病索赔案。检察机关似乎从未启动原本属于其管辖的渎职罪的侦查工作，在此问题上一直无所作为。山西省纪委的工作似乎也已停顿，没有对外通报任何新的进展，甚至当记者采访时还质问其采访目的。至此，公权力垄断并掩盖信息，各项权力之间互相配合，阻断几乎所有公共性、权力性的救济渠道，受害者取证困难，投诉无门。

虽然卫生部在相关报道发表之后的第二天，即派出八人专家组入晋“指导”调查，但具体效果还需拭目以待。

全世界的行政机构都具有一个共同特点，就是科层等级制下的权力集

中，中国也不例外。但在权力分立的宪政国家，这种科层等级制中的庞大权力，受到议员、上级行政首脑、自由媒体、司法等一系列政府权力和社会权力的外部制约和监督，通常不大敢为所欲为。其行政官员一旦渎职，就可能遭到解职甚至司法清算。

一些行政部门的负责人在受到上级行政长官以及上级纪检部门的内部调查之前，往往能在本系统一手遮天、胡作非为，利用手中权力设租、寻租，并与上下各级行政官员和外部利益体交换利益。

与上述相应，权力腐败制造灾难也有其特定的规律性现象。缺乏制度性、常态有效监督和制约的公权力，在其行为过程中只要第一个环节发生错误，后面的环节将自动出现制度性护短行为。于是，在连环谎言的护卫下，连环侵权一路畅通，直到最后公民权益遭到灭顶之灾，这就是缺乏监督和制衡的公权力在实际运作中的罪错递增规则。

可以断定，公权力缺乏制衡与监督的制度现状不变，这条定律必是制度性人祸的主要原因。

(三)“锯箭疗法”为何重复使用

《华商报》发表时评文章指出：

事隔两年多以后，“山西疫苗门”再度发酵，数十名家长带领孩子到山西卫生厅门前讨说法，而问题疫苗的举报人和家长受到恐吓。这一事件让人想起了前不久重出江湖的“三聚氰胺”奶制品。

早在2007年年底，《中国青年报》记者通过详细调查，揭露了山西卫生行政部门和北京某公司结成联盟，牟取暴利，使广大接种疫苗的孩子利益受损。此报道一经发表，引起舆论广泛关注，最终山西有关部门展开了卓有成效的“公关”运作，这一风波基本按照当地官方的意愿了结。最终有关部门没能给公众一个令人信服的交代，同时也没有谁受到什么处分，对当地卫生部门来说可算虚惊一场。按理说，经过那场风波后，当地有关部门应吸取教训，在疫苗管理、使用方面会严格依照法律法规，因为已有“前科”在身，若旧病复发，其对舆论的震荡力将更大。但在并不漫长的时间之后，缘何妖雾重来?

此事和三聚氰胺重出江湖的基本病理是相似的，因为毒源没有切除，土壤犹在，罪恶之花必定重开。中国古代有一部很出名的笑话集《笑林广记》，里面有一个故事：某军士在战场上被箭射中，战友将其护送到随军医官那儿，医官将露在伤员皮肤外面的箭杆锯断，而不管留在皮肉里面的箭头，说手术做完了。

当下中国一些地方的公权力部门对公关危机的处理方式就如这位庸医那样，采取“锯箭法”，其目的只是将暴露在公众视野之中的“箭杆”锯掉，应付一时的舆情汹汹，那么留在里面的箭头毒发，危及生命只是时间的问题。

为什么“锯箭法”能大行其道呢？关键是对权力有效的制约和监督问题没有得到解决，如此掌握权力者犯错甚至犯罪的风险太小，那么在同一块石头上摔跤的概率就太大，因为重复受伤的往往是无权势的人，而造成这一伤害的决策者却难以受伤或受伤很小。以上面这则笑话为例，如果这个医官无论医疗水平如何，无论其医德怎样，只要那支部队的统帅信任他，他都可以稳坐医官的位置，“锯箭法”也会被重复使用，反正军士生命安危与自身利益关系不大，何苦去认认真真提高业务技能，尽心尽力对待伤员呢?

2007年山西“疫苗门”发生后，本应该迅速启动调查机制，由中立的、权威的部门来主持调查，允许中立的媒体深入调查，公开报道，让有关责任人士依法受到包括刑事责任在内的严肃处理，进而改革疫苗管理、使用的机制，割断疫苗生产、经销企业和主管部门之间的权力链条，从而使这一机制更加公开、透明。如此，才可能最大限度地避免重复犯错。而现在当类似“三聚氰胺”、“疫苗门”之类的恶性事件发生后，有关部门采取的应对方式正好相反，首先不是否认就是遮掩，若遮掩不住了，就运作更高的权力部门来封杀舆论，而当舆论不能封堵时，通过权衡再三抛出一个或几个“替罪羊”来舒缓一下舆论压力，而另一方面则通过公权力来打压锲而不舍的维权者或举报人。如此多管齐下，看似事件平息了，但机制没得到根本改善，真正应该负责任的人依然占据高位，那么旧病复发不但是高概率，而且症状将更加严重。

毛泽东曾在一首七律中写道："金猴奋起千钧棒，只缘妖雾又重来。"前两次，孙悟空没能打死白骨精，白骨精便一次次改头换面来威胁唐僧的生命。这个道理，看来古今相同。

三、启示借鉴

(一) 程序公正可以吸纳和减少不满，程序不公一定会增加不满

在山西疫苗事件的调查过程中，舆论对调查的公信力提出了诸多质疑。这种质疑，与其说主要和首先针对调查的结果，不如说是主要和首先针对调查的程序有失公正。程序公正又被称为看得见的正义，它关系到执法机关和执法人员的形象公正。它的重要性可以用两句法律谚语来形容——"正义不仅应当实现，而且还应以人们看得见的方式实现"，"看不见的正义非正义"。程序公正可以有效地吸纳和减少各方不满，相反，程序不公，即便结果公正，也可能滋生和激发各种不满和猜测。一般认为，程序公正原则至少包括以下几大不可缺少的要素：程序的参与性、程序的中立性、程序的公开性、程序的平等性、程序的合理性和程序的及时性。当人们质疑"这么重要的鉴定，家长却缺席了，卫生部门只是让一些专家召开鉴定会"时，其实就是对调查程序违反程序参与性提出叩问，因为程序的参与性要求所有利益相关方都有权以富有意义（meaningfully）的方式参与到程序中去。当人们质疑"山西省内的医学专家尤其是山西省疾控中心的专家是否应该回避"时，显然是对违反程序中立性的拷问，因为"任何人不能担任自己案件的法官"，该回避的应该回避。当人们质疑"有关调查核实一天内完成，是否时间过于仓促"时，其实是对违反程序及时性的拷问，程序及时性意味着程序既不能拖得太久——因为迟来的正义非正义，

也不崇尚“兵贵神速”和“急就章”。事实证明，这样有违程序公正的调查程序不仅没有减少各方不满，反而激发了民众——无论是利益相关方还是关心此事件的其他民众——的不满和不信任。教训弥足深刻。

（二）要创造条件让人民监督和批评政府

温家宝总理在2010年《政府工作报告》中提出，“要创造条件让人民监督和批评政府”，“要让人民生活得更加幸福、更有尊严”。这两句话在老百姓中引发热烈反响。事实上，正如有媒体所言，这两者是具有高度相关性的，不敢或者不能监督和批评政府的人民，就不可能有真正幸福，更不可能真有尊严。

问题的关键在“创造条件”四个字上。我们认为：

首先要给媒体监督创造更加宽松的环境。在既有的各种监督中，新闻监督的成本是最低的，效果也是最直接的。随着各种新媒体的出现，无论是传统媒体还是新兴媒体，都有着监督的巨大热情。将媒体监督发挥好利用好，无疑可以有力地倒逼政府部门及其工作人员的工作。然而，我们也不能陷入所谓“媒治”的怪圈。在现实生活中，人们发现不少问题，媒体关注曝光了，在社会上引起强烈反响了，有关部门才会响应，才会跟进处置和解决；相反，如果事情没有曝光，或者即便曝光了但在社会上没有引起巨大波澜，有关部门也置若罔闻，再或者即便媒体的曝光一时间在社会上造成强烈反响，但时过境迁，网民和媒体对此事失去了继续关注和追踪的兴趣，有关部门也就失去了解决问题的压力和动力。因此，仅仅依靠媒体的监督又是不够的。还必须健全对权力的其他制度制衡和制度监督的手段，使之刚性化。

可考虑建立中央巡察专员制度，在全国设立若干个中央巡察专员行署，每个专员行署负责巡察若干个省、区、市，对有关重大问题的事实真相具有独立调查权。中央巡察专员由全国人大或全国人大常委会任命，对其负责。中央巡察专员行署不设下级办事处，联系方式对全社会公布。中央巡察专员行署只聘用少量不属于公务员系列的文职人员，负责日常运

作。一定数量的公民或政府机关、党派团体都可以向中央巡察专员提出调查申请。中央巡察专员收到申请必须公告，并决定是否启动调查程序。如决定启动调查程序，应组织独立调查委员会。中央巡察专员有权跨区域聘请各方专家和社会声誉好的知名人士组成独立调查组。独立调查组因案而设，案结解散。①

此外，地方行政与地方司法必须真正实现分开。通过司法来加强对权力特别是行政权的监督制约，是西方法治国家的一个成功经验，也是过去20多年来特别是自《中华人民共和国行政诉讼法》颁布施行以来我国一直在积极稳妥探索的重要方向。法国思想家托克维尔一百多年前曾观察发现，美国人几乎可以将所有的问题，以各种不同的形式转化为法律问题，交由法院加以解决。在我国，之所以民众的很多维权行动会成为一些地方政府部门维稳的对象，也从一个侧面看出我国法院在吸纳和解决社会权益纠纷方面功能的不足。在山西问题疫苗一案中，山西疫苗事件家长曾多次申请提起诉讼，甚至在法院门口以击鼓的方式请求立案，然而山西太原有关法院一直不予受理。纯粹的法律问题，如果不能通过法律和司法的制度途径得以妥善的解决，则无异于将问题推给社会，推向街头，就会使法律问题社会化甚至政治化。维权问题转化为维稳问题，由此也就不难理解了。通过切实的制度变革，使司法成为社会规则的守护者，应成为下一步改革的重要议程。

参考文献：

1. 王克勤：《山西疫苗乱象调查》，《中国经济时报》2010年3月17日。

2. 吕卫红、杨迪：《“为了更多孩子的生命安全”——就山西疫苗事件对话王克勤》，正义网，2010年3月19日。

3. 周婷玉：《卫生部调查媒体报道的“因注射疫苗出现聚集性异常反应”事件》，新华网，2010年3月17日。

① 参见于建嵘：《底层立场》，上海三联书店2011年版，第159—160页。

4.《还原真相——新华社记者关于“山西疫苗事件”的访谈》，新华网，2010 年 3 月 18 日。

5. 曾向荣:《山西“疫苗事件”追踪》,《广州日报》2010 年 3 月 20 日。

6. 方玄昌:《山西疫苗案残藏危机》，财经网，2010 年 3 月 20 日。

7. 肖畅:《疫苗事件：公正调查程序比什么都重要》，《长江商报》2010 年 3 月 21 日。

8.《实名举报人对山西疫苗事件提出九点质疑》，《钱江晚报》2010 年 3 月 22 日。

9. 舒圣祥:《请“创造条件”让公众监督山西疫苗事件》，《成都商报》2010 年 3 月 22 日。

10. 十月砍柴:《“锯箭疗法”为何重复使用》，《华商报》2010 年 3 月 23 日。

11.《山西疫苗〈基本结论〉存争议卫生部专家组紧急约见陈涛安》,《中国经营报》2010 年 3 月 27 日。

12. 刘京京:《山西“疫苗风波”始末》，《新世纪》2010 年第 13 期。

13. 萧瀚:《疫苗事件系制度性人祸》，《新世纪》2010 年第 13 期。

14.《山西疫苗事件再调查该如何服众》,《新京报》2010 年 3 月 29 日。

15. 诗淇:《寻找田建国：山西疫苗利益链溯源》，《第一财经日报》2010 年 3 月 31 日。

16. 刘万永:《一家小公司是怎样垄断山西疫苗市场的》,《中国青年报》2007 年 12 月 3 日。

17.《中青报记者刘万永：如何揭开山西疫苗黑幕?》，《中国青年报》2008 年 1 月 11 日。

18. 邱瑞贤:《山西等地疫苗事件引信任危机，部分家长拒打疫苗》，《广州日报》2010 年 4 月 9 日。

（肖晋　编写）

福建南平校园门口恶性凶杀案

2010 年 3 月 23 日 7 时 24 分，正逢孩子们上学时间，福建省南平市实验小学门口，已经有几十个孩子等在校门口了，再过 5 分钟，7 点 30 分校门就将打开。突然，一名中年男子手持砍刀行凶，在短短 55 秒内持刀连续朝正在等待学校开门的 13 名小学生捅去，酿成 13 名小学生 8 死 5 伤的惨剧。

在福建南平血案发生 2 个月内，广西合浦、江苏泰兴等地又连续发生数起校园血案，激起了全社会的震怒与谴责。这几起凶杀案件都有一个共同的脉络：失意—无处宣泄—产生违法社会心理—制造社会重大公共事件—引发关注。福建南平血案作为一系列校园血案的标志性事件给人们留下了许多发人深省的问题，反映出校园安全背后更为深刻的社会危机。

一、案例始末

2010 年 3 月 23 日早晨，福建省南平市某小区阿姨看到凶手郑民生像往常一样出门锻炼，郑踏着小步，拍着一位晨练老人的肩膀说："走，咱们跑步去。"他故意绕开家附近的2所小学，走向了离家较远的南平市实验小学。

这一天天气温暖。7时20分左右，福建省南平市实验小学门口，早到学校的孩子们扎堆在校门口聊天，很多老人送小孩上学后，就到旁边的体育场内锻炼身体。

7点24分，已经有几十个孩子等在校门口了，再过5分多钟，7点30分校门就将打开。南平实验小学7点40分开始上课，七点半才打开校门。

此前的十来分钟，已经到达实验小学门口的郑民生躲在角落里静静等待，看着一些家长开车把孩子送到校门前。

7点24分，郑民生掏出一把长约50厘米的砍刀，走到学生人群中，他突然拉住一个小女孩的书包，把女孩提起，小女孩尖叫起来。他拿刀直刺女孩子的颈部。孩子们惊叫起来，有些孩子大哭着跑开。速度快得超乎想象，短短55秒钟，郑民生已经捅伤了13个孩子。

好几个孩子躺在学校门口呻吟，外围的孩子还不知道发生什么事，一个劲地往里走，一些孩子开始惊恐地往学校里面冲，他们合力撞开了学校的边门，冲到门卫室里面。

高年级的孩子开始高声喊叫"杀人啦"！另一位路人停下来，他拿起自己的头盔，朝郑民生砸过去，郑向他瞪了一眼。

孩子的叫声被学校教务处副主任、体育老师甘贵平听到，这位体育老师是当天的值日教师，他正在校门口执行巡查工作。

甘贵平一到校门口就看到几个孩子躺在地上。甘贵平当时想扛起一辆电动自行车砸向郑民生，但发现自行车太重后，他转而抄起一只拖把与郑民生拼命搏斗。

甘贵平朝着郑民生吼叫，郑停了下来。此时，路过的城管干部、学校门卫以及几名市民一起扑了上去，将郑民生按倒在地，郑民生当场被制服。据甘贵平事后回忆，凶手在杀人时喊："他们把我逼疯了，不让我活，我也不让你们活"。

后期的录像监控显示，郑民生的行凶过程只有短短的55秒，造成了8死5伤的惨剧。这些无辜的孩子是小学一到四年级学生，其中一年级孩子有4名。

2010年3月24日10时，南平市政府召开新闻发布会，宣布公安机关以故意杀人罪向检察机关提请批准逮捕犯罪嫌疑人郑民生。公安局副局长徐京平告诉在场媒体，公安机关已查明："犯罪嫌疑人郑民生因感情挫折、悲观厌世，遂故意行凶杀人"。

新闻发布会上，南平市政府还对在"3·23"恶性杀人案件中见义勇为的四位市民进行通报表扬，称他们是南平市民的骄傲和学习的榜样。这四位市民是：实验小学学生应某某的家长应长余、实验小学保卫人员陈仕营、实验小学教务处副主任甘贵平和城管大队副大队长游钦章。与此同时，南平市政府还希望知情者向公安机关提供更多见义勇为救护学生者的线索。

新闻发布会上，南平市卫生局副局长蔡钟沐确认了学生死亡人数为8人。蔡钟沐说，目前5名受伤学生分别在南平市立医院和市人民医院ICU病房治疗，其中2名伤员已经清醒，伤情相对平稳，其余3名学生情况也有所好转。

2010年3月24日下午，南平市延平区检察院宣布，该区检察院已对"3·23"特大凶杀案件的犯罪嫌疑人郑民生以故意杀人罪作出了批准逮捕决定。福建省检察院有关职能部门于当天赶赴南平指导办案。

2010年3月24日，案发小学——南平实验小学恢复上课。早晨8时10分，南平实验小学操场举行仪式，全校师生默哀三分钟，哀悼昨天遇难的同学。随后，老师们走到孩子们身边，与孩子逐一紧紧拥抱。哀悼仪式结束，所有学生回到教室，接受心理咨询和治疗。南平市阳光心理服务团、福建师范大学、福建医科大学的心理咨询专家赶到学校，开展团体心理疏导，与学生们进行积极沟通，为学生们开展了包括黑板画认知、故事情节问答等互动活动。该学校拟每个周二、周三、周五下午的教学后集中对学生进行心理健康教育。

2010年3月25日凌晨，办案人员带领犯罪嫌疑人郑民生返回案发地点指认现场。据介绍，郑民生在指认过程中记忆清晰、叙述准确，对作案过程的还原几乎与监控录像完全一致。同时，郑民生还交代，自己原计划杀死 30 名学生。

2010 年 3 月 26 日，犯罪嫌疑人郑民生被移送检察机关审查起诉。据媒体报道，3 月 26 日，郑民生被送到福州市神经精神病防治院进行精神病司法鉴定。经鉴定，郑没有精神疾病史。

2010 年 3 月 26 日上午，南平市委书记雷春美在南平市第一人民医院 ICU 病房，对被砍伤孩童进行慰问时，一位中年妇女突然向前来慰问的雷春兰下跪哭诉自己 8 岁的女儿遭人强暴，案犯仍逍遥法外。她说："请雷书记为我做主"，"女儿好惨好冤！我女儿的冤屈得不到伸张，如果你们不处理好，我也去杀人！"

2010 年 3 月 27 日，犯罪嫌疑人郑民生被依法提起公诉。南平市检察院检察委员会研究认为，被告人郑民生持刀杀害无辜小学生，造成 8 人死亡、5 人重伤，犯罪手段极其残忍，后果极其严重，社会危害性极大，其行为已触犯了《中华人民共和国刑法》第 232 条之规定，犯罪事实清楚，证据确实、充分，应当以故意杀人罪追究其刑事责任。据此，南平市检察院于 3 月 27 日向南平市中级人民法院提起公诉。据了解，犯罪嫌疑人郑民生没有精神疾病史。

南平市政府官方网站上一条题为《不惜代价抢救学生依法从快从重办案》的信息称，"当前，要依法依纪尽快结案，用最短的时间、最高的质量办理此案。政法委要牵头公安、检察、法院、司法等部门，组织精干人员，按照法律规定和法定程序，依法从重从快办案，以安慰死伤的学生及家属"。

南平市政府向每个遇害学生家庭发放"社会救助、人文关怀"费 26.25 万元。教育部、福建省教育厅、南平市教育局给每户慰问金合计 12000 元。

2010 年 4 月 8 日上午 8 时，南平"3·23"特大凶杀案在南平市中级人民法院开庭审理。尽管下起了大雨，8 时整，包括审判人员、公诉人员、学生家长、旁听人员、媒体记者等近百人出席法庭。审判长宣读法庭秩序及审判程序后，被告人郑民生被押入庭审现场，这是 13 名受害学生家长首次见到凶手郑民生。当提到因恋爱受挫、与同事和家人不合而蓄意杀人时，被告人郑民生对此表示异议，并在公诉人按庭审程序对其犯罪过程进行提问时选择沉默拒绝回答，他称，法庭应先了解其行凶起因，而非先询问行凶过程，这样会使他人对他的行凶造成先入为主的观念。经过4小时的审理，合议庭合议并经审判委员会讨论决定，郑民生犯故意杀人罪，判处死刑，剥夺政治权利终身。法院同时对该案刑事附带民事部分进行审理作出判决，判决郑民生赔偿13名死伤者亲属各种款项330多万元，每个死亡孩子家庭获赔40万到41万元，伤者家庭获赔1万到3万元。郑民生当庭表示不服判决，要求上诉。

2010年4月20日，二审维持原判。

2010年4月28日上午，经最高人民法院复核，在南平3·23特大凶杀案发生36天之后，罪犯郑民生被执行死刑。

就当郑民生伏法、南平案画上句号的当天下午，广东省湛江市下辖雷州市雷城第一小学又发生凶杀案。一名男子冲进校园，持刀砍伤18名学生和1名教师。

此后不到两个月的时间内，在全国各地又连续发生数起针对小学生、幼儿园儿童的恶性校园外来暴力伤害事件，引起党中央、国务院的高度重视。

2010年5月3日，中央针对近期数起校园安全事件紧急召开综治维稳工作电视电话会议，在会议上，中共中央政治局常委、中央政法委书记周永康作出重要指示，要求各地区各部门要深刻汲取教训，认真查找问题，采取综合措施，共同维护校园，以对人民生命安全高度负责的精神，为孩子们学习、成长创造平安和谐的社会环境。他还专门提到，有关部门要加强对精神疾患人员的治疗救助管理。

2010年5月12日，公安部、教育部联合召开加强学校、幼儿园安全保卫工作紧急视频会议。国务委员、公安部部长孟建柱在会上强调，要把校园周边治安防控措施进一步落实到位，各级公安机关要积极会同综治、教育等有关部门，严厉打击侵害师生、儿童生命安全的违法犯罪活动，打得犯罪分子不敢对孩子下手，防得犯罪分子不能对孩子下手。

2010年5月13日，国务院总理温家宝在接受凤凰网采访时表示：政府高度重视这类凶杀案件，除了要采取强有力的治安措施之外，还要注意解决造成这些问题的一些深层次原因，包括处理一些社会矛盾，化解纠纷，加强基层的调解作用等。

与此同时，全国各地也在积极探索校园安保的有效措施。在北京，公安机关全警动员，在学校上学前10分钟、放学前10分钟，警力都会到达校园周边。郑州等地中小学和幼儿园建立了治安警务室，严格落实中小学和幼儿园“一校一警”制度。广州多所小学向家长发放“接送卡”，持卡家长只有顺利通过学校保安、辅警、警察和其他家长的“共同检验”，才能接走孩子。

二、案例背景

（一）郑民生是什么样的人？他的杀人动机是什么？

《瞭望东方周刊》记者黄柯杰在《南平血案：一个失败者对“非富即贵”人家的报复》一文中详细叙述了郑民生失败的人生轨迹，以及他在案发时面临绝望的生活状态。

据警方公开资料显示，凶手郑民生，1968年出生，是南平本地人，中专毕业，未婚。其父母有六个孩子，他排行第五。1987年，正是中专生红火的年代，19岁的郑民生考入南平市建阳卫校医士班。1992年，他进入南平市化纤厂职工医院上班。当时的化纤厂效益很不错，是南平有名的国企，郑的医生工作更令周围人羡慕。据透露，郑民生曾向他的多位朋友讲述当时化纤厂的盛况，并时常作为酒后谈资显摆。

2002年，南平市化纤厂倒闭，郑所任职的职工医院转制为马站社区诊所，好在编制是事业单位。在同事眼里，郑民生业务水平很高。他在化纤厂职工医院时，曾被同行称为“郑一刀”，这是对他外科医术的极大褒奖。虽然可以说是个好医生，但是郑的偏激性格让他与同事相处甚难，特别是一个叫王德彤的同事，郑对其尤为不满。

据知情人介绍，王和郑都曾是化纤厂职工医院的医生，郑总觉得自己医术比王精湛，但转到社区诊所后，王却当上了领导。郑对此十分不满，觉得是王在卫生局有关系，故意排挤自己。

2008 年，郑民生升为外科主治医生，这是医生的一个重要职称，也意味着他可以自己申请开诊所了。取得职称后不久，他就对马站诊所的同事说，自己要辞职了，要去外地发展，一定要干出点名堂来。

2009 年 6 月 18 日，郑民生主动从马站社区诊所辞职。邻居们都记得，他曾对大家说，他要去全国各地的大医院任职。

郑民生进入化纤厂后，这家国企实际在走下坡路，他的收入一直不高。后来在马站诊所，他的月收入只有 1400 元左右。即使医生工作体面，这个收入标准在南平也算是中低水平。

收入低耽误了他的婚事。自傲的郑民生曾对中专同学说过，自己要娶一个有钱的老婆。但是一直单身到了 40 来岁，这一“理想”注定无法实现。

郑民生一直对朋友吹嘘自己身边不缺女人，甚至把多位同事的妻子都编入其情人队伍之中，他喜欢在酒后吹嘘自己又和谁搞上的桃色新闻，把“意淫”当做乐趣。

经历过几段失败的恋爱后，他试图安于现状，并寻找归宿。

几年前，他与一位苏姓女子谈起恋爱，尽管苏姓女子比他大 4 岁，但这不妨碍郑民生有了女友的喜悦。很多邻居都看得出郑民生对他女朋友的喜爱，“我们看到他常常背着女朋友上下台阶，表现得十分恩爱”。一位开小卖部的陈阿姨告诉记者。

郑民生住在南平市延平区天台路一栋 1990 年建造的老房子里。在这套 61.2 平方米的房子内，住着他的母亲、一个哥哥一家三口和他，共 5 口人。

据邻居介绍，这套房子是郑民生的父亲留下来的。两室一厅，哥哥一家住一个房间，母亲住一个房间，郑民生没有房间，冬天住客厅，夏天睡阳台。

郑民生与家人的关系不十分融洽，他的一个哥哥常常赌博输钱，问他要个一两百元。有邻居听到他与母亲争吵，嚷着：“你害了我，你害了我。”

也有邻居说，他不像其他附近居民那样，一有空就在小卖部的牌桌上打牌，他喜欢坐在凳子上，呆呆地一声不吭。

辞职后，郑民生曾信心满满地告诉邻居们，自己要去大地方发展、赚大钱。

许多邻居看到郑民生背着包到外地去求职，但是，半个月后，他又出现在小卖部。有人嘲笑他被炒鱿鱼了，他却对打牌的邻居说，自己在外面的确找到了工作，结果老板的老婆勾搭上自己，所以被老板给赶回来了。

小卖部聚集的邻居们都当这一切是个玩笑。

在求职遭遇数次失败后，郑民生曾想自己在南平开一家诊所，他的这一想法得到很多邻居的赞同，但是诊所一直没有开起来。郑民生曾对邻居抱怨说，卫生局不肯发执照，他对此很恼火。

没有人知道他与苏姓女子分手的具体时间和原因。案发后，这些琐事都作为“诱因”被谈起。

陈阿姨曾问过他：“听说你又分手了？”他很严肃地回答：“阿姨，这个你不要提了。”陈阿姨看到郑民生脸上不悦的样子，就没有说下去。

很多邻居把郑民生与女友感情破裂的原因归结为没钱。“他们两个曾一起到彩票点买彩票。”一位邻居以此说明这对恋人对财富的渴望。

在郑民生感叹自己收入低下的时候，结婚必需的房子却离他越来越远。在经历了几年的房价高涨后，他所住的小区房价从每平方米不到1000元涨到近3000元。而离这个老小区不远的地方，新楼盘正拔地而起，50平方米的单身公寓，总价超过25万元。

还在谈恋爱期间，他曾在小卖部对邻居感叹，自己一辈子都买不起房，这也意味着婚姻艰难。他曾向邻居承认，一个女人因他没有房子而不愿意和他结婚。

陈阿姨觉得，辞职后，郑民生的生活每况愈下，一个可以证实的例子是，“以前他买肉吃，最近连7元一斤的肉都不买了。”邻居也曾听到他哥哥骂他没工作。

钱，工作，房子，这些问题都极大地挑战着郑民生的自尊心。最后，连女朋友都分手了。邻居们认为，这让他彻底崩溃。

据郑民生事后对作案动机的供述：一是被医院辞退、工作无着落；二是恋爱失败；三是受一些身边人员闲言刺激，主要动机还是因上述原因而报复社会。

（二）南平实验小学是个什么样的学校？为什么被郑民生选为攻击对象？

在南平，南平市实验小学是一个家长挤破头也想让孩子上的好学校。除了按片划分入学的学生外，其他通过关系进入实验小学的学生也不在少数。按照出租车司机冯刚的话说，那里的学生家庭“非富即贵”。在开家长会的时候，学校旁边的道路上停满了各式各样的轿车。实验小学的孩子都是比较优秀的孩子，或者家庭条件比较好的孩子。

离郑民生所住小区不远的地方，至少还有两所小学，为何他舍近求远？邻居觉得，郑民生就是想把最好的小学、这些“非富即贵”人家的孩子当做报复社会的目标。他报复的是“有钱人”，是“有势力的官员”。因为在这个社会里，他自己是个彻底的失败者。

南平实验小学生的作文说，为什么凶杀不去杀贪官，却要杀无辜的小学生？中国人民大学心理学系主任孙健敏认为，这是郑民生自卑的表现！实际上，郑民生是一个内心非常空虚、脆弱的人。攻击成年人有难度，他就专门攻击孩子，因为他知道孩子没有还手之力。攻击家庭富裕的孩子，或成绩优异的孩子，尤其能满足他“报复”的心态。

（三）学校为什么7时30分才开门，每天让几百名小学生等候在校门口？

南平实验小学全校共48个班级、2000多人，每天早上7时30分开门，一般每天在 7 时 30 分前到校的小学生有 500 人以上，全都等候在校门口。

据《新京报》记者孔璞采访报道：

部分遇难学生家长情绪激动，纷纷质问学校，为何硬是要规定 7 时 30 分才能进校，让数百名孩子在校门口等待。遇难学生家长黄宝珠说："学校要是早开门一分钟，我儿子就不会死，当时他已经准备进门了。"许多家长表示，学生来得早就要站在外面，又没人保护，孩子这么小，受到伤害根本无法抵抗。

记者询问了南平实验小学副校长傅金英。傅表示，学生在上课前 10 分钟到半小时内进校为上级文件规定，学校只是执行。学校也是受害方，而非加害方，希望家长能够理解。但傅金英表示，该规定依据的是市教育局的文件还是教育部的文件，她记不清楚。

记者查阅了福建省教育厅 2008 年《关于严格执行义务教育课程计划规范义务教育学校校历和作息时间的通知》，并无此项规定。

据讲，这是学校因为怕学生太早到校嬉戏玩耍，万一出事故校方要承担责任，所以才有这么一条规定。

三、各方评析

（一）加强学校及周边治安综合治理工作

各界人士指出，接连发生的一系列校园恶性凶杀案暴露出我国校园安全管理方面存在严重的薄弱环节。

首先，学校内部的安全管理制度定位不准、立法不完善。学校能否从首先为孩子考虑的角度出发，承担更多的责任和义务。

南平实验小学 7 时 40 分开始上课，7 点半才打开校门。这样的规定，必然造成校门前聚集大量学生等待入校，形成各种安全隐患。而有类似规定的学校不在少数。

中国政法大学刑事司法学院教授、青少年犯罪与少年司法研究中心主任皮艺军认为：

这里涉及一个最重要的问题就是儿童权利的定位。儿童权益优先是儿童公约的原则，也写进了《中华人民共和国未成年人保护法》，但在现实中孩子的权利却要服从学校的管理秩序，而不是学校的管理以孩子的权益为中心。校领导在学校开门的事上是遵守规定的，但从现在来看这个规定是在免除校方的责任——孩子在校门外，我就不负责。但是校园安全管理中划定校园暴力的发生范围，就应当涵盖校园周边的特定区域，当然包括校门附近。所以，血案告诉我们的是，尽快修改这种只规避领导责任而忽视孩子安全的规定。

其次，学校及周边治安综合治理工作需要联合公安部门、教育部门等有关部门共同治理。校园安全堪忧，最重要的原因就是防范不力。学校似乎成了安全防范的主力。而拥有法定权力，承担维护治安之责的警方，维护校园安全却处于被动的工作状态，不出事时，警察和警车在校门口难觅其踪，出了事后，马上来一次学校周边安全的大整治。可时间一长，就慢慢松懈下来。

2007年，加拿大多伦多一所高中发生一起枪杀案，此后官方调查起草了《多伦多校园安全报告》，披露校园治安内幕，随后多伦多启动了“校园治安巡逻计划”，向多伦多数十所中学派驻了全职驻校警察，尽管引起争议，但驻校警察对于改善学校治安，遏制犯罪还是起到了明显作用。在加拿大许多城市，类似校园治安强化措施，也已广泛采用。

《新京报》发表社论指出：

在中国，警察驻校可能不易操作，但借鉴多伦多的治理思维，对校园安全进行“摸底”，据此制订一个中国版的“校园安全计划”应能做到。在这一计划中，首先要明确警方对于校园安全的日常维护责任，例如，即使警察无法全日制驻校，至少在上学放学期间，在孩子进出校门时，就像交警上下班时到各个路口“上高峰”那样，保证有巡警在校园周边巡逻；

在一些特殊情况下，如局部社会治安恶化等，可以临时性让警察驻校，以防不测等。

孩子需要国家的呵护，孩子的安全怎么强调和重视都不过分。如果学校门口经常看到警察的身影，任何欲将黑手伸向孩子的不法之徒，恐怕都要思量再三；如果孩子的生命安危悬于一线时，警察能及时在场，那或许能给孩子带来死里逃生的机会。因此我们期望，警方与教育部门联手，让中国版的“校园安全计划”早日成真。

（二）是什么让“郑一刀”变成“郑屠刀”

郑民生在行凶时说：“你不让我活，我也不让你们活”。这话显示出他报复社会的作案动机。给郑民生带来不满的不是这些孩子，而是某种政策或是制度，他杀人是为了表达他对制度和体制的某种不满。

从郑民生的个人经历和生活现状看，他与其他一些制造极端暴力事件的犯罪人一样都属于社会“失意群体”。从年龄上看，这些制造极端暴力事件的社会“失意群体”大多是四十多岁的男性——福建南平，郑民生，42 岁，中专；广东雷州，陈康炳，33 岁，大专；江苏泰兴，徐玉元，46 岁，高中；山东潍坊，王永来，45 岁，初中；陕西南郑，吴焕明，48 岁，初中——他们的生活状态呈现出无希望、无法纪、无信仰的“三无”特征。

中国社科院王俊秀研究员指出，与年轻人相比，一些处于社会底层的“四〇”人员很难通过学习知识技能改变生存现状，一旦事业无成、家庭败落，利益诉求长期得不到满足，对未来生活更容易产生绝望情绪。

北京大学社会学系教授夏学銮认为，郑民生这类人的性格往往被称为屈辱人格，一旦爆发就容易走上极端。然而个人性格缺陷只是制造血案的个体原因，在夏学銮看来，如果报复性复仇的凶杀案频频发生，就有必要看看社会本身是不是出了什么问题。

在复旦大学滕五晓教授看来，当前国内贫富差距进一步拉大的现状，增加了某些底层民众的不平衡感和自卑感，如果再加上某些不公正待遇，他们的长期压抑很可能因为某一件小事或者突发事件爆发，而最终因个人仇恨去报复社会。

清华大学公共安全研究中心主任范维澄认为，老百姓表达诉求是任何社会都存在的现象，因此社会宣泄的渠道宜畅通，各地政府需考虑给老百姓提供适当的宣泄空间。

中国政法大学皮艺军教授认为，可以从体制内建立一种公民危机干预机制，专门有人去发现那些陷入麻烦中的人，主动接受他们的倾诉和咨询。接受倾诉，本身就是一种化解，一种疏导，一种转移。

中国社科院农村发展研究所社会问题研究中心主任于建嵘认为，南平校园门口凶杀案，作为个体事件，不同于以往发生过的自卫性抗争（如邓玉娇案）、自残型维权（如唐福珍自焚案）和报复性攻击（如杨佳袭警案），可以叫做“泄愤性暴力”。它的主要特征是行凶者心中对社会有诸多不满，但没有“合理”的明确仇恨；他泄愤的目标不是侵犯他的人，也不是公权力，而是更柔弱者，如南平血案中缺乏反抗能力的小学生；作为绝望的“失败者”，残杀无辜报复社会成了自我实现的手段，为此值得付出生命的代价。南平血案的严重性其实并不在于受害者是小学生，也不在于伤亡人数的多少，最关键的是攻击目标具有放大性，使每个无辜者都有沦为暴力受害者的可能，因而是一个兼具动向性和标志性的事件。南平案件投射出一个很大的问题，那就是，谁也不知道到底什么时候，这把刀会落到自己的头上。如果每个人对社会有了不满，都要发生这样一个反社会心理和行为，那是不可想象的。于是郑民生杀人，不只造成了福建当地众多家长的恐惧，他造成的是整个社会的惶恐。

于建嵘教授认为，没有缘由的发泄是最恐惧的发泄。南平血案之所以发生，是我们整个社会心理结构出了问题。仔细分析郑民生这个人，首先可以看到，他有一种对自己前途的不确定感，而这种对未来的迷茫，则是因为我们社会规则的不确定。在不规则的权力面前，所有人都是弱者。郑民生觉得别人看不起他，他要开诊所也开不成，等等。于是他认为，有人在故意卡他，而他又将这所有的不顺利，统统归结为规则对他的不公平上。最终，他为反抗这种规则作出了这样一件泯灭人性的事情。

在于建嵘教授看来，规则的不确定往往给人们造成某种恐惧心理，对未来的恐惧，在某些人那里可能表现为懦弱和平庸，在另外一些人那里，可能演变成仇恨，而由恐惧产生的仇恨则是散发性的。举例来说，两个人发生冲突，你打了我，我仇恨你，当然我的仇恨是有原因和目标的，而且我要想办法对付你，郑民生的仇恨与此有一个很大的不同，他是反社会的。

社会转型期，一些失意人群容易产生绝望。郑民生产生绝望之后，将原因归罪于社会，于是要对整个社会进行报复，这是南平案件的一个典型特点。弱者的报复有不同的表达方式，比如杨佳，他也是一个弱者，但他针对的都是比他更强大的人。他只杀警察，因为他认为是警察欺负了他。而郑民生不同，他杀的都是比他更弱小的、手无寸铁的孩子们。

从社会心理学角度，这类案件在西方国家也发生过。美国有赵承熙式校园枪击案，日本有宅见的池田小学杀人案、加腾智大的秋叶原无差别杀人，中国香港也发生过异曲同工的天水围伦常惨案，罪犯都是各自社会中的边缘人物，性格孤僻、生活失败、缺少安慰、怯懦厌世。这类行凶者心理基础相似，根源在于，个体的力量对抗不了社会转型所带来的各种问题，于是产生了绝望。所不同的是，在中国，绝望的根源多是由于规则的不确定，而在西方，可能更多的源于生存与生活的心理压力，但他们行为造成的结果都是反社会的。

多位学者不约而同地指出，要抑制报复社会的犯罪行为，解决好民生问题是第一位的。例如，建立广泛的社会保障，给弱势群体建立一个不致绝望的生存底线。此外，还需要加强对社会边缘人的物质救济和精神帮助，使他们能有尊严、有希望地生活下去。

值得一提的是，高房价也是将蜗居的郑民生逼向绝路的推手之一。郑民生虽是医生，但收入一直不高。一直到出事前都是冬天睡客厅，夏天睡阳台。而且，因为没有房子，女友与他分手。郑在出事前，还向邻居慨叹，这一辈子都不可能买得起房子。在这个意义上，各级政府在解决低收入群体的住房问题上必须切实承担起相应的责任。

中国社科院于建嵘教授认为，无房是郑民生的“软肋”之一，但这并不是其个人懒惰造成的，社会负有很大的责任。作为一个具备专业技能、长期供职于正规医院的医生，他凭借工资收入却买不起一套房，甚至自感没有希望，这在大多数国家是难以想象的，不能不说我们的社会利益分配体制或者经济结构存在失衡。

中国政法大学教授皮艺军就福建南平“3·23”案件于2010年4月6日接受人民网舆情频道访谈时说指出，说到高房价，指的是房价远高于一般民众的经济收入。对于他们来说这种房价就是全家都做房奴一辈子也还不上，当把账算到这里，难免产生绝望，怨气就必然会因为他对社会所产生的敌视而产生。房价不是因为房地产商太黑，而是因为政府的房地产政策有误。低价格的经济适用房建设是政府的职责，不能把这种房产推到市场上去，或是寄希望于房地产商济世安民，他们是生意人不是慈善家。现在政府因为收受土地出让金，成为房地产的最优先的受益者。这次血案中，不能不承认孩子的死因中隐含着政府的过错，郑民生杀向孩子的刀，里面包含的不满，肯定包含着对房地产政策的不满。房地产政策的扭曲与严重的不合理，同样也会杀人。只不过是隐性杀人，是杀人不见血。

(三) 切实加强社会建设

中国社科院于建嵘教授认为，一个正常社会完全避免出现反社会的杀人狂也许是不可能的，但一个不健康的社会可能会促使更多的人走向这条道路。因为个体的力量对抗不了社会转型所带来的各种问题，这类行凶者产生了绝望，从而诱发反社会行为。要让潜在的郑民生们不再恐惧，以社区为代表的社会支撑建设，必须摆到各级党委政府的重要议事日程上来。在社会建设中，一个关键问题就是社区建设。郑民生这类人，只有生活在他身边，你才会预知他是否可能会出现这样那样的问题。

据《南都周刊》等的报道，在2010年春节过后，郑民生曾对一个邻居说，我要干一件大事情。但没人把这个失意者说的话当一回事儿。55秒，8名孩子的生命，或许就是这个绝望者所言的“大事情”。于建嵘教授指出，社区是社会的最基层单位。加强社区为代表的基层社会建设，不仅让它成为我们生活的家园，更要成为心灵的家园。通过社区工作者建立一种心理疏导的机制，能及时发现问题并对社会情绪进行疏导，对社会心态进行引导，对一些反社会行为进行干预。使从源头解决问题成为可能。

社区工作者要重视和做好对弱势人群的排摸走访、心理流导、人文关怀等。我们周围有不少类似的人，他们可能逐渐与主流社会脱离，长期生活在某一个狭窄的空间里，慢慢地，他们变成另外一类人。对这类情况一定要加强关注，以社区为代表的社会支撑建设，应当提到重中之重的位置上来。

(四) 以规则建设化解社会戾气

于建嵘教授在《南方窗》杂志撰文指出，接二连三发生的杀童血案是社会戾气的集中体现，而这种戾气还表现在杀童案的部分舆论中。无论是引发杀童案的戾气，还是某些评论中表现出的戾气，都亟需化解。

于建嵘教授认为，如果仅仅依靠往学校增派警察等手段，还是“压力维稳”思路的典型体现——以压制矛盾、不让矛盾爆发为导向，而非努力从源头上解决矛盾；重视事后处理胜过源头预防，注重处置技术而忽略根本原因。退一步说，即使社会全面防备、维稳维得过来，高额的维稳成本也将使各级政府和社会不堪重负，甚至影响到正常的经济发展。所以压力维稳对化解社会戾气、预防杀童案件或类似事件，效果有限。

于建嵘教授指出，用规则化解社会戾气应当成为政府的责任。第一，戾气的产生、个体极端事件的发生都与社会规则失守有关。最直接的表现就是各级政府和一些强势集团对规则的破坏，侵犯公民的合法权益，引起了民众的维权抗争。间接的表现是规则失守，导致政府的公信力丧失，民怨不时出现，引发了多起社会泄愤事件和个体的泄愤性暴力。以郑民生为例，作为一个具备专业技能、长期供职于正规医院的医生，他凭借工资收入却买不起一套房，甚至没有希望，这不能不说我们的社会利益分配规则存在不足。作为一个医术、医德都不错的医生，他却因不善于搞潜规则、拉关系而被边缘化。循规蹈矩并没有给郑民生带来好处，反而在事实上过

得比同事们还差。遵守规则不能得利，失望之下产生怨气直至戾气，最后带来对社会的不满和报复。

第二，政府有责任提供公平公正的规则并保证其成为社会普遍的行为规范。南平血案中，郑民生本人曾经想个人开业而未获得批准，这是他个人的原因，还是执业规则存在不合理性？都有讨论的余地。若政府能制定公平合理的规则，在依法行政下让“权”失去威力，在完善的市场规则下让“钱”来得合法合理，社会中的仇官、仇富心态就不会如此严重，就不会有滋生戾气的土壤。

第三，规则必须以公权与私权的适当划分、各就其位为基础，政府更要首先遵守规则。现实中，社会戾气的产生，很多情况下与一些地区的政府部门及其工作人员不守规则甚至肆意践踏规则有关。

四、启示借鉴

（一）加快《校园安全法》的立法工作，完善校园安全保护与教育机制

我国现有的法律体系中，有关在校学生合法权益的法律保护条文，散见于《中华人民共和国宪法》、《中华人民共和国民法通则》、《中华人民共和国刑法》、《中华人民共和国未成年人保护法》、《中华人民共和国义务教育法》和《中华人民共和国教师法》等法律法规之中。这些法律法规对在校学生合法权益的法律保护尚存在不少空白。为此，真正建立一部符合我国国情的行之有效的《校园安全法》，可以规范校园安全管理，将校园安全纳入常态管理，督促地方政府加大投入，为校园安全负责。要加强对校园周边安全的防范控制、危险物品的管控，加强治安巡逻，支持校方内部保卫工作，指导他们开展人防、物防和技防工作，并认真检查这些制度的

落实情况。

（二）加大关注社会民生问题和社会建设，建立社会矛盾协调和预警机制

国际经验显示，人均国内生产总值处于1000—3000美元的时期，是社会矛盾较为尖锐化的时期，同时也是社会问题多发期，而我国正处在这一历史时期。国际上通常把衡量社会公平的基尼指数0.4作为收入分配差距的“警戒线”，超过便很容易引起社会动荡。主要发达国家的基尼系数在0.24—0.36之间，美国为0.4，而中国内地为0.51。专家称，基尼系数超高，低收入阶层会产生“相对剥夺感”，心理失衡严重将导致仇富、报复社会等行为，从而引起一系列社会问题。

要抑制报复社会的犯罪，解决好民生问题是第一位的。德国法学家李斯特曾说过，“最好的社会政策就是最好的刑事政策”。当前，抑制房价过快上涨，让高企的房价回归合理价位，加快经济适用房建设，确保经济适用房申购的公平性，让绝大多数中低层收入群体有房住，是解决当下民生问题、缓解社会矛盾的一个关键。

同时，要建立健全社会矛盾协调和预警机制，建立健全社会稳定风险评估机制，及时开展矛盾纠纷排查活动，解决合理诉求，加强教育疏导，防止因矛盾积累、激化酿成极端事件。公安机关要加强对学校、幼儿园及周边地区治安秩序的专项整治和常态保护机制，同时，卫生、民政等部门也要加强对精神疾患人员、流浪人员、生活无着人员、刑满释放人员的治疗、救助和管理，努力从源头上预防和减少社会矛盾。

（三）切实加强精神病防治工作

近年来，中国出现了一系列学校学生遇袭事件，大多数是怀有个人积怨甚至患有或疑似患有精神病的人所为。

中国疾病预防控制中心2009年年初公布的数据显示，我国各类精神

病患者在1亿人以上，其中重性精神病患者超过1600万人，70%得不到治疗。他们成为家庭的沉重负担，有些甚至危及家人、社会和自身安全。

根据调查，深圳人中说自己压力大或比较大的超过75%，说自己快崩溃的有15%，因为压力过大已经崩溃的有5%。“崩溃主要表现为忧虑、抑郁、酗酒、吸毒、家庭暴力、退学甚至精神病等。”2005年深圳开展十年一次的居民精神疾病流行病学调查，结果让很多人吓了一跳。深圳市成年居民精神疾病的终身患病率达21.19%，高居全国首位，而1.41%的重性精神疾病患病率亦为全国最高。相比于1996年的调查，深圳市精神疾病患者增加了3.48倍，神经症总患病率增加了2.73倍，重性精神病总患病率增加了2倍。

精神卫生问题形势严峻还表现在大量有精神障碍的患者没有去就医，精神卫生疾病的求治率比较低。仍以深圳为例，居民精神卫生服务求治率仅为4.02%，严重精神障碍患者中也仅有11.32%的人接受过专业或非专业的心理卫生服务，也就是说近90%的精神障碍患者没有接受相关服务。

必须看到，我国当前的精神卫生疾病防治工作与现实需求存在很大的差距。当前我国重性精神病防治面临专业人才缺乏、患者医疗负担过重、区县级防治体系不健全、各部门尚未形成合力四大挑战。

要切实解决精神病防治这一社会问题，必须尽快建立以政府为主导的公共卫生救助机制，实现对精神病患者的应治尽治，应保尽保。

要保证精神病患者都得到尽可能地救治，实现应治尽治，应保尽保的目标，必须着力解决好资金来源问题。而资金来源的渠道有多种，政府应该成为投入的主体。令人欣慰的是，正在广泛征求社会意见的《精神卫生法（草案）》中已明确规定县级以上人民政府要“把精神卫生工作的经费列入到本级财政预算”。政府投入要围绕提高对精神病患者的救治能力为目标，突出对重点领域、重点环节和重要方面的资金安排，纳入同级政府财政预算。例如，用于防治精神病的高新技术药物应作为重点攻关课题，列入政府专项资金支持项目，鼓励重点研发生产；将精神卫生专科单位全部纳入公共卫生服务机构序列，由政府全额安排人员、业务经费和发展建设资金。同时，政府还要以普惠制的方式为所有精神病患者提供医疗保险参保补贴，扩大精神病用药的报销范围，提高报销比例，对贫困精神病患者家庭给予全额或部分减免诊疗费用的救助。

要充分发挥政府的统领作用，把有限的资金管理好，花在刀刃上，用于提高对精神病患者的救治能力。一是要加大对精神专科医院的建设力度，投入专项资金，扩建或新建精神病医院，改善患者就医环境，以切实解决人满为患，不少病患者得不到专科治疗的矛盾。二是要加大对专业人才队伍的建设力度，从编制安排、专业培养、职称晋升及福利待遇上，着力为专科医师和专业护理人员创造条件，营造宽松环境，解决目前人员紧缺、学历水平整体不高、技术力量严重不足的问题。三是要加大对业务工作经费的拨付力度，以充足的经费投入，保证精神卫生专业机构完成大量的公共卫生任务，充分体现精神卫生专业机构的公益性。①

此外，还应建立以政府为主导的后续支持机制。由于精神病治疗是一个相对漫长的过程，有时可能会伴随病人终生，这既需要病人对自己充满信心，更要求患者家庭保持极大的耐心，这种耐心不仅来自精神上给予患者的抚慰与鼓励，而且要有足够的经济实力支撑患者终身用药及其他康复治疗。对此，仅靠势单力薄的患者家庭难以为继，必须依靠政府的大力支持，统筹社会各方面力量，建立精神病救治工作长效机制，形成“政府主导、社会协同、民众参与”的工作格局，把以政府为主导的后续支持从“医院病床”延伸到千千万万个“家庭病床”，如成立精神病防治救助中心，建立以财政专项资金为主，个人和社会力量捐资为辅的精神病防治康复救助基金，并采取切实举措，增强基金管理使用的透明度和公信力。

参考文献：

1. 杨英：《当“报复社会”成为一种流行病》，新华网，2010 年 4 月 8 日。

2. 孔璞：《福建南平血案疑犯供述报复社会三个原因》，《新京报》

① 参见朱凌志：《政府主导才是精神病防治的核心保障》，《医药经济报》2011 年 8 月 25 日。

2010 年 3 月 25 日。

3. 皮艺军、孙健敏：《一个人的恐怖主义：谈福建南平“3・23”恶性杀人案件》，人民网，2010 年 4 月 6 日。

4. 黄柯杰：《南平血案：一个失败者对“非富即贵”人家的报复》，《瞭望东方周刊》2010 年 3 月 30 日。

5. 陈荣武：《校园外来暴力与安全空间》，《当代青年研究》2010 年第 7 期。

6. 周晓燕等：《校园内惊恐的少年儿童——我国近期校园安全问题笔谈》，《中国青年政治学院学报》2010 年第 4 期。

7.《南平案呼唤中国版“校园安全计划”》，《新京报》2010 年 3 月 24 日。

8. 汪强：《病态心理是最大的社会安全隐患》，《中国青年报》2010 年 3 月 29 日。

9. 徐迅雷：《“南平惨案”：“爱斯基摩结构”的极端变种》，《羊城晚报》2010 年 3 月 24 日。

10.《消融社会“失意群体”》专题，《瞭望周刊》2010 年总第 83 期。

11. 涂洪长：《血的教训质问校园安全薄弱环节》，新华网，2010 年 3 月 24 日。

12. 李宁：《化解深层矛盾是维护社会稳定之本——校园血案的社会学思考》，《青海社会科学》2010 年第 3 期。

13.《解剖反社会》专题，《南都周刊》2010 年第 12 期。

14. 于建嵘：《以规则建设化解社会戾气》，《南风窗》2010 年第 11 期。

15. 向雨航：《深圳精神病患病率 21%全国居首　求治率仅 4%》，《南方日报》2011 年 9 月 1 日。

（翁文艳　编写）

王家岭煤矿“3·28”特大透水事故

2010 年 3 月 28 日，华晋焦煤有限责任公司王家岭煤矿在基建施工中发生透水事故。经过八天八夜的艰苦努力，115 名被困人员最终升井，38 人不幸罹难。

一、案例始末

（一）被忽视的征兆

2010 年 3 月份以来，事发工作面回风巷已多次发现巷道积水。在 3 月 24 日——也即事故发生前 4 天——的项目部调度会记录显示，项目部负责人专门提出 27 队要分配两个班抽水，4 月份也不结束。在 3 月 26 日至 28 日 27 施工队的各班前会上，队领导多次提出要注意出水、提高警觉、清理积水等问题。

2010 年 3 月 25 日，在 20101 工作面回风巷作业的 27 队的部分工人就已经发现工作面“煤层压力增大，煤壁挂汗，并出现异味”，并向调度室进行了汇报。事发前一两天，工人们发现巷道内雾大，看不清人，掘进时两边往下掉煤渣。

2010 年 3 月 28 日上午 10 时 30 分，有井下矿工向调度室汇报井下开始漏水的情况，技术副经理张军伟和生产副经理曹奎兴带队下到渗水的 101 工作面查看，还尝了尝，水很清澈，没什么酸味儿。经理们据此判断渗水可能是地下水，而非危险所在——废弃煤窑积水。于是，开工继续。这样的判断无需请示上级，碟子沟项目部自己就可以决定。中煤集团相关负责人解释说，巷道内有漏水反映很多，其他煤矿曾经有先例，升井后发现一切正常，就像喊“狼来了”一样，喊得多了就没有引起重视。而且在煤矿井下，“渗一点儿地下水实在不新鲜”。就在 3 月初的地下水文勘探中，勘探方中国煤炭科学研究总院西安研究院并未作出“地下有水”的结论，并料定“50—100 内掘进没问题”。此外，工程的进度是项目部的头等大事，这个预计年产原煤千万吨利税 10 亿元的国有大矿的投产时间定在 10 月份——王家岭矿所属的华晋焦煤公司要求“提前 5 个月完成工期”。

但这个判断距离积水汹涌而出只有不到 3 个小时。

13 时 40 分左右，巷道侧壁被水冲破，积聚在数十年前废弃的旧煤窑内的“小窑老空水”汹涌而出，有上千米巷道的北翼 9 个工作面，在不到 30 分钟内就被水淹没。

事故发生后，在井下工作的 261 人中，108 人及时逃出、安全升井。被困的工人除碟子沟项目施工方中煤一建 63 处自己带来的河北工人，主要来自山西、福建、广西等地，他们绝大多数是工作时间很短的合同工。63 处自己带来了 27、81、82、红旗等自己掌握与管理的施工队，并雇用了综一、综二、31、29 等私人施工队，加起来总共 19 支。私人施工队雇用工人和下井安排的随意性，加大了统计受困工人数量的难度。

(二) 自救互救

事故发生后，被困井下的工人想方设法开展自救互救。李湖生和刘铁民根据各媒体采访获救工人的相关报道，分析研究了三类不同环境下的自救情况：

1. 有9位工人被困于水淹的巷道中，在大水漫过胸口时，爬上了巷壁一侧用锚杆固定的铁丝网，直到整个人离开水面几米。为了保存体力，他们用安全带将自己牢牢地绑在铁丝网上，一直挂到第4天，巷道内的水位开始下降，漂过来几辆空矿车，他们跳到了矿车里，才可以躺下休息。一直到第8天，被救援人员发现，成为了第一批获救工人。

2. 有30位工人被困在一段长约30米向上弯的巷道中，水越涨越高，大家踩着风带拽着锚链向上爬，不到1个小时，大水涨到距巷顶还有70厘米时停了下来。眼看退水无望，大家开始想办法节省体力，展开自救。30人大部分下半身全部泡在水里，有的坐在衣服绑成的“秋千”里，头紧碰着巷顶，弯着腿，但是膝盖以下还是浸在水中。人多、空间小、氧气不够用，有的人全身都憋紫了。在他们所处的位置，尚有一处没有完全打通的通风道，工人们利用随身带的炸药炸通了风道，新鲜空气才涌进被水隔绝的巷道内。直到3天后，水位降低了，30人才爬到了较高的巷道处，与其他被困人员会合在了一起。

3. 另有20多位工人被困于一处位置相对较高的连接巷中未被水淹。在黑暗的巷道中，他们自发将矿灯收集起来，每隔一段时间开一次灯。4月2日下午2点左右，工人们听到离他们60米远处的地面垂直2号钻孔传来声响。2位被困工人，蹚过50多米齐腰深的积水，并用木块敲击钻杆，向地面营救他们的人们发出回应。后来，用硬纸板写了两封求救信，放在一个自救器盒中，将其用一根铁丝拧弯绑在了钻杆上。虽然当钻杆被拉回地面时，盒子已经掉了，只剩下了弯曲的铁丝；但正是这根铁丝给地面救援人员带来了明确的生命信号。由于中间巷道积水回升，虽然救援人员不时往井下输送营养液等物品，但他们没有再回到敲击钻杆的地方，也没有得到这些物品。他们在井下坚守了8天8夜，在排水打通救援通道后，全部获救。

(三) 一建公司紧急抢险

14时20分，接到出水报告后，一建公司立即启动应急救援预案。一边了解核实事故情况，一边通知所有公司领导和机关部门负责人火速集结。同时指令在王家岭施工的31处西家沟项目部和机电安装处项目部立即抽调200名职工驰援。仅仅30分钟，31处救援队伍赶到碟子沟项目部。之后，机电安装处救援队伍也赶到现场。

14时40分，公司成立抢险救援指挥部，成立各专业工作组。由公司总工程师调集公司各单位总工程师和相关技术人员，立即编制抢险救援方案，制定并落实应急措施。

15时15分，公司领导和部分机关部门负责人，火速赶往事故现场。

63处碟子沟项目部在与建设方和地方政府联系支援的同时，迅速开展被困人员的营救工作。开启了井下所有通风和压风系统，安排专人看护，保证系统运转正常。

15时30分，紧急联系事故现场附近水泵厂家调运大排量水泵运往现场。公司各单位立即做好抢险所需的各种水泵、管线、扣件、阀门等调往现场工作。位于碟子沟项目部附近的公司项目部做好参加抢险的一切准备。

16时10分，写出事故发生简要过程，绘制出了事故示意图，为抢险救援做好了相关准备。

16时21分，公司职工医院立即成立医疗救护小组，由院长带队，组织医疗骨干人员前往现场参加救援。

16时34分，再次核实了井下被困人员的人数、所在区队、工种、籍贯、身份证号等情况。

18时33分，指挥完善抢险救援措施，根据事故现场情况制定出科学的营救方案，严防次生灾害发生。同时再次联系地方政府和附近抢险救援队伍，尽最大努力保证被困人员的生命安全。

18时55分，一建公司三个工程处抽调有经验的工作人员，前往现场协助处理善后工作，安抚职工和家属情绪，确保施工现场的稳定。

19时30分，排量为46立方米/小时的水泵运抵现场，水泵管路、接头、扣件、电缆等陆续到位，安装后由出水巷道向南翼巷道进行排水。同时，两台排量为135立方米的大电潜泵从郑州装车起运，一台大型卧泵从31处胡家河项目部装车启运。急需的159毫米的排水管，就近从31处西家沟项目部调运。

20时38分，一建公司在现场成立指挥部，救援工作全面紧张有序展开。

公司机关及所属9个单位先后抽调近600名职工安抚井下被困职工家属情绪，确保救援工作顺利进行。

(四) 大救援

2010年3月28日晚，山西省委省政府连夜召开紧急会议，部署抢险工作。晚上10时，山西省委书记张宝顺、省长王君到达透水事故现场。在急速奔驰的路上，他们一边传达落实中央领导的指示精神，一边打电话调度各方力量迅速集结。从山西省内紧急调动7支矿山救护队，近200人投入抢险救护工作；2支医疗队20多名医务工作者、20多台救护车在矿区集结待命，随时准备对遇险人员施救；从省内外紧急集调排水设备及材料。

在接到事故报告后，国家安全监管总局局长骆琳，国家安全监管总局副局长、国家煤矿安监局局长赵铁锤立即组织研究，立即与山西省政府副省长陈川平、中煤集团董事长王安和山西煤监局主要负责人通话，对抢险救援提出要求，并向山西省政府办公厅发出抢险处理工作意见。随后，骆琳、赵铁锤率国家安全监管总局工作组赶赴事故现场，指导事故抢救和调查处理工作。

2010年3月28日22时，中共中央总书记胡锦涛、国务院总理温家宝就山西王家岭煤矿透水事故作出重要指示，要求采取有力措施，调动一切力量和设备，千方百计抢救井下人员，严防发生次生事故。

2010 年 3 月 28 日 23 时 50 分许，国务院副总理张德江带领有关部委负责人抵达王家岭矿，代表党中央、国务院亲切慰问救援人员，要求抢时间，争速度，调动各种资源，实施科学救援。在查看事故现场，了解事故救援情况后，张德江副总理主持召开紧急会议，传达中央领导的重要指示精神，迅速成立救援指挥部，下设抢险救援组、救护队协调组、医疗组、保卫组、新闻组、善后组、后勤保障组七个小组，由山西省副省长陈川平任总指挥。张德江副总理对抢险救援作出安排和部署：一是抽水救人，尽最大努力从各方调集抽水设备，以最快的速度安装，以最大能力排水；二是通风救人，要向井下强压通风，为井下被困人员提供生存支持；三是科学救人，成立专家组，科学评估，以最快的速度、最有效的办法进行抢救，防止瓦斯、塌方等次生事故；四是成立抢险指挥部，指挥协调抢险、应急、救援、救护、保障、善后一系列的工作；五是国家安监总局牵头成立事故调查组。

2010 年 3 月 29 日上午 9 点 30 分，山西省举行"3·28"透水事故第一次新闻发布会，发布会通报：透水事故目前被困人员还是 153 人，目前最重要的工作是防止发生次生事故和灾害。从救援工作来看，目前在整个事故现场有 7 支矿山救护队，200 多人正在展开紧急地救助，同时有两支医疗队，20 多个医疗人员，20 多台救护车也在随时待命，对抢救出来的伤员进行救助。抽水的情况是已经安装了水泵 5 台，目前每小时的抽水量在 150—200 立方米 / 小时，还有两台抽水量为 450 立方米 / 小时的大型水泵正在安装过程中，预计到中午的时候可以安装完毕。还有几台大型水泵从北京、河南、阳泉等地已经开始往事故现场运送。新闻发布会的发言人山西省安委会副主任刘德政说目前各个方面表示，只要有一线希望，就要尽百分之百的努力营救这 153 名被困人员。

2010 年 3 月 29 日下午，抢险指挥部又专门成立了钻孔打眼组、水情分析组和安全措施专家组三个专项工作小组。

2010 年 3 月 29 日晚 20 点，王家岭煤矿透水事故抢险指挥部召开第二次新闻发布会。发布会上，山西省安委会副主任刘德政说，尽管抢险救援工作已经进行了一天半的时间，但下面的具体情况仍不是十分明朗，仍有 153 人被困井下。目前最揪人心肺的是井下的水量，目前最大的任务是排水，力争奇迹出现。发布会上，新闻发言人传达胡锦涛总书记、温家宝总理的重要批示和指示：要做好干 7 天 7 夜的救援准备。刘德政说，王家岭矿为高瓦斯矿井，抢险工作在面对水患的同时，还要面临有毒气体的威胁，必须确保安全施救、科学施救。29 日除已成立的抢险救援组、救护队协调组、医疗组、保卫组、善后组、后勤组等七个工作组外，还新成立了打眼组、分析水情组、安全措施专家组，为的是能开辟出新的导水通道，尽快提交透水成因报告和防止次生事故发生。

2010 年 3 月 30 日新增设了井下指挥部，负责协调井上和井下排水工作、监测井下瓦斯，防止发生次生事故。

2010 年 3 月 31 日上午，国家安监总局和山西省政府召开会商会，对救援工作存在的问题进行沟通。抢险指挥部根据事态发展，加强了现场指挥力量，由国家煤监局副局长王树鹤任副总指挥，直接参与抢险救援指挥，对指挥部原设立的 7 个小组进行合并调整，共设抢险救援、打眼、救护协调、后勤保障、新闻、专家、医疗和善后等 9 个小组。在抢险指挥部的统一调度指挥下，各项抢险救援工作全面展开。

2010 年 3 月 31 日下午 5 点 10 分，王家岭矿透水事故抢险救援指挥部召开第三次新闻发布会。王家岭矿区建设指挥部总指挥、现场抢险技术组组长、山西省安委会副主任孙守仁在会上表示，原本有 11 名潜水人员准备赴井下了解情况，由于井下情况复杂，里边有矿车、皮带、风筒、电缆、轨道、工具箱等尖锐硬物，为了潜水员安全，不得不放弃此方案。

刘德政说，地面打钻可以形成空气通道，如果有生还人员，还可以作为联络通道。目前抢险物资充足，备用水泵 69 台，电缆 11670 米，各种管线 16540 米，配件 7200 件。人员投入也很充分，截至目前，已有约 1500 人投入抢险救援；9 支救护队 300 多人 24 小时随时待命；公安、武警、交通保障人员 24 小时不间断，保证救援物资畅通到达。

2010 年 3 月 31 日 18 时，井下总排水量达 26000 立方米，每小时排水量 1100 立方米，井下透水水位首次出现下降，垂直下降了 18 厘米。23

时 50 分有一处钻通了巷道。

2010 年 4 月 1 日下午 5 时，在王家岭煤矿人员被困 100 小时之际，国务院副总理张德江与事故抢险指挥部视频通话。他要求公布被困人员名单。张德江要求，当前首要任务是千方百计、争分夺秒、全力以赴救人，主要做好排水、通风、打钻三项最有效的工作。

张德江在视频通话中说，抱着 153 名被困人员都有生还可能的信念，在有效的时间内，尽最大努力，不抛弃、不放弃，“我真心希望看到被困矿工救出来”，“最低要做 7 天以上救援的准备，甚至 10 天的准备，”张德江说，“必须争分夺秒加大排水量，力争两天内下降 7—8 米。”

张德江指出，事发当天，被困人员数字发生 3 次变化，他建议公布详细名单，落实到人头，且实行家属登记造册与施工单位的统计两头核实，达到准确无误。抢险指挥部要及时发布信息，向媒体公开透明接受监督，做到稍有进展就发布，必须真实准确。“被困 153 人是否准确，舆论质疑不是没有道理。”张德江指出，王家岭煤矿透水事故暴露出用工制度、井下施工管理有很多问题。

张德江还要求，山西各级政府要做好被困员工家属安抚工作。

2010 年 4 月 1 日 18 时，王家岭矿透水事故抢险救援指挥部召开第四次新闻发布会。山西省安委会副主任刘德政表示，加快排水进度，确保已安装排水泵正常工作是抢险救援的重心。目前已投入 13 台水泵，总排水量达每小时 1485 立方米。截至 1 日 16 时，累计排水 4.42 万立方米，井下水位下降 95 厘米。

经再次核查，目前井下被困施工人员人数为153名。到4月1日18时，抢险取得明显进展，4 口平行钻孔和垂直钻孔各打通一口。一口从地面到井下的垂直钻孔准确打在灾区巷道内，形成了地面与受灾区域的第一条通道，而且这口钻孔中喷出含气柱，说明井下有空气，这为井下输送空气创造了有利条件。目前现场的救援专家达 130 多人、技术人员 320 多人，全部抢险救援人员达到 3000 多人。抢险指挥部介绍，今天投入运行的水泵达到 13 台，巷道内水位明显下降，地面排水首次高于地下排水。

刘德政介绍，目前抢险遇到的困难和问题主要有以下几点：一是另外一口垂直钻孔没找到理想的打钻位置；二是巷道内高低起伏，地质构造复杂，有一段为25度的斜坡，这给铺设电缆、安装设备、人员施工带来巨大难度；三是水量太大，而且老窑水的存量和是否会有新的渗水补入都是未知数；四是救援已经进行了100多个小时，救援人员十分疲惫。针对这些问题和困难，抢险指挥部首先加大技术支持，调来80多名煤矿救援专家和50多名机电专家，加上320多名技术人员，专家和技术人员达450多人。又调来10支矿山救援队，参与救援的人员达3000多人。其次，保证已到位的管道和水泵能够正常运行，不断加大排水能力，尽快降低地下水位。实行承包制管线，加快两个450立方米水泵的安装速度。抢险指挥部调来了水文、地质专家对水源、水质指标进行解析，对抽水进度、排水量、补水量等进行精确测算。指挥部已经在着手进行搜人救人的各项准备工作。153名被困人员来自14个省（区），目前已有133户587名家属来到事故发生地，还有20户正在途中。山西省抽调了600多人负责善后稳定工作，实行每户3人，包户到组，责任到人，一包到底。

2010年4月2日，王家岭煤矿透水事故已经发生了7天。14时12分，2号垂直排水口传出敲击金属管道的“叮当声”，极大地振奋了3000多名救援人员。15时10分，在出井的最后一根钻杆头上，发现了挽着的一根钢丝。山西省委书记张宝顺在现场获悉消息后要求迅速组织人员输送牛奶等营养液，指示救援人员整装待命，一旦条件成熟，立即下井救人。从2日17时10分开始，救援人员通过钻杆往井下输送营养液。到3日，已经通过这个“希望通道”输送了300多袋营养液。

伴随着营养液传送下去的，还有塞在空矿泉水瓶子里的两封信，写道：

亲爱的工友们：中共中央、国务院和全国人民时刻都在关注你们的安危；省委、省政府领导正在现场指挥抢险工作。人们都为你们传递的生命的信息万分高兴，都在争分夺秒、全力以赴救援。你们一定要坚定信心，坚持到底！坚持就是胜利！

救援人员还根据指挥部要求向2号口下套管，疏通管道并加固井壁。

2010年4月2日20时，王家岭煤矿抢险指挥部举行第六次新闻发布会：井下水位下降3.3米。被困人员家属已得到妥善安置。

从2010年4月3日12时15分起，救援人员向井下输送防爆电话，希望听到被困人员的声音或生命迹象，山西省省长王君手持电话苦等了约45分钟，听筒内没有回音。

2010年4月3日13时，指挥部派出矿山救护大队先锋小队7名救护人员和4名"蛙人"潜水员组成的先遣小组到井下探测。矿山救护大队先锋小队携带氧气呼吸机，由大队长亲自带队，主要保护潜水员安全，并配合其工作。如果在井下遇到能施救的人员，就立刻通知井上的人员展开施救。"蛙人"潜水员此番下水之行肩负两大任务：其一，要摸清井下的情况和环境；其二，向井下可能幸存的人员输送营养液。现场人员告诉记者，"蛙人"在水下的活动时间将是四个小时左右。届时，他将返回，报告透水巷道的情况，从而为制定可行的救援方案提供重要参考资料，以确定是人下去救援还是用冲锋舟进入救援。

15时后，在13时下井搜寻的先遣小组陆续回到地面。据救援人员透露，王家岭煤矿井下的情况比较复杂，水浑浊而且较深。救援人员向井下输送的防爆电话也没有听到被困人员的声音或生命迹象。据一名潜水员说，在正常环境下可以在水库底潜水作业两小时，在水质恶劣的复杂环境中只能工作一个小时左右。另外潜水人员受设备限制，入水后不能行走太远。

随着井下人员增多，指挥部对未来两天现场安全作业提出了硬性要求，要求每个小组必须在技术组指导下制定安全操作规则和安全预案，严防次生事故发生。此外，指挥部从山西防汛抢险大队和河南新密煤矿紧急调来的16名潜水人员已经做好准备，随时可以入井潜水救援。

山西省省长王君和国家安监总局局长骆琳对井下救援方案进行细化，分段落实，分解任务，责任到人。从发现受困人员到离开水面、到井下安全地带，再到抬人出井，上救护车抢救，到医院治疗等各个环节都指定了总指挥、协调人、实施人和配合人。

山西省卫生厅及省人民医院制定了医疗救治方案，成立了由12名专家组成的专家组，组建了三个医疗队，现场按每位受困人员一辆救护车准备了153辆救护车，并配备了相应的医护人员，太原、运城、临汾、河津、乡宁、侯马等市、县的医院已做好救治准备工作，确保每一位被救护矿工一出井就能得到全方位的医疗救治。

2010年4月3日下午，王家岭煤矿抢险指挥部举行第七次新闻发布会，对外公布"3·28"透水事故受困施工人员名单，但没有对外提供纸质版或电子版名单。中煤一建公司工会主席栗辉逐一宣读了名单。栗辉说："事故发生后，我们采取多种办法、多种途径反复核实受困人员名单，结果就是153人。一是按职工入井时的灯牌核对；二是找队长对所在队人员清点核对；三是请受困人员的工友、老乡进行核对；四是通过被困人员的家属进行核对。在名单核对中得到各地方政府部门的大力支持。"

2010年4月4日，王家岭透水事故进入第八天。上午8时20分，一支8人毒气测量队下井，将每隔2小时向路面指挥部汇报井下情况。抢险指挥部成立三个搜救小分队下井搜救井下被困矿工，与他们一同下井的还有6名潜水员。矿难抢救救灾指挥部已经确定了救援前准备方案，决定派出救援人员乘坐5所皮筏下井做前期勘察，救援人员将沿3条路线进行搜救，4日中午时分，用于救援的五只皮筏已运送至井下，同时地面通道全部打开。

2010年4月4日下午，在召开的王家岭煤矿透水事故第八次新闻发布会上，山西省安委会办公室副主任刘政德称，目前搜救难度仍然非常大，井下的情况比较复杂，救援难度仍然非常大，透水量比预测要多，目前首要任务仍是排水。

而在地面上的救援情况一切也已就绪，各种救援设备准备充分。抢险救援医疗救治组组长刘强介绍说，山西省卫生厅已经抽调153辆救护车，指定五家定点医院空出153张床位。目前，救护车辆已全部到达现场，另有80辆在周边城镇待命，山西省三大医院的主力组成的12个专家组、156位救护人员已经到位待命。

"井下搜救现在开始。"4日22时30分许，随着总指挥部一声令下，首批10个救援分队共计100余人下井展开搜救。从辅助运输巷、胶带大巷、回风大巷3条线路展开大救援。

23 时 30 分，井下传来喜讯，搜救人员在回风巷道发现了多处闪闪烁烁的矿灯光，不断晃动，向救援人员示意。这是在井下发现的第一批生存者！搜救人员立即涉水向灯光靠拢过去，这是 170 多个小时后生命之花突破层层阴霾顽强地绽放！

经过八天八夜的艰苦奋斗和科学抢险，王家岭煤矿透水事故抢险救援工作 2010 年 4 月 5 日取得突破性进展。5 日凌晨 0 点至 1 时 15 分之间，首批 9 名生还者顺利升井，国务院副总理张德江发来慰问电；11 时 18 分到 14 时 15 分，共有 106 名被救工人平安升井；15 时 40 分左右，新闻发言人宣布，共有 115 人被救升井。矿工获救后，随即被一人一辆救护车，送到附近各大医院救治。每个获救工人都有个性化的治疗方案，主要是输液和输氧。获救被困工人可能会出现的病症主要有肺水肿、血压和心率不正常、电解质失衡、皮肤擦伤，以及一些轻微的中毒症状。病情较重的有胸闷、头疼等症状。此外，由于被困最少长达 179 小时，部分矿工精神焦躁。《都市晚报》报道，在被送往医院后，有矿工不顾自己身体的虚弱状态，借手机打电话给自己的家人，报一声平安。一位矿工在拨通妻子的电话后，激动地说："我很好，你和孩子还好吗？"这一幕，让周围的人也禁不住流下感动而兴奋的眼泪。往日忙碌的山西省河津市第一人民医院，5 日却显得有些"安静"。安保人员在医院外围数十米外拦起警戒线，车辆不再轰鸣，行人一律不准靠近，以保障获救工人能获得好的休息，不受打扰。一位不愿透露姓名的医生说，工人们目前最需要休息，为防止亮光对眼睛的突然刺激，眼部的蒙布至少要三四天才能取下。

参与第一批救援的山西焦煤集团汾西矿业救援大队大队长陈永生透露，救援非常困难，只能用皮筏运送幸存者，到了干燥的地点，体质好的被困者自己走上来，身体不好的就由救援人员背上去。陈永生说："有人的精神状态很好，要自己往外游，我们不让。"见到幸存者后先喂营养液，做一些保护措施，比如蒙眼。皮筏上不能多坐人，连划船最多坐 5 人，一般是 3 个遇险者，2 个人划船。"有时为了加快进程，我们就跳下水推着筏子走。"到了井下停车场等安全地带，给被困人员盖上被子和眼罩，抬上轨道车升井，由医护人员做简单检查，对体虚者插氧输液，立即送上救护车。公安部门对从煤矿现场到主要医院的公路实行了严格的交通管制，救护车行驶快速平稳。

陈永生说，被困的矿工们很聪明，几个矿工集中在一起，轮流用矿灯晃动，以让救援人员看到他们。到被救援人员救出时，他们的电源的电还是很充足。矿工在地下如何保持近九天的生存，创造生命奇迹，也是目前外界普遍关注的话题。陈永生说，被他救出的矿工透露，他们在井下靠吃施工用的木头柱子上的松树等树皮，喝凉水，挨过了这艰难的 8 天 8 夜。

在现场指挥救援的骆琳表示，此次王家岭矿透水事故的救援工作，创造了“两个奇迹”：一个是被困矿工在井下坚守了 8 天 8 夜，坚持，坚持，再坚持，终于度过了生命大关，成功生存；第二个就是在党中央、国务院的领导下作出的部署和救援方案有效有力，在矿难发生 190 小时后救出了大部分的被困矿工，创造了中国矿难救援史上的一个奇迹。新闻发言人刘德政说，指挥部当前仍然把排水抢险作为第一任务。截至 21 时，累计排水 18 万立方米，水位下降 16 米，目前的任务可分为四方面：继续加大排水力度，做好通风工作，周密搜救尽快找到其余被困人员，为启动事故调查做好资料工作。

2010 年 4 月 6 日，救援进入第十天。救援指挥部最新消息说，目前井下仍有 3 个位置救援人员无法到达，今天将加大对此 3 个位置的搜索力度。

上午，正在紧张实施救援的王家岭煤矿透水事故现场传来消息称，救援队员在井下发现 5 名遇难者遗体。井下还有 33 名被困人员情况不明，现场救援仍在加紧的进行之中。经过几天的连续奋战，一线救援人员已处于极度疲惫状态。

2010 年 4 月 6 日上午，王家岭煤矿透水事故 60 名获救工人由铁道部派专列转诊太原，此时，山西医疗部门为这批获救工人途中医疗也作出周详细致安排，专人作出护理。

2010 年 4 月 6 日下午，王家岭煤矿透水事故抢险救援指挥部召开第 9 次新闻发布会。新闻发言人刘德政表示，目前救援困难比原来预想的要大，在救援工作中，排风系统成为非常重要的课题。余下的被困人员极可能在被水封着的巷道里，所以抽水仍是当前的当务之急，还需要继续千方百计、争分夺秒。当前影响抢险救援进程的因素主要来自三个方面：一是排水，二是通风，三是巷道支护。

他介绍，通过前些天大规模抽水，三条大巷的水已基本抽完，现在要进入顺槽巷道和支线巷道，所以此前布置好的设备、管线要移动，方案要调整，需要时间；这些积水巷道明显低于大巷，容易积水，空间更为狭窄，大型水泵的施展、水泵的安装台数都受到很大的限制。

另一方面，随着井下大量积水排除，井下的“气候”环境发生变化。高瓦斯矿井的瓦斯情况凸显，6 日在井下局部地方，瓦斯的浓度已经达到了 2.6，所以加强瓦斯监测是目前非常重要的一个工作，通风系统也需要作出相应的调整。而巷道经过长时间浸泡，需防止顶板滑落、坍塌，加强支护设施，防止其他次生事故发生。

此外，救援人员连续奋战 9 天 9 夜，十分疲劳，一些救援人员处于深度疲劳状态。“估计 32 名矿工还活着，要抱着这么一种信念继续做好救援工作，争分夺秒，加快进度，把被困矿工救出来。”山西省省长王君 2010 年 4 月 6 日如是表示。

2010 年 4 月 6 日下午，在山西铝厂职工医院，获救的 26 名工人在这里吃上了他们升井后的第一顿饭——汤面，其他医院的获救人员当天下午也陆续吃了他们的第一顿饭。

为指导当地医护人员实施救治，卫生部协调北京协和医院、全国矿山救护中心和平顶山市急救中心，组建了由急救、重症救治、营养治疗、消化科、皮肤科、外科等方面 11 名专家组成的专家组赶赴山西。

2010 年 4 月 6 日早上，河津市人民医院、河津市中心医院和山西铝业集团医院收治的 60 名较重的伤员用救护车先后有序地运送到河津火车站，搭乘铁道部专列转诊太原。卫生部副部长尹力带领北京协和医院临床专家等共 5 人同车前往，指导和支持做好伤员的转送和接收工作。

太原市收治转送伤员的三家医院分别成立了救治工作领导小组，制定了伤员接收和救治工作方案，做好医护人员、收治床位、医疗设备和药品等方面的准备。整个转送过程中，所有伤员病情平稳，未出现意外情况。

截至2010年4月6日中午12时30分，60名伤员均已转入太原市的三家省级医院有效开展治疗。

山西焦煤西山煤电救护大队副大队长孟全福在接受记者采访时介绍说，他们下去救人的时候，有工人解释说，开始敲钻杆是急于把信号传给地面，后来没有回应是因为不敢继续敲，井下瓦斯高，怕敲出火花引起爆炸。另外，井下氧气也不足，工人们不敢动弹太多，只能长时间静坐着，保持体力。而投送下去的营养液，有工人说，大多掉进了巷道的水里面，有的人喝到了，有的人没喝到。

医护人员介绍，被困矿工获救后，都出现了不同程度的营养不良。通过与被困矿工交流，才知道大家是靠吃树皮的方式在井下获得了生存的机会。

为有效防范和坚决遏制煤矿建设项目重特大事故的发生，国家安全监管总局、国家煤矿安监局下发紧急通知，决定立即在全国开展煤矿建设项目安全大检查。该通知要求，要高度重视煤矿在建项目安全生产工作，严厉打击非法违法违规建设行为，推动煤矿企业进一步落实企业安全生产主体责任，切实落实安全生产法规标准和各项措施，健全并落实安全管理各项规章制度，扎实开展安全隐患排查治理工作，有效防范和坚决遏制事故的发生。

2010年4月6日凌晨，殡葬工作组紧急启动工作预案，对井下搜寻的5名遇难人员进行妥善安置。事故单位与公安人员在井口对每一名遇难人员逐一编号、照相、填表登记，内容包括编号、升井时间、发运时间、负责人、送到指定殡仪馆后接收人的签字等。遇难人员遗体到达殡仪馆后，在公安部门统一组织下，工作小组与法医共同完成了清洗、编号、取样（DNA）等，确保准确无误。此外，维稳善后工作组还对115名获救矿工的身份进行了核对。

事故救援指挥部发言人刘德政指出，按照程序，遗体检验报告出来，确认身份后，将会安抚家属，做好善后赔偿。此外，事故调查工作也即将展开，指挥部已要求生产经营单位按照事故调查的要求，做好有关准备，特别是一些基础资料、基本情况要实事求是。

2010年4月7日，事故救援进入第11天。事故发生时被困井下的153人，有115人安全升井，6人已遇难，还有32人没有找到。

2010年4月7日晚，在第11次新闻发布会上，新闻发言人刘德政介绍，7日下午18时左右，事故抢险救援指挥部再次确认，井下又发现2名工人遇难，井下被困工人总数已降至29人。当前阶段，井下搜救工作面临着三大问题：第一是排水，被困29名工人在两个巷道内，其中一个长800多米，一个长300多米；第二大难题是通风，由于巷道水位下降，煤层裸露在外面，井下环境发生很大变化，矿井内瓦斯含量急剧升高，且不稳定，对救援人员影响很大；第三大障碍是顶板的支撑保护有威胁，顶板经过水的长期浸泡后，很容易发生滑落或坍塌。对此，山西省省长王君对救援工作提出具体要求，并在确保安全的前提下，对继续加紧救援下达了“死”命令。

王家岭矿难医疗救援组组长、山西省卫生厅厅长高国顺还在会上通报了获救115名矿工的医疗救治情况。高国顺说，针对这115名获救矿工，山西省调动最好的医疗设备、医疗人员，采取一人一组一方案，个体化、个性化精心治疗，目前这115名矿工身体总体恢复良好。

此时，井下救援工作仍在紧张开展，还有两个搜救点正在加紧排水，救援工作虽然难度增加，但救援人员已在井下待命，随时准备实施救人。

国家安全监管总局局长骆琳2010年4月7日表示，下一步将进入事故调查和责任追究阶段，要严肃查处事故。

2010年4月7日晚抢险救援指挥部举行的新闻发布会上，山西省卫生厅厅长高国顺说，115名获救工友中报告29个重症病例，其余86人体征平稳。“一人一组一方案”的人性化治疗，没有出现病危和死亡病例。

2010年4月8日，王家岭矿透水事故救援进入第12天。王家岭矿透水事故新闻发言人刘德政在当日的新闻发布会上称，被困矿工遇难人数已上升到20人，救援人员正在全力营救仍然被困井下的18位工人。

刘德政介绍说，2010年4月8日凌晨，救援人员在1号区域探险发现，能见度只有七八米，且严重缺氧，巷道顶部不断有水流下来，且水量较大。由于巷道井板经长期浸泡容易滑落、坍塌，为防止次生灾害，救援指挥部决定撤离井下部分救援人员，同时派出专家下井实地勘查。

王家岭煤矿透水事故维稳善后工作组副组长、中煤集团副总经理洪宇在新闻发布会上通报说，事故善后维稳工作正稳步推进，等到获救工人身体状况恢复到一定程度后，将有序组织家属去医院进行探望。他称，在救治初期，获救工人与家属见面比较困难。目前已在每家医院安装了热线电话，在医院和大夫认可的情况下，部分家属与在医院的获救工人 2010 年 4 月 8 日上午进行了简短通话。

事故赔偿方案正在制定中，153 名工人都是中煤集团的职工，赔偿标准将在政策允许范围内，就高不就低。“无论工人籍贯哪里，是合同工还是农民工，都将一视同仁。”经多次核实，153 名被困人员来自全国 15 个省份，其中山西 81 名、河南 32 名、湖南 13 名、河北 10 名、其他省份 17 人。目前 650 多名家属已被妥善、就近安排在河津、稷山、新绛、翼城、侯马等地。工作组分片包干，小组到户、责任到人。一个小组负责接待、安抚一户被困人员家属，并和他们生活在一起，及时通报救援情况、了解其思想动态、解决实际困难。洪宇通报的一组数字中，其中湖南 13 名这个数字和 2010 年 4 月 3 日中煤一建公司工会主席栗辉在新闻发布会上口头公布的被困人员中有 14 名湖南人，引发部分家属的质疑。

事故 115 名获救者得到“一人一组一方案”的人性化治疗，没有出现病危和死亡病例。山西省卫生厅厅长高国顺说，115 名获救工友中报告 29 个重症病例，其余 86 人体征平稳。工友年龄最大的 56 岁，最小的 22 岁。

据医院介绍，转治太原的 60 名获救工人普遍存在几方面问题：电解质紊乱，部分微量元素奇缺，可造成心律紊乱、心脏停止跳动；肾功能、肝功能受损；有冻伤肢体现象，肌肉疼痛和神经损伤；有高血压等合并基础性疾病；消化功能弱，多数无大便，有泌尿道感染。获救工人中还存在不同程度的心理障碍。

刘德政在 2010 年 4 月 8 日晚间召开的新闻发布会上说，目前总排水量已达到 24 万立方米，远多于当初预测的 13 万立方米。经过排干积水、清理煤泥、多次搜索，救援确定的9个作业点目前已有7个完全排除，现有工作的突击方向为1、2号搜救区。

在保证井下水泵继续排水的前提下，井下的排水岗位、设备安装岗位及淤泥清理岗位的抢险救援队员已撤到高处，确保万无一失。如果正常的话，2号搜救区将在3小时内结束排水。2号搜救区涌水量虽然比预计多，但只剩100米巷道没有搜索。

刘德政说，1号搜救区被认为是被困人员集中较多的地方，目前18名被困人员大多数集中于此，但该区域水量大，气候环境十分恶劣，空间小，可能溢出有害气体，导致排水搜救工作十分困难。刘德政透露，救援工作目前有两个困难：第一个困难主要是两个涵洞出水点出来的最低处，碰到了淤泥障碍，排水不好排；第二个困难是漏水的涵洞空渠是空的，很可能水排完以后，里面有毒气体会出来。

《西安晚报》记者在太原三家接诊医院获悉，连日来，三家医院的心理医师逐个对60名获救矿工进行了心理综合测试。大部分病人表面上看起来精神状况不错，但从对病人此前进行的心理测试和评估结果来看，都有不同程度的应激反应，主要表现在：脑子里总是不断闪现井下受困画面；记忆不连续，前后说话不一致；不愿讨论和回忆井下经历；仍有恐惧情绪，并出现失眠状态。其中不少部分病人焦虑数值较高，出现抑郁和焦虑症状，有的比较容易愤怒。目前，多数病人向医生表达的最大愿望有三个：下地走走，外出晒太阳，还有就是好好吃一顿饭。

截至2010年4月10日16点，王家岭煤矿透水事故遇难人数上升至28人，还有10人被困。2号工作面没有发现生命迹象存在，1号工作面的排水工作仍在加紧进行当中。

截至2010年4月11日上午11时左右，王家岭煤矿透水事故遇难人数已上升至33人，还有5人被困井下生死不明。王家岭煤矿透水事故115名获救人员现已全部脱离生命危险。

截至2010年4月14日21时，仍未发现最后一名被困矿工。

2010年4月26日，最后一名被困工人遗体找到，事故抢险救援工作结束。

(五) 尾声

2010 年 4 月 13 日，国务院华晋焦煤公司王家岭矿“3·28”特别重大透水事故调查组正式成立，并召开了第一次全体会议，事故调查工作全面展开。调查组组长由国家安监总局局长骆琳担任，副组长由山西省政府、国家煤监局、监察部、全国总工会有关负责人担任，下设技术、管理、综合三个小组。此外，调查组还邀请最高人民检察院参加事故调查。在会议上，最高检受邀参加调查的渎检厅副厅长李忠诚表示，将客观公正进行事故追查。

调查组组长、国家安监总局局长骆琳在第一次全体会议上指出，王家岭煤矿“3·28”特别重大透水事故是一起明显的责任事故，也是一起不该发生的、完全可以避免的事故。令人十分痛心，教训十分深刻，发人深省，再次为安全生产敲响了警钟。骆琳要求，调查组要实事求是，认真负责地开展事故调查处理工作，依法依规严肃追究事故责任。要认真履行好五项职责：查明事故发生的经过、原因、人员伤亡情况及直接经济损失；严肃认真、科学负责地认定事故的性质和事故责任；对事故责任者提出处理建议，包括党政纪处分、行政处罚，构成犯罪的移送司法机关；深刻总结事故教训，提出防范和整改措施，以及加强煤矿安全生产的有针对性和可操作性的治本之策；在规定期限内提交事故调查报告，按程序报国务院审批。

根据目前掌握的情况，经初步调查分析，骆琳指出王家岭矿建设施工中存在着严重的违规违章行为，该矿井下施工的 20101 工作面回风巷掘进工作面探放水措施不落实，掘进导通采空区积水，致使 +583 米标高以下的巷道被淹，造成大量人员伤亡。王家岭矿存在的问题主要表现在 7 个方面：

一是水文地质资料未查清，没有严格执行先探后掘、有疑必探的规定，井田内老窑积水情况未查清，就进行回采工作面巷道施工，没有按要求配备探放水钻机，未采取打钻探水措施；

二是劳动组织管理混乱，为了抢工期、赶进度，井下安排 15 个掘进面同时作业，当班作业人员过度集中，且领导干部带班制度不落实；

三是现场管理不到位，单纯追究产值、速度，忽视安全生产；

四是施工安全措施不落实，工作面出现透水征兆后，没有按照规定采取停止作业、立即撤人等果断有效措施；

五是隐患排查治理不力，特别是2010年3月份以来20101工作面回风巷多次发现巷道积水、顶板淋水，但一直未采取有效措施消除隐患；

六是施工组织不合理，违反施工组织程序，在矿井一、二期工程没有全面完成、主要排水系统没有建成的情况下，就强行施工三期工程；

七是安全培训不到位，未对职工进行全员安全培训，新到职工未培训就安排上岗作业，部分特殊工种无证上岗。

2010年4月27日，山西省煤炭工业厅下发《关于华晋焦煤公司王家岭煤矿建设工程停建整顿的通知》，要求发生“3·28”特别重大透水事故的华晋焦煤公司王家岭煤矿建设工程全面停建，待山西省政府和国家有关单位批准后方可重新开工恢复建设。中煤能源集团公司、山西焦煤集团公司以及华晋焦煤公司要严格落实安全管理责任，监督王家岭煤矿全面停建和制定安全防范与整改措施。王家岭煤矿建设单位和施工企业在停建期间要组织力量重审施工组织设计、操作规程和作业规程，加强劳动用工管理与劳动组织管理，积极开展职工培训工作和安全警示教育活动。临汾市人民政府、运城市人民政府要按照分级、属地管理的原则，加强对王家岭煤矿停建期间的安全监管工作，在乡宁界内的两个井口及井下工程的停建和安全监管工作由临汾市人民政府负责，在河津市界内的井口及大巷内工程的停建和安全监管工作由运城市人民政府负责。

2010年5月21日，新华社记者从山西省委宣传部了解到，在山西医科大学第一医院接受治疗的最后一名被困工人已于日前出院。至此，华晋焦煤公司王家岭矿“3·28”透水事故115名获救人员和38名遇难人员善后工作结束。山西省委宣传部通报，通过多种渠道对被困人员核实和对遇难人员进行DNA鉴定，中煤集团一建公司在4月3日事故抢险救援指挥部第七次新闻发布会上公布的153名被困人员名单与实际搜救结果完全相符，为尊重绝大多数遇难人员家属的意见，对38名遇难人员名单不再

公布。

2011 年 1 月，国务院对华晋焦煤有限责任公司王家岭矿“3·28”特别重大透水事故的调查处理报告作出批复，认定王家岭矿在基建施工中发生透水事故，造成 38 人死亡、115 人受伤，直接经济损失 4937.29 万元。经调查认定，这是一起在积水情况未探明就掘进作业导致老空区积水透出，且发现透水征兆后未及时撤出井下人员而引发的特别重大生产安全责任事故。

国务院认定事故的直接原因是：该矿 20101 回风巷掘进工作面附近小煤窑老空区积水情况未探明，且在发现透水征兆后未及时采取撤出井下作业人员等果断措施，掘进作业导致老空区积水透出，造成 +583.168 米标高以下的巷道被淹和人员伤亡。事故的间接原因是：地质勘探程度不够，水文地质条件不清，未查明老窑采空区位置和范围、积水情况；水患排查治理不力，发现透水征兆后未采取有效措施；施工组织不合理，赶工期、抢进度；未对职工进行全员安全培训，对部分新到矿的职工未进行培训就安排上岗作业，部分特殊工种人员无证上岗。

39 名事故责任人被追究责任，其中，将中煤建设集团第一建设公司第六十三工程处（以下称中煤一建六十三处）副处长兼碟子沟项目部经理姜世杰、王家岭矿区建设指挥部工程技术部部长贾剑勇、中煤一建六十三处兼碟子沟项目部安监站站长常世坤、北京康迪建设监理咨询有限公司（以下称康迪监理公司）王家岭矿项目监理处碟子沟项目监理部总监代表葛廷福等 9 名事故责任人移送司法机关依法追究刑事责任；给予 30 名事故责任人党纪政纪处分，主要包括：给予中煤能源集团公司副总经理洪宇行政记过处分，给予华晋焦煤公司董事长温百根行政降级、党内严重警告处分，给予中煤一建公司总经理葛惠永行政撤职、撤销党内职务处分，给予中煤一建六十三处原处长李振东行政撤职、撤销党内职务处分，给予康迪监理公司总经理张钦邦行政降级、党内严重警告处分，给予山西省煤炭工业厅基本建设局原局长赵国源党内严重警告处分。依法对华晋焦煤公司处以 225 万元罚款，对中煤一建公司处以 210 万元罚款。责成山西省人民政府向国务院作出深刻书面检查，中煤能源集团公司向国务院国资委作出深刻书面检查。

2011 年 4 月 21 日至 22 日，山西华晋焦煤公司王家岭煤矿“3·28”特别重大透水责任事故系列案件，在山西省乡宁县人民法院开庭审理。姜世杰等 9 名被告人出庭受审。

二、案例背景

华晋焦煤有限责任公司（简称“华晋焦煤公司”）成立于 1992 年，2001 年 2 月改组为国有股份制企业，股东为中国中煤能源集团公司和山西焦煤集团有限责任公司，各持 50%的股份。公司的主要经营范围是开发建设山西河东煤田的离柳矿区和乡宁矿区，建设大型、特大型矿井和选煤厂。经营煤炭开采、加工、销售（原煤、精煤、焦炭及副产品），矿用设备修理，技术开发与服务，电力生产，酒店餐饮服务。在 2009 年上半年开始的山西煤矿整合浪潮中，华晋焦煤公司抓住机会，在主焦煤基地吕梁和临汾地区展开煤矿收购，仅在乡宁一县就整合了五处小煤矿，矿井能力扩至每年 900 万吨。按规划，其 2010 年的原煤生产能力将达到 2100 万吨。

王家岭煤矿项目是经国家发改委核准，国务院第 100 次常务会议批准，由华晋焦煤有限责任公司投资开发的国家和山西省重点项目，也是华晋焦煤公司在乡宁矿区建设的第一对矿井，位于山西省乡宁县和河津市境内。

所谓的“小窑老空水”是指地下矿藏开采后，留下一些小的采空区，被水充满后就形成了“小窑老空水”。“小窑老空水”就相当于一个地下水库，在后期采矿时，如触及“小窑老空水”的边沿就极容易发生透水事故。一旦突水，来势凶猛，涌水量大，破坏性强。“小窑老空水”一般积存时间长，水量补给差，属于“死水”，有“挂红”、酸度大、水味发涩等特点。

老空水不能饮用，而且对井下轨道、金属支架、钢丝绳等金属设备有腐蚀作用。老空水透出一般伴有有害气体的涌出。

三、各方评析

(一) 奇迹可彰：王家岭8天8夜的救援，书写救援生命的伟大奇迹

国家安监总局局长骆琳在接受采访时表示，王家岭透水事故救援工作创造了两个奇迹：第一个奇迹就是被困矿工，他们在井下顽强地坚持、坚持、再坚持，度过了8天8夜这样的生命之关，还能得到生存。第二个奇迹，就是在党中央、国务院的坚强有力、正确的领导下作出的决策部署和实施的决策方案、救援方案十分有效、有力，创造了中国抢险救援史上一个伟大的奇迹。

《人民日报》发表题为《书写救援生命的伟大奇迹》的评论文章指出：

救援生命的奇迹，来自被困矿工的顽强坚守。绑在钻头上的铁丝，敲击管道的呼救，传递出的是信心——救援必能来到，自己必能获救。井底的黑暗之外，无数人为营救而努力，无数人为生命而祈祷。救援生命的奇迹，来自及时科学有效的施救。抽水救人、通风救人、科学救人，争分夺秒地抢救生命；近14吨重的水泵，肩扛人抬，运到井下；潜水员全副武装，进行“蛙人强攻”；300多袋营养液，通过“希望通道”精准输送。同时传到井下的，还有矿泉水瓶中的信：“你们一定要坚定信心，坚持到底！坚持就是胜利！”准确判断，果断决策，统筹协调，精心施救，这一切为救援工作赢得了时间，赢得了主动。救援生命的奇迹，来自全社会的协同作战。山西全省紧急动员，各地大型抽水设备驰援王家岭；3000余人的救援队伍，进行救援“总动员”；优秀的医疗人员和救护专家现场待命；书写

救援生命的伟大奇迹，再次显示了社会主义制度的巨大优越性，显示了全国人民团结友爱的高贵品质，显示了中华民族百折不挠的英雄气概。

《光明日报》发表评议文章指出：

这是一次与死神赛跑的生命大营救，是一次全民动员的攻坚战，更是在党的领导下社会主义大家庭的以人为本精神的集中体现。以人为本，首先体现在救援人员不抛弃、不放弃，尽百倍的努力去施救，体现在对获救工人最温暖的关怀中，还体现在我们的祖国大家庭每时每刻都在给普通人以信心，正是这份信心，让被困井下的工人始终相信“国家会千方百计救助我们”；正是这份信心，让他们在井下相互鼓励，积极采取自救措施，等待最后被营救时刻的到来。此次生命大营救让我们再次认识到了生命的可贵。从了无希望到重见光明，当一个个虚弱的生命从井下被抬出时，每个人都会从心底感到由衷的欣慰，这份欣慰是对生命的赞叹，也是对每一个劳动者发自内心的崇敬。当前，我国正以前所未有的速度进行社会主义现代化建设，在经济快速发展的同时，对能源的依赖也越来越强。越是在这样的情况下，越需要我们制定和完善安全生产的法规制度，把以人为本作为根本的理念，时刻不能放松。一个社会存在一点问题不可怕，可怕的是丧失对生命的敬畏，对安全问题的麻木。王家岭矿难大营救让我们深刻认识到，以人为本首先要从敬畏生命开始。我们要从矿难中吸取教训，从安全生产的每一个细节入手，做到人人尽责、事事合规，从根本上杜绝安全事故的再次发生，让每一个劳动者的生命和劳动都得到尊重，过上有尊严的生活。

(二) 问责当严：事故不应轻轻放过

知名新闻评论人五岳散人在《新京报》撰文指出，“功”与“过”不能混为一谈，“功”自然不可没，“过”也不能掩。这就如同赞颂生命的顽强与坚韧的时候，不要忘记这次矿难毕竟是一次灾难，这种坚韧与顽强并非是这些矿工的自愿；如果不能从中找到矿难的根源，下一次矿难也不会避免。

《南方都市报》社论指出："王家岭煤矿是国有企业，但事实证明安全生产与国有还是民营并无必然关系"。《新民晚报》、《新世纪》杂志的记者经过实地采访都指出，王家岭煤矿虽为国有大型煤矿，施工过程却存在严重的分包、承包现象。国有外壳包裹下的私人承包，在王家岭矿属于普遍现象。为赶工期，中煤一建63处将工程分别承包给多个施工队伍。"老乡介绍老乡，朋友介绍朋友，很多人原本从事的只是类似的行业，并非真正的煤矿基建人员，为了抢进度，很多人没有培训就下井了。"矿上把井下各个工程掘进段分包给了多个工程队，而他们的安全意识和安全施工水平也良莠不齐，这就形成了"国有外壳包裹下'小煤窑'林立"的局面。《新世纪》杂志还引述一位遇难者的亲属的话说，"谁能想到，王家岭这个国有大矿，连那些小煤窑都有的探水队居然都没有。要命的是，未探先采在这个矿是习惯，'掘进——掘进——掘进'成了矿领导的口头禅！"《青年时报》发表题为《矿难追责，抓几个技术人员了事?》的评论文章指出："在那些权责更大的责任者尚未被充分追究之前，只拿几个技术人员'开刀'，既不公平，对于预防下一次矿难也不具任何意义。"

(三)"公布被困矿工名单"应成为制度

《新京报》2010年4月3日发表社论指出：

王家岭透水事故发生以来，舆论一方面牵挂着被困矿工的安危，另一方面也对"被困153人"是否准确，有所质疑。据报道，王家岭矿多名矿工称，井下人数远不止153人。对此，国务院副总理张德江表示，王家岭煤矿透水事故暴露出用工制度、井下施工管理有很多问题。张德江认为，"被困153人是否准确，舆论质疑不是没有道理。"事发当天，被困人员数字发生3次变化，他建议公布详细名单，落实到人头，且实行家属登记造册与施工单位的统计两头核实，达到准确无误。

矿难救援中，不公布被困或遇难矿工名单，早已成为常态，罕有主动公开的例子，媒体记者费尽周折，通过矿工家属等间接渠道，也只能拿到部分名单。此次副总理要求"公布被困矿工名单"，无疑是打破矿难救援

"黑箱"的一个契机。

我们建议，公布被困或遇难矿工名单，不妨成为一个制度。简要分析，这一制度的好处至少有二：

其一，公布名单，能让矿难救援更加规范透明，防止地方官员瞒报。众所周知，矿难现在与官员问责挂钩，而矿难的定性，是一般还是较大或是重大、特大，矿难是否需上报、上报到什么级别，这些直接与被困或死亡矿工人数有关，不难看到，被困或遇难矿工的人数多寡，与官员的仕途紧密相关，由此导致瞒报、少报的可能。

与此同时，地方官员全面掌控着矿难处置的主导权，外部监督力量很难介入。矿难一般发生于人烟稀少的山区，媒体或上级部门的介入不但总是延后，而且由于不掌握当地实际情况，监督起来障碍颇大，王家岭透水事故暴露出的煤矿用工制度、井下施工管理混乱，就是一例。而幸存矿工或是矿工家属对于矿难的了解是微观的，他们知道个别被困或遇难亲友的名字，但总计被困或遇难多少人，他们基本无从了解。此外，如果像2005年广东兴宁矿难那样，遇难矿工被永远埋在地下，那么遇难矿工人数若遇上争议，可能会成为难解之谜。

因此，公布被困或遇难矿工名单，未尝不是一种低成本的监督机制。名单的公开，再辅之以举报名单不实可获重奖的制度，那将有效激活矿工、矿工家属、当地民众等外部监督力量，改变矿难救援中的信息不对称，对地方官员起到有效的制衡作用。

其二，公布名单，显示出国家对于生命的尊重。每一次矿难后，被困或遇难矿工姓甚名谁秘而不宣，严格来说，这是对生命的亵渎。实际上，矿井下的每一个人，他们都是或曾经是有血有肉的鲜活个体，他们都是国家的公民，理应获得郑重的对待。每个人都有自己的故事，他们对灾难刻骨铭心的体验，他们及其亲友所遭受的苦难，理应为我们共同分担。

矿难之后不公布名单，也是近年来公众对于矿难渐感麻木的重要原因。任何一种人道灾难，唯有细节才能打动人，可在矿难抢救中，连矿工名单这一基本细节都付之阙如，遑论其他。当官方总传出遇难家属"情绪稳定"的消息，当那些有名有姓的血肉之躯都化作干巴巴的数字，当矿井下的一个个故事总被永远埋在地下，在千篇一律的矿难处置模式面前，公众的同情心也就不知不觉陷入“疲惫”，矿难一次次发生，但对于社会的警醒效应却一次次折损，整个社会的底线就这样一步步退却。

遏制矿难，千头万绪，需做的有很多，但这其中，全面确立起矿难中“人”的价值，理应是基础中的基础，公布被困或遇难矿工名单，甚至直播矿难抢救的全过程，将“人”字大写，给生命以尊崇，如此，才能给全社会上一堂震撼性的“生命教育课”，并有效警示后来者。

四、启示借鉴

透水事故作为安全事故的一种，这些年一直呈现高发态势。仅以2010年为例，根据不完全统计，就有：

3月1日7时29分，位于内蒙古自治区乌海市境内在建的神华集团骆驼山煤矿发生透水事故。事故共造成32人遇难、7人受伤。

6月3日5时许，山西晋煤集团泽州天安东沟煤业有限公司郊南煤矿发生透水事故，当班下井86人，其中75人安全升井，11人被困井下。

6月27日上午11时30分许，郴州市北湖区鲁塘镇太源煤矿发生透水事故，造成9人被困。

7月18日，甘肃金塔县芨芨台子煤矿发生透水事故，被困16人中有3人安全升井，其余13人被困井下。

7月20日18时许，湖南省花垣县排吾乡锰矿区发生一起透水事故。事故造成13名井下作业人员失踪。

7月26日下午4时许，重庆市长寿区葛兰镇老龙洞煤矿发生透水事故。事故发生时，该煤矿当班入井10人，安全升井3人，7名工人被困。

7月31日，黑龙江省鸡西市恒山区恒鑫源煤矿发生一起透水事故。事故发生时井下有24人被困。

11月21日11时许，四川省内江市威远县八田煤矿发生一起透水事故，28人被困井下。

第一，危机前阶段的预警识别力低是造成王家岭特大透水事故的直接原因。

正如“海恩法则”所指出的，任何一起严重的事故都是有征兆的，每个事故征兆背后都有300次左右的事故苗头和上千个事故隐患。要消除这些严重事故，就必须敏锐而及时地发现这些事故征兆和隐患并果断采取措施加以控制或消除。

在这次透水事故发生后，一名湖北籍的工人接受《瞭望》周刊记者采访时说：“事发前一两天我就发现有异常情况，可以说是预兆，主要是巷道内雾大，看不清人，掘进时两边往下掉煤渣。”另一名陕西安康籍的工人说：“27日我在井下干活的时候就发现，平常出来的煤都有煤尘，那天出来的煤是湿的，我感觉不对。28日上班的时候，队长让我下井干活，我说什么也不去，就和别人调了班。后来真的出大事了。”

国家安监总局的通报中指出，工作面出现透水征兆后，没有按照规定及时撤人和采取有效应对措施；隐患排查治理不力，特别是2010年3月份以来20101工作面回风巷多次发现巷道积水，但一直未能采取有效措施消除隐患。

危机前阶段的预警识别力是指对可能引起公共危机事件的诱因、征兆和隐患，或者发现可能导致大面积扩散趋势的个案等危机诱导因素具有敏锐的观察判断和正确的识别能力。任何危机事件都有预兆，只不过是有的预兆明显，有的预兆不明显而已。有的预兆仅凭借肉眼的观察就可以看出，而有的预兆则需要通过特定的仪器设备才能检测出来。因此，对潜在的危机进行预防就必须有专门的管理部门来对危机事件的各种预兆进行监测和进行信息的收集，对已经积聚一定的能量，即将发生危机的对象，要通过预警来加强防范措施，以防止危机的发生。对潜在公共危机能否早发现、早报告、早控制，是政府能否及早采取行动、消除危机的关键。但是并不是所有预警信号都能被发现并得到足够的重视。如何及时准确地捕捉到这些信息并及早采取修正措施力争使它们不会演变成危机，是公共危

机管理的关键环节。领导者能否在危机尚未全面爆发时预先识别出潜在危机，并采取相关措施将潜在危机“化解”于萌芽状态，是成本最低的危机管理方式，也是危机管理的最高境界。

第二，靠前指挥全力支持是重要保证。

国家安监总局局长骆琳、国家煤监局局长赵铁锤等第一时间赶赴事故现场，并一直在现场指挥协调抢险救援。事故发生后，山西省政府和各相关部门的主要领导都亲临现场，认真贯彻落实中央决策部署，靠前指挥，作出一系列部署，全力组织抢救、救治等各项工作。同时表示，山西“要人给人、要物给物、要钱给钱”。在此后的救援过程中，山西省委、省政府以及国家安监总局主要领导多次坐镇督战，坚持每天召开专题会议研判形势、部署下一步救援工作，并下井考察指导救援工作。

山西多家煤矿企业、煤田地质单位、科研院所纷纷伸出援手，多家企业和单位的主要负责人亲自带领救援队伍，跟班指挥、连续作战。省和有关市县党委、政府调集机关干部、解放军、武警官兵、公安民警、医护人员全力参与。

在救援的前几天，运送物资的车辆一度排起 2.5 公里的长龙。在短短几天内，救援现场云集了 3000 多人的各类救援人员，后来增加到 5000 余人。救援人员涉及救援工人、煤炭地质水利等方面的技术专家、专业救护队、电力保障、应急通信、医生护士等各个方面，涵盖事故救援、后勤保障、医疗救治等各个环节。

第三，创造性地落实救援方案是关键。

尽管救援物资多、人员多、任务重，但救援现场一直保持稳定状态，救援工作及时、快捷、有效、有序、有力展开。正如新闻发言人刘德政所言：“这些成效的取得，充分体现出主要领导决策在前、部署在前、指挥在前的作用。”透水事故的抢险救援，排水是根本前提。如何根据实际情况、最快最安全地排水成为关键。在经过多次考察、科学论证的基础上，事故抢险救援指挥部形成四条排水方案：一是从井下直接向井外排水；二是向井下空巷倒水；三是通过水平钻孔排水；四是地面垂直钻孔排水。

通过实施这四条排水方案，在重新安装排水设施的条件下，事故救援用 7 天 7 夜的时间排水 13 余万立方米，使井下水位下降 10 余米。为 2010 年 4 月 4 日深夜的井下搜救以及被困工人的成功获救创造了决定性的条件。刘德政在事后总结说："现在看来，再没有比这更好的方案了。"

相对于传统的往井外抽水，向井下空巷倒水具有短、平、快、扬程低等优势，明显加快了排水进度。水平钻孔排水是通过水平打孔的方式，将倒到空巷中的积水直接排出，如果没有这一措施，井下空巷只能容纳 8000 立方米的积水。

在救援过程中，山西省煤炭地质局的煤田地质人员由地面垂直向井下打了两个钻孔。其中 1 号用来排水，2 号作为生命通道。特别是 2 号通道在 2010 年 4 月 2 日成功实现了井上与灾区的直接沟通，传递出了井下被困人员的生命信息，并向井下投递了食物。正如刘德政所说："来自井下的信息极大地激励了井上救援人员，井上传递下去的信息也极大地鼓舞了被困人员的信心。""往井下空巷倒水、水平钻孔排水以及垂直钻孔排水三套排水方案在此次救援过程中发挥了至关重要的作用，其总排水量占全部排水量的一半左右。"

水平钻孔以及垂直钻孔，都属于精度钻探技术，一个是瓦斯钻孔技术，另一个是煤炭地质勘探技术，此次应用于矿山救援尚属首次。实践证明，这两项技术在矿山救援过程中能够发挥突出作用，也为煤炭事故救援提供了可资借鉴的经验。

参考文献：

1. 冯翔：《十四次贺信与一次矿难》，《南方周末》2010 年 4 月 1 日。

2. 李漠：《悲情王家岭》，《新世纪周刊》2010 年第 15 期。

3. 赵承等：《为了生命的呼唤——王家岭矿"3·28"透水事故救援全纪录》，《劳动保护》2010 年第 5 期。

4.《王家岭煤矿透水事故》，《中国记者》2010 年第 5 期。

5. 罗时：《王家岭矿难沉重警示》，《劳动保护》2010 年第 5 期。

6. 贾群林、穆英：《生命大营救——王家岭矿难与思考》，《中国应急救援》2010 年第 3 期。

7. 罗玉川：《网络时代的突发事件报道对策探析——以王家岭煤矿透水事故报道为例》，《新闻与写作》2010 年第 5 期。

8. 李洪、赵欣欣：《保障救援争分夺秒　星夜驰援王家岭矿》，《国防》2010 年第 5 期。

9. 徐建宏：《王家岭大救援》，《先锋队》2010 年第 9 期。

10. 李湖生、刘铁民：《从“3·28”王家岭煤矿透水事故抢险救援反思中国事故灾难应急准备体系》，《中国安全生产科学技术》2010 年第 3 期。

11. 国家安全监管总局国家煤矿安监局：《关于华晋焦煤有限责任公司壬家岭矿“3·28”透水事故的通报》，安监总明电（2010）13 号。

12. 刘树铎：《直击王家岭矿难》，《中国经济时报》2010 年 4 月 2 日。

13. 新华网：《以生命的名义：华晋焦煤王家岭矿“3·28”透水事故追踪》，新华网，2010 年 3 月 31 日。

14. 陈忠华：《直击王家岭煤矿透水事故》，《瞭望》2010 年第 14 期。

15. 王晋飞：《“3·18”透水事故：一场绝非偶然的悲剧》，《山西晚报》2006 年 3 月 21 日。

16.《公开受困矿工名单才能澄清外界质疑》，《南方都市报》2010 年 4 月 3 日。

（朱瑞博　编写）

河南赵作海冤案

1997年，河南省商丘市柘城县老王集乡赵楼村村民赵振裳和邻居赵作海斗殴后失踪。1999年，村民发现一具无头尸体，警方以为死者就是赵振裳，将赵作海带走，并加以刑讯逼供，2002年，商丘市中级人民法院以故意杀人罪判处赵作海死刑，缓刑两年。2010年4月30日，失踪多年的赵振裳回到村里，赵作海故意杀人罪被事实推翻。2010年5月9日，河南省高级人民法院认定赵作海故意杀人案系错案，宣告赵作海无罪释放。

一、案例始末

1997年10月30日夜，河南商丘市柘城县老王集乡赵楼村人赵作海去同村女村民杜某某家中约会，后同村邻居赵振裳赶来，双方在杜某某家中发生殴斗，赵振裳用菜刀向赵作海头上砍了一刀。

1997年10月31日凌晨，因为害怕把赵作海砍死，也害怕没死的赵作海会报复，赵振裳骑自行车，带上400元钱和被子、身份证等物品外出，自此失踪。

1998年2月15日，赵振裳的侄子赵作亮到公安机关报案，称其叔父赵振裳于1997年10月30日离家已失踪4个多月，怀疑被同村的赵作海杀害。警方将赵作海作为嫌疑对象侦查，羁押20余天，后因证据不足，将其释放。

1999年5月8日，商丘市柘城县老王集乡赵楼村发现一具无头、膝盖以下部分缺失的男性尸体。柘城县公安局立案侦查。当晚，刚从地里忙完农活回家的赵作海被派出所民警带走。

1999年5月9日，赵作海被刑拘，涉嫌罪名是故意杀人罪。

1999年5月10日，赵作海被带到商丘柘城县公安局刑警大队。

1999年5月10日至6月18日，在刑讯逼供下，赵作海做了9次有罪供述。这些口供成为他日后定罪的依据。

对于当时刑讯逼供的情景，2010年5月12日《新京报》发表了由记者张寒撰写的采访报道。其中有如下对话：

《新京报》：你还记得当时怎么打你吗？

赵作海：拳打脚踢，从抓走那天就开始打。你看我头上的伤，这是用枪头打的，留下了疤。他们用擀面杖一样的小棍敲我的脑袋，一直敲一直敲，敲的头发晕。他们还在我头上放鞭炮。我被铐在板凳腿上，头晕乎乎的时候，他们就把一个一个的鞭炮放在我头上，点着了，炸我的头。

《新京报》：疼吗？

赵作海：直接放头上咋不疼呢。炸一下炸一下的，让你没法睡觉。他们还用开水兑上啥药给我喝，一喝就不知道了。用脚踩我，我动不了，连站都站不起来。

《新京报》：能睡觉吗？

赵作海：铐在板凳上，那三十多天都不让你睡觉。

《新京报》：受得了吗？

赵作海：受不了咋办啊？他叫你死，你就该死。当时刑警队一个人跟我说，你不招，开个小车拉你出去，站在车门我一脚把你踩下去，然后给

你一枪，我就说你逃跑了。当时打的我真是，活着不如死，叫我咋说我咋说。

真是搁不住打得狠。我就跟你们说，这么打你们，你们也要承认。你说秦香莲可是个好人，那她为啥招供，还不是打得狠。一天两天，三天，五天，搁不住时间长。再硬也招不住。

我后来说，不要打了，你让我说啥我说啥。

赵作海的前妻赵小齐（谐音）也称曾被胁迫提供伪证。她说，赵作海被刑拘后，她曾经被警方关在乡里一个酒厂一个月，受到很多折磨。有人“用棍子打我，让我跪在砖头上，砖头上还有棍子”。她说，民警一直问她是不是知道赵作海杀人，说不知道就一直被打，每天只能吃一个馒头，还经常几天不让睡觉。

与赵作海同村的杜某某后来也说出了自己的秘密。她说自己曾被警方关了 29 天。审讯者不仅用棍子打她的臀胯，而且被迫长时间屁股不能挨着脚跟地跪着。最终她签字画押说他们是“相好的”。

1999 年 6 月 19 日，在赵作海被刑拘 40 天后，柘城县检察院正式批捕赵作海。

1999 年 10 月，赵作海案侦查终结，由柘城县检察院公诉科报送至商丘市检察院公诉处审查起诉。商丘市检察院承办此案的小组共两人，公诉处副处长王长江牵头，主诉检察官是汪继华。检察官汪继华作出退卷的决定。理由是证据不足。随后，柘城县公安局补充了一些细节，不久，案卷再次被报送到商丘市检察院。

事隔 11 年后，汪继华告诉《中国新闻周刊》记者：“赵作海的案子就一个核心问题，尸源问题。”“当时初步感觉，这个案件无法确认被害人身份，所以案卷一到我手里就退了。”

1999 年 12 月 9 日，商丘市检察院第二次退卷，但赵作海依旧羁押在柘城县看守所。按规定，检察机关两次退卷后，公安机关要么撤案放人，要么变更对犯罪嫌疑人的强制措施。但一直到 2002 年被起诉，赵作海被超期羁押将近 3 年。

2000 年，在全国人大九届三次会议上，陕西人大代表刘三阳提交了

《关于对司法机关及其执法人员实行“拖案”责任追究制的建议》，认为“拖案”数量多、涉及面广，对社会稳定影响大，所造成的危害绝不亚于错案。

2001年1月，最高人民检察院下发《关于进一步清理和纠正案件超期羁押问题的通知》，要求对超期羁押问题进行全面清理，在当年6月底之前要全部纠正。该通知还特别提到，“在清理纠正超期羁押案件过程中，要积极争取地方党委、人大的领导和支持，特别是对于一些重大疑难、认识不一致而久拖不决的案件，可以专题报告党委、人大、政法委，促进问题的积极解决。”在此背景下，赵作海案再次启动了司法程序。

2001年7月，中共商丘市委政法委在柘城县检察院召开协调会，政法委和公、检、法三部门经研究认定，赵作海案尸源问题没有确定，仍不具备审查起诉条件，不予受理。会议决议要求公安局去做DNA鉴定，确定尸源。但DNA鉴定报告最终无法形成结论。赵作海又被持续羁押了1年多。

2002年5月31日，在山东省潍坊市召开的全国检察机关纠正超期羁押经验交流会要求，全国各级检察机关要切实加强对超期羁押案件的督办力度，检察环节存在的超期羁押案件，要在2002年6月底前全部纠正。

这一年，河南省高级人民法院、河南省人民检察院、河南省公安厅等部门，为解决超期羁押这个“老大难”问题，联合下发了《河南省刑事诉讼超期羁押责任追究办法》，要求严格执行《中华人民共和国刑事诉讼法》规定的办案期限。该办法细化了案件在各个诉讼环节中的时限和责任划分，包括检察院要及时向办案单位发出《纠正违法通知书》。商丘市政法系统解决超期羁押的决心越发强烈。在此期间，赵作海案再度过堂。

据官方数据，到2002年年底，河南省共计清理超期羁押5000余人，遗留超期羁押案件20余人，基本实现了无超期羁押现象。

2002年8、9月间，商丘市委政法委第二次就赵作海案召开协调会。最终的结果是：赵作海案“具备了起诉的条件”。

2002 年 10 月 22 日，在尸源仍然不明的情况下，商丘市人民检察院决定起诉。此时，主诉检察官汪继华已离开检察院，案件由助理检察员郑磊承办。

事隔 8 年后，郑磊回忆当时摆在他面前的卷宗上，有上级部门负责人对此案“快审快判”的批示，“当时要求我们必须在20天内起诉到法院”。“商丘市委政法委把结论都定好了，检察院、法院只不过是个形式，我们只有服从”。

虽然有上级的定调，审查完卷宗后，郑磊还是给主管领导汇报了自己的意见，“能够起诉的证据和不能起诉的证据，都有汇报”。

能够起诉的证据共五点：一、赵作海的口供；二、杀人的动机，二赵不但有私人恩怨，还存在债务纠纷；三、被害人赵振裳在一年内没有出现；四、井里裹尸用的麻袋，经赵作海的媳妇和儿子辨认，是赵作海家的，赵作海对此不能作出合理解释；五、赵作海申诉说警方刑讯逼供，当时认为是狡辩。

但案件疑点也暴露得同样清晰：尸源问题；压在尸体上的三个五六百斤的石磙，赵作海不可能一人弄到井里；难以排除逼供、诱供的行为；肢解尸体的刀具没有找到。

领导当时是这样答复郑磊的：案件符合“两个基本”的原则（“基本事实清楚”、“基本证据充分”），够起诉条件。为了解决超期羁押问题，按市委政法委的要求，尽快起诉。

2002 年 11 月 11 日，商丘市人民检察院以被告人赵作海犯故意杀人罪向商丘市中级人民法院提起公诉。

赵作海的辩护人是法院指定的、当时尚未拿到律师执业证的实习律师胡泓强。庭审持续了仅仅半个小时。郑磊匆匆念完起诉词。赵作海在法庭上喊冤，称自己受到刑讯逼供。实习律师胡泓强为赵作海做了无罪辩护，辩护没有得到法官的采信。

2002 年 12 月 5 日，商丘市中级人民法院以故意杀人罪判处被告人赵作海死刑，缓期两年执行，剥夺政治权利终身。

2003 年 2 月 13 日，河南省高级人民法院复核作出裁定，核准商丘中院上述判决。

一晃就是七年。2010年4月30日，老无所依、2009年患偏瘫无钱医治、向往低保的赵振裳突然回到赵楼村。这条消息以《“你不是死了吗？咋又复活了”?》为题出现在2010年5月6日的媒体上，迅速引发舆论哗然。

赵振裳回忆中的1997年10月30日的情形是：“当天夜里在杜某某家，是我砍了赵作海，原因是‘看不惯他跟有夫之妇瞎搞，而且赵作海还欠我1800元’。”赵振裳以为砍死了人，遂背井离乡逃往他乡，以讨饭和拾荒为生。

2010年5月4日，按照监狱的会见管理规定，赵作海的叔叔、姐姐来到河南省第一监狱，告诉他赵振裳没死，又回村了。赵作海获悉后先是沉默了一段时间，随后失声痛哭。

2010年5月5日下午，河南省高级人民法院决定对赵作海案启动再审程序。

2010年5月7日下午，商丘市中级人民法院递交了对赵振裳身份确认的证据材料。

2010年5月8日下午，河南省高级人民法院院长张立勇主持召开审委会，河南省人民检察院副检察长贺恒扬列席，审判委员会认为赵作海故意杀人案是一起明显的错案。审判委员会决定：(一）撤销省法院（2003）豫法刑一复字第13号刑事裁定和商丘市中级人民法院（2002）商刑初字第84号刑事判决，宣告赵作海无罪；(二）省法院连夜制作法律文书，派员立即送达判决书，并和监狱管理机关联系放人；(三）安排好赵作海出狱后的生活，并启动国家赔偿程序。

河南省公安厅组织全省刑侦、技术和审讯专家到一线指导破案。经DNA鉴定，1999年5月8日于商丘市柘城县老王集乡赵楼村发现的无头男尸的死者身份确定为1998年9月12日晚外出后失踪的商丘市睢阳区包公庙乡十字河村东五组村民高宗志。经进一步侦查，专案组认定柘城县老王集尹楼村人李海金、商丘睢阳区张庄村人杨明福、商丘睢阳区张庄村人张祥良有重大作案嫌疑。

2010年5月9日上午8时许，赵作海在狱警的带领下，走进了省法

院设立在监狱的庭审现场。当审判长依据法定程序宣布赵作海无罪释放后，面对迟到的公正，已经58岁、头发全部变白的赵作海忍不住失声痛哭。

从1999年5月9日赵作海被公安机关刑事拘留，到2010年5月9日被无罪释放，时间已经过去了11年。期间，赵作海家的房子塌了，老婆改嫁了，4个孩子送给人家3个，还有1个在外地打工。

李海金、杨明福、张祥良三人在媒体报道赵作海被无罪释放后，分头潜逃外地。专案组立即展开追捕。

2010年5月13日上午，河南省高级人民法院与商丘市中级人民法院联合召开新闻发布会对外公布，给予赵作海国家赔偿及生活困难补助共计65万元。赵作海签字领取了商丘市中级人民法院支付的65万元支票。在赵作海获得的65万元中，50万元为国家赔偿金，15万元为生活困难补助费。商丘中院作出的赔偿决定书写明，根据《中华人民共和国国家赔偿法》规定："侵犯公民人身自由的，每日的赔偿金按照国家上年度职工日平均工资计算。"

2010年5月14日，商丘市中级人民法院副院长杜建华向媒体通报，当年审理"赵作海案"的审判长张运随、审判员胡选民、代理审判员魏新生已停职接受调查。停职前，这三名法官都在商丘市中院刑一庭工作。

因涉嫌当年对赵作海刑讯逼供，民警郭守海和周明晗已经被刑拘。2010年5月14日下午，柘城县公安局一位刑警透露，郭守海和周明晗的亲属告诉他，如果当年赵作海案的分管副局长丁中秋未得到处理，他们两个人被处理的话，那么他们一定要上告，"因为两个人只是小兵"。

当天，犯罪嫌疑人杨明福在商丘市区被抓获。

2010年5月18日，商丘市中级人民法院院长宋海萍亲手将国家赔偿金交付赵作海。赵作海表示不再上告不再追究。

2010年5月19日，记者从河南省高级人民法院纪检组、监察室获悉，当年省高院复核赵作海故意杀人案件的主审法官胡烨已经停职检查，调离审判工作岗位，接受培训，等待处理。

2010年5月22日，犯罪嫌疑人李海金在天津被抓获。

2010年5月24日，犯罪嫌疑人张祥良在辽宁省沈阳市被抓获。

经审讯和调查证实，李海金因与受害人高宗志在山东菏泽做月饼生意期间产生矛盾，便怀恨在心，预谋将其杀死。1998年9月12日晚，李海金指使杨明福、刘院喜（刘于2006年5月24日因抢劫杀人被判处死刑）先到李海金所在的手巾李村村边等候，李海金、张祥良将高宗志约至离李海金家不远的本村西地，几人将高杀害、肢解并抛尸。为掩盖尸体不被发现，四人在作案后又将三块石磙推入扔放尸体躯干的机井内。

2010年5月26日，专家组侦查人员带3名犯罪嫌疑人依次对作案、抛尸、埋尸现场进行了现场指认，3人指认相同。

2010年5月27日，公安机关在指认现场发现了被害人头颅，高宗志案告破。在此次案件的审理中，专家组侦查人员对涉案人员审讯过程全程录音录像。

2010年5月30日，最高人民法院、最高人民检察院、公安部、国家安全部和司法部联合发布《关于办理死刑案件审查判断证据若干问题的规定》（以下简称《办理死刑案件证据规定》）和《关于办理刑事案件排除非法证据若干问题的规定》（以下简称《非法证据排除规定》），要求各级政法机关严格执行《中华人民共和国刑法》和《中华人民共和国刑事诉讼法》，依法惩治犯罪、保障人权，确保办理的每一起案件经得起历史的检验。

2010年6月2日，河南省高院召开会议，将赵作海无罪释放的5月9日定为“错案警示日”。要求每年这一天，河南省各级法院都要组织干警反思赵作海案。河南省高院院长张立勇说，赵作海案件被舆论媒体持续关注报道后，在社会上造成了十分恶劣的影响，包括法院在内的政法机关的形象和司法公信力受到了严重损害。他认为赵作海案件的主要责任还是在法院，是法院的纵容导致了公安机关刑讯逼供。

2010年6月21日下午，河南省高院院长张立勇和副院长孙振民，在商丘市中级法院院长宋海萍的陪同下，率领省高院和商丘市中院两级法院的领导班子来到商丘市柘城县老王集乡赵楼村赵作海新建的家中。张立勇

院长向赵作海鞠躬致歉。张立勇说："这次专门登门，一是道歉。事情做错了，让你在监狱白白坐了这么多年，这次专门代表法院向你道歉。另外，想告诉你：法院专门将你释放的那一天当做'错案警示日'，以避免类似事件再次发生。你是付出了牺牲的，但我们不能让你白白牺牲，今后要以你的事情为警示，让错案不再发生。最后，想过来看看你的新房子建得怎么样。我们最大的愿望就是，希望你把日子过好，光有房子不行，要尽快建立新家庭，也帮助儿子把家庭早日建起来，尽快和村民融为一体，进入正常的生活状态。"赵作海对张立勇的登门看望一再表示感谢，并表示今后一定会把日子过好。赵作海说，他对现在的生活感到很满意，像是在做梦。以前的领导做错了，政府已对其进行了赔偿。今后能不给政府找麻烦就不给政府找麻烦，今后尽量靠自己把生活过好。过去的生活对他来说，是满天的云彩散完了。从赵作海家出来，张立勇说："赵作海在长达 11 年的非法监禁中，不仅失去了人身自由，失去了创造财富、享受生活的机会，也因错判让他背负了杀人犯的恶名，使其家庭破裂、妻离子散，其四个子女因为没钱上学成为文盲，可以说祸及三代。错案对他本人和亲属造成的损失和精神痛苦是难以弥补和无法估价的。如果赵作海骂我一顿，我的心里或许会好受点儿。但赵作海的朴实，让我感到很难受。"

二、案例背景

1952 年出生的河南省商丘市柘城县老王集乡赵楼村村民赵作海其实姓徐。赵作海的母亲改嫁到赵楼村。赵作海所在的赵楼村在出现无头尸体之前，已经有两起凶杀案。赵作海的亲弟弟赵作兴就在第二宗凶杀案中被杀害。起因很简单。赵作兴和邻居因为争墙头，吵起来，然后被打死了。打死他的人随即失踪，至今没有音讯。周围的村子都说赵楼村乱。赵楼处于柘城、商丘和鹿邑的交界，是三不管地带，而且较穷。刚刚分产到户的时候穷，没有人愿意嫁到赵楼来。

赵作海夫妇生有四个孩子，三男一女。当时大儿子仅十五六岁，最小的儿子只有 6 岁。赵作海作为一个外来户，在村子里并没有得到足够的尊严。赵作海脾气拧，跟谁也不服气，所以在村里不好过。赵作海一直在辛苦地改变自己的命运。他当过兵，后来出去打工。打工是做小瓦匠。打了几年工，没有挣到什么钱。和从小关系很好的赵振裳还因为工钱的事情反目，成为两人打架的原因之一。

赵作海判刑不到三个月，妻子就改嫁，并带走了女儿和小儿子。这十几年她没有再回去，也没有去狱中看过赵作海。赵作海夫妇分到的 9 亩地也交给别人种。赵楼村距刘庄村不远，二儿子经常过来看望母亲。大儿子读到小学毕业，二儿子读到小学三年级就辍学了，女儿则一直没有上学，小儿子也是小学没毕业就辍学了。赵作海服刑后，村里干部带着他的几个孩子找人养。村里人说，当时赵作海的叔叔赵振举毫不犹豫就拒绝了。而赵作海同母异父的姐姐和妹妹都已经嫁人，生活也不好过，顾不上剩下的两个孩子。找不到人，最后是杜某某把两个孩子接了下来。赵作海的妹夫、姐姐都说过，开始不相信赵作海杀人，后来听说赵作海自己都承认了，她们也就信了。

赵作海被抓后，在监狱里他经常一年都见不到一个亲人。他选择不申诉，不告诉任何人自己的冤情，有他自己的无奈。

赵作海案昭雪后，他被称为河南版“佘祥林”。1994 年，湖北京山县雁门口镇人佘祥林之妻失踪，后在一水塘发现女尸，当地司法机关最终以故意杀人罪判处佘祥林有期徒刑 15 年。然而，就在佘祥林在狱中度过了 11 个春秋之后，被他“杀死”的妻子却突然归来。

村民们称，赵作海的冤案都是“一个女人引发的血案”，这个女人即杜某某。杜某某是村里的“一枝花”，丈夫长年在外打工，杜某某带着 3 个小孩过日子。村里的“强人”赵作海和村里的老光棍赵振裳同时喜欢上了她，而且好像都跟她有不正当的男女关系。赵作海和赵振裳原本是从小玩到大的老伙计，还经常一起外出打工。可是由于经济纠纷，两个老伙计此时早已反目成仇。赵振裳一直认为，赵作海曾经黑过他一笔在延安打工的工钱 1800 元。赵振裳多次找赵作海要债，却遭到拒绝。1997 年 10 月，赵振裳察觉赵作海与杜某某好上后十分不满，1997 年 10 月 30 日深夜，赵振裳在杜某某家碰到赵作海和杜某某，遂抄菜刀砍伤赵作海后开始逃亡生活。

逃亡期间，赵振裳去过安徽、陕西、湖南等地，但大部分时间在家乡周边 100 公里的地区活动，其中仅在太康县就生活了六七年。13 年来，他以捡破烂为生。这些年，他一直没有回过家，也没有换二代身份证。他的一代身份证曾经用过两次。一次是 1999 年，他在郸城县住旅店时，被郸城县南丰镇派出所查过。另一次是 2003 年"非典"期间，他作为流动人口，被鄢陵县马栏镇派出所查过。但公安机关都未发现他是一名已经"死亡"的人。

赵作海不懂得"疑罪从无"的原则，否则他不会在一审被判死缓后不上诉。1996 年八届全国人大四次会议通过了《关于修改〈刑事诉讼法〉的决定》，明确规定，"非经人民法院依法判决，对任何人都不得确定有罪"（第 12 条）；人民法院对人民检察院提起公诉的刑事案件经过审理终结对"证据不足，不能认定被告人有罪的，应当作出证据不足、指控的犯罪不能成立的无罪判决"(第 162 条第 3 项)。这些条款，确凿无疑地将"疑罪从无"原则正式确立为刑事诉讼基本准则。而赵作海案发生在 1999 年，赵作海一审被判死缓，更是在四年后的 2003 年。

赵作海也不懂自己是超期羁押的受害者。从 1999 年 12 月 9 日商丘市检察院第二次退卷，到 2002 年 11 月 22 日被起诉，赵作海被超期羁押将近 3 年。超期羁押被称为我国刑事诉讼的三大难题之一。据权威部门的统计，1993—1999 年全国政法机关每年超期羁押人数一直维持在 5—8 万人之间。

关于给予赵作海的国家赔偿金和补贴也有值得疑问的地方。2010 年 5 月 12 日，商丘中院作出的赔偿决定书写明，根据《中华人民共和国国家赔偿法》规定："侵犯公民人身自由的，每日的赔偿金按照国家上年度职工日平均工资计算。"商丘中院称，鉴于 2009 年度职工日平均工资没有公布，而最高法院2009年4月9日宣布，根据国家统计局当日公布的2008年全国在岗职工平均工资数额，上调侵犯公民人身自由权的国家赔偿，2008年每日的赔偿金比上年增加12.68元，调整至111.99元。商丘中院遂以2008年度每天111.99元为基准，考虑到国家职工日均工资逐年递增的情况，参照2008年比2007年递增的比例，估算出2009年的职工日平均工资。赵作海在狱中度过了11个年头，被羁押共计4019天，最终确定对其国家赔偿金额为50万元。法院同时考虑到，这11年的牢狱之灾，使得赵作海家破人散，妻子改嫁。特别是这11年的监狱生活更使赵作海不堪回首。毫无疑问，他的精神方面受到了很大的伤害，他有权利要求获得精神损害赔偿，但由于精神损害赔偿的法律条文尚未实施，法院最终决定给予赵作海生活困难补助金15万元。

关于赵作海所受的精神伤害，2010年5月12日出版的《新京报》发表了由记者张寒撰写的采访报道，其中有如下对话：

《新京报》：你在监狱里的生活是什么样的？

赵作海：我在监狱里主要就是打扫卫生，在服装厂叠个衣服。我年纪大了，人家也不指望我，能干多少就干多少。后来，监狱照顾我，还让我当管理人员，管几百个人。干活累了，往那一坐，看着谁不干活，就能管管。监狱人很照顾我，其他人还没吃饭，我就能去吃饭，年龄大了。不挨打，说了还能算，我在里面也就不想啥了。

《新京报》：每个月有生活费吗？

赵作海：有6块钱，我也花不着，我都攒起来，我想着出去还需要钱，现在物价这么贵。

《新京报》：在监狱里是不是盼着出来？

赵作海：我是数着日子过，进来多少天，还有多少天能出去，一天一天算。

《新京报》：在监狱里最想谁？

赵作海：想儿子女儿，想家。

《新京报》：在监狱里会做梦想起以前的事吗？

赵作海：做梦都是梦见孩子去了。一做梦，就梦见孩子来了。我心里难受。我屈打成招，我不是冤的狠吗？

《新京报》：想到这些会哭吗？

赵作海：我哭，都蒙在被子里哭，不出声，被子都被我哭湿了。

《新京报》：孩子去看过你吗？

赵作海：二儿子去年看过一次。可是，他见到我没言语一声，一句爸都没叫。从来到走，没说一句爸。我急得，我心里特别难受。他恨我。你说我的孩子都不叫我了，我不是个孬人吗？他这么来看我，还不如不来，来了我心里更难受。

《新京报》：孩子怨你？

赵作海：我出了这事，妻子走了，家里没人了，孩子连学都上不成，满处要饭。我挨打，孩子受了很多苦。

……

《新京报》：你知道妻子改嫁了吗？

赵作海：我知道，我也理解。我判了刑，连自己也养活不了了。我因为这个事情，是妻离子散，家破人亡。我心里掉泪了，真是这八个字。

……

《新京报》：听说家里的坟被挖了？

赵作海：公安当时让我说尸体藏在哪里，我实在被打的不行，就说在坟里。他们把我父母和兄弟的坟都挖了。我要给父母重新修个坟。

《新京报》：对赔偿金有什么想法？

赵作海：我觉得不能低于150万元。我是按照国家的标准，我不会算，别人给我算的。盖房子，给儿子娶媳妇，我还要养老。

赵作海案昭雪后，在省高院的指导下，经商丘中院协调，柘城县委、县政府为解决赵作海的生活困难，专门为赵作海盖了6间新房，整个新房从施工到建成仅用了20天时间。2010年6月中旬，赵作海搬进新家。赵作海的新家贴着一副对联：望前程一帆风顺，创大业万里生辉。横批：家兴财源旺。赵作海家里的茶几、条几、柜子等家具都是政府帮助置办的。家里的音响、DVD等是儿子买的。

三、各方评析

(一)当反思为何"总会栽进同一条阴沟"

赵作海案事发后，舆论哗然，引起媒体广泛关注。但很多业内人士却并没那么吃惊，因为五年前事发的佘祥林案跟赵作海案如出一辙。《南方周末》评论员、法学博士郭光东指出：

冤案的一切都在重复：一样的抓进去就打，一样的"命案必破"口号，一样的政法委协调，一样的公检法三家"兄弟单位"，一样的屈打成招，一样的疑罪从有，后来，一样的被害人死后复活，一样的"杀人犯"蒙冤11年……把5年前对佘祥林冤案说过的话、写过的文章重新说一遍、抄一遍，再换个时间、地点、人物，照样可以用在赵作海冤案上。5年间，我们在规避冤假错案方面的不作为甚至局部倒退，已经让反思难有丁点新意。需要5年后重申一遍"无罪推定"、"律师权利"、"严禁刑讯逼供"、"取消政法委协调"乃至疾呼一下被告人应该享有沉默权的高调吗？这样的反思还少吗？早在佘祥林冤案之前，我们已经反思过一长串的冤案：滕兴善、孙万刚、杜培武、聂树斌……

赵作海洗冤后，河南政法界的领导们的确也在反思，也在追责，也在赔偿蒙冤的事主，商丘市委政法委书记还痛感这是"政法界的耻辱"。不过，河南领导们的这些作为，5年前为佘祥林洗冤时，湖北的领导们已经干过了，甚至最高法院的领导当年也放出"佘祥林案是司法界的耻辱"的狠话。可是，又能怎么样呢？难道2015年时，领导们再为赵作海第二而将上述情节重演一遍？

事实上，我们并不缺治本的经典案例。想当年，被收容遣送者死于非命的事也多次发生，但当中央高层果断废除收容恶法之后，孙志刚式的悲剧就再未听闻。可以想见，如果能对司法体制进行改革，保障司法机关的独立与公正，佘祥林第三就可能不会再现，各种嫌犯离奇死也会杜绝。……这一切，都有赖当政者摒弃头痛医头、脚痛医脚的思维。

诸多评论文章也纷纷指出，“赵作海案”的教训不能停留在个案，应从制度上反思赵作海案的发生。

(二)“留有余地”的判决何时休

赵作海冤案揭底后，当地司法机关有人惊呼“幸亏当时做了留有余地的判决”。事实上，随着若干刑事误判案件的披露，一种“留有余地”的裁判方式逐渐引起社会各界的重视。北京大学法学院陈瑞华教授认为：

从杜培武、佘祥林、赵作海等一系列刑事误判案件的情况来看，中国司法实践中确实存在着另外一种形式的“留有余地”裁判，那就是在案件犯罪事实不清、证据不足，或者在被告人是否构成犯罪尚存明显疑点的情况下，法院没有依法作出证据不足、指控犯罪不能成立的无罪判决，而是宣告被告人构成犯罪，但不判处死刑立即执行，在量刑上“留有余地”，选择死缓或者更为轻缓的自由刑。例如，云南省高级人民法院在宣告杜培武构成故意杀人罪，并认定其枪杀两名警察的前提下，判处其死刑缓期两年执行；湖北某中级法院在认定佘祥林以残忍手段杀害妻子、构成故意杀人罪的前提下，判处其15年有期徒刑；河南省高级人民法院在判决赵作海构成故意杀人罪的情况下，判处其死刑缓期两年执行。现实中的“留有余地”具有三个鲜明的特征：一是案件在被告人是否构成犯罪问题上形成“疑案”或者“疑罪”；二是“疑罪从有”，也就是对事实不清、证据不足，定罪尚未达到法定证明标准的案件，降低证明标准的要求，违心地作出有罪判决；三是“疑罪从轻”，亦即考虑到案件存在合理的疑点，对被告人定罪多少有些牵强，为避免冤杀无辜，在量刑上不选择最高刑，对于本应判处死刑立即执行的案件，改判死缓、无期徒刑或者其他自由刑。本来，在定罪证据存在疑问的情况下，法院只能作出证据不足、指控的罪名不能成立的无罪判决。但各地法院却对这些尚未达到法定定罪标准的案件，作出有罪判决，这显示出刑事诉讼法所确立的“疑罪从无”规则并没有得到切实有效的实施。这种裁判逻辑既不是高层司法官员所推崇的，也不是最高人民法院司法解释所明确提倡的，但它普遍地存在于中国司法实践之中，盛行于各地法院的刑事审判实践之中。诚然，法院选择“疑罪从轻”有着诸多内外部的复杂原因，但“留有余地”的裁判方式容易使被害方和被告方都产生强烈的不满情绪。对于地方公安机关、检察机关乃至党政部门而言，尽管法院通过委曲求全的方式满足了这些部门定罪的要求，却因此会承担更为严重的职业风险。在这种裁判方式的影响下，中国法院也不可能成为司法正义的维护者，而只能基于现实主义的司法理念，通过妥协和委曲求全来获得生存。但在“冤假错案”发生后，法院往往成为制度的牺牲者。只要这一裁判方式继续存在，那么，法院司法裁判的公信力就不可能树立起来，刑事司法制度也难以发生实质性的变革。

四、启示借鉴

任何社会都会存在冤案，但只要制度更加细密，无辜者被冤枉的可能性就会更低些。我们不拟具体陈列哪些法律条文需要修改完善，已经有很多法律专家提出了诸多对案。我们认为，除此之外，还应当高度重视以下两点：

一是重新审视“惩罚犯罪与保障人权”的“并重/兼顾/平衡论”，强化刑事被追诉人人权保障的底线意识。

中国刑事司法的制度建设上一直奉行“惩罚犯罪与保障人权并重/兼顾/平衡”的价值理念。然而表现在具体实践中，这种平衡、兼顾和并重却很难在个案中全然达到，因为不少情况下惩罚犯罪和保障人权存在一些难以避免的冲突和矛盾。在我们看来，这种价值宣示可能更多是一种司法政策上的话语修辞，而非事实。不过，这种并重/兼顾/平衡论的价值追求又提示我们，需要也必须在动态中具体地把握惩罚犯罪和保障人权的关系。在一些情况下，的确需要克减刑事被追诉人的权利来实现打击犯罪的价值目标，但是，在另一些情况下，即便为了打击犯罪都不能克减刑事被追诉人的基本人权。因此，需要通过细密立法来强化刑事被指控人人权保障的底线意识。只有在确认被追诉人在刑事司法中的基本人权不可侵犯的前提下，具体情境下的平衡、兼顾、权衡才是有意义的。

二是法律被规避搁置、运转失灵现象亟待重视。

一些媒体通过赵作海案总结出刑事司法的诸多“潜规则”，指出在一些地方实际指导刑事司法实践的除了《中华人民共和国刑事诉讼法》等法律法规和司法解释，还有更多与前者规定不尽一致的潜规则。而在我们看来，如果《中华人民共和国刑事诉讼法》等相关法律法规和司法解释能被严格实施，也不至于有赵作海冤案的发生。我们一方面需要严密和完善法律，另一方面也要重视刑事诉讼法律运转失灵、一些规定的较好的条款被搁置、规避和架空的现象。亚里士多德早就指出，“法治应包括两重意义：已成立的法律获得普遍的服从，而大家所服从的法律又应该本身是制定得良好的法律”。用这两句观照来审视我们的立法和司法，就会发现已经制定的法律没有得到有效的贯彻和执行，其危害有甚于相关法律的不健全。这一点在刑事立法和司法领域表现得同样明显。

从刑事诉讼法和刑事司法机关的关系角度，刑事诉讼法不仅是指导和保障地方各级刑事司法机关从事刑事诉讼活动的法律，更是规范和制约地方各级刑事司法机关依法从事刑事诉讼行为的法律。授权和限权是任何一部法律的一体之两面。考虑到权力具有天然的主动扩张性，在起草、制定和修改一部法律时，立法机关着眼于限权的意义无疑更为重要，必要性更为迫切。然则何以限权，除了诉诸公安司法机关队伍建设，还有必要细化制度建设，通过在《中华人民共和国刑事诉讼法》修改过程中建立健全相关的程序实施机制，包括科学完善的程序启动、监督、举报、查处和裁判机制，使程序可以自查、自转、自纠、自净，从而最大限度减少冤案的发生。

参考文献：

1. 张寒：《“河南佘祥林”无罪释放》，《新京报》2010 年 5 月 10 日。

2. 杜三条：《赵作海杀人冤案背后的“猫腻”不容忽视》，人民网，2010 年 5 月 10 日。

3. 朝格图：《赵作海：命就像是一根草》，《南方周末》2010 年 5 月 12 日。

4. 张寒：《赵作海：被打得生不如死，我就招了》，《新京报》2010 年 5 月 12 日。

5. 袁祺：《打我的那些人一律要撤掉!》，《文汇报》2010 年 5 月 13 日。

6. 李丽静：《赵作海案河南省高院复核法官停职》，《新京报》2010 年 5 月 20 日。

7. 杨江、冯志刚：《赵作海案背后的人与事》，《新民周刊》2010 年 5 月 24 日。

8. 刘刚：《回溯赵作海冤案：当地乡村道德审判成致罪推手》，中国新闻网，2010 年 6 月 3 日。

9. 张寒：《赵作海前传》，《新京报》2010 年 5 月 22 日。

10. 毛立新：《恐惧，让“赵作海们”冤而不鸣》，《新京报》2010 年 11 月 16 日。

11. 郭光东：《冤案“复制”：原地反思最无趣》，《南方周末》2010 年 5 月 12 日。

（周光凡　肖晋　编写）

广东南海本田罢工

一、案例始末

2010年5月27日，200多名身着白衣白裤、头戴印有Honda字样红色帽子的工人或站或坐，在佛山南海狮山工业园的广东南海本田汽车零部件制造有限公司（以下简称“南海本田”）操场及大门集合，人群中不时响起“团结就是力量”的歌声。

因为对薪酬制度表示不满，这家由本田技研工业（中国）投资有限公司投资9800万美元成立的日本独资企业，从2010年5月17日开始员工陆续实施“罢工”。27日下午的这200人仅是参与“罢工”的全体员工的一部分。而领导这次罢工的是2位80后的湖南小伙子——谭志清和小肖。

（一）开始罢工

2004年高考落榜后，谭志清踏上了南下的火车，加入打工大军的洪流。村里很多人觉得他混得不错，坐在开着空调、干净整洁的工厂里，为世界五百强的本田汽车组装变速箱，算得上是份体面的工作。但是在贡献了3年廉价劳动力后，谭志清决定放弃面子。

2010年4月29日一早，这个湖南小伙子作出一个重要决定。这天他递交了离职报告，依照工厂规定，一个月后他将获准离职。不过，打定离开工厂的主意之前，谭志清还有一个在工友看来近乎疯狂的想法：他要领导一次罢工，要求资方提高工资待遇。因为读过高中，在大部分只上过初中、中专的工友中，谭志清算是小知识分子了。这个在湖湘文化氛围中长大的乡村青年，自幼熟读毛泽东诗词，对《三国演义》爱不释手，对高中历史教材中的省港大罢工段落至今仍烂熟于胸。

“反正我是要走的人了，还不如在走之前为工友谋点福利，”谭志清对前来采访的《中国新闻周刊》记者说，罢工的想法早在2010年3月份就告诉了同乡小肖。当时小肖正好也打算离职，二人一拍即合。罢工“双核”就在此时形成。

工友们注意到，谭志清和小肖没事老凑在一起。谭志清和小肖不仅是同乡，而且还是一个科的同事，他们同时在南海本田工厂变速箱组装科做工。

作为本田在海外建立的第4家可全工序生产自动变速箱的工厂，南海本田在2007年建厂时，将日本母厂的全套管理架构，移植到这家在华的独资企业中来。日本管理者不仅搭建了“部—课—科—线—班”5级生产管理体系，在具体制造环节上也划分为：组装、铸造、齿轮、铝加工、轴物5个科，其中组装为流水线上既最为重要的环节，也是最后一道工序。如果这个环节罢工，势必导致整个工厂流水线停止作业。

南海本田的组装车间，目前有2条流水线，200余名工人。一名罢工游说计划没有预料中的成功。“没人相信他能领导罢工，”与谭志清在同一条流水线上的工友事后回忆说，这个小伙子平时话不多，不太起眼。在谭志清和小肖的游说下，筹备罢工的队伍扩大到20余人，大部分都是在组装科干了一年以上的老员工，湖南老乡居多。

2010年5月17日早晨，谭志清像平常一样坐上了班车。7点50分，正是开工的时间，流水线上的工友惊奇地发现，谭志清没有像往常一样开动机器，而是按下了流水线上的紧急按钮，随即蜂鸣的报警声响起，组装车间的 2 条流水线尚未启动，就已经被锁定停机。这时，谭志清和小肖对着各自流水线的员工高喊："工资这么低，大家别做了。"说完，十几名员工立即响应，离开岗位，加入罢工队伍，但大部分员工仍然停留在流水旁，不知所措。

组装车间 50 多人的罢工队伍，来到隔壁的铝加工车间"串联"，不过这里的工人却没有理会罢工的口号，仍然埋头干活。接着，在轴物车间，谭志清遭遇了同样的尴尬，无人响应。铸造车间的工友们也对这支罢工队伍投来疑惑的眼神。目睹这一幕的老员工小刘说，当时工人对于罢工还不太热心，大家担心遭到公司惩罚。对此，小肖归结为"工人觉悟水平有差异"。离开车间的罢工队伍，此刻有些松懈情绪，但仍然按照既定计划，来到厂区的篮球场静坐示威。此时，已经早上 9 点，正是日方管理人员上班的时间。

罢工队伍终于引起了资方的注意。南海本田总经理山田一穗通过翻译喊话，让他们回到组装车间，有问题去那里协调。谭志清拒绝了总经理的要求。就在罢工队伍在篮球场静坐时，罢工的消息却在以短信的方式，在实习生中迅速传播开，一些生产线上的工人也放下了手头的活儿。由于工厂采取流水线作业，任何一个环节罢工，将导致整个生产停顿。在生产完第 37 个自动变速箱后，由于组装科罢工，整条流水线陷入停顿。此时，大部分工人被动地卷入罢工，但大多数工人仍坐在流水线旁。

中午 12 点，当百余人的罢工队伍，浩浩荡荡开进二楼食堂时，资方早已准备了 6 块白色公告板，供员工提意见。一位食堂的工作人员回忆说，当时员工蜂拥而上，不一会就写满了 100 多条意见，黑黑压压、缭乱的文字占领了公告板的每一个角落。就在工人满怀希望地书写愿景时，管理方通过翻译，向这支新生的罢工队伍承诺，在 5 月 21 日将给员工满意答复。此时，谭志清看到管理方态度温和。当天下午 3 点多，当午班工人到厂时，停顿 4 个钟头的流水线又重新忙碌起来。

管理方清楚，如果罢工扩大化将带来怎样的后果。五月正是汽车的销售旺季。南海本田提供了本田在华三家整车工厂80%的自动变速箱。如果供货中断，势必影响整车工厂生产。此前，据本田新闻发言人藤井隆行说，由于中国相对很少发生工人罢工事件，本田在中国设置一间变速箱生产厂就可以了。而按惯例，本田一般会保留两家零部件供应商。

2010年5月20、21日，劳资双方展开了两次谈判。组装、铸造、齿轮、铝加工、轴物5个科每科选出了两名工人代表以及各班班长，管理方的谈判人员则包括了总经理在内的四名高管，企业工会人员也悉数到场。谈判前后的三天，工厂生产一切照旧，不过多位工人称，产量一日比一日低，劳动积极性越来越低落。工人的谈判目标清晰而简洁：工资提高800元，全部加入基本工资，未来工资年度增幅不低于15%。

数名参与谈判的工人代表表示，谈判过程中，工会代表一言不发。管理方则认为工人的加薪幅度过高，直接拒绝了工人要求。事后，狮山镇总工会一名工作人员表示，工会只是提供劳资双方一个沟通平台，仅此而已。

2010年5月21日，南海本田公布了加薪方案，工厂所有正式员工加薪55元，实习生暂不加薪。但方案公布之时，也是罢工再起之日。接下来的5月22日和23日，原本是周末加班，谭志清则继续号召工人罢工，借此向管理方施压。此时，罢工队伍扩大到300多人，密密麻麻地站在公司的篮球场上。就在罢工渐入高潮时，5月22日中午，工厂的广播突然响起，宣布公司解除谭志清和小肖的劳动合同。当天下午2点，谭志清和小肖拿着5月份的工资，以“开除”的名义离开了南海本田厂。

两名罢工领导者的被开除，带来的是更大面积的罢工。一些一直没有离开流水线的工人也开始加入游行队伍。从2010年5月23日起，穿着白色工作服的工人潮水般涌向篮球场，高唱国歌、《团结就是力量》。为防止日方拍照报复，游行时，罢工者都戴着口罩。虽然大部分罢工者都打心眼里佩服谭志清和小肖，可是谁也不想被开除。三天后，本田在华另外一家零部件厂和四家组装厂也开始全部罢工。此前，本田零部件公司高层对媒体估计的日损失产值4000万元，这5家工厂的日产值损失合计约为2.4亿元。

被开除的谭志清和小肖，俨然成了实习生戚戚心目中的工人英雄。

2010年5月27日，实习生们收到了南海本田发到员工宿舍的《承诺书》。这张《承诺书》要求，实习生承诺"绝不领导、组织、参与怠工、罢工、罢工"。两天后，资方改口，称实习生不必签署这一承诺。但承诺书的口吻，却激起了潜藏在实习生中对于低工资的普遍不满情绪。在位于松岗的南海本田员工宿舍楼，摆放在大堂里的承诺书回收箱，好几天过去了，里面还是空的。

无疑，庞大的实习生群体，为南海本田节约了大笔工资开销。这也是珠三角其他企业常用的方法——以大批招收实习生来降低生产成本。作为低工资的最大受害群体，实习生是这次罢工的铁杆支持者。职工宿舍的地板上、走道里，到处都是被踩满脚印的《承诺书》。罢工发生后，各家职业学校成为矫正实习生行为的求助对象。2010年5月29日，南海本田所在的狮山镇政府，把为该厂常年供应实习生的7所学校校长召唤到该镇的桃园中学。在这所景色宜人的示范中学里，镇政府为每所学校提供一间临时教室，供师生恳谈。但大都不欢而散。

工人除了对工资不满，对工会"不作为"也有很大的情绪。已经不再是南海本田工人的罢工领导者谭志清，2009年曾多次向工会反映提高工资的事情，但始终没有得到回应。南海本田工会成立于2008年，直到2009年才正式运行。对于大多数工人而言，这个工会更像是一个福利机构。"填写一张申请表，每月交5元。然后每年春节、中秋、生日就有3张购物卡，总值300元，还有每年一次的集体旅游。"工人们这样形容他们眼中的工会。

一个工人提到：工会主席试图劝说所有的工人都恢复工作。他一直同公司总裁保持着密切的联系，一直到2010年5月24日才同工人代表进行了第一次会谈。他是公司事业管理部的一个副科长，而且每个月能拿超过1万元的薪水。

狮山镇总工会工作人员说，在这次罢工中，工会主要是"为工人和厂方提供一个沟通平台"。当记者问及工人抱怨工会不为他们争取加工资时，这位工作人员表示，"这是劳资双方的事情，工会不便介入"。

工会"不便介入"，工人们便开始自发维权。为回应厂方发放的《承诺书》，工人代表当天草拟了6点《工人要求》，其内容主要是：工资提高800元，全部加进基本工资里面，公布800元体现在哪一项要明确说明(通告)，工资提升3天内重签劳动合同，年度提升不可少于15%，年终奖、节日奖金不少于或等于上一年；追加工龄补贴，工龄增加一年加100元，10年封顶。此外，还特别提出，要重整工会，重新选举工会主席各相关工作人员。

罢工持续近半月后，寄居在广州黄埔老乡家的谭志清，情绪已渐渐恢复平静。2010年5月26日，厂方张贴告示，决定给正式员工平均加薪320—355元不等，实习生从第3个月起，加薪至1569元——这与现在老员工的工资水平接近。不过，这一方案与员工们加薪800元的目标仍相去甚远。

“不管结果怎样，我们还是取得了局部胜利，”谭志清说，“这个工资水平，毕竟比以前提高了一些。”一些工人从同乡好友那里得知，南海本田周边的一些工厂，因担心工人罢工，老板也主动给员工加薪。谭志清对于工资水平很敏感。他直觉地感觉到，打工者的收入，并没有伴随着珠三角经济腾飞而同比例增长，这一背离是“不正常的”。在过去的二十年里，南海区从珠三角一个鱼米之乡，迅速成长为经济总量超1500亿的经济巨无霸。然而，当地工厂老板的工资标准仍然停留在十年前：对于没有多少专业技能的农民工，一个月给1500元就够了。

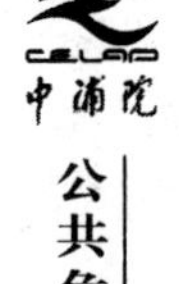

当天，到岗出勤的南海本田所有工人，都收到了一份《承诺书》，要求员工“绝不领导、组织、参与怠工、罢工、‘罢工’”。“厂方透露出来的意思是，签的就是留在这里工作；如果不签，明天就是自动离职。”有参与“罢工”的员工对前去采访的记者表示，“目前还没有一个工人愿意签署这份承诺书，大家都将它折成了纸飞机。”

2010年5月27日，南海本田员工经过集体商议，向公司总经理山田递交公开信，提出了工资提高800元/月、工龄补贴提高到100元/年、复工后不能报复“罢工”工人、重组工会等6点要求。

“如果公司不同意我们的要求，我们就采取‘非暴力不合作运动’，坚持按公司规定的上下班时间，正常出勤正常上班。”一名参与谈判的代表说，他们早在2010年5月20日就曾向资方提出了108条意见，但资方只回答了其中 7 条，显得诚意不足。南海本田员工与公司的冲突，导火索缘于员工低廉的工资。

2010 年 5 月 26 日，本田零部件公司下午 4 点多通过工厂广播宣布了新的加薪方案，正式员工工资和补贴将增加 355 元。本田零部件公司工人表示对于该方案并不满意，罢工仍然继续。

2010 年 5 月 27 日，本田在中国的三家整车合资公司受到影响，此后均出现罢工。当地政府介入协调。当日，本田公司发布消息称该公司位于中国广东省佛山市的零部件工厂因中国工人发起罢工要求加薪而罢工。由于零部件供应中断，4 家在华整车工厂也被迫停产。此次劳工纠纷波及范围进一步扩大，除了广汽本田、东风本田整车厂受到影响外，东风本田发动机厂也同时停产。

当日，广汽本田发布官方声明，日前，广汽本田供应商——本田汽车零部件制造有限公司由于劳资纠纷罢工。据了解，地方政府已经介入调停，劳资双方正积极协商问题解决办法。

2010 年 5 月 27 日受本田汽车零部件公司罢工事件影响，本田在中国的整车合资公司东风本田工厂和广州本田罢工。

2010 年 5 月 27 日下午，南海本田零部件厂工人带着口罩，身穿工作服，数次从厂区排队走出，他们高喊着“罢工到底”的口号，要求提高待遇，并重新签订劳动合同。

南海本田 2010 年 5 月 28 日罢工一天，这也是南海本田 5 月 17 日罢工以来，厂方首次要求罢工。28 日上午 11 时，在南海本田工厂门口所见，厂内空无一人。

2010 年 5 月 27 日晚间 11 点，有员工在他们自发组建的 QQ 群上讨论，指接到管理人员电话，通知员工明天放假，原因是公司现在混乱，放假休息一天。

（二）打人事件导致罢工升级

2010 年 5 月 30 日，企业增加了向工人施压，迫使实习生签署一个承诺书来保证他们不会领导、组织和参与任何罢工，而且动员他们在技校的老师劝说他们恢复工作。

2010年5月31日，罢工事件朝非常态方向发展。当日，几十名坚持罢工的工人在厂区内集结发送手机短信试图劝说已经恢复工作的工人加入他们，但鲜有成效。随后，罢工员工与到现场参与谈判的南海狮山镇总工会人员发生肢体冲突，而厂区附近已被当地警方封锁。

财经《新世纪》记者郑猛在撤离现场前，目睹了南海本田厂罢工事件第一次出现了肢体冲突，而且不止一次。

上午，厂方在不同的位置，召集不同生产线的早班工人开会，动员他们开工。会议从9点半左右开始，一直持续到12点左右。中间，工人发出几条短消息称，“厂方没有诚意，只是要求我们开工，下午可能还会再开会”。

12点50分左右，一工人打出电话说，车间内发生了肢体冲突，但具体情况不详。下午1点多钟，六七十名身穿工服的工人从厂房涌出，保安连忙关上门口的推拉门。工人到大门口后表示，他们都来自变速箱生产线，已经被系长口头开除。被“开除”之后，一些据称“工会”的人便给他们照相，他们不让，并上前要求其删除照片，从而发生肢体冲突。有工人的前臂被抓了一道红印，有的手上被抓出红印。

这些工人说完情况后，因为天气炎热，返回车间附近欲寻找凉快地方呆着，但回厂房的过程中，被至少150名头戴帽子的“工会”人员截住，他们被围着又退回到厂门口。此时是下午2点40分。这些“工会”人员都身穿便服，面无表情，有一人拿着喇叭喊话：很多人已经复工，你们如果想复工就可以回到厂房，如果离开公司就办理相关手续。这样的喊话前后共有三次。

有工人喊，你们骗人，根本就没有人复工。还有工人说，你们作为工会，只为我们争取到区区11块钱，算什么工会（厂方提出在5月26日的第二个调薪方案基础上，对正式员工再增加11元生活补贴）。还有的说，这些人根本就不是工会的人。

随后，这些工人被围在靠近厂大门的墙角位置。一些工人言辞激烈。

之后，“工会”的人越围越近，直至两相对立，触手可及。突然，双方队伍最前面的几个人互相动起手来。有一名工人被打倒在地，并被踹到腿部，有人右脸被抓出血迹。有一名“工会”人使劲把一个叫喊的工人往厂门外拽。有几个工人大喊打110，便拿起手机报警。几名女工哭起来。

冲突持续两三分钟。双方又对峙了十几分钟，“工会”人默不作声，离开大门向厂房方向走去。工人们停留了一会儿，便跟过去与他们理论，要他们交出打人的人。门口的空地上，散落着五顶被踩脏的工人工帽，一顶“工会”人戴的小黄帽。

因为事出突然，现场没能看出是哪方先出的手。双方在远处对峙半小时之后，工人都回了厂房。

4点左右，公安和特警人员赶到工厂前的公路两侧。特警人员先是戴着头盔站成一排，后来回到车内。下午5点左右，不少于6辆大巴，满载“工会”人员离开厂区。5点半，公安和特警人员离开。在门口的警察并没有对这一切作出任何反应。

罢工事态至此进一步升级。当天上班的很多工人纷纷走出他们的车间以示团结。为避免进一步的冲突，管理方安排所有的工人提前下班回到他们的宿舍。

2010年6月1日上午9时30分左右，两百多名当天上早班的工人到达工厂，随即参与了有南海本田总经理山田一穗、一位名为须田修司的部长，以及三名狮山镇总工会人士参加的会议。有参与会议的员工向财新记者表示，当天上午登上工厂班车，即看到车上贴有开会的通知。到达工厂后，大家即由班长引导，参与按厂方安排，按所在科组不同进入三个会场，分别进行会谈。

几位资方和总工会代表依次在三个会场与工人会谈。山田一穗首先发言，他对于2010年5月31日发生的冲突和员工要求加薪而罢工“表示遗憾”，并称公司承诺不处罚参加罢工的人员。随即，须田修司对31日提出的加薪方案进行了说明。他指出，这个方案是参考了佛山市机械行业员工工资标准制定的。他又给每个员工发了一张告知性的表格。按照31日提出的加薪方案，南海本田的一线正式员工，每月可增加366元薪酬，在不扣除医保等费用的情况下，每月薪水提升到1910元；而实习生则可在实习满一个月后增加477元津贴。须田修司表示，这些加薪措施在6月10日发放工资时即可体现出来。此外，员工福利的调整，公司会在2个月后与员工协商。

在他发言后，狮山镇总工会人员讲话，他们表示总工会会为员工争取最大利益，工人有什么意见都可以反映。

而与会员工此时情绪也颇为激动。工人除了继续罢工要求涨薪，还提出严惩2010年5月31日打人者，要求公开道歉、赔偿。但总工会人士并没有表态。居间调停的狮山总工会已经失去了工人的信任。

就在资方和总工会代表从第一个会议室走向第二个会议室时，有部分员工开始集结，提出要找总工会打人者直接谈判。

（三）问题的解决

为平息事态，2010年6月1日，广汽集团总经理曾庆洪来到佛山南海本田零部件制造有限公司。起先工人们也不信任曾，甚至将他的名片扔到地上。但随后曾提及自己是全国人大代表的身份，工人们才开始认真对待他。曾庆洪告诉工人们选出代表，并在当天下午召开的400名工人大会上对工人承诺，3天后下午3点会给工人一个满意的答复，但前提条件是从明天起工人必须复工生产。

在召开大会之前，曾庆洪于2010年6月1日中午与15名左右的工人代表座谈。与会工人认为，目前大家的诉求不仅在于工资，更重要的是要求厂方就5月31日肢体冲突事件给工人一个交代。曾庆洪表示，厂方会派代表向被打的工人道歉。

2010年6月1日，在曾庆洪出面调停之下，下午5时，南海区总工会和狮山镇总工会发出一封致本田员工的公开信。两工会在公开信中表示：

昨天，工会参与了本田公司劳资双方的调解工作。由于部分员工不愿意返回工作岗位，工厂的正常生产秩序受到严重影响。在与40多名员工

的对话过程中，大家一度发生了误解及言语上的互相顶撞，个别员工因情绪激动而与工会工作人员发生了肢体上的冲突。该事件在员工中造成不良影响，并有部分员工得知消息后存在误解，认为工会偏帮资方。出现昨天的事件，是我们预想不到的。如果在该事件中存在让大家难以接受的方式，我们表示歉意。……

该公开信被贴到南海本田的每个科室，并对被打员工给予安慰。也在同一天，罢工工人推举出“罢工工人谈判代表团”，共有 16 名成员。

在曾庆洪作出承诺之后，2010 年 6 月 2 日上午，佛山南海本田零部件制造有限公司全线复工。次日即 6 月 3 日，“谈判代表团”发出一封《致全体工人和社会各界的公开信》。代表团在公开信中表示，工人暂时复工三天，在三天内资方必须给予满意答复，否则罢工将会继续。在这封约 1500 字的公开信中，代表团首先肯定了曾庆洪所发挥的调解作用。信中说，在与曾庆洪座谈时，代表团要求工会就打人事件作出解释，并重申了多项基本要求，包括全体员工和实习生增加基本工资 800 元、改善工资体系和职员升迁制度，以及民主改革企业工会。代表团还称，南海区总工会和狮山镇总工会 6 月 1 日发出的“道歉信”不负责任并扭曲事件。工人代表认为，工会组织理应维护工人集体利益，但是至今仍在为工会人员暴力伤害罢工工人的事件寻找借口。“我们坚持，工厂的基层工会必须是由一线工人选举产生的。”

代表团在信中呼吁，员工们应该保持高度的团结，避免被资方所分化。谈判代表在收到来自资方或者曾庆洪的任何方案后，会即时通知员工。没有员工大会的授权，谈判代表不会擅自答应任何低于前述方案的要求。代表团还表示，希望本田资方为谈判代表提供开会和咨询员工意见的时间，并协助一线员工大会的召开。

应工人代表的要求，2010 年 6 月 3 日下午曾庆洪主持召开了一个谈判前的预备会议。在会议上，讨论了这些 6 月 1 日临时推举出来的代表的代表性的问题，例如部分不愿意和曾合作的部门，并没有代表。双方同意，在公司的所有部门，进行一次选举，由工人选出的代表参与 6 月 4 日的正式谈判。当天晚上开始，各部门陆续进行了民主选举，产生了 30 名代表。

工人同意复工三天，然而仅仅一天之后，不信任感就有复燃的迹象，QQ 群里重新响起罢工的声音。此时，有人推荐给工人们一位专家，中国人民大学劳动关系研究所所长常凯，他也是国内劳动合同法领域的专家。

2010 年 6 月 3 日，罢工工人代表拨通了常凯教授的电话，邀请常凯教授担任罢工工人的法律顾问。常凯教授在事后的一次学术研讨会上回溯了这一过程：

工人代表在电话里说："我们有很多法律问题搞不清楚，比如日方说我们违法什么的，我们解释不了，但我们觉得不是那样，您能不能给我们提供一些帮助?"因为我一直在关注这个事情，我说："可以，但我需要正式的委托。需要你们所有工人代表签名的、一致同意的委托，并且要书面的，我才可以介入。"因为这个问题比较复杂，我们必须在法律框架内按照法律的程序来实施，否则会出现麻烦的事。工人代表答应道："没有问题。"第二天，即 6 月 4 日上午，我收到了全体工人代表一致同意委托我作为他们法律顾问的传真件。接到传真件以后，我和我的两个助手就直接奔机场而去。

我们到南海的时候，集体谈判已经开始。因为我有正式的身份，无论是政府还是企业都能接受。谈判由劳动局局长钟敏凤代表政府主持，劳资双方代表、政府相关工作人员都参与了谈判。比较有意思的是，政府人员中有很多都听过我的课，因为我在南海做过有关《中华人民共和国劳动合同法》的讲座，所以他们也为我提供了一些情况。工人见到我后自然是非常高兴，因为我的到来可能使劳资力量对比发生了一些变化。劳方参与的是 5 个正式谈判代表，还有十几个工人旁听代表。资方代表是总经理、财务部长、管理科长、本田总部的代表、本田公司的法律顾问，都是专家。这些工人代表绝大部分是 90 后，还有 80 后，大多都是 20 岁左右。

我刚来的时候日方的心情是很复杂的：不欢迎吧，他有正式的委托书。欢迎吧，会对力量、谈判的结果有一定影响，也不知道他会发表什么意见。后来有一件事拉近了我们的距离或者说不至于那么对抗。他们知道我是日本东京大学的客座教授、九洲大学的教授后就觉得好一点了。日本人对东大教授的尊敬程度不是我们能够想象的，他们马上开始鞠躬。他们觉得：此人在日本教过书，不会乱来，是经过训练的，教授应该是比较规矩的。而且他了解日本的情况，可能对处理问题会有些好处。所以，我的参加使力量发生了很微妙的变化。

常凯教授的加入，被认为是改变南海本田紧张局面的关键一环。

2010 年 6 月 4 日下午 3 时，5 名资方代表和 30 名职工代表终于坐在了谈判桌前，谈判由南海区劳动部门负责人主持，曾庆洪以第三方见证人的身份出现在现场，常凯为劳方法律顾问一同参加。而工会方面没有人参会。30 名工人代表全部是由南海本田 1800 名工人在前一晚推举产生，每张选票都有印章，比以前的任何选举都更正式。

谈判从下午 3 时持续到晚上 9 时许，6 个小时双方均未进餐。谈判一度因工人代表无法对加薪方案取得共识陷入僵局，常凯和曾庆洪建议工人代表投票表决，少数服从多数。最终 30 名代表中有 25 人同意接受资方提出的加薪方案：每月增加基本工资 300 元、生活补贴 66 元、特别金 134 元，每月增加实际收入约 500 元。常凯教授特别提出，在“工资集体协商协议”中写入一条：对参与罢工的工人不得追究责任。谈判结束后，双方代表在协议书上签了字。至此，为期长达 19 天的南海本田罢工事件终于告一段落。

2010 年 7 月 13 日，广东省政府通过其网站发布《关于加强人文关怀改善用工环境的指导意见》，在第六部分专门强调“要充分发挥工会组织的作用”。该指导意见指出：

（一）要依法组建工会组织。企业应依法建立工会组织，最大限度地吸纳职工参加工会。完善工会主席和工会委员民主选举制度。建立健全职业化、社会化工会工作者招聘选用和管理服务制度。深入推进企业“职工之家”建设和会员评议活动，保障会员广泛参与和监督基层工会活动。（二）要认真履行工会组织职责。切实发挥企业工会表达职工意见、维护职工合法权益的“代表者”和“代言人”作用，代表职工与企业协商，代表职工与企业签订集体合同，指导帮助职工与企业签订劳动合同、参与企业民主管理；督促企业纠正违反法律法规规定、侵犯职工合法权益的行为，对企业拒不改正的，由工会按程序提请当地政府依法处理；依法参与劳动争议调解组织和开展劳动争议调解工作，依法及时参与企业突发劳动争议的处理；协助妥善处理职工群体性事件，及时了解职工诉求，做好职工情绪疏导工作，引导职工以理性合法方式表达利益诉求，并及时向上级工会反映情况。上级工会和政府有关部门要切实保护基层工会干部的合法权益，保障基层工会干部依法履行职责。完善工会主席和工会委员民主选举制度。

(四) 从工人罢工到成为广东工资集体协商典型

本田罢工过去一年后，2011 年 6 月 25 日，广东省党工共建创先争优会议在佛山召开，其中一个重要议题是介绍和推广南海本田工资集体协商经验。一年间，南海本田公司实现了由工人罢工的聚集地到广东工资集体协商典型的华丽转身。

罢工事件发生后，广东省总工会派出了以巡视员孔祥鸿为领队的工作组，与佛山市、南海区和狮山镇工会，组成了一个四级工会联合工作组。在南海本田工作进行了为期半年的工会规范化建设，民主选举了工会小组长、车间分会委员、主席，增选了公司工会委员、副主席。

2010 年 12 月初，也即罢工事件结束五个月后，南海本田工会重组。南海本田的 1800 名工人划分为 60 个工会小组，由工人选出小组长。然后在 7 个车间成立工会分会，同样由工人选举出分会主席和分会委员。在此基础上，再从分会主席中选出南海本田工会委员和工会副主席（工会主席一职沿袭）。选举之前，临时增加一个现场演讲环节。

重组后的南海本田公会中，原日语翻译、26 岁的陕西姑娘王超群票数第一，当选副主席。王超群于 2009 年毕业于西安外国语大学日语专业，后进入南海本田担任翻译。刚入企业不久的她并没有在企业担任什么职务。她兴趣广泛，善与工友交流，逐渐成为工人中的“意见领袖”，在车间分会和企业工会的选举中，她均以高票当选，先是被推选为车间分会主席，然后当选为工会副主席。王超群认为，重组后的工会变化明显，一是工人对工会的认可程度提高。“以前工会的福利色彩比较重，大家以为就是发发日用品的。现在他们知道，工会还能为他们维护权益。刚进来的员工会问，什么时候可以加入工会。”

工会重组后，南海本田还同意为工会设立3名专职工会干事，脱离生产，专事工会活动。

在以王超群为代表的新当选的一批工会成员进入企业工会后，工会在真正意义上有了职工代表，开始真正切实为职工维护权益，并有了实质性行动。王超群当选工会副主席数天后，南海本田即公布2010年年末奖金发放方案。根据该方案，工人可获得“两个月的基本工资＋职能工资”的年终奖金。新工会随即就此与资方展开第一次协商。新工会指定13名工会委员和4个车间分会主席为协商代表，在听取和收集工人意见之后，向企业提出“四个半月基本工资”的年终奖金发放方案。由于工会方案与资方方案差距较大，立即遭到后者拒绝。但在省总工会巡视员孔祥鸿的斡旋下，双方达成一致，以公司当年实现利润和劳动生产率为主要依据，决定年终奖金的发放额度。最终方案为：（基本工资＋职能工资）×3.5个月＋（134元×2），此外，方案还明确，奖金应在2011年1月20日前发放。这是新工会的第一次“主动出击”。首战告捷让广大员工看到工会的强大力量，感受到工会是可以信任的。这增强了工会为职工争取权益的信心，同时也锻炼了工会代表的谈判技巧。

2011年2月15日，资方向工会提出2011年度工资增长方案——涨薪431元。工会立即召集班长、工会干部、职工代表等讨论，向资方提出增加工资880元的方案，这几乎是资方提出涨幅的2倍。3月1日，工资集体协商会议举行。资方首先让步，将涨薪幅度由431元提高到531元。工会方当即答复“不接受”，并在与职工代表闭门讨论之后，提出上涨731元的新方案。在谈判中实际充当了首席谈判代表的工会副主席王超群还严正提出：“如果接受企业方案，将会产生负面影响，包括：（一）职工工作士气受挫，公司产品质量会受到不利影响；（二）从公司长期发展来看，不利于留住熟练工；（三）职工会对工会非常失望，不利于工会开展活动；等等”。这一番强硬表态几乎让所有在场的人为之一震，也让资方不得不重新考虑。资方代表再次让步：总体工资上调至561元，并称此为

"最后方案"，如果工会再不赞成，之前所有协商均将无效，并提交政府进行仲裁。但是，广东省总工会巡视员孔祥鸿当即就对资方"最后方案"说法表示反对，在其协调下，资方又同意将奖金增加50元，即涨薪额度变为611元。这一数字事实上已超过了工会600元的协商底线，遂被接受。3月12日，在南海本田职工代表大会上，所有参会职工代表对方案进行无记名投票。投票结果显示，在111人中，共有98票赞成，13票弃权，以压倒性的高票通过了该工资集体协议。"这一场协商历时4个多月，（谈判胜利）大大提高了广大职工对工会的信任度。"王超群说。

孔祥鸿表示，南海本田工资集体协商已进入新的发展阶段，2010年年底新重组改选的公司工会切实代表了职工利益，他们在其中发挥了重要作用。此外，从与资方协商谈判到投票表决通过最终方案，这其中都有一线职工亲身参与。据了解，这次南海本田劳资谈判中共有17名工会代表，另有13名一线工人代表旁听。

旁听了南海本田职代会的中山大学政治与公共管理事务学院教授何高潮指出，南海本田劳资谈判在中国具有划时代的意义。"标志着劳资谈判正走向制度化，有利于约束劳资双方，让工会代表切实代表职工利益，增强了他们的责任感和话语权。"

二、各方评析

2010年，在国内制造业行业发生了上百起罢工事件。在这些事件当中，最为社会关注的当属南海本田罢工。

（一）珍视南海本田罢工的经验

作为南海本田事件的亲身经历者及我国集体劳动争议权威的研究者，

常凯教授认为：

罢工问题在市场经济条件下，它应该是一个正常的现象，它是劳动者在处理劳动争议当中表达自己诉求的一种手段或者方式，这种手段更直接的意义在于增强劳动者的影响力和威慑力，而不是直接地为了破坏经济。罢工事件如果处理得不好，会引发更严重的社会问题，如果处理得当，会促进劳动关系的改善和企业管理的改善。中国目前正在由个别劳动关系向集体劳动关系转变。近年发生的多起罢工潮，与《中华人民共和国劳动合同法》未能有效实施有直接关系。劳动者已经意识到只靠劳动者个人无法实现自己的利益。劳动合同法规定了但老板不执行又能怎么样，劳动合同法也靠不住。还得团结起来用集体行动向老板争取自己的权利。

……

南海事件之所以没有激化矛盾，最后和平解决，和政府正确的处置态度密切相关。政府的做法是促进劳资双方去谈判，而不应该单方面的，或者压制雇主，或者压制工人，这都是不合适的。在这方面，经济问题就是经济问题，不要扩大化，不要政治化。市场经济下，罢工问题并不在于它不发生，而是事前要尽可能减少或者避免，发生了以后，我们要理性对待，法治解决。工会在罢工事件解决处理中具有重要地位，按照《中华人民共和国工会法》的规定，工会“应当”代表罢工中的工人，同企业、事业单位或者有关方面协商，反映职工的意见和要求并提出解决意见。但目前实际状况是工会与法律的要求还有着较大的距离。许多工会不仅不能代表和维护工人利益，而且站在企业的立场来对付工人，南海本田事件中工会竟然与罢工工人发生冲突，即反映了工会问题的严重性。如广东省总工会主席邓维龙所深刻指出的：劳资矛盾的激化、工人权利得不到保障，和企业工会的形同虚设是密切相关的。很多企业工会在工人心目中只是老板的附设机构。这种状况，正是工人提出“整改工会”的原因。当然，并非所有的工会都是这样，也有一些地方工会，如广州市总工会，以工人代表的身份介入和处理罢工，得到了工人的支持和拥护。南海罢工事件中工会令人失望的表现，对于中国工会是个警示——工会不代表工人就会被工人所抛弃，中国工会必须履行自己的法律职责。

(三) 认真对待新形势下的劳资关系

国务院发展研究中心企业研究所副所长张文魁认为，"随着劳动力无限供给向有限供给转变，停工、罢工的事可能会越来越多，如何处理好劳资关系，加强员工权益保障，对市场经济条件下的中国现代企业来说是全新的课题。"

《法制日报》刊发题为《专家介入平衡了劳资谈判力量》的文章认为，劳资关系专家介入集体争议事件，通过斡旋调解促使事件合理解决，是国际上集体劳动争议时间处理的一个卓有成效的惯例。常凯开创了我国专家以实名身份公开介入罢工事件处理并促使事件解决的先例。该文指出，常凯的作用，得到了当事各方的一致好评。南海本田工人们的感激自不待言，谈判成功结束后，组装课百余工人自发要求与常凯见面；本田资方代表对于常凯促使谈判成功也是真诚鞠躬致谢。更重要的是，常凯介入事件解决为完善我国的集体争议处理机制提供了借鉴。主持南海本田集体谈判的南海区劳动局局长朱伟新认为，常教授在南海事件解决中发挥了"关键的作用"。而且，区劳动局借鉴本田事件处理经验，已经开始培训集体争议调解员。

《南风窗》杂志指出：

2010年年中发生的以"南海本田"为代表的罢工，究其原因基本上都是工资太低、收入差距太大或工作环境恶劣，是经济罢工，工人们的目标是更多的收入和更人性的工作环境，而不是更大的政治诉求。因此必须避免将劳资矛盾"政治化"，要警惕一些地方官员出于自身利益的考虑，与雇主结盟来对付工人，从而将劳资之间矛盾和冲突转化为工人与政府之间矛盾和冲突。在市场经济条件下，罢工未来将会成为中国社会所要面临的一种常态，政府大可不必对罢工敏感过度，甚或谈罢工色变。事实上，罢工也是民主和法制社会民意诉求的一条正常渠道，对这条渠道，政府不仅不能堵塞，反而要进行疏浚。政府要在正视罢工现象的基础上，进而承认和尊重工人的罢工权，通过立法和完善相关制度，对罢工权利、罢工的程序、劳资谈判机制、复工程序等作出规定，给工人开辟一个合法的权利诉求通道。中国劳工的觉醒，对于这个国家而言，不是一件坏事，各个阶层基于自身利益的斗争正是促成中国向公平正义国度转型的最大动力所在。在此起彼伏的工潮面前，中国的工会体系需要发生改变以适应市场经济，而中国制造的模式也将从此开始加速转型。

（三）工会须与时俱进、直面时代课题

事件发生后，中华全国总工会于2010年5月29日发出《关于进一步做好职工队伍和社会稳定工作的意见》（以下简称《意见》），强调要在加快经济发展方式转变中切实维护职工合法权益，并发挥工会“大学校”作用，有针对性地加强职工思想政治工作，不断满足职工日益增长的精神文化需求，使广大职工有尊严地生活，实现体面劳动。《意见》还特别指出，维权是维稳的前提和基础。《意见》强调，要创新工会组建方式，着力做好新生代农民工、劳务派遣工群体的会员发展工作，建设职工之家，服务职工群众，赢得他们的拥护和信赖。

《人民日报》发表评论文章指出：

最近发生的一系列劳资纠纷事件，给工会组织提出了新课题。以往我们总是认为，劳动条件恶劣、侵犯职工合法权益、无视企业社会责任的现象大多发生在技术落后、管理混乱的小型企业，工会维权的工作重点、社会舆论的关注焦点也往往集中于此。现在，类似事件频发于合资、独资企业，这当中有什么值得思考的问题和汲取的教训？新情况、新问题，要求各级工会组织从实际出发，转变既有思维和工作方式，深入分析，积极应对。

在市场竞争和就业压力下，一些职工所面对的工作、生活困难是不言而喻的。对此，工会应该有充分的认知和足够的理解，给予他们及时的关注和切实的疏导。全总《意见》强调，“不断满足职工日益增长的精神文化需求，注意加强青年职工特别是新生代农民工的心理疏导，加大对他们心理健康的关注和投入”。为此，各级工会应该从专业人员和设施设备等方面，切实落实好《意见》要求，成为广大职工的精神港湾和心理后盾。

我们需要进一步考察，某些非公大型企业有没有工会组织？如果答案是否定的，为什么？如果有，发挥了什么作用？特别是在发生侵害职工权益的事件时，是否能为职工说话办事？全总《意见》强调，“要创新工会组建方式，着力做好新生代农民工、劳务派遣工群体的会员发展工作”。某些跨国公司组建工会困难，背后的原因是什么？值得深思。

假如某些非公企业没有工会组织，或者有工会而不作为，按照中国工会的组织原则，其所在地的上级工会应该积极介入侵权事件的调查与处理。全总《意见》要求，各级工会“加大劳动法律监督力度，督促有关部门依法查处侵犯职工权益的行为……把问题解决在基层”。在职工权益受损时，上级工会的积极介入，正是彰显工会地位作用、赢得职工信赖的时机。

总之，各级工会组织只有与时俱进，既发扬传统优势，又直面时代课题。唯此，才能维护职工的正当权益，构建和谐的劳动关系，“使广大职工有尊严地生活，实现体面劳动”。

在省总工会巡视员孔祥鸿看来，南海本田事件的意义在于，“中国工会的‘上代下’维权机制应运而生”。所谓的“上代下”维权机制是指，当下级工会不能代表职工维护职工权益时，上级工会可代表下级工会，对涉及职工切身利益的共性问题，由上级工会出面与相应的企业方代表进行协调。孔祥鸿指出，职工是否认可企业工会的代表性，企业工会的基础工作是否做好，是发挥“上代下”机制作用的重要基础。正是在南海本田工会重组，特别是经过民主化选举后，工会为职工维权才真正行动起来。

中山大学政治与公共管理事务学院教授何高潮表示，南海本田事件成功解决的意义在于，面对新时期的劳资纠纷与矛盾，要改变过去由地方政府出面和主导的传统思路，要充分发挥工会的作用，特别是推动上下级工会的有效联动。南海本田的实践建立了解决此类事件的“广东模式”。何高潮指出，由于很多企业工会力量一直较弱，代表性不足，因而在维权过程中最大的困难是如何获得工人的信任。他建议企业工会要加强民主化建设，要通过平时工作取得工人的基本信任，重新建立起与工人的紧密联系。

三、启示借鉴

（一）要对“罢工”脱敏

事发后，不少人指出，罢工是市场经济摆脱不了的现象，不要把罢工看得太敏感。在市场经济条件下，劳资利益的分化和一定程度上的对立是难以避免的。回避只会积聚矛盾，最终引发更大冲突，付出更大代价，而经济罢工作为协调解决矛盾的一种方式，给了激化的劳资矛盾一个泄压的出口，无疑是低成本维权的最好方式；而且，罢工权与集体协商谈判是一起出现和存在的，是劳动权的自然延伸，缺失了罢工权，集体谈判就是一句空话，劳资的博弈就只能是向资方倾斜的游戏，显然，劳动者要实现体面劳动，必须拥有罢工的基本权利。从这个意义上讲，罢工有利于平衡和协调劳资关系，促进经济和社会稳定发展。我们欣喜地看到《人民日报》2010 年 5 月 28 日对这次事件用一千多字的篇幅作了报道，不回避不渲染，这正是对罢工问题逐渐“脱敏”迈出的一大步。

（二）重视新生代农民工的权利维护及其特殊性

此次“南海本田事件”罢工工人都是“80 后”、“90 后”，他们都属于“新生代农民工”。跟他们的父辈相比，他们更难容忍不公平的现象，也有更强烈的意愿来维护他们的权利。尽管他们罢工时的工资远高于当时当地的法定最低工资水平，但他们发现一个很不公平的事实就是公司内日本员工和实习生之间的工资差距甚大。“日本经济的工资高达 5 万元，是我们的 50 倍，”一个学生实习工如此抱怨。这就触发了他们通过罢工来要求更高的工资。而且有相当一部分的本田工人以前在技校就是同学，这就意味着他们之间会有更好的互动；这也使他们动员彼此来参与罢工变得更加容易。此外，他们更懂得运用手机短信、互联网即时通信工具以及博客、微

博客、微信等新兴媒体。当前中国最为广泛使用的一款即时聊天工具QQ成为工人们交流和动员的主要手段。他们建立了几个QQ群使工人们能够在里面商讨斗争策略。工人们甚至可以通过不离身的手机来上QQ和QQ群；这不仅不需要什么花费，而且极大地提升了沟通的效率。这种依托于新兴媒体的行动主义已成为工人们罢工时有效动员和协调的重要基础。① 这些都印证了全国总工会新生代农民工问题课题组发布的《关于新生代农民工问题的研究报告》中的内容：中国新生代农民工对职业角色的认同已由农民向工人转变，对职业发展的定位由亦工亦农向非农就业转变。同时，新生代农民工比上一代有更强的平等意识和维权意识，对获得平等的就业权、劳动和社会保障权、教育和发展权、政治参与权、话语表达权以及基本公共服务权等方面，都比父辈有更高的期待，并表现出维权态度由被动表达向积极主张转变。

(三) 科学合理确定政府的角色定位

南海本田罢工事件最终能平静落幕，当地政府始终坚持的中立立场起了关键性作用。在此次事件中，官方一直强调依法协商解决，适度介入，为事件的解决预留空间，依法维护劳资双方的合法权益。在该事件当中，相关的安保人员是安排在厂区200米以外的范围去戒备，这其实就是政府给劳资双方传递了一个明确的信息：这一事件只是劳资纠纷，大家不要让事件激化或转变性质，目的就是要把它控制在劳资事件的框架之内。然而必须注意的是，不是所有地方政府遇到类似事情时都能保持中立。一些地方政府为了增加税收，更青睐于资本和企业，一旦发生劳资纠纷，就站在资方一边。只要是能够纳税就支持，以牺牲劳工利益作为代价。这完全是一种短视的做法，对于地方稳定带来极大的隐患，尤其是出现罢工等劳资集体争议时，政府就出动警察压制事态的发展，以维稳的方式来应对维权，导致政府冲锋在一线，惹火上身，与工人之间形成并加深了隔阂，把

① 参见赵明华等主编：《中国劳动者维权问题研究》，社会科学文献出版社2011年版，第222—223页。

劳资纠纷变为一种政治事件，变成了劳动者和政府之间的冲突，反而加剧了社会不稳定因素。

参考文献：

1. 郑猛：《南海罢工样本》，《财经》2010 年第 12 期。

2. 郑猛：《南海罢工专题系列报道》，财经网。

3. 周政华、刘子倩：《直击南海本田“停工门”事件》，《中国新闻周刊》2010 年第 2 期。

4.《南海罢工专题系列报道》，财新网。

5. 赵何娟、兰方、郭惟地、王嘉鹏、唐家婕：《震撼富士康》，《新世纪》2010 年第 22 期。

6. 舒泰峰：《南海本田工会变身》，《财经》2011 年第 17 期。

7. 徐智慧：《南海本田工会“维新”记》，《中国新闻周刊》2011 年第 29 期。

8. 黄应来：《南海本田工会“变身”记》，《南方日报》2011 年 7 月 5 日。

9. 许少英、陈敬慈：《工会改革的动力与矛盾：以本田工人罢工为例》，载赵明华等主编：《中国劳动者维权问题研究》，社会科学文献出版社 2011 年版。

（肖晋　编写）

富士康工人连环跳楼风波

2010年，富士康科技集团深圳龙华工业园密集发生工人跳楼坠楼死伤事件，引发社会广泛关注。这一事件被媒体称作“连跳事件”。虽然富士康和深圳当地警方一再表示，每个自杀的员工都有个人原因，但富士康集团还是迅速成为媒体和网民口诛笔伐的焦点。“半军事化”的管理机制、“壁垒化”的管理层级和“把人当做机器”的刚性管理手段，也让富士康陷入“血汗工厂”的指责。

事件引起中央、地方领导和富士康高级管理层高度关注，但随即出台的种种措施似乎都对“连跳”无能为力，“连跳”事件所引发的争议一直没有止息：富士康到底是不是“血汗工厂”？工人频繁跳楼究竟为什么？系列悲剧是否预示着中国企业的代工模式——这种带来巨大经济利益、吸纳大量农村剩余劳动力、满足就业需要的工业化模式行将走向尽头？这样的连跳事件，不应仅仅看做一种偶发的特殊事件，而是一种警示。

一、案例始末

富士康就像被下了诅咒，自从 2010 年 1 月 23 日，19 岁的员工马某在富士康华南培训处的宿舍死亡之后，接连发生工人跳楼事件。旧魂未安，新怨又现，没过几天就又有员工纵身一跳，血染富士康，告别这个曾经令他们满怀希望的地方。到 2010 年 11 月，经媒体报道的深圳厂区工人跳楼坠楼非正常死亡已有 13 例（见表 1）。

表 1　富士康深圳厂区工人 2010 年跳楼事件不完全统计

时间	事件
2010 年 1 月 23 日	员工马某在富士康华南培训处的宿舍死亡，19 岁。
2010 年 3 月 11 日	富士康龙华基地内的生活区，一李姓男子从五楼坠亡，20 多岁。
2010 年 3 月 17 日	富士康龙华园区，新进厂女员工田某从 3 楼宿舍跳下，跌落在一楼受伤。
2010 年 3 月 29 日	龙华厂区，一男性员工从宿舍楼上坠下，当场死亡，23 岁。
2010 年 4 月 6 日	观澜工厂 C8 栋宿舍女工饶某坠楼，仍在医院治疗，19 岁。
2010 年 4 月 7 日	观澜厂区外宿舍，女员工宁某坠楼身亡，18 岁。
2010 年 5 月 6 日	龙华厂区男工卢某从阳台纵身跳下身亡，24 岁。
2010 年 5 月 11 日	龙华厂区女工祝某从 9 楼出租屋跳楼身亡，24 岁。
2010 年 5 月 14 日	龙华厂区北大门附近的福华宿舍，晚间一名梁姓男员工坠楼身亡，21 岁。
2010 年 5 月 21 日	凌晨 5 时许，龙华员工宿舍一名男子坠楼，经送医院抢救于 5 点 40 分宣布无效身亡，20 岁。
2010 年 5 月 26 日	晚 11 点，富士康深圳龙华厂区大润发商场前，C2 宿舍一位男性，坠楼身亡。
2010 年 5 月 27 日	凌晨，一男性职工在富士康鸿泰职工宿舍区，用割腕方案自杀。约 20 岁。
2010 年 11 月 5 日	凌晨，深圳厂区一名男性员工跳楼自杀，23 岁。

针对富士康非正常死亡事件频发的现状，深圳市政府相关部门联合组织的专题调查组到富士康就“连跳事件”进行调查。2010 年 5 月 19 日，深圳市副市长、公安局局长李铭亲自参与调查，并与富士康集团高层商讨

防范措施，但是令人心惊肉跳的“九连跳”并没能画上句号。

2010 年 5 月 21 日，富士康发生“第十跳”。当日，富士康通过干部 OA 系统邮件发布了关于进行紧急排查摸底的工作通知，要求全体管理干部对所管辖的员工进行信息摸底，排查员工中的精神病及心理障碍倾向。及时反映情绪不好的工友情况到有关部门的员工，可以得到 200—500 元不等的奖励。后来，据富士康新闻发言人刘坤表示，采取这种有偿信息机制后，富士康有效防御了数十起可能发生的悲剧。

2010 年 5 月 24 日，台湾首富富士康总裁郭台铭在出席一个经贸合作论坛活动中，一反低调态度，公开表示，在大陆有 80 多万员工的富士康，是很庞大的企业组织，管理难度很大，但是管理层一直很努力、也有信心稳住一些状况，并表示，“现在很多事不能说，我们都默默在做”。实际上，“第九跳”发生后，郭台铭亲自邀请五台山的三名高僧前来做法事，超度亡灵；同时，也尽量采取关爱员工的实际措施，极力阻止惨剧的再次发生。比如，扩建并装修一新的“员工关爱中心”，面积约为原先的三倍，墙壁被刷上了柔和的粉黄和淡橙色；疏导员工心理；开通热线电话“78585”(取意谐音“请帮我帮我”)，紧急选调了近百名心理咨询师，接听员工的咨询和投诉，排忧解难；还设置了专供员工发泄情绪用的沙袋，甚至还提供主管的面具供员工套在沙袋上，缓解精神压力；将员工按照 50 人一组的标准分组，每组设组长一名接受数十位专业医生的培训，将培训 1000 名员工为心理辅导师面向内部员工，同时约 3 万名线长陆续接受管理技巧和观察员工心理障碍和辅导的培训；对新入职员工进行心理测试；从香港引进一套新建的心理分析软件系统，为已经接触到的员工情绪异动案例给予优先关注；除对员工心理关怀外，厂区楼顶还建起了 2.5 米的天网，楼体外侧撑出了结实材质做成的隐形网和粗网，覆盖面积达 300 万平方米，阻止员工跳楼自杀。

2010 年 5 月 25 日，一份《致富士康同仁的一封信》在国内不少社区网站流传。信中要求员工承诺绝不以极端方式伤害自己和他人，不能使用过激行为影响公司生产秩序，公司不再向自杀员工的家庭支付补偿。此信遭到网民痛批，富士康被推向社会道德审判台，面临不绝于耳的愤怒之声而陷入无奈。

2010年5月26日，富士康首度开放全球媒体采访，郭台铭现身龙华工厂亲自回应提问，吸引海内外逾二百多家媒体记者到场采访，足足塞满5辆大巴。面对千余人会场，郭台铭公开向社会大众及员工家属深深三鞠躬致歉。他说："我除了致歉还是致歉，除了痛心还是痛心；自杀是懦弱的行为。"他承诺把普通员工基本工资提高20%，安抚内部员工情绪，期望遏制接连发生的自杀事件。郭台铭在发布会上说，此前发给员工并要求员工签署的信函措辞不当，将收回。

新华社、中央电视台集中报道富士康员工跳楼事件，引起中央和地方领导的高度重视。2010年5月27日，人力资源和社会保障部、全国总工会、公安部等多部门组成的中央部委联合调查组，由人力资源和社会保障部部长尹蔚民亲自带队，赴富士康调查员工自杀事件，主要是为深入分析近期员工自杀事件发生的原因，进一步研究解决问题的对策。

2010年5月29日，中共中央政治局委员、广东省委书记汪洋再度赴深圳听取富士康员工连续跳楼事件的汇报，要求采取切实可行的措施，全力防止此类事件再次发生。他强调，各级党委、政府和企业在加快转变经济发展方式过程中，不仅要关注资源、项目、环境等"物"的因素，更要坚持"以人为本"的发展理念，加强人文关怀，增强员工对企业认同感和凝聚力，切实转变和优化企业管理模式，让经济发展的成果更好的惠及民众。

2010年6月下旬，富士康宣布与深圳两家物业管理公司，签订宿舍外包管理协议，将深圳地区22万人的员工宿舍交由两家物业公司管理，新建的富士康重庆生产基地，也决定不再设立自建生活区。郭台铭表示，将把宿舍还给社会，让地方政府去接管运作，把企业担负的社会责任，还给当地与中国的政府。他说："如果台湾工人因感情问题自杀的话，他的雇主无需对此负责，但我们在这里受到批评是因为工人是在我们所提供的宿舍生活和休息的。"

2010年10月1日开始，基层员工大幅度调薪。一线作业员通过考核后，月薪基准将不低于2000元，生产支援人员月薪基准将不低于1500元，

个别优秀者也能达到 2000 元。符合加薪资格的基层员工，多为 85 后、90 后年轻人。

2010 年 10 月 14 日，富士康内部报刊《富士康人》报创刊，郭台铭对这份报纸很重视，专门从传统媒体聘请了经验丰富的专业记者担任负责人。

2010 年 10 月 16 日，“富士康之星——2010 优秀基层员工颁奖典礼”在深圳富士康龙华园区举行，郭台铭亲自组织 140 名优秀员工和家属游览世界之窗、锦绣中华等深圳著名景点，富士康工会和人资处管理人员全程陪同，吃住行费用全部由富士康支出。

富士康深圳厂区员工跳楼风波发生后，郭台铭治理富士康的谋略发生了明显改变。他向《南方周末》记者坦言，他的确没有在第一时间意识到自杀的严重性。自从 3 月份发生第五起自杀案后，他一改往常铁腕、森严、神秘的管理方式，走向亲民、关爱和开放，并连续两次大幅度给员工加薪。同时，富士康加速了国内扩张的脚步，陆续在河南、天津等地投资建厂，并于当地招募新员工，届时深圳只会留下 10 万人代工“苹果”生产线。

二、案例背景

富士康是台湾鸿海集团在大陆的子公司，是世界上最大的代工企业，被称为全球“代工之王”，世界五百强之一，代工生产的都是苹果、戴尔、惠普、索尼、诺基亚等高普及率的高科技产品。

鸿海集团自 1974 年在台湾成立，于 1988 年在深圳建厂，迅速壮大，连续 7 年居大陆出口 200 强之首，2009 年位居《财富》杂志评出的全球企业 500 强第 109 位。中国大陆的员工人数从 1996 年的 9000 人，到 2010 年突破 80 万人。其中，在占地面积达 2.3 平方公里的深圳龙华厂区，密集生活和紧张工作着的员工就达30万人。由于这里有餐馆、超市、银行，就像一个小社会，也被一些人称为“IT业的紫禁城”。在富士康工作了12年的集团卫生部部长芮新明说：“富士康管理的不是一个企业，而像一个县城。”在这里，8人一间的宿舍，浴室、卫生间一应俱全。员工一日三餐免费，标准11元，工衣交给专门的公司免费清洗。两个健身房，几十台健身设备，运动场、5个游泳池、网吧全是免费的。

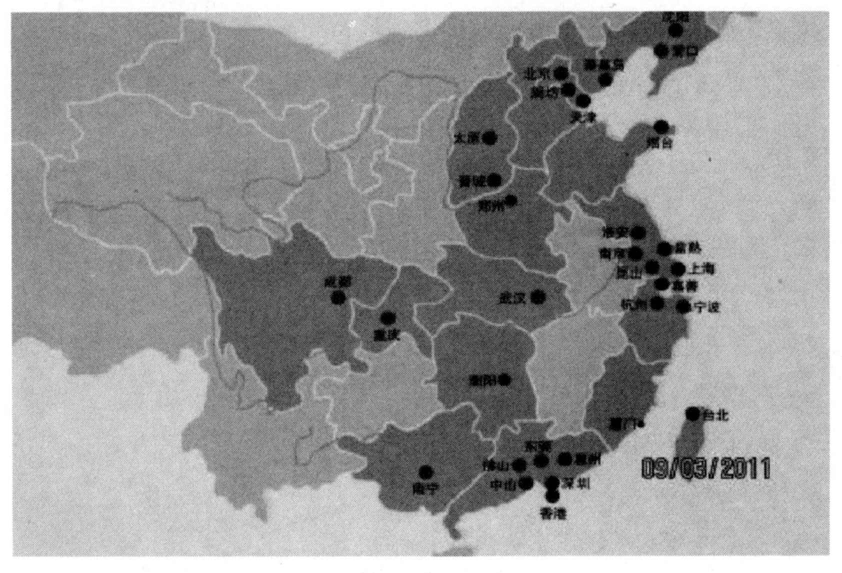

富士康位于中国大陆、香港、台北的生产基地（选自北大、清华关注新生代农民工调查组:《西进——富士康内迁调查报告》，2011）

（一）军事化管理

军人出身的郭台铭，对富士康一直实行高压的军事化管理。由于为多个品牌代工，员工要严格遵守保密纪律，一旦机密泄漏，肇事员工以及其所在部门的全体人员都可能受到处分。比如，在索尼产品生产车间工作的工人如果进入惠普产品的车间，立刻就会被开除。有效的管理，强调尊重秩序，服从“效率”这个唯一的逻辑。过去20多年间，郭台铭正是用准军事化管理的“铁血体制”，成功构筑起富士康的全球代工帝国，实现了爆发式的增长。对于一个像富士康这样拥有几十万员工的企业来说，采用层级制、军事化的制度有助于应对管理上面临的巨大挑战，自然也有其不可避免的残酷性。

深圳宝安区龙华园的富士康总部，内部等级森严，大致有 20 个等级。所有的生产环节都被细分，每一个工人必须在规定的时间内完成规定的几个动作。流水线上的工人们根本停不下来，精密化的工业体系不允许任何一个环节出现疏漏。

工人的生活环节也被细分，必须在规定时间内完成自己的生活。生产和生活都是“表格化”的，不同班组的上班和休息时间被有序地错开，还要保持精准。为了实现效率，员工在工作以外的洗衣做饭事务都被公司外包了，午饭时间一个小时，必须在规定的时间去吃饭，否则吃不到饭；要洗的衣物要求在规定时间段送至规定地点，专门的洗衣公司定点上门收取。员工在集体宿舍里很少说话，宿舍 24 小时安静，只是一个睡觉的地方。同宿舍的人有的上白班，有的上夜班，说话都要压低嗓门，看不见任何人在走道里奔跑或者大声喧哗。一个 30 万人聚集的厂区，却像寂静的荒郊野外。住在同一个宿舍的工友，还不知道彼此姓名的现象司空见惯。军事化管理下的员工上下级关系和同事关系，紧张而冷漠。

（二）加班是工作的常态

富士康模式是全球化潮流下，国际知名大厂将产品制造外包到低成本地区的产物。富士康运用大陆廉价劳动力及土地等生产资源，透过严格的生产流程及成本控制，取得国际品牌大量订单，进行产业链低端的组装作业，由于缺乏自身品牌与技术，光靠低廉人工所创造的附加价值很低。作为 iPad 全球最大的代工厂，富士康在原材料成本上几乎无利可图。来自美国权威市场调查机构 iSupply 的报告显示：“一款售价 499 美元的 iPad，其平均成本为 260 美元左右。其中与中国有关的，仅仅是每台 11.2 美元的组装费”。制造业赚取的是微笑曲线最低端的利润，而富士康企业文化中第一条就是“辛勤工作的文化”。80 万年轻人在人海战术下 24 小时轮班、大批量生产，从接单到交货一气呵成，让客户抢得先机，为富士康赚取财富。

公司为员工免费提供每天 11 元标准的工作餐、8 人一间的住宿，依法购买保险，享有国家规定的假期。深圳市总工会表示，没有发现富士康存在强迫加班、严重超时加班等违反劳动法的现象。而当应聘人员在被记者问到是否愿意加班时，都表示“肯定是愿意加班了，因为不加班的话，就拿个底薪，那样的话，也没有钱”。富士康的员工多数来自农村，普遍具有吃苦耐劳的品质。他们或者冲着富士康的名气，或者经朋友介绍，不远千里从全国各地来应聘富士康的工作，不是仅仅为了依照劳动法规每天工作 8 小时而领取刚刚满足深圳最低工资标准 900 元月底薪；而是寄希望于这个包吃包住、劳动规范的大企业，能把自己的勤劳变成金钱。

广招新员工是这个公司降低企业工资成本的高招。新员工入职，公司依法签订劳动合同，上面注明正常工作时间：每天 8 小时，每周 5 天，加班平时每日不超过 3 小时，每周至少休息 1 天。实际上，消息人士谈到加班时，尴尬一笑，要有义务加班的准备，免费加班与有加班费的加班往往就是对半分。

简单重复的劳动，在装配流水线上，把普通工人与机器绑在了一起。有员工认为，“多加班的工厂才是好工厂。因为不加班，根本挣不到钱。”富士康许多工人认为，这里“不尊重人”、“把人当做机器”、“劳动强度太大”、“如果不加班，待遇也高不到哪里去”……

尽管从 20 世纪 90 年代中期，跨国公司就开始使用自己的检查人员或聘用第三方，通过“验厂”的方式督促供应商改善工人生存状况，实际上工厂除了在杜绝童工、安全生产等问题上有所改善外，超时工作的问题一直无法解决。由于中国在全球供应链中处于末端，代工企业接受订单的时间和数量无法自控，订单密集就势必带来工人超时加班。其中的悖论在于，当工厂通过改善管理逐渐缩短工时，会更加赢得跨国公司的青睐，接着更多的订单便蜂拥而至，于是所谓的工时管理系统便又脆弱得不堪一击。

（三）新生代农民工

在中国 1.5 亿进城务工的农民中，1980 年后出生的约有 1 亿人，占六成多。2010 年中央一号文件，首次在官方文件中将他们作为一个新的社会群体——“新生代农民工”——予以重点关注。许多沿海城市，80 后、90 后的新生代工人正在迅速成为“中国制造”的主体劳动者，已占到打工群体的八成以上。在富士康，“80 后”、“90 后”的新生代外来工已经超过员工总数的 85%以上。

根据中国社科院的调查，新生代农民工具有“三高一低”的群体特征：受教育程度高、职业期望值高、物质和精神享受要求高，工作耐受力低。张彤禾的报告文学《工厂女孩》表现了农民工经历的另一面，他们普遍怀揣着提高自身社会地位的“中国梦”。农民工新生代比他们的父辈更有抱负，不惜频繁跳槽以便追求更好的生活。

富士康，劳动强度不大，但是枯燥乏味，一年到头只是几个动作的简单重复。用不着动脑筋，但又不能擅自停下。他们就像流水线上的螺丝钉，每天的生活被一再规范化一再简化，于是“睡觉、工作、吃饭”几乎成了生活的全部。缺乏价值和乐趣的工作，令生机勃勃的年轻人变得麻木。普通工人学历低，对于攀登企业管理这座庞大繁复的梦想阶梯没有信心，对于个人未来发展的前途感到渺茫悲观。工人的这种无奈和痛苦，没有及时得到企业或组织的重视和援助。这里每天都有很多人辞职，背上行囊离开这个当初甚至托人找关系才进得来的工业帝国。普通工人的月离职率达 4%—5%，相当于一个月每 100 人中有 4—5 人离职，仅以龙华 30 万员工计算，每个月就有 15000 人离职，富士康科技集团人力资源部资深副经理万红飞也坦言这个数字意味着偏高的离职率。

于建嵘在接受《时代周报》采访时指出，新生代农民工与他们的父辈存在明显的代际差异。十年前的农民工是从田里上岸的农民工第一代，他们怀揣着对农村的认同和明确的目标进城务工，比如赚钱回老家盖房子、娶媳妇、抚养子女等。而新一代农民工往往本来就出生在城市或城镇之中，很多人直接从学校毕业到工厂，他们一方面对于农村缺乏认同感，甚至根本无法回到农村；同时周而复始的机械化劳动以及相对卑微的收入又使得他们无法融入城市生活，不知道前途在何方。新生代农民工内心的这种漂移感普遍存在，因此工友之间的感情联系以及他们与家庭的联系也趋于淡化。

三、各方评析

（一）自杀原因：心理脆弱？社会诱因？

深圳富士康接连发生职工轻生事件后，专家学者、媒体、社会各界纷纷为富士康号脉。2010 年 5 月份，郭台铭邀请了包括清华大学心理学系副主任樊富民教授、北京大学医学部精神研究所前所长吕秋云教授在内的大陆顶尖心理学家空降深圳，会诊富士康。专家团肯定的是，2008 年全国自杀率大约是每 10 万人中有 12 名自杀者，而富士康的自杀率是每 10 万人约有 2 名自杀者。因此，专家们认为，富士康员工的自杀率，远远低于全国的自杀率。这一结论暗含人们不必对这起风波过分关注，甚至“大惊小怪”，随即引发媒体的强烈反对并对其深层次社会根源的探究。

《南方都市报》评论认为，统计概率是冷冰冰的，尽管可以粗糙的区分正常与否，却不能提供连串自杀的答案。用自杀率未超标来淡化富士康事件，甚至将其当做现代化过程惯常的现象，轻视死亡，否定人的牺牲，这种看法遮蔽了问题，实际上是一种很坏的“理性”，归根结底，现代化的目的不是为了制造自杀者。

“经济半小时”观察认为，如果孤立看，连跳事件很容易被归结到员工个人身上。毕竟和几十万员工总数相比，13 人是个微不足道的数字。但当这十几个年轻人纵身一跃的时候，他们身后其实有许多无形的推手——社会转型期的集体焦虑，制造业企业残酷的生存法则，社会文化配套上的严重缺失。富士康这些年轻生命所承受的沉重，实际上是经济社会所付出的一种代价，帮助他们卸掉这些负担，企业义不容辞，政府和社会也需要担当。漠视这些无形的社会成本，任何经济发展都换不回真正的幸福指数。

《香港经济日报》题为《连跳悲剧凸显社会转型剧痛》的文章表示，舆论归咎于“80后”不能抵受压力、模仿效应、生产管理模式落后，社会心理服务不足等原因，这种说法有一定道理，但是心理和精神问题显然不是造成这一系列悲剧的内核原因。心理问题源自深层次的社会原因。过去30年中国经济的高速发展繁荣，不少是底层农民工付出巨大牺牲换来的，悲剧背后正是不容忽视的社会尖锐矛盾。

(二) 寻找凶手：“血汗工厂”？代工模式？媒体？

当企业采取了防护和关爱措施后，在各方严重关切下，富士康跳楼惨剧仍在继续上演。舆论的关注焦点，从技术层面转向了工人出现心理问题的社会诱因。

首先遭到拷问的是：富士康究竟是不是“血汗工厂”？依据列宁的描述，“血汗制度”以机器奴役人“榨取血汗”为显著特征，是一种通过“科学计算”，以最小报酬追求工人最高强度最长时间工作的制度。“血汗工厂”中极度紧张的劳动，严重摧残了工人的身心健康，卓别林的《摩登时代》是对此的最好写照。尽管舆论批评富士康工人加班工时过长，无可否认的是，富士康的管理处于珠三角乃至其他劳动力密集工业区的领先水平，相对规范的劳工条件也与大多数人认知的“血汗工厂”不着边，苹果公司总裁乔布斯也公开支持富士康，否认富士康是“血汗工厂”，因为工厂有食堂、戏院、医院以及游泳池，作为一间工厂，已非常好。

北京学者秋风在《南方都市报》专栏撰文指出，富士康令“血汗工厂”的定义产生了变迁。他指出，富士康采取铁血的管理模式，员工被封闭在狭窄的“城中城”。他们整个人都被纳入流水线的效率算计中，也可以说生产线员工的全部生存活动中，家庭、亲友等社会关系在这里是受排挤的，是荒芜的。工人从劳动中没有获得力量感，甚至他们为了维持没有内容的生活，不得不以精神与肉体的双重付出为代价，异化是一种心灵上的折磨。不加班挣钱没有生活保障，超时加班没时间放松，微薄的薪酬常常使员工陷入两难。普通工人已经被机器奴役，人也变得像一台机器，每天都在高速运转。中央党校研究员曾业松说："用员工超时、超量、超强度的劳动追求利润，旨在压低成本的薪酬游戏常常被演绎到极致。"许多员工表面"自愿"加班的背后，其实是不得已和无奈。

也有舆论指出，问题的根源不仅仅是富士康在管理机制上出了问题，企业自身的补救措施只能起到有限的作用。代工业是夕阳产业，正在走下坡路的代工产业和一群城市生活无根但心中充满希望的年轻人走到一起，悲剧就发生了！珠三角政经评论员金心异认为，"代工模式虽可大量生产商品，却无法创造品牌；虽能快速提升 GDP，却无法创造高利润；虽可吸纳大量就业人口，却无法大幅度提高员工的收入和福利。"富士康也已经认识到，必须从单一的代工模式走出来。郭台铭曾表示，在经历上一个黄金十年的繁荣后，下一个十年将是依赖于内地内需市场及科技转型的十年。

《半月谈》记者刘大江等认为，劳动密集型代工产业，在全球产业链上处于低端环节，简单依靠低附加值劳动换取市场竞争优势，带动了中国制造的发展，但是这种发展模式却代价惨重。畸形的竞争优势，企业不得不压缩生产成本和工资成本，压缩员工的业余空间，直至员工的人性空间完全被挤占。"中国制造"的集体短板，依然握在西方企业的手里。该不该补，如何补，成为整个中国制造业的难题。

也有舆论指责媒体报道加强了自杀模仿效应。富士康的一位心理治疗人士认为，"为什么短时间里那么多人选择了跳楼，这与媒体的放大效应有关系，自杀成了一种解脱的方式。这是媒体应该反思的。"自杀的确是有模仿效应的，只是这种效应发生得太快也太突然。台湾"中央研究院"生物医学科学研究所特聘研究员郑泰安分析，富士康员工跳楼自杀事件已现出"双重传递"效应。媒体报道是间接引发仿效，更值得注意的是富士康员工都住宿舍，同处密集空间内、彼此熟识，很容易会听到某某人怎样了，生活或工作上有相同遭遇或感受的人很容易受“感染”——这种现象便是直接与间接模仿的效应。

（三）谋求重建：关爱？涨薪？

富士康员工连跳事件催生了全社会对新生代农民工精神世界的关注。在城市中打工的“80后”、“90后”新生代农民工，面临着双重的孤独：一方面他们必须努力应付发展速度空前的工业化进程，另一方面城市容许他们安家立足的门槛又是那么高不可越。深圳当代社会观察研究所的刘开明说：“中国民工之所以会特别焦虑，主要是因为我们的体系：他们可能在工业化和城市化的进程中都成为输家。”

深圳市总工会副主席王同信认为，新生代外来工受教育程度相对较高，对城市生活也相对熟悉，对生活怀抱着更多的梦想，但生活中的困惑与压力，梦想与现实的落差，使得他们比父辈承受着更大的精神压抑。所以，要更加重视对新生代农民工的关怀和帮助，从制度层面保证他们有尊严地生活在城市。

深圳社会科学院院长乐正也表示，必须重视对新生代外来工的现代心理教育，同时摸清他们的真正需求，了解他们面临的、希望解决的问题，“对症下药”。

舆论也有不少批评农民工承受力日益低下。《联合早报》记者韩永红认为，批评声源自中国社会对于底层群体影响的生存条件，以及他们“天生”应该具备的吃苦耐劳能力的这个认知与判定已落后于时代变化。对于许多新一代农民工而言，他们的父辈过去可以承受的工作条件，现在已经不再能够被接受；过去被认为不错的报酬与生存状态，已脱离他们对现实的期望与人生梦想。

富士康发生的一系列自杀和自杀未遂事件，中国的劳动条件受到世界密切关注。美国《纽约时报》以《中国工人想要什么?》为题，报道了《华尔街日报》前驻华记者张彤禾的观点。张彤禾认为，农民工新生代把外出打工作为公认的改善生活的途径，与父辈相比，他们更加年轻，文化程度更高，外出打工不是因为农村的贫困，而是因为城市的机遇。他们渴望城市的生活方式，不满足现状，开始挑拣工作，青睐能够学到技术和带来升迁的岗位。他们所面临的最大压力不是工厂的内部条件，而是人际关系和情感问题。

北京市协作者文化传播中心负责人李涛说："人生幸福感需要的亲情、友情、归属感，而这些都是新生代农民工最缺乏的。新生代农民工是没有退路的社区人，但是我们相关的社会服务却没有及时跟上。仅仅把他们看做维持生产的劳动力，而忽略了他们的生活发展需求，久而久之，就会产生很大的问题。"

浙江省发展与改革研究所所长卓勇良认为，长期以来，以农民工为主体的产业工人承担了最苦最累的劳动，但是得到的回报却是最为微薄的，牺牲是巨大的。随着新一代产业工人自我意识的觉醒，这些一直忽视的"精神损伤"日益显化，精神损伤来自工作、生活的方方面面，绝不是配备几个心理医生，通过心理疏导就能够彻底化解的。政府、社会和企业的当务之急是在实物福利提高之后，必须加大产业工人"精神福利"的支出。

台湾舆论开始检讨台商管理企业的方式。台湾《工商时报》认为，台商本身有许多需要检讨改进的地方。尽管富士康厂方给工人的待遇福利不差，厂里设施也已考量到工人休闲调剂需要，但是大陆社会思潮改变了，似乎再难容忍这种缺乏"个性与创造"的传统生产方式。"中央社"台北报道称，过去台商所采取管理模式不适用于目前大陆年轻人，台商应检讨并加强人性化管理。

浙江省委副秘书长、政研室主任陈一新认为，改革开放30年后，摆在执政者面前一个更为深刻的命题是：我们究竟需要怎样的发展？"我们引进资本、引进技术，但不能引进泰勒制管理的价值观，这种只重视物，不重视人，不把人放在发展首要位置，把人当成机器人的价值观与社会主义和现代企业价值观格格不入。"因此，企业不能以利润微薄为借口，忽视对员工的人文关怀和人性尊重。

舆论对新生代农民工应当增强关爱，企业需要重视人性化管理的强烈呼声之外，坠楼事件同时引发了一个意义深远的中国制造业加薪浪潮。富士康调薪造成蝴蝶效应，不仅台商在大陆的公司都受到影响，包括港商、日资、韩资等公司也都受到波及，甚至从沿海公司扩及到内陆。

韩国《朝鲜日报》网站 2010 年 6 月 8 日报道，广州的韩企工商会会长康一植表示，中国的低工资、低成本时代已经结束。部分韩国玩具企业因地租部涨薪压力而被迫关了门。

德国《南德意志报》2010 年 6 月 8 日文章指出，加薪给中国造成负担，一些经营模式的成功多年来主要依赖廉价劳动力，成本出人意料的大幅度增长将这些经营模式带到了崩溃的边缘。中国出口也因此将蒙受重大损失，因为中小型工厂是出口行业的支柱。政府必须准备好应对失业人数大增和通胀率上升等问题。

日本《富士产经商报》2010 年 6 月 9 日报道，中国工人不辞辛劳地干着每天只挣一两美元的工作，这种情况的持续对企业的资产负债表来说是一件好事。然而，这样的日子即将结束，世界经济将不再能够继续以前的发展方式。但工资的快速上涨将沉重打击中国极其重要的出口产业。中国希望让经济从出口导向转向内需拉动转型，如果家庭收入大幅提高，将加速这一转型。但政府同时也担心转变的速度过快，如果外国企业将生产基地转移到印度尼西亚、越南和中亚，那么中国的经济增长将可能陷入停滞。

北京大学教授张颐武指出，发展不能以牺牲生命为代价，但想不流汗也是不可能的，年轻人在拥有更多梦想的同时也要承担艰辛。中国不能超越自身所处的历史阶段，如果员工福利提高过快而没有经济基础，社会将难以负担。

(四) 深刻反思：发展模式？社会转型？

富士康事件给人们带来了关于产业和经济发展模式的深刻反思。生存在乡村与城市夹缝里的新生代工人，他们的梦想与困惑正在形成强大的冲击力，倒逼着中国改革和城市化进程不断填补空白，涉向深水。

“富士康的管理是越来越人性化，但是社会的变化更快更剧烈。“90

后”自信但是脆弱，叛逆但又自闭不愿沟通，很多措施你根本就来不及实施他们就直接跳了，”富士康一位资深台籍管理者说，“‘十连跳’让郭台铭开始反思，反思的是中国所有社会学者都在反思的问题。几亿的新生代打工者正面临相同的困局，只不过问题在富士康引爆，并像流行性感冒一样。”

《香港经济日报》报道，9名分别来自内地及香港高校的学者，针对“连跳”风波发出联名公开信，呼吁社会结束牺牲尊严的经济发展模式，防止富士康的悲剧重演。联名信指出，中国过去30年依靠主要来自农村的廉价劳动力，打造出世界工厂，实现经济持续快速增长，但与此同时，劳动者的基本生存权利长期被忽略。“我们从富士康发生的悲剧，听到了新生代农民工以生命发出的呐喊，警示全社会共同反思这种以牺牲人的基本尊严为代价的发展模式”。而上海金融与法律研究院执行院长李步云说：“对泰勒制的反思，应该是一种产业发展模式的集体救赎，而不仅仅是某个或某些企业的单独行为。”

深圳当代社会观察研究所所长刘开明从1997年开始涉足关注农民工权益的调查研究，他认为，从某种程度说工人是被机器挟持了，进而变成了机器。如果没有一个合适的机制，能够把自己从一个机器人，一个赚钱工具变回成一个人，那可能就会有这种情感、生理、心理各方面问题发生，乃至发生极端事件。还认为，将公共服务延伸到外来工的集中生活区，“是政府不可推卸的责任”。政府应该通过改革户籍制度，完善公共政策等，作出长远规划，打开企业的“围墙”，让员工更多地融入社会而不是被封闭在厂区。他认为，数十万人口迁移，却没有相应的社会管理机制配套，户籍制度、城乡二元结构等障碍仍把外来打工者们远远地挡在了城市之外。“富士康跳楼事件折射出中国经济、社会转型中面临的一些迫切问题，外来打工者社会权益、生活权益的欠债已到了不得不还的时候了。”

专家认为，社会转型期，劳资矛盾将成为一种常态。如何处理好这对矛盾，则考验着政府的智慧和能力。中国社科院农村所社会问题研究中心主任于建嵘指出，消除“企业冷漠”最现实的途径是发挥工会的作用，另

外也应该允许员工组成自己的社团组织，这一方面可以更好维护员工的合法权益，另一方面也有助于增强员工的归属感，为员工提供心理疏导的渠道。

中国社科院人口与劳动经济研究所副所长张车伟认为，政府长期对“巨无霸”企业管理脱节，会使公认的权益缺乏有效保障，不少企业用工超时，非人性化管理、精神保障设施不全等弊端得不到监督和纠正，把工人推给企业就是资本家管理，表面看得了利润，甩掉了管理包袱，实质问题和矛盾根本没有解决。一旦出现极端事件，还得记到政府头上。

(五) 富士康维新：危机应对色彩浓厚

在“连环跳楼事件”之后，富士康采取了加薪、减少加班时间、架设防护网、聘请心理专家、成立员工关爱中心、开通员工关爱热线、召开防自杀的“誓师大会”等措施。这些措施引起社会广泛关注和一些好评，有助改善富士康的公共形象。然而“两岸三地”20所高校、60位调查员的实地调查报告认为，这些措施的效果，不能以其宣传的内容和外部反应作为唯一的评价标准，更需考察措施对工人群体的实际效果、工人的感受和评价。

1. 涨薪的疑惑

富士康宣称自2010年6月起会为工人加薪30%，这一消息引起各界正面的反响，甚至有经济学家担忧富士康大幅加薪会影响其他企业运营，会对其他企业造成巨大压力。

然而，从工人实际收入来看，2010年6月以前，富士康工人基本工资为1100元，加薪后为1200元，实际增加仅为9.1%。而深圳市7月把最低工资调整到1100元，富士康仅比法定最低工资标准高100元。可见声称加薪30%只是富士康慌乱中对外宣称的承诺。此外，不少工人指出自己的实际月收入并没有增加。

以生产线的普工（指低技术低工资的普通工人）为例，2010年5月的工资在1800元左右，加薪后，7月工资约2000元，但同时富士康取消了工人的年资津贴和季度奖等福利。工人还反映，加薪之后，生产排配明显增加，工作压力加大。此外，如前所述，富士康在违反加班时长规定的情况下，还克扣了工人的加班费，对于每月超过80小时加班时数的部分，没有支付加班费。许多工人批评这次涨薪“是假的”，“涨工资是明升暗降”。

从2010年10月2日开始，富士康在各大媒体宣传，称生产线普工底薪将加至2000元，两次加薪近百分之一百。事实并非如此。首先，根据在深圳、昆山与太原的调查，并非所有的生产普工都可获得加薪机会。工人反映，管理人员通知，只有在富士康工作满半年的工人才有资格参加加薪的相关考评，只有部分工人表示参与了加薪的考试。其次，太原生产线普工的加薪远未达到2000元，只是有一部分工人可能从940元加到1350元。另外，在富士康工作的学生工都不在加薪之列，即加薪后，学生工不仅没有基本的保障，并且遭遇同工不同酬的待遇。

2. 关爱中心的作用

跳楼事件后，富士康火速成立员工关爱中心，并且开通员工关爱热线，但在调查中他们发现，这个关爱中心不但没有协助工人解决问题，反而把工人的求助或投诉的内容直接返回到基层管理部门，不但侵犯了工人的隐私，并且给求助的工人带来了巨大的压力。关爱中心设置了“24小时通报”机制，针对员工心理异常状况，设立有奖通报热线，这一“关爱”的举措，事实上变成了排查“问题”工人的工具。具体来说，一旦一个工人被“举报”，举报的信息很快会到达基层管理部门，由基层管理人员层层评定，转交关爱中心跟进。该工人只要比平常略显沉默，或是情绪化一些，就可能被“心理咨询师”怀疑有心理问题，24小时之内就会被迫自动离职回家。“关爱中心”并非真正着眼于工人的身心健康，而是富士康企图“杜绝一切自杀隐患”，从而逃避对员工责任的“有效工具”。在此“关爱”的网罗底下，工人的一切更加尽在工厂的掌控之中。①

① 参见潘毅、卢晖临、郭于华、沈原主编：《富士康辉煌背后的连环跳》，商务印书馆（香港）有限公司2011年版，前言。

四、启示借鉴

富士康快速发展的奇迹背后，竟伴着一幕幕令人猝不及防的员工跳楼自杀悲剧。美国自杀学协会主席系尼亚·帕佛认为：“防止自杀的最好办法不是注意自杀本身，而是应当更广泛地注意是什么因素导致了自杀行为的发生……”没有什么情况不能成为自杀的偶然原因，一切取决于引起自杀的原因作用与个人的强度。在工业化社会转型的历史中，自杀行为本质上是个社会问题。

“连跳”风波，浓缩的正是中国经济社会转型发展阶段突出矛盾和集体焦虑下的经济、社会和精神危机，它交织着新生代农民工的生存发展与城乡二元结构体制、企业管理效率优先与尊重人性、地方政府劳动监管与扶持企业生产、产业发展和经济发展模式等相互作用的制度性、结构性和价值性等盘根错节的新老问题。通过各界对员工自杀诱因的分析，启示着企业、政府和全社会必须正视改革过程中农民工群体所付出的代价，必须明确企业的盈利和地方经济的发展都应该以增长的包容性和劳动者的幸福感为衡量尺度。“连跳”悲剧，为企业和政府敲响警钟，不以人为本的经济发展不可能永远立于不败之地，这样的发展势态危机四伏，随时会因为危机爆发而殇。

第一，充分尊重劳动者的自主精神，建立以人为本的现代企业劳动关系。

80 后、90 后的新生代农民工正在成为进城务工农民队伍的主体，他们充满青春活力，具有强烈的期待能够融入城市，但是目前城乡二元结构的体制，阻隔了他们以城市居民的身份分享改革发展的成果。某位跳楼员工在遗书中表明，自杀是因为感到现实与自己对前途的期望差距较大而失去了生活的信心。应该说，新生代农民工的基本物质需求在劳动中基本得到了满足，但是他们对更丰富多样的文化生活、更细致感性的情感慰藉和心理关怀等正常的精神需求却难以得到满足。特别是，作为一个几乎无法回到农村谋生的青年群体，身在城市中的他们，始终难以消除盘踞心头的漂泊孤独感和不安全感，心理上缺乏归属感。

铁血的军事化管理及高压的表格化工作模式，固然对提高生产和管理效率非常有效，但是只满足最低的生存需要，缺乏申诉和疏解渠道的劳动生活状态，只能把农民工新生代对个人发展的期待和美好生活的向往逼向死角。多年来，国家GDP以两位数的增速令全球瞩目的同时，劳动者劳动收入在国民收入中所占比例却在下降，特别是民工在就业中受到的身份歧视，已日益成为全社会热议的问题。当下必须正视的现实是，中国正在迈向劳动力供应减少的时代，中国经济正在由“人轻物重”走向“物轻人重”的道路。

给农民工劳动者加薪是必要的，但仅此是不够的。必须充分尊重和珍爱劳动自身的主体精神和意志，新形势下的工会面临如何承担体现劳动者自主精神、智慧、需求和策略的巨大挑战。企业管理需要充分开放工人的倾诉渠道，减少由于限制甚至剥夺劳动力的权利和自由对工人造成的身心伤害，积极回应劳动者的自主精神成长，在劳资双方互动平衡中软化和消弭劳动关系中的冲突，使员工在物质满足、精神愉悦下工作生活，工厂的“人性化”营运管理模式是促进社会主义和谐社会建设和地方经济可持续发展的基础和保障。

第二，科学规划和管理城市的功能，促进地方经济可持续发展。

像富士康这样巨型代工企业，为提高生产效率，厂区中既包括生产区也包括生活区，而聚集数万甚至数十万工人的生活区管理具有城市管理的职能，而富士康作为企业，并不具备管理城市的职能，也没有管理城市的能力。把员工宿舍和生活管理交给政府还是和物业公司签署协议管理，都是治标不治本的技术措施。根本上，如果不能改变用围墙圈起来的“畸形社会”这种高密度劳动人口组织形式，不能彻底打破员工“上班、下班、睡觉”这样钟表一样机械生活轨迹，就不能祛除员工由于非常态生存模式所导致的精神压力。

中国的工厂模式是一个综合性的、多功能的栖息地，一个人工作的地方同时也是家、学校和休闲中心，富士康发展了容纳三十万工人生活工作

的厂区，承担了城市的功能，在保证生产线 24 小时运转不停歇的同时也隔离了工人与城市生活的融合。富士康的新闻发言人刘坤曾对“央视经济半小时”记者说：“如果要探讨为什么这么多人自杀，如果真的归咎公司的原因，我觉得是有一个富士康人太多了，太多的话，所有的资源配置，划分到人头的时候，就变得非常的微小。”如果政府可以放手企业的生产建设规模由资本主导，那么劳动者的生活区功能配置是否应该纳入地方政府进行的城市规划和管理范围呢？

“连跳”风波的经验与教训，为当今处在转折关头的中国政府与社会敲响城市规划和管理的警钟。以人为本构建和谐社会，促进地方经济的可持续发展，是政府义不容辞的责任。涂尔干在他的《自杀论》中也谈到，个体的社会关系越孤立、越疏离，便越容易自杀。“集体的力量，是最能遏制自杀的障碍之一。”因此，政府有必要以富士康为鉴，充分考虑劳动者的生活和精神需求，并为之提供配套的生活、文化、娱乐设施服务，或者要求企业把工作区和工人生活休闲彻底分开，充分满足劳动者的精神需求和消费欲望，促进新生代农民工与城市生活更好的融合，消除他们边缘化的感觉。

目前，广东省不断上升的劳动力成本迫使企业将产品外包给内陆地区，富士康也在好多省份新建厂区，希望这些地区的工人能够同时拥有工作和家庭生活；希望他们不再因为单调重复的流水作业和不断的加班、倒夜班精疲力竭，不再因为不认识同住一室的工友、心灵所需被漠视而空虚绝望；希望随着中国 GDP 的飞增，占中国人口大部分的工人和农民能在工作中体会到意义，在生活中感受到幸福。

参考文献：

1. 汪静等：《4 月又是 3 起恶性死伤事件，富士康真相再查》，《中国经营报》2010 年 4 月 19 日。

2. 田朝晖等：《廊坊富士康被曝隐瞒两起员工死亡事故》，新华网，2010 年 5 月 21 日。

3. 张业军等：《郭台铭默对富士康十连跳》，《中国经营报》2010 年 5 月 22 日。

4. 廖杰等：《“十连跳”悲剧：迟暮代工业与 90 后新生代的冲撞》，《经济观察报》2010 年 5 月 23 日。

5. 央视“经济半小时”节目实录：《富士康十连跳之谜：员工加班所得占收入一半》，2010 年 5 月 23 日。

6. 王轶庶等：《流水线上的“生命之轻”》，《南方周末》2010 年 5 月 24 日。

7. 李娟：《工业化冷漠下的富士康帝国》，《第一财经日报》2010 年 5 月 24 日。

8. 南方朔：《台商应对大陆输出“儒家式管理”》，联合早报网，2010 年 5 月 24 日。

9.《富士康需改善非人性化管理》（原载《明报》），路透网摘要，2010 年 5 月 26 日。

10.《富士康“十一连跳”让人瞠目　郭台铭表态称有信心稳住局面》，《参考消息》2010 年 5 月 26 日。

11.《台湾舆论为富士康“十二跳”号脉》，《参考消息》2010 年 5 月 28 日。

12.《富士康事件凸显社会转型剧痛》，《参考消息》2010 年 5 月 29 日。

13. 成希：《郭台铭打富士康柔情牌：现在感到有一种负罪感》，《南方都市报》2010 年 10 月 18 日。

14. 刘大江等：《叩问劳动密集型企业的“人性缺失”》，《半月谈》2010 年总第 723 期。

15.《中国工厂站在历史转折点上》，《参考消息》2010 年 6 月 10 日。

16.《美专家剖析中国新一代工人特点》，《参考消息》2010 年 6 月 16 日。

17. 全国总工会：《关于新生代农民工问题的研究报告》，《工人日报》2010 年 6 月 21 日。

18. 刘大江等：《社会转型：让劳动者有尊严地生活》，《半月谈》2010

年总第 724 期。

19. 冯同庆:《化解劳动社会问题的社会化方式》,《中国改革》2010 年第 7 期。

20. 薛涌:《加薪、工潮、人民币升值中的历史机会》,联合早报网,2010 年 7 月 8 日。

21. 邓静:《自杀诱因责任——富士康“连跳”事件反思》,《知识经济》2010 年第 24 期。

22. 邓晓芒:《富士康的“中国模式”》,《南风窗》2010 年第 13 期。

23. 潘毅、卢晖临、郭于华、沈原主编:《富士康辉煌背后的连环跳》,商务印书馆(香港)有限公司 2011 年版。

24. 米罗、许辉、范承刚:《“倒卖”学生工——富士康“团购”职技校批发》,《南方周末》2011 年 5 月 12 日。

25. 刘志毅:《与机器相伴的青春和命运——潜伏富士康 28 天手记》,《南方周末》2010 年 5 月 12 日。

26. 刘志毅、杨继武:《富士康“八连跳”自杀之谜》,《南方周末》2010 年 5 月 12 日。

(徐改　编写)

紫金矿业污染事故

2010 年 7 月 3 日，福建省上杭县紫金矿业紫金山铜矿湿法厂发生污水渗漏事故并瞒报长达 9 天，直到 12 日才被曝光。约 9100 立方米的含铜酸水外渗进入了被客家人称为母亲河的汀江流域，引发汀江流域污染，仅棉花滩库区死鱼和中毒鱼约达 378 万斤。这起被称作“2010 年最重大环保事故”、由天灾引发的地质开采施工事故在随后的调查中暴露出的一系列政府社会治理问题，引起媒体关注、专家质疑和百姓不满。重金属污染在中国魅影憧憧，重金属导致的流域污染更是将事发地的灾害迅速扩展到沿岸城市，跨域监管难，异地索赔难，上游出事，下游埋单等现实困境考验政府危机管理能力。

一、案例始末

(一) 迟来的新闻发布

2010 年 7 月 12 日，港交所公告消息：“紫金矿业股份有限公司当日上午 9 时 30 分暂停买卖。与该公司有关的所有结构性产品亦将同时暂停买卖”。公告未提及原因，当日该公司在内地 A 股股票也停牌，事先也无任何信息披露。此举随即引发舆论关注。当晚，紫金矿业发布公告称，停牌缘起一项重大污染事故——紫金山铜矿湿法厂污水池 7 月 3 日发生渗漏，导致约 9100 立方米含铜酸性污水排入闽西最大河流之一的汀江。

也是在当天（12 日）下午，紫金矿业所在的福建省上杭县人民政府召开新闻发布会，副县长蓝富雁表示：“紫金矿业 6 号集渗观察井被人为非法打通，经检测渗漏废水主要为含铜酸性废水，没有剧毒物质。渗漏出现后，紫金矿业采取了紧急处理措施。”通报显示这起事故发生在 2010 年 7 月 3 日，已经被隐瞒了 9 天。

同日，福建省环保厅正式通报了紫金山金铜矿湿法厂水污染事件：2010 年 7 月 3 日下午，紫金矿业紫金山铜矿湿法厂污水池发生渗漏，污染了汀江，部分江段出现死鱼。

2010 年 7 月 15 日深夜，分散在上杭县各个角落的记者们被一阵急促的电话铃声惊醒。县政府通知即将于 23 时 45 分在上杭大酒店举行一场新闻发布会。出席这次新闻发布会的有上杭县人民政府副县长梁八生、公安局政委温松兴、宣传部长张跃龙，核心内容是公布了由环保部、证监会等组成的联合调查组的调查结果。

副县长梁八生向记者通报了紫金矿业污染事故联合调查组的调查结果。污染事故原因主要有三点：

一是企业防渗膜破损直接造成污水渗漏。经查，企业各堆浸场、富液池、贫液池、萃取池、防洪池、污水池均采用 HDPE 衬垫防渗膜作为防渗漏措施，但由于各堆场及各池底未进行硬化处理，防渗膜承受压力不均，导致各堆场及各溶液池底垫防渗膜均出现不同程度的撕裂，污水渗漏问题严重，加之近期紫金山矿区受持续强降雨影响，水大量聚集，污水池底部压力发生变化，致使 2010 年 7 月 3 日污水池防渗膜发生突然破裂，污水大量渗入地下并外溢至汀江。

二是人为非法打通 6 号集渗观察井与排洪洞，致使渗漏污水直接进入汀江。调查发现，6 号集渗观察井与排洪洞被人为非法打通，井内渗滤液

涌水量超过回抽量时可直接通过排洪洞排入汀江。2009 年 9 月福建省有关环保部门检查时发现排洪洞有超标污水排入汀江，要求企业立即进行整改，但直至本次事件发生企业仍未整改到位。

三是监测设备损坏致使事件未被及时发现。因设在企业下游的汀江水质自动在线监测设备损坏且未及时修复，致使事件发生后污染情况未能被及时发现。

联合调查组给出的调查意见是对防渗系统进行彻底整改等，并宣布负有环保监管责任的主要公职人员，县环保局局长陈军安引咎辞职，县经贸局局长停职检查。当地公安部门宣布对肇事企业立案侦查。

上杭县公安局政委温松兴在发布会上宣布："一些责任人员被控制，其中刑事拘留 3 人，嫌疑人林文贤，男，36 岁，紫金山铜矿湿法厂厂长；嫌疑人王勇，42 岁，紫金山铜矿湿法厂副厂长；嫌疑人林文贤，男，36 岁，紫金山铜矿湿法厂环保车间主任。目前整个案件工作正在紧张有序进行。"

三人面无表情的朗读发言稿，从 2010 年 7 月 15 日 23 点 45 分开始，到 7 月 16 日 0 点 5 分结束，期间不接受任何采访，随即匆匆离去。

这场发布会公布处理结果与此前的官方表态大相径庭。就在公布处理结果的十多个小时前，紫金矿业总裁罗映南接受《中国经营报》记者采访时表示，上杭今年经历了几十年少遇的大雨，而雨量超出了污水池的标准，多为"天灾"所致。

(二) 事发前的伏笔

《南方周末》记者调查得知：

污染事故第一次发生在 2010 年 6 月 5 日。屡屡蹚过"环保门"的紫金矿业在事发一个多月后，最终选择紧急停牌，公告污染情况。从 6 月 5 日到 7 月 12 日，一个多月的时间里，上杭县政府、紫金矿业以及受灾渔民（主要是上杭县下都乡璜溪村等）之间展开了一场戏剧性的博弈。

2010 年 6 月 5 日，汀江上的渔民们发现汀江水开始变绿，从一开始的浅绿变为深绿。成片的鱼开始死亡，“毒水来了”，这是大家的第一反应。“毒水”是他们对排入汀江中的液体污染物的通俗称呼。随后，渔民们向上杭县政府求援，不过，政府部门取了水样之后，并未公布化验结果，也未说明污染源来自哪里。

随后几天，江水并没有进一步受污染的迹象。不过，端午节前一天（2010 年 6 月 15 日）的一场特大暴雨，使渔民们再次受灾，许多网箱被冲走。渔民们还没有从接受的霉运中缓过神来，“毒水”于 6 月 21 日卷土重来。渔民们再次向上杭县政府“求救”。像上次一样，上杭县水产局一边过来取了水样，一边安慰村民们称这只是“洪水过后，蓝藻爆发”。

渔民们无法认同这样的判断。他们决定派代表自己拿水样到广州化验，同时希望上杭县水产局能够签字，证明水样乃从汀江里现场提取，结果遭拒。不得已之下，璜溪村渔民们拉了两车死鱼到上杭县政府抗议。2010 年 6 月 23 日百名渔民的集体上访是为数不多的一次成功，所有死鱼获得赔偿。但紫金矿业方面并不承认死鱼与“毒水”有关，赔偿事宜也是政府代为出面。

2010 年 6 月 25 日，上杭县政府告诉村民们，江水铜离子超标，但水质正常。直到 7 月 13 日，上杭县副县长蓝富雁接受《南方周末》记者采访时，仍表示彼时汀江水“pH 值正常”，但他承认详细的水质化验结果自始至终没有公布。

让渔民们没有料到的是，在没有搞明白污染源的情况下，一场补偿谈判的拉锯战就此开始。

2010 年 6 月 27 日一大早，璜溪村的渔民们不约而同地收到下都乡党政办发来的一条手机短信，内容是“请各网箱养殖户今天上午前将各自死鱼打捞送住填埋场处理（上午结束任务），下午填埋场工作人员撤离。”补偿费用是：每斤死鱼 6 元，12 厘米以下鱼苗计重后按市价标准，打捞工资每 100 斤 15 元。

“下都乡政府显然不希望事态扩大，急于清理死鱼现场。”当地渔民丘立根说。这种补偿，在损失巨大的渔民们看来就是杯水车薪。他们坚称，必须按每平方米死鱼的公斤数和市场价计算补偿额，若按政府部门则以每平方米40元简单计算，“也就是说，我的700平方米的养殖面积，只能获得2.8万元的补偿。”丘立根说。

2010年6月29日，下都乡渔民手中拿到了一个盖有“上杭县人民政府”印章的通告，“建议棉花滩库区上杭段网箱养殖户转产”。“实际上是强迫转产。”渔民说，因为通知后明确表示“不转产的养殖户今后造成的一切损失自负”。“强迫转产”事件发生在7月3日“重大突发环境事件”前一周左右，知情人士透露，由于鱼类对铜离子的敏感程度是人类的10倍，紫金矿业每次排放废水都会被鱼类及时“发现”。为了解除“鱼”这个天然污染检测器，紫金矿业和上杭县政府联手作出了转产的安排。

2010年7月4日下午，渔民们收到下都乡政府发来的另一条短信，短信称“现已明确水质污染责任主体属紫金矿业集团公司”，并称若对之前的转产补偿标准不满意“可协商解决”。

（三）事发第一时间

《中国经营报》、《21世纪经济报道》记者通过走访当地众多政界、商界人士，还原从2010年7月3日至16日这13天中，这场颇有戏剧性的事件中各方所扮演的角色和真相。

持续强降雨致使污水池区域内地下水位迅速抬升，超过污水池底部标高，造成上下压力不平衡，形成剪切作用，导致污水池底垫多处开裂。

汹涌的污水随后迅速流入6号井——这是一个收集井，周围污水和雨水汇聚至此。工厂在6号井安装了自动抽水泵，当井里水位上升到一定水平，抽水泵自动开始抽水，把井里的水抽至专门的池子里。

不过，此次流入的水量远远高于6号井抽水泵的抽水能力，这导致通往应急池的涵洞先被填满，污水最终从227地下排水排洪涵洞奔腾而出，直入汀江。

2010年7月3日15点50分，紫金山金铜矿湿法厂厂长助理张耀珉接到同事报告——排洪涵洞有大量液体流出，初步判断为酸性含铜污水。“（我在）现场一看水质不对，马上就组织人员去封堵，同时向上报告。”

张耀琨说。不过，由于流量太大，工厂虽然组织了近两百号人，但无法有效封堵污水入江，“当时只能用沙袋堵，放一个冲走一个”。

一位当天在现场的工人向记者回忆，整个汀江顿时变成了紫红色，空气中弥漫着一股让人作呕的味道，“当时很多抢修的人跪在地上呕吐不止，那种味道让人一辈子难忘”。

对于观察井与排洪洞被打通一事，多位工人均对《中国经营报》记者表示，这绝非此次为之，已经相通很多年。每年7、8月份遇到汛期，都会有污水从排洪洞倾泻至汀江。记者为此走访了上杭地区周边多位渔民，也印证了这一说法，至少在最近5年时间，每到汛期都会有鱼死亡，只是并未造成今年如此大规模的损害。资料显示，2009年9月福建省有关环保部门检查时就发现排洪洞有超标污水排入汀江，并责令整改，但至此事件爆发前企业未有任何动作。

而2010年7月3日下午的渗透事故，紫金矿业并未及时向上杭县报告情况，而是选择了自我处理，等到了事态无法控制之时，才在当天深夜向政府报告。

而据《人民日报》报道，上杭县副县长蓝富雁在接受采访时说，2010年7月3日晚，县环保局接到当地汀江沿岸养鱼户报告，说养殖的鱼出现异常死亡。当晚9时，县环保局顺流追查至紫金矿业公司，发现了渗漏事故，并判断事故严重，于是向上杭县政府及相关部门进行了汇报。

事故发生后，上杭县紧急启动应急预案，在现场砌筑三道围堰围堵渗漏废水，并安装抽水泵回抽渗水。至2010年7月4日下午，渗水量与回抽水量达到平衡，渗漏废水未再流入汀江。

据《中国经营报》记者了解，2010年7月4日，上杭召开了汀江沿线乡镇负责人会议，通报了事故情况，也是这一天，政府相关人士通知紫金矿业为了维护社会稳定暂不要对外公布，“作为当地国有控股企业，有什么理由不听政府的？”一位紫金矿业内部人士对记者说。

上杭县从2010年7月4日起组织乡镇干部群众一起在汀江中捞鱼，无论死活，一律由政府按每斤6元价格收购，鱼苗按每斤12元收购，以此作为对群众补偿。对于死亡的鱼进行无害化处理，对活鱼清洗后，再回投江中。据《人民日报》记者初步统计，截至 2010 年 7 月 14 日，已捞起的死鱼约 50 万斤，回投的活鱼约三四百万斤。

2010 年 7 月 5 日，上杭县开会通知的范围更大，从各级政府到居委会、退休干部均有参加，也是从这一天开始，污染事件开始小范围在县城里传播，众多居民开始上街购买 3 元 50 斤的矿泉水用于生活。

此后几天，政府与企业依旧没有对外公布信息的意思，而是忙于抢修。据了解，抢修共分为两部分：一是修复渗漏的污水池，二是倒入大量石灰、片碱中和酸性的污水。据紫金矿业矿长助理陈露楠对《中国经营报》记者表示，当时倾倒的范围仅限于污水池。不过据记者多方调查，此说法并不准确，在此后的十余天中，在汀江下游的金山水电站附近，经常有大卡车运来一袋袋片碱倒入滚滚江水中，至今岸边仍留有其包装袋。“片碱学名氢氧化钠，具有强腐蚀性，倒入不断流动的江中，不但不会起到中和作用，而且会造成二次污染，他们根本不懂。”一位卫生系统人士对记者说。

从 2010 年 7 月 3 日至 16 日，13 天中，当地各种势力联合编织了一张大网，开始试图网住消息，后来想网住真相，最后只网住了自己。

《人民日报》记者就“事故为何 9 天后才公布”这一问题，采访了紫金矿业集团总裁罗映南。罗映南解释说，公司“想在发布公告前对社会和股民有一个负责任的表达，并集中精力先处理事故”。据他说，7 号下午抽水完成后，初步分析出渗漏的原因。到了 9 号，相关专家也基本认定了事故原因。但当时已是周末，考虑到即使当天将公告传到上交所，因周末休市，公告也要到下周一才能公布，所以就拖至 12 号才公布。

“你这样的说法能服众吗？”记者追问。紫金矿业集团相关负责人没有回答。

(四) 紫金矿业背后

据悉，上杭县国资委为紫金矿业的控股股东，占股权比例为 28.96%，在紫金矿业崛起之前，上杭县在过去几十年均为福建地区的贫困县，而在

20 世纪 90 年代末随着紫金矿业的兴盛，该县成为显赫一方的富庶之地。罗映南对记者表示，该县近 70%的税收来自于紫金矿业。

一位当地政界人士对《中国经营报》记者说，尽管紫金矿业是个上市公司，但里面众多机构的设置如同缩微版的县政府，大到战略决策，小至人事任免，多数要由当地政府来拍板，而企业高管只负责具体经营业务。而近几年，该公司也逐渐成为上杭县政府官员的掘金之地和退休之后的养老院。

公开资料显示，紫金矿业监事会主席林水清此前为上杭县县委常委、统战部部长，2009 年 11 月加入该公司；监事林新喜曾任上杭县纪委副书记、常委，于 2009 年 11 月加入该公司。不过，这只是冰山一角。据《中国经营报》多方调查得知，有更多的政府人士辞去公职加入公司或通过各种渠道拥有紫金矿业股份，这在当地政界已形成一股风潮。

《中国经营报》记者获得的名单显示，原上杭县人大主任林锦添曾担任紫金矿业的党委副书记，如今改任党委常委；原县政协主席温文标担任该公司党委副书记；原县人大副主任范志喜退休后任该公司党委常委；原县党校校长郭文生任该公司总裁办主任；原县体改办主任、文化局局长黄连池任该公司宣传部长。

据一位熟悉内情的人士对《中国经营报》记者透露，上述多位人士虽然表面年薪仅几万元，但津贴、奖金等各种形式的补助之多难以想象，一年下来最少十几万元，而上述人士的工资自加入紫金矿业之时，已开始在该公司领取。

不过上述人士与郑锦兴相比，只能算小动作。2006 年 8 月，郑锦兴从上杭县副县长位置辞职，加入紫金矿业做监事，而在 2009 年 6 月 17 日，郑锦兴辞去其所担任的公司监事及监事会主席职务。而在此前一天，郑锦兴通过大宗交易受让 100 万股公司股份，卖出方为董事长陈景河，交易价格为 9.15 元。之后，郑锦兴重返官场，任武平县副县长。

“紫金矿业连污染事件公告都要向政府请示，可想而知这个外表光鲜的矿业巨头实际上被地方政府牢牢掌控。”而在 2010 年 7 月 15 日上午，罗映南对《中国经营报》记者提出的是否因政府阻止其公告断然否认，“是我们自己没做好，不能怪政府”。

（五）事发前的紫金矿业

紫金矿业是近十多来年中国内外扩张最为迅猛的矿业公司，而环保问题也如影随形。

时光倒流。1993年，时任福建闽西地质大队大队长的陈景河下海，入主国有的上杭县矿产公司。据当地一位知情人士向记者透露，起步阶段，陈景河举步维艰，而当时同为永定县人的上杭县县委书记郑如占给了他诸多帮助。一位当地政界人士回忆，当时郑就动员大家集体入股紫金矿业，不过大多数部门态度犹豫，其中当时的烟草局拿出了500万元入股，而后却又担心风险而收回。

2000年之后，陈景河任职的上杭县矿产公司更名为紫金矿业，原始资本迅速积累。2003年，紫金矿业成功在香港上市，而上市之后，筹得巨资的紫金矿业进入扩张的“快车道”。从这一年开始到2007年，紫金矿业从一个不起眼的地方企业迅速成长为矿业巨头。其中黄金年产量从10.6吨增至24.8吨；铜年产量从1000吨增至4.1万吨；这4年间，紫金矿业营业收入从10.5亿元增加到148.71亿元。

到了2007年，紫金矿业欲回归内地A股市场。然而原国家环保总局在审查中却发现紫金矿业的不良环境记录，在当年接受环保审查的37家企业中，有十多家没能通过审查，其中紫金矿业赫然在列，当时紫金收购的湖南衡阳尚卿矿业灯等5家子公司环保问题严重。

“当时紫金矿业主色调就是扩张，环保问题靠边站，这为以后的大规模污染事件埋下了伏笔。”一位地方环保系统人士说，紫金矿业是以投资者的身份进入的，在很多地方大受欢迎，环保部门都会大开绿灯。

2008年，经过整改之后的紫金矿业回归A股，由此它开始第二轮扩张，一个巨大的黄金帝国正逐渐形成。之后，紫金矿业大肆扩张。这一年它收购了包括菲律宾、塔吉克斯坦等国的8个扩产项目，投资总额近50亿元。尽管投资巨大，但当年的IPO为紫金筹集了大量资金，到2008年第三季度末，紫金矿业仍有56亿元资金，资产负债率仅为28%。

到了2009年，紫金矿业参股93家公司，其中绝对控股的子公司达到了65家，其中矿产金产量占全国的11.74%，为第一位，矿产铜产量为第二位。

而这种急速扩张也带来了代价，就是这些年不断传出污染事件。上杭地区老百姓也早在多年前就不敢喝自来水，改喝矿泉水，当地死鱼事件不断。

一位不愿具名的矿业同行向记者评价说，以这种扩张速度，不仅在环保上难以顾及，也会给管理带来诸多隐患。"紫金矿业一年走的路是很多企业十几年才能走完的，不出事才怪。"

而据记者了解，其中龙岩市、省环保局某些官员，都曾出任过上杭县县委书记，因此对紫金矿业一直呵护有加。不过这一点也为其所用，常置环保规定于不顾，打通了污水通往汀江的通道，却并未意识到隐藏的巨大危险，于是在2010年7月3日15时50分，冒着冲天酸臭味、颜色如猪肝般的铜酸水咆哮着冲进了秀丽的汀江。

《财经国家周刊》记者给人们揭示了紫金矿业低成本扩张发展的真相：

2009年紫金矿业集团产铜8.48万吨，与上一年相比增长38%；铜矿业务收入占比10.75%，利润占比已达21.52%。当时全球铜市场震荡下行，紫金矿业铜销售价格同比下降20%以上，但对集团利润贡献并无影响。分析人士说这主要取决于紫金矿业的成本控制。紫金矿业的整体采矿成本控制均好于国内同行。其黄金矿的开采成本不但低于中国黄金、山东黄金等国内黄金公司，也好于国际五大黄金生产商。

矿产资源并无优势的紫金矿业，何以达到最低的采矿成本？紫金矿业对外宣称低成本源于拥有的技术。紫金矿业说，公司所拥有的堆浸选冶技术、湿法冶金工艺等100多项专有技术和11项专利技术，给紫金矿业在矿产资源开发方面带来巨大经济效益。

然而，随着对突发污染事件的深入调查，紫金矿业的低成本真相逐渐浮出水面。紫金矿业宣称的所谓技术，始于紫金矿业董事长陈景河大胆采用氰化钠溶液提炼黄金，这一方法在降低成本的同时意味着严重污染的产生。虽然后来堆浸技术、湿法工艺在流程上成功打通并成为国家支持技术，但整个系统依然做不到全封闭、无污染，尤其是循环利用系统不能消化所有废水。

有紫金矿业员工说，对生产中系统循环利用不能完全消化的、后期处理困难的废水（污染水），紫金矿业的做法是将其直接排往汀江。而如果按环保标准对这些污染水进行处理，是需要付出高成本的。这种破坏性的污水排放，正是紫金矿业低成本开发的根源。

知情人士介绍，这种行为并非仅存在于紫金山铜矿湿法厂，在紫金矿业金矿开采中也同样存在。自 1993 年紫金矿业开始在上杭紫金山开采金矿以来，紫金矿业对当地环境的污染就没有停止过。上杭百姓在铜矿湿法厂动工之前就不再饮用来源于汀江的自来水，渔民在此期间时有发现死鱼现象。

北京科技大学冶金与生态工程学院教授邹兴说："湿法工艺、堆浸技术的缺点是效率比较低。"他介绍，堆浸、湿法适用于低品位矿产开采，但效率太低，采用此法是不得已而为之，这也是其无法在全球矿业推广的原因。

当地矿业从业者认为，对于低品位矿的开采，加上高污染的排放，正是紫金矿业低成本利润的来源。

在低成本采矿模式下，紫金矿业快速增长——原本需要高投入消化的污染问题，在破坏性的生产模式下变成了成本优势。这让紫金矿业敢于进入更多在竞争对手眼中无利可图的低品位矿开发领域。

该杂志指出，紫金矿业并非没有受到外来质疑、检查；当地百姓、离休老干部也曾屡次上访，但这一切对紫金矿业的质疑，都在当地政府的斡旋下被推在一边。

（六）事故查处进行式

2010 年 7 月 15 日晚，由环保部和福建省环保厅、龙岩市政府及环保部门组成的联合调查组公布了紫金矿业污染事故的三点主要原因。

据联合调查组介绍，通过对福建紫金矿业集团所属的紫金山铜矿湿法厂污水池渗漏致汀江污染事故进行的调查，认定此次事件是一起由于企业污水池防渗膜破裂导致污水大量渗漏后通过人为设置的非法通道溢流至汀江而引发的重大突发环境事件。

据联合调查组介绍，通过听取情况汇报、查阅资料、现场勘查、调查取证等方式，初步查明此次事件的原因有三点：

一是企业防渗膜破损直接造成污水渗漏。经查，企业各堆浸场、富液池、贫液池、萃取池、防洪池、污水池均采用 HDPE 衬垫防渗膜作为防渗漏措施，但由于各堆场及各池底未进行硬化处理，防渗膜承受压力不均，导致各堆场及各溶液池底垫防渗膜均出现不同程度的撕裂，污水渗漏问题严重，加之近期紫金山矿区受持续强降雨影响，水大量聚集，污水池底部压力发生变化，致使 2010 年 7 月 3 日污水池防渗膜发生突然破裂，污水大量渗入地下并外溢至汀江。

二是人为非法打通 6 号集渗观察井与排洪洞，致使渗漏污水直接进入汀江。调查发现，6 号集渗观察井与排洪洞被人为非法打通，井内渗滤液涌水量超过回抽量时可直接通过排洪洞排入汀江。2009 年 9 月福建省有关环保部门检查时发现排洪洞有超标污水排入汀江，要求企业立即进行整改，但直至本次事件发生企业仍未整改到位。

三是监测设备损坏致使事件未被及时发现。经调查，因设在企业下游的汀江水质自动在线监测设备损坏且未及时修复，致使事件发生后污染情况未能被及时发现。

2010 年 7 月 15 日，上杭县公安局对紫金山金铜矿湿法厂涉嫌重大环境污染事故案立案侦查。

2010 年 7 月 16 日下午，福建省政府召开第 52 次常务会议，决定对上杭县县长邱河清予以停职检查，责令龙岩市环保局局长林联锦和上杭县副县长蓝富雁辞职，给予上杭县环保局局长陈军安行政撤职处分，待进一步调查后给予相应处理。

福建省政府对处理紫金矿业污染事故提出 5 条处理意见：

——彻底消除事故隐患。责成紫金公司铜湿法选冶厂继续全面停产，加快泄漏污水的清理进度，尽快高标准修复渗漏的废水池。对紫金山金铜矿全矿范围的防渗系统、防排洪系统、矿山生产系统、环保安全系统以及尾矿库等，进行全面的隐患排查，落实整改措施。在隐患排查和整改措施得到省级环保等相关部门认可之前，企业不得恢复生产。

——组织开展防渗系统、环境影响、矿山地质等的后评估。责成紫金公司立即组织开展企业防渗系统评估、环境影响后评估、水文工程地质综合评价、尾矿库安全评估等工作。结合汀江流域特殊的地质、气候及流域生态环境条件，对相关的环境安全、矿山安全、防洪排水、生产布局等进行全面的评估，制定相应的整改方案，确保防范到位，使矿山生产不对汀江及周边环境造成污染。

——做好水质监测和水量调度。福建省环保厅、海洋与渔业厅以及市、县政府要继续加强紫金矿排污口、汀江流域取水口以及与广东交界断面的水质监测，加密监测频率，及时掌握水质变化动态。由龙岩市政府负责做好汀江流域、永定河流域和棉花滩库区有关电站的水量调度工作，以最快速度恢复损坏的汀江水质自动在线监测设备，密切监控紫金山下游水质情况。

——确保维护社会稳定。龙岩市政府对受污染影响的养殖户继续组织做好补偿工作，督促企业兑现赔偿，保障群众利益，并从根本上解决上杭县城饮水安全问题。

——严肃追究事故责任。紫金公司对此次事件负有直接责任，必须依法对其违法行为进行处罚，并由其对事件造成的经济损失进行赔偿，同时追究肇事企业主要负责人及相关责任人责任，对触犯法律的及时移交司法机关处理。对发生渗漏问题的防渗系统设计、施工单位进行全面调查，追究相关单位和人员责任。

福建省政府强调，要举一反三，在全省立即开展一次环境污染隐患的全面排查和有效治理，从政府到企业进行加强环保工作的再动员、再落实，确保问题得到发现，隐患得到排除，环保得到加强。

“屋漏偏逢连夜雨。”在 2010 年 7 月 3 日发生污水池泄漏事故之后不到两个星期，紫金山金铜矿再次接连发生污水泄露。7 月 16 日 22 点 30

分左右，紫金山金铜矿3号应急中转污水池约500立方米污水发生渗漏；7月17日晚，再次发生渗漏事故，8小时后渗漏点被基本堵截。

2010年7月18日，广东省环保厅向福建省环保厅发出特急函件，指出近日来，福建省棉花滩水库出水与广东省大埔青溪电站水体混合后铜含量明显增加，已超出渔业水质标准，对两省跨界河段产生明显影响，导致梅州境内河段渔业养殖面临较大风险。为了更好地处置此次跨界水质污染事件，广东省环保厅商请福建省环保厅建立紫金矿业污水渗漏事件信息通报机制，并提出三条建议：加大力度，积极消除污染源；积极协调当地水利等部门，科学调度棉花滩水库下泄流量，降低下游环境影响；建立上下游信息互通共享机制。该函还指出，发现异常情况，两地随时互相通报，必要时两地可建立联合检查监测组，对交接断面上下游水质联合采样检测。

更值得注意的是，根据广东省相关区域受污染情况的调查，发现此前从未被媒体提及的一种物质“六价铬”进入到紫金污染事件的新范围。调查显示，2010年7月份紫金矿业的渗漏污水已影响到福建、广东两省跨界河段水质，其中大埔青溪断面含毒物质“六价铬”浓度接近Ⅲ类标准。根据《辞海》，“六价铬”对人体健康有害，可影响人体代谢过程，使蛋白质变性，干扰某些酶系统功能，并有致突变和致癌作用。

《第一财经日报》记者注意到，从2010年7月3日发生紫金矿业污染事故以来，上杭县政府及紫金矿业的对外宣传中，均未提及“六价铬”。

广东方面2010年7月10日以来监测结果显示，虽然相关指标仍保持在国家地表水环境质量Ⅲ类水质标准以内，但呈现明显的上升趋势，其中大埔青溪断面“六价铬”浓度接近Ⅲ类标准。

2010年7月19日晚，紫金矿业发布公告称：公司于7月19日接到中国证监会《立案调查通知书》（编号：闽证监立通字1003号），公司因涉嫌信息披露违规一案被立案调查。

针对随后的二次泄漏，副县长梁八生解释：“在‘7·3’事件发生后，把污水回抽到上游应急池里，应急池水压加大，应急池抢修时还不是非常完善。污水对应急池内壁产生巨大压力，侧壁被冲破，导致与排洪洞相

通，引发泄漏。这两次泄漏后，董事长陈景河首次出面接受媒体采访。”

2010年7月18、19日晚上，陈景河分别通过《第一财经日报》和上杭县电视台向社会表达深深歉意。他表示，将杜绝此类污染事件重演，并将承担起应有的责任，“对受到的任何处罚没有任何怨言，只有深深歉意”。

2010年7月20日，广东省环保厅在广州，梅州市水文、环保、农业等部门在梅州，连续召开两场新闻发布会，公布目前水质情况。自从紫金矿业公布紫金山铜矿湿法厂污水池7月3日发生渗漏，导致含铜酸性污水排入闽西最大河流之一的汀江之后，广东就已严阵以待。流经广东梅州、汕头的韩江正是福建汀江的下游，极可能成为下一个污染水域。新闻发布会在一定程度上削减了公众的恐慌情绪。

2010年7月20日，就在证监会、环保部对其调查尚未结束之际，紫金矿业股价迎来多日来的第一个涨停。一位不愿具名的券商对《中国经营报》记者分析，这背后多为与紫金矿业有关联的资金操作，其目的是尽量减少其面临的索赔和诉讼，“在证监会对其定性之前，资本雄厚的紫金矿业完全有能力调动大笔资金拉升股价，减少投资者损失”。

2010年7月23日，广东汕头的很多市民都收到类似的手机短信，大意是：因韩江水质受到福建紫金矿业紫金山铜矿湿法厂铜酸水渗漏事故影响，汕头市自来水总公司将于本周末对自来水进行特殊处理，请市民抓紧时间蓄水。记者从汕头市供水部门获悉，该短信纯属谣言。据汕头市环境保护监测站23日下午15时发布的数据显示，汕头市入境韩江水的pH值、铜、六价铬等9个监测项目均符合地表水环境质量标准Ⅲ类标准和渔业水质标准，符合饮用水源地水质安全要求。汕头市自来水总公司水处理应急预案已进入准启动状态，一旦污染情况出现将采用中和法进行水处理，为此该公司已采购500公斤碱和其他应急物资。

紫金矿业污染事故的影响还在继续，中国广播网记者调查发现，不仅当地渔业遭受到巨大冲击，与之相关的上下游产业链也在遭受破坏。作为上杭县最大的鱼饲料供应商，吉华在6月份之前，每月可以卖出700吨饲料，而现在一袋都卖不动。污染事件发生后，当地人不敢食用淡水鱼，即使是池塘养殖的鱼也卖不动。上杭县南门菜市场的鱼贩们每天要损失几百元的收入。

2010 年 7 月 26 日起，紫金矿业连续停牌两天。

2010 年 7 月 27 日晚，紫金矿业发布公告，称上杭县政府对紫金山金矿采取限产措施，紫金矿业全年黄金产量因此将减产 1 吨左右。约占公司全年黄金产量的 3.1%。

(七) 封口费风波

2010 年 7 月 27 日，《中国青年报》报道，多家前往采访的媒体称，在采访期间遇到紫金矿业送红包企图“封口”的事件。报道称一家财经类杂志（后进一步澄清为《新财经》杂志——编写者注）驻福建记者站的站长称，站里的一家投资公司本月七八日收到一笔 6 万元汇款，经查是紫金矿业汇来的。他打电话到紫金矿业宣传部问是怎么回事，对方说：“是给我们记者站几个人的，也不要我们做什么，反正开一张发票给他们就行”。这位站长说，由于接下来是周六周日，到了周一(2010 年 7 月 12 日)，“我们一分钱不少原路把款退回给紫金矿业”。这家杂志的站长起初以为其他媒体的记者站也可能收到了 6 万元巨款。他在向一些同行求证时，无意中透露了上述经过。而至少 6 家媒体的记者对《中国青年报》记者证实，他们受到了面对面的“信封”公关。

然而该财经类杂志福建记者站站长 26 日在接受法国国际广播电台记者电话采访时又否认收到过紫金矿业的款项，也没有派人去采访过紫金事故。他说，他们没有采访权，只是做发行和广告业务。他承认，2010 年 4 月曾和紫金矿业方面接触，谈过合办庆祝紫金矿业 10 周年活动的事。同日，紫金矿业公司宣传部负责人在接受法国国际广播电台记者电话采访时表示，经查，紫金矿业没有给《新财经》杂志福建记者站下属的福州中闻投资有限公司汇过 6 万元。不过《中国青年报》记者陈强称，他有与该站长通话长达 20 余分钟的录音为证。郑站长和紫金矿业宣传部负责人，其中一人必定撒谎。

紫金矿业宣传部负责人27日下午致电《中国青年报》记者，先是坚称“绝对没有给记者‘封口费’”，并认为外界这么传“是对我人格的侮辱”。当中青报记者告诉他“有多个记者的录音为证”时，他表示希望能获得这些录音资料，“如果真的有人给记者送钱，我们坚决开除”。

第一位揭露封口费的《中国青年报》福建记者站站长陈强在其微博上透露说，周日下午，紫金矿业希望我慢点发有关“封口费”的稿子，我一边麻痹对方，一边抓住周日他们难以找到上层官员的时间差写稿。但到了晚上，福建有关官员接连打电话、发短信，我一律不接，先睡觉去，等过了12点，他们歇了，我再起来干活。紫金还是慢了一拍，这篇稿子见报了。

2010年7月26日，香港廉政公署发言人就紫金矿业涉嫌向记者发放“广告费”与“辛苦费”一事，接受《第一财经日报》询问时表示，如果廉署收到投诉或从其他渠道获得消息，怀疑某家公司或个人有涉嫌贿赂他人的行为，根据香港《防止贿赂条例》，廉署都会展开调查，如果掌握证据则会呈上律政司起诉对方。

紫金矿业2010年7月29日在其官方网站上对“封口费”事件做了正式回应：公司经查实并未授意任何人就污水泄漏事件给媒体记者送“封口费”，公司财务也未开支任何一笔此类费用。

2010年8月27日，《中国青年报》报道，“从本报报道中获悉紫金矿业公司向前来报道污染事故的部分媒体记者发放‘辛苦费’、‘稿费’后，国家新闻出版总署主动联系本报。根据本报记者提供的线索，总署向相关媒体及人员展开调查，并要求福建、上海、广东等省市新闻出版局对属地报刊出版单位及记者站进行调查”。7月16日，《人民日报》、《上海证券报》、《厦门晚报》、《21世纪经济报道》、《中国经营报》先后收到有关人员送来的信封，都如数退回或上缴报社，7月12日至20日，《第一财经日报》记者在采访期间多次拒绝上杭县有关部门工作人员送的装有“稿费”的信封及住宿和旅游安排。

另经调查，在参加紫金矿业相关采访报道的人员中，福州中闻投资管理有限公司法人代表郑尹夫涉嫌以记者身份进行采访活动。此人未经新闻出版行政部门批准擅自设立“《新财经》杂志社华东南站”从事《新财经》杂志等出版物的征订发行，违法开展新闻业务活动。目前福建有关部门正对此案进行深入调查，并将在调查处理后公开通报。

（八）最后的处理

2010 年 7 月 28 日晚，紫金矿业公告称，公司副总裁、原紫金山金铜矿矿长陈家洪因涉嫌重大环境污染事故罪，已于 7 月 27 日被公安机关刑事拘留。陈家洪是紫金矿业污染事故曝光之后，被刑事拘留的第一位企业高管。此前，紫金矿业有三位级别较低的管理者被刑事拘留，龙岩市和上杭县也有几位官员被停职或失去行政职务。

2010 年 7 月 29 日，紫金矿业（601899）股票大涨 5.29%。

2010 年 7 月 31 日，上杭县下都乡下属 5 个村庄的渔民全部“失业”。一个多月的时间，他们共死了 500 多万斤鱼(《第一财经报道》是 378 万斤，而上杭县政府新闻发布会公布的数据是 58 万斤鱼)。

在福建紫金矿山铜矿湿法厂污水池 7 月 3 日发生渗漏，导致含铜酸性污水排入闽西最大河流之一的汀江之后，广东就已经严阵以待。流经广东梅州、汕头的韩江正是福建汀江的下游，极可能成为下一个污染水域。广东省环保厅赶赴梅州市的调查组一直在梅州当地，密切检测韩江流域的水质。广东省环保部门在广东与福建两省交界处建立了河流断面水质检测点，对 pH 值、铜、六价铬等指标进行检测。检测结果表明，断面节能达到Ⅲ类目标水质，其中铜浓度最高值为 0.041mg/L，低于地表水Ⅲ类水质标准 1.0mg/L，对人体健康不会造成影响。

2010 年 10 月 7 日，紫金矿业发布公告称，收到福建省环境保护厅下发的 956 万元的行政罚单。然而在公布了 956.313 万元的处罚通知后，紫金矿业股票在节后却意外收获了一个涨停，这引发了一些专家的质疑，“看来违法排污是理性的选择”。

2010 年 12 月 27 日，福建省环境保护厅发出行政处罚决定书，对紫金矿业集团股份有限公司董事长陈景河因紫金矿业污染事故作出 705997

元的处罚。

2011 年 1 月 30 日，福建省龙岩市新罗区人民法院对紫金山金铜矿湿法厂涉嫌重大环境污染事故案作出一审判决，判处被告单位紫金矿业集团股份有限公司紫金山金铜矿犯重大环境污染事故罪，判处罚金人民币 3000 万元。紫金矿业集团股份有限公司 2011 年 5 月 4 日公告称，公司近日收到福建省龙岩市中级法院刑事判决书，维持龙岩市新罗区法院对紫金矿业集团的一审判决：紫金矿业集团股份有限公司紫金山金铜矿犯重大环境污染事故罪，判处罚金人民币 3000 万元。根据龙岩市中级法院二审判决，紫金矿业原副总裁陈家洪、紫金山金铜矿环保安全处原处长黄福才、紫金山金铜矿湿法厂原厂长林文贤、原副厂长王勇、原环保车间主任刘生源 5 名被告分别被判处 3 年至 3 年 6 个月的有期徒刑（其中部分被告被判缓刑），并处罚金。

2011 年 1 月 28 日，上杭县环保局紫金山环境监理站站长包卫东犯环境监管失职罪，被上杭县人民法院判处有期徒刑二年三个月，判决已生效。上杭县环保局紫金山环境监理站副站长吴胜隆犯环境监管失职罪，被上杭县法院判处有期徒刑一年九个月，判决已生效。

上杭县环保局原局长陈军安，涉嫌环境监管失职、贪污、受贿、私分国有资产罪，原副局长蓝勇涉嫌环境监管失职、贪污、受贿罪，于 2011 年 4 月 26 日由武平县人民检察院提起公诉。法院一审以贪污罪、受贿罪、环境监管失职罪、私分国有资产罪，判处陈军安有期徒刑 19 年 6 个月，并处罚金 1 万元、没收个人财产 16 万元，追缴违法所得；一审以贪污罪、受贿罪、环境监管失职罪，判处蓝勇有期徒刑 9 年，并处没收个人财产 1 万元，追缴违法所得。一审判决后，两名被告人现已提起上诉。

（九）一年之后的紫金矿业和上杭县：未完待续

紫金矿业一年后，《第一财经日报》记者再次来到福建省龙岩市上杭县事故发生地。

紫金矿业正在全面铺开施工一座连接两座山体的混凝土重力坝，其作用在于隔绝防洪池与汀江，防止渗漏发生。根据工程勘察及设计规范，目前仍在深挖。而汀江边的那口临时防洪池，现在则变身为料石场应急防洪池，用于转移盛装雨天料石厂淤积的泥水，泥水在此处被水泵抽到库里，澄清后再排放汀江。

“目前各项整改重建工程正在按计划全面铺开和有序推进。”紫金矿业党委副书记、副总裁刘荣春对《第一财经日报》记者表示，截至 2011 年 7 月 3 日，该公司已完成后续应急处置指挥部下达 61 项整改令中的 50 项，并通过了龙岩市环保局的现场核查验收，其余 11 项正在整改或待核查验收。据其介绍，紫金矿业委托有资质单位评估编制了《紫金山金铜矿地质灾害防治方案及应急处置预案》，并委托中国瑞林工程技术有限公司设计《紫金山金铜矿安环近期整改方案》，通过了中国有色金属工业协会组织的专家审查。

在工程推进中，紫金矿业采取矿领导挂钩制，每周定期汇报工程进度，协调解决施工过程中存在的问题，同时派监察审计部门至现场跟踪工程施工进度。

此次整改工程浩大。一位接近整改工程的知情人士透露，事故后，紫金矿业在整改工程、技改等各方面综合投入已达六七亿元。“企业决心大，仅重力坝石方即达几千万方。”

上杭县政府对记者表示，紫金山金铜矿各项环保应急工程建设按序时推进，矿区四大沟系水质治理成效明显，各种截流截渗设施和汇水分离、雨污分流等引流工程正逐步完善，已建成多处临时（应急）加药处理系统并投入使用，沉积杂物清理工作全面完成，矿区外排水质达标率稳步提升，防洪排洪能力明显提高。

在环保监测方面，福建省环保厅已要求在新增 8 个在线监测点设置监测项目、设置留样器，2010 年 9 月底全部投入运行，实现数据联网，各沟渠排放口水质得到密切监控。此外，分别在三清亭、二庙沟、金山大桥三个汀江水域建立网箱鱼类养殖，对矿区外排口水域实行生态监测。

同时，常驻紫金山矿区环境监理站的专职环境监察人员已增至 5 人，从 2011 年 3 月份起，上杭县环保信息监控中心进行升级改造，实行 24 小时值班制，对矿区 12 个外排口及汀江涧头水质自动监测站传输数据进行实时监控。

汀江水质、自来水水质和鱼类品质，曾是上杭人最关心的三大问题，如今，情况有些变化。2011 年 7 月 2 日，上杭县政府表示，目前，根据汀江流域（上杭段）省控断面实验室监测结果，结合自动在线监测情况，各项主要在线监测指标 pH、总铜、总氰化物均符合功能区水质标准。其中，水西大桥断面水质符合国家《地表水环境质量标准》Ⅱ类水标准，铁东水库和石禾仓水库城区生活饮用水源点水质符合Ⅱ类水质标准。汀江流域（上杭段）水质均达到或优于国家地表水Ⅲ类标准。时下上杭县城区，事故造成的心理阴影已有减淡，位于紫金山上游的新水源投入使用后，自来水饮用人数明显增加，但仍有人购买饮用水，而市场上鱼类消费及售价则基本恢复正常。

上杭县政府表示，2011 年 1 月 12 日起，投资 2.5 亿元、供水能力 6 万吨 / 日的水厂一期工程于正式供水，供应城区居民及庐丰、湖洋两乡镇民众。“经卫生防疫部门检测，水质完全符合国家饮用水水质标准。”据介绍，新水源取水点位于汀江干流上游离紫金山 10 公里的珊瑚乡横滩段，水质达到国家《地表水环境质量标准》的Ⅱ类水标准，输配水管道采用国内优质 DN1000 球墨铸铁管，过河山坳等地采用钢管架设连接。

鱼类消费已基本恢复正常。在西环路市场，记者看到草鱼 7 元 / 斤，购买者并不询问鱼类来源。有卖家告诉记者，相比 2010 年事故发生后的 3—4 元 / 斤的零售价，价位已属正常，销量在 2011 年 3 月份后明显好转。但也有数位居民告诉记者，仍有部分人无法放心食用江鱼，尽量选择池塘养殖的淡水鱼。汀江边，一家大型餐馆打出了“本店用山泉水”的广告，老板告诉记者，不再为淡水鱼没人吃而发愁了。

骄阳似火的 2011 盛夏，最烦恼的应属汀江流域的渔业养殖户们。他们有的领到了受灾死鱼补偿款，有的则未领到任何死鱼补偿款，共同点是，所养殖的淡水鱼 2011 年不“长个”，且面临转产困境。根据龙岩市政府第73次常务会议审查通过的《棉花滩库区2011—2020年渔业发展规划》，上杭县正要求渔民签署转产协议，限期上岸转产，但由于转产政策被指不到位，部分渔民拒绝签署，已签署的渔民对将来普遍感到担忧。

上杭县豪康村一份由43户养殖户联名的上访材料呼吁政府责成紫金矿业一次性补偿每位养殖户25万元，认为80元/平方米的管理房及5元/平方米的投饵网箱等配套设施补偿标准太低，应分别提至200元/平方米和10元/平方米。下都乡璜溪村一养殖户不解地说："当初大搞'一村一品'，现在巴不得都转产。"2008年龙岩市大力鼓励发展网箱养鱼，当时上杭县出台的鼓励政策力度大——100平方米的大箱补助5000元，而龙岩市的养殖户则在上杭大酒店集中培训两天，包吃住。丘元强说，政府的补助有限，转产存在资金困难。"现在一头母猪良种都超5000元了。"

一份渔民于2011年6月16日与稔田镇签订的转产协议显示，网箱按40元/平方米的标准发放补助款，签署该协议后，镇政府先预付20%补助款，余款待库区网箱全部拆除上岸后支付。而上岸的最后期限是2010年7月底，逾期将由政府组织人员强拆，所需费用5元/平方米由渔民负责，从补助款中扣除。6月30日的补充协议则显示，鉴于部分网箱现有鱼类尚未达到上市规格而难以处置，镇政府将上岸期限推迟至10月5日，如鱼类无法达到上市规格，最迟应于12月31日前自行拆除。上述转产协议被养殖户们视为"霸王合同"。

2011年7月4日，稔田镇长阙生华对记者解释称，未补偿该镇死鱼的原因是有关部门检测认定死鱼原因不是污染，至于20%网箱补助款未发放，是因为近期忙于签署转产补充协议，"肯定会兑现。"阙生华说，县里已出台有关转产种果、养猪等政策，正征求意见。

记者掌握的上杭县畜牧兽医水产局2011年4月27日信访回函显示，该局于2010年7月13日派技术人员至稔田长风滩库区取水样，得出库区水产养殖未受紫金矿业污染的影响。对此认定，稔田镇养殖户们表示不满，指出于2010年7月3日事故爆发，但镇政府及县水产局迟至13日才取水样，而7月11日起汀江流域水质已恢复达标。

上杭县政府表示，县畜牧兽医水产局通过对稔田长风滩库区取水样检测结果的分析，认定稔田库区水产养殖未受“7·3”污染事件的影响，未出现死鱼现象，但在销售环节受一定影响。县政府表示，2010 年 8 月底，该县受灾网箱养殖户补偿款及库湾养殖死鱼补偿款均按每斤 6 元已全部到户。

而库湾养殖处置方面，2011 年 3 月下旬，县政府共普查库湾 97 处 5136.88 亩，按网拦库湾养殖 500 斤 / 亩、坝拦库湾不投饵养殖 550 斤 / 亩、投饵养殖 1500 斤 / 亩的产量，以每斤 6 元的标准统一计算鱼类价值。普查情况公示后，因部分渔民有异议，目前正组织核查。

对库湾养殖基础设施的处置，该县正委托有资质的评估机构对库湾养殖基础设施进行评估测算，评估后将及时兑付库湾养殖收购资金。

迄今，该县已有 213 户网箱养殖户签订协议上岸转产，兑现补助资金 838 万元。

在鼓励转产扶持政策上，该县规定每户新植水果或茶叶 10 亩以上或油茶 50 亩以上，由财政给予苗木补助 400 元 / 亩，对每户种竹（25 株 / 亩以上）的，补助 200 元 / 亩；对新植果树的，补助 1.5 万元 /50 亩，用于果园道路和灌溉等基础设施建设。

据介绍，目前主要受灾的下都乡已有 29 户养殖户从事沙田柚等各种种植,40 余户外出务工或经商,70 余名年纪较大的在家种田、种烟、养猪、采割松脂等，中都镇有 5 户准备开发种植果树，其余拟经商。

上杭县表示，下一步将进一步完善鼓励转产发展政策，扩大转产扶持面，并根据规划对库区渔业进行有序开发。

目前，有关乡（镇）正着手对规划水域进行招投标工作，实行水面有偿使用，收益所得由乡（镇）全额返还所在村用于发展公益事业。全县布局 7 个库湾为鱼种养殖区，对库湾养殖重新发证，并将极发展休闲渔业。

但记者得知，有 70 多户养殖户的下都乡璜溪村，被限定投标剩下 6 户，村民的捕捞证、养殖证去年已被收走，目前，养殖户对当前政策下的转产顾虑重重。

二、案例背景

紫金山，位于上杭县城以北，汀江左岸，山中红棕色怪石嶙峋。采矿始于宋代，现代工业开采始于 1993 年。这是一个金铜矿床，上部为金，下部相距 50 米为铜，整个矿区面积超过 4 平方公里。藏有中国第一大金矿和第二大铜矿，为闽西宝藏之地。

紫金矿业集团股份有限公司（港交所：2899，上交所：601899），简称“紫金矿业”，是一家在香港交易所上市的工业公司，主要业务是从事黄金及其他金属的勘探、开采、生产、冶炼及销售，主要资产为中国福建省紫金山的金矿，为中国最大金矿企业。

紫金矿业为地方政府的 GDP 及税收作出巨大的贡献，是上杭县政府的纳税大户。2009 年，紫金矿业对上杭县全部财政收入贡献达到 60%。上杭县政府工作报告显示，2009 年上杭县财政收入 6.85 亿元，比上一年增长一成多。而在紫金矿业崛起之前，上杭县在过去几十年一直是福建省的贫困县。随着紫金矿业的兴盛，上杭县近几年成为显赫一方的富裕县。以紫金矿业注册地、紫金山矿床所在的上杭县为例，其 2007 年全县工业总产值 20 亿元，其中矿冶产业实现产值 14.2 亿元，高达 71%的比例凸显出矿冶业对该地工业的支柱作用。当时，位居福建大中型国有及国有控股企业效绩“十佳”之首的紫金矿业，当年上市资产的主营收入便达 152 亿元。

（一）环保部门监管有效但处罚乏力

如果不是 7 月初的大洪水，紫金矿业或许还将继续被无数光环包裹，如今这些光环掩盖掉的多年积弊被一一曝光：客家母亲河汀江遭受重创，500 多万斤的水产死亡。事实上，紫金矿业早已经被上级环保部门“屡教”。

2008年紫金矿业接受上市环保审查时，被勒令停产整顿5家下属公司，直到2010年5月环保部再次核查，整改亦仍未完成。这次肇事的铜矿湿法厂在2009年9月就曾经收到福建省环保部门的整改要求。但是直至此次突发事件，一年前要求的整改尚未完成。

2010年5月份，国家环保部门就对紫金矿业等11家上市公司，因为存在严重环保问题尚未按期整改①，存在较大环境风险通报批评。5月28日，紫金矿业在环保核查整改情况公告中指出，公司旗下被通报的7家企业已经有4家全部完成整改，其中就包括紫金山金铜矿，但是不到2个月时间，紫金矿业的污水处理系统再出问题。

环境保护部通报：11家上市公司环保承诺成空文

为督促上市公司切实履行承诺，解决既有环境污染问题，环保部近期对2007—2008年通过环保部环保核查的上市公司进行了后督查，督查内容为这些公司承诺整改环保问题的完成情况。近日，环境保护部对后督查情况发出通报，紫金矿业集团股份有限公司、唐山冀东水泥股份有限公司、中国中煤能源股份有限公司、四川北方硝化棉股份有限公司、湖南有色金属股份有限公司、攀枝花新钢钒股份有限公司、山东晨鸣纸业集团股份有限公司、福建天宝矿业集团股份有限公司、西部矿业股份有限公司、西北永新化工股份有限公司、新疆天业股份有限公司11家上市公司因为存在严重环保问题尚未按期整改，存在较大环境风险被通报批评。通报指出，这些公司不仅背离了上市公司作为公众公司应诚实守信的原则，而且放任环保问题可能酿成重大的环境风险，污染环境，损害投资者利益。

（二）环保“黑账”劣迹斑斑未被清算

早在2009年9月28日，库区暴雨酿成洪水，鱼死了一大片。当时县畜牧水产局的答复是：水没有问题，死鱼是因为网箱密度过大缺氧所致。

---

① 参见孙秀艳：《环境保护部通报：11家上市公司环保承诺成空文》，2010年5月26日。http://www.mep.gov.cn/zhxx/hjyw/201005/t20100526_189950.htm.

但村民们发现，无论怎么增氧，鱼还是不断地死。那或许是紫金矿业最早的铜离子超标污染事件了。村民们回忆说，面对从省城取回的化验结果，县政府最终责成紫金矿业建设同康村的安全饮水工程。几个月后，在远离紫金山的更高山上，安全取水点就此建立。“紫金矿业的每一次大发展，都沾满了同康村的血泪。”村民游刚激愤地说。紫金矿业的确给他们带来了暴发的财富，却将他们最珍贵的东西夺取了。

1997 年 12 月，紫金山金矿用上千吨炸药削平了紫金山的整个山头，由于规模空前，被当时媒体称为“亚洲第一爆”。“露采的成功使得紫金山金矿成为全国规模最大的金矿，也成为全国经济效益最好的金矿，紫金矿业前宣传部长黄连池在《崛起紫金山》一文中如此说道。但是爆破后未及时清理的 100 万平方米的土方石，成了村民的噩梦。1998 年，同康村史上最大的冲突发生了。村里两名土法淘金的青年，在进山时，遭遇紫金矿山上滚落的石头，当场被砸死。村里的老人们找回了村中外出打工的青壮年。面对上千同名同先祖的游氏村民，最终紫金矿业以赔钱终结。旧伤未愈，新痛又来。两年后，一场百年不遇的山洪冲垮了紫金矿业拦截废矿渣的大坝，带有氰化钠残留液的矿渣呼啸而下，冲毁了当地农民的庄稼，将整个家族世代生存的山村几乎全部淹没。溃坝引起了当地农民与紫金矿业驻村赔付人员的激烈冲突。2000 年 8 月 25 日，新修的游氏族谱上记录：“下午 3 时 30 分，同康村两千多老幼站在离村庄不远的山坡上，眼睁睁看着溪水汹涌而下吞噬着他们的家园和良田……同康村消失了!”针对这起溃坝事故，陈景河表示：“主要是山洪引起的，是自然灾害。”陈还强调，相关政府部门以“自然灾害”的说法进行了认定。不过，一位了解紫金矿业的环保人士说，溃坝发生后，紫金矿业发现过去的清污分离系统存在问题，紫金矿业为了防止地表水进入生产系统，即“挡着”，这种处理方式在降水量过大的情况，可能无法及时处理生产系统里的地表水，进而再次引发类似溃坝的事故。①

在环保部下发的文件里提到，紫金矿业下的紫金山金铜矿中，“下田

① 参见《紫金危局：污染事件或有人故意为之》，《中国经营报》2010 年 7 月 17 日。

寮渗滤液污水处理系统未经环保部门批准，自 2009 年 9 月停运，现场检查时仍处停运状态；尾矿渣渗滤液经收集池收集后，未经处理直接排入后库”。2010 年 4 月 25 日，紫金矿业一处回水系统发生泄漏，引起当地居民坚决取缔该矿的强烈呼吁。

（三）政府部门了然于胸却置若罔闻

紫金矿业一直在污染的旋涡中发展壮大。紫金矿业的污染和地方政府的保护有直接关系。2010 年高考前不久，福建省上杭县 20 多所中学突然收到了当地教育局发出的一则紧急通知：参加高考的学生不要随意吃鱼。据上杭县璜溪村的村民说，早在 2010 年的 6 月 5 日村里就出现了污水渗漏的情况，当时发现水和平常不一样。当时的水就跟硫酸铜的稀释以后的颜色一样，水是青绿色，透明度特别的高，能看见两米深。当地人把这种排入汀江的污水俗称为“毒水”。在 6 月 21 日前后，“毒水”再次出现。上杭县的汀江下游地区出现大批量的死鱼事件。渔民们向上杭县政府求援，政府取了水样之后却迟迟没有公布化验结果。6 月 25 日，璜溪村的村主任邱开福亲自带着样本到广州检验，检验结果是铜离子含量超标。7 月 3 日，紫金山湿法厂污水池发生渗漏，约 9100 立方米含酮酸性污水排入闽西最大河流之一的汀江。渔民们反映，鱼都开始不吃料，渔民们拉网时，网底下已经有很多死鱼。不只是璜溪村，上杭县好几个村都出现了这样的情况。下都乡是龙岩市最大的养鱼基地，其中璜溪村 176 户中有 76 户在汀江中以养鱼为生，他们也是离上游污水最近的养鱼村。

（四）同损不同赔引发群体上访

璜溪村每户养鱼村民的损失都在几万到几十万斤不等，即使是剩下的活鱼也已经卖不出去。璜溪村村主任邱开福估算自己的损失不低于 20 万元，因为事发时正是卖鱼旺季。事件发生后，受影响最严重的上杭县和永定县政府部门组织渔民打捞，深埋死鱼，并先行垫付，对村民进行赔偿。

然而在同一条河里受到污染的永定县和上杭县却采取了两套差异较大的赔偿方案。在上杭县，渔民的每斤死鱼可以获得补偿6元，每平方米按照28斤算，这种“大锅饭”式的补偿计算方法遭到渔民们的反对。在上杭县的渔民看来，下游永定县的“评估放鱼”的做法经过专家来评估，按照网箱单体放鱼数量和鱼的重量、鱼种计算出最后的补偿金的做法更科学，更合理。永定县按照科学种植来评估，每户人都是立方米的产量达到120斤、130斤左右，按照每立方米700—800元补偿，而上杭县每立方米28斤的补偿方案让两地渔民对比悬殊。而那些养殖名贵鱼种，如桂花鱼的渔民更是损失惨重。

尽管提出了很多反对意见，但是赔偿方案并没有改变。渔民们向记者反映当地政府不允许渔民上访。璜溪村是近年来公认的首富村。早在2007年，网箱养殖商品鱼产值就超过了1000万元。上杭县是闽西地区最大的渔业养殖基地，不仅供应本地，还供应到上海、天津、广东等地。此次事件中，生计受到严重冲击的不仅仅是渔民，汀江水域污染后，至少3—5年都不能养鱼，与渔业有关的产业链断裂，与之关联的就业市场面临转业经营，前景堪忧。

汀江是福建省第二大河流，被称为客家人民的母亲河，流经长汀、武平、上杭、永定4县，在永定县峰市镇出境进入广东省，流域人口约200万。汀江因为水质好被客家人称为母亲河。然而“紫金改变了上杭”。自从2000年10月，一辆载有10.7吨的氰化钠卡车倾覆在紫金山山涧以来，人们已经不再饮用取自汀江的自来水。这种现象不是这次水污染发生了才有，而是已经存在了相当长的时间。当地百姓认为紫金矿业不只是这一次偶然泄漏，而是时不时地漏一下。“大家都花钱买矿泉水喝，自来水则用来冲厕所。”

从水站到送水工，上杭县的饮用水已经形成了细分的产业链。根据《中国青年报》记者陈强采访，上杭县有个最大的特点就是卖水的特别多，尽管当地政府一直称自来水是符合标准，但老百姓就是不相信。卖水店比当地银行、米铺还要多。桶装水排到街道上，两元钱一大桶，这些水来自山上的“山泉水”。即使在上杭县政府严厉要求各机关2010年8月1日后要求全部饮用自来水的规定出台后，分工明细的饮用水产业也丝毫没有被撼动。而陆续揭露的真相加剧了大家的恐慌。除了当地政府和企业，“无水可喝”在当地是人尽皆知。与每天买水喝的县城居民相比，因持有紫金原始股而暴富的同康村民，喝上山泉水的日子要更早，早在1995年，就有人陆续发现，用清澈凛冽的山泉泡出来的茶水，居然变黑。怪事陆续发生，同一年，村中的四五头耕牛，在畅饮溪水后暴毙。无法消除恐惧的村民代表用玻璃瓶取了样，来到上杭县防疫站。几番交涉无果，样本被送至福州，“化验结果是，几项金属含量指标严重超标”。

尽管如此，2010年7月12日紫金矿业发布的公告中提到汀江水的水质符合地表水Ⅲ类水的标准。

三、各方评析

（一）大型环境污染事故为何频发

国务院发展研究中心社会发展部研究员苏杨在《南风窗》杂志撰文指出：

这几个月，“大型”环境污染事故的上镜率陡然提高，紫金矿业的污染、冀东水泥厂的污染、大连湾的油污染、南京塑料厂丙烯管道爆炸后的空气污染络绎而至，就连洪水也和化工厂一起害得吉林几个城市断水。这些新闻媒体报道的大事，肇事的都是大企业，在环境污染事故里都算是大级别的，影响就比通常的环境污染事故大了不少。

大企业出大事，如果是老出，就值得思考了。对中国的企业来说，除了运气，似乎还是能总结一点规律和制度成因的。

总结规律和制度成因，首先要把这些大企业出的大事做个分类。2009年中国环境状况公报是这样分的：全国突发环境事件171起，主要是安全生产事故、交通事故和企业排污引发的。其中，安全生产事故导致的环境事故一次性规模大、给人印象深。大连湾的事故是安全生产事故导致环境污染，与 2005 年“吉林化工”导致的松花江污染事件类似。这样的事故往往是新闻报道的热点，但因为是小概率事件，所以这类事故总体来看影响其实没有常规的环境污染肇事危害大，就像民航事故听上去挺吓人实际上民航运输这种交通方式的风险远远小于汽车运输一样。

而真正的危害有两个来源：一个是“小污易成大害”，另一个是“小污易成大污”。第一类出事是来自这些大厂居然与居民区或水源地密不可分，处理污染物几乎没有应急的时间和空间，因此绝对排污量并不大的安全生产事故对社会造成的危害不小。南京塑料厂的爆炸和吉林松花江支流的化工原料泄漏就是这样。第二类则是说日常环保工作不到家：这种天长日久的细水长流难以引起管理部门的应急反应，结果量变就积攒成了质变。冀东水泥等企业的污染是这样，紫金矿业的污染其实也是这样——尽管其被媒体追逐是因为发生了重大事故，但其长达 10 余年的违规排污对汀江及其沿岸百姓生活的损害远远大于这次事故。

用政策术语总结，让“小污”成“大害”和“大污”的制度成因其实就两条：产业布局不合理和环境管理不到位，这又是管理者用地方保护对付环境保护而公众参与不够形成的。

与一般人感觉的不同，在环境保护中发挥最前端也是最重要功能的不是环保部门，从实际效果来说，产业部门和规划部门的影响更大。原因很简单：有污染不等于有危害，而且污染物治理后仍然是污染物。污染物与人体健康之间的关系有多个环节，企业排放的污染物与人体健康之间有一个枢纽性环节——暴露，即污染物必须通过消化道或呼吸道暴露到人体内才会形成危害，否则，再重的污染也不能和健康危害之间画等号。再说得通俗一点，如果污染物排放的空间远离人居环境，其危害程度就大打折扣甚至聊近于无了。

污染物的末端治理并不能将污染物无害化，治理过的污水仍然是污水，只是污染程度减轻了，仍然要靠较大量的天然水体来稀释自净。如果没有足够的空间发挥自净作用，则这个区域即便所有工厂都达标排放，仍然会造成环境质量超标。太湖的蓝藻污染之所以引起那么大反应，把这两方面理由都占了：环湖区域企业密度太高、经济活动总量太大，即便全部达标排放，环境质量肯定也超标。偏偏无锡还以太湖作为饮用水源，这就相当于构建了从污染物到人体之间的暴露渠道，这个时候自然小污易成大害。如果无锡的饮用水源都是长江水，我们对太湖污染的“宽容”程度肯定会大大提高。

一言以蔽之，对工业污染防治来说，产业结构调整和合理产业布局才是治本之策，主要是在末端治理途径发挥作用的环保部门的作为空间并不大（所以现在环保部门才更加强调环境影响评价一票否决制的前端控制作用）。熟悉美国环保史的人都知道，美国是靠产业转移才真正解决污染问题的。20世纪70年代大白天都要开灯的钢铁城匹兹堡，如今的鸟语花香与北京越来越多的蓝天几乎是同一个主要原因——钢铁企业搬迁。如果产业部门和规划部门不能有效作为，让工厂分布在居民区，就会造成居民区“坐在地雷上”的效果。别说发生安全生产事故，即便日常的达标排污，也一样会成大害。

2009年，国内发生规模较大的血铅污染事件12起，总理和副总理为此批示5次，但其中影响较大的，如陕西凤翔和河南济源的事件，疑似肇事企业都是技术水平全球一流的大企业，都基本做到了达标排放。但我国长期以来缺少产业和规划部门对环保的前端控制，直至2007年，国家发改委《铅锌行业准入标准》才规定铅锌行业的卫生防护距离为1000米。而迄今为止，发生血铅污染事件的所有企业与居民区的距离在出事前都未能达到这个标准，陕西凤翔、河南济源，企业外墙和居民区的距离都不到200米！这种情况下，达标排放也肯定出事。而发生爆炸的南京塑料四厂居然位于3块比较集中的居民区中间，附近还有幼儿园和学校，那些化工原料的储罐和周边居民距离相隔不到100米。

这种情况在我国还是普遍现象，如2006年国家环保总局的调查显示，总投资近10152亿元的7555个化工石化建设项目中，81%布局在江河水域、人口密集区等环境敏感区域，45%为重大风险源。为什么会有这样的现象，很简单：地方要发展经济，招商引资中只求快上大上项目，产业部门对项目安全选址考虑得少，规划部门则和环保部门缺少沟通，这样密不可分的工厂和居民区，结果只能是一损俱损。国务院公布的“十大产业振兴规划”之一《石化产业调整和振兴规划》中，明确了要“优化产业布局”。这要落到实处，以后环保部门的压力就小了，“大污”也不一定成“大害”了。

而环境管理不到位，是大家耳熟能详的，也是新闻媒体经常曝光的。尽管通常大企业的环境管理远好于小企业，污染治理也因为规模效益而成本比小企业低，但许多小地方的大企业却因为是地方政府事实上的衣食父母，就有了凌驾法规之上的特权，“挂牌保护企业”等牌子就是这种现象的写照。也是2010年7月出大事的大企业“紫金矿业”，就一直有“父母官”在当其保护伞。紫金矿业违法排污，绝对不只是7月这起安全生产事故引发的偶然现象，而是常态：其金矿生产中系统循环利用不能完全消化的、后期处理困难的废水，一直以来的做法是将其直接排往汀江。只不过，以往的排污都是细水长流，且每次发生小污染事故，县里就会分解任务，由每个单位负责解决不同的问题：例如有的单位负责协调网站关系，保证网络上关于紫金矿业的消息都是“正面的”。这种事情不是个案，小地方的大企业，总能找到“要统筹社会稳定、经济发展和环境保护关系”、“要在搞好环境保护的同时不耽搁生产”这样的说法。于是，许多地方就形成了大企业“小污易成大污”的“制度环境”。

这种地方保护，其实是地方的经济增长保护伞，作为地方政府下属的环保局的胳膊很难扭过大腿，前几年发生的环保局长向上级部门举报污染已经反映了“胳膊的无奈”。仅仅靠环保部垂直管理的几个区域督查中心是不行的，毕竟这几十个人没有监测手段、耳目不灵。

那靠什么呢？在目前我国社会中间组织发育不够、且有的地方政府政绩观尚未转变到科学发展轨道上的情况下，公众参与就不仅需要、而且必要了。公众参与的力量到底有多大，可以看厦门PX事件，它生生压倒了地方保护，大企业的布局被民意调整了。而对地方保护对付环境保护造成的环境管理不到位，最近也由非政府组织（NGO）介入并成功地对这些企业施加了压力：由公众环境研究中心《2010IT品牌供应链重金属污染调研》报告发布显示，珠三角地区长久以来受重金属污染的状况没有得到缓解，IT 行业的重金属污染出乎意料地给这一地区带来了严重后果。其中，一些重度污染企业借助大型供应商甚至是上市公司对国际知名 IT 企业供应产品。这个报告，对这些多年来“享受”地方保护的企业施加了很大压力，至少说明了，在今后的中国，环保的漏洞会越来越少，至少这些体量大的企业漏不过去！

从规律和制度成因方面总结大企业出的大事，让我们可以明白环保的大势所在：在公众参与的助力下，通过产业合理布局和合理规划避免居民区变成雷区，并积极加强环境管理。这些方面的大是大非处理好了，就不用像防贼一样防着企业排污——即使偶尔有小偷小排也掀不起大浪。而那些大企业，既然树大招风，就应该方方面面都作出表率。要是也像有些中小企业一样，养成偷奸耍滑的习惯，或者仍然延续老旧工艺，都可能船大掉头难，这种情况下偶然就成为必然，且因为必然的规模大，很可能给企业带来的就是必然灭亡。

也许，再过几年，我们的经济实力进一步增强，民意的影响进一步增大，重污染企业的生存环境就会进一步“恶化”，那时开始对企业而非民宅大肆“拆迁”，我们才可能真正全面迎来宜居环境，才可能真正避免大企业再出“大事”。

(二) 扭曲的政商关系

《学习时报》副编审邓聿文在《凤凰周刊》撰文指出：

紫金矿业污染事故的发生及其后企业和政府的表现，让人们再次见证了中国特有的政企利益一体化的复杂生态环境。

在紫金矿业的这起水污染事故中，最让外界疑惑的是，企业为什么在事发 9 天后，才向社会公告。企业的说法是“维稳的需要”。但实际上，企业很快就报告给了上杭县政府。可惜的是，上杭县政府没有选择立即向社会通告实情，而是极力封锁消息，直到无法封锁，最后才不得已向社会披露。

紫金矿业是中国 500 强企业中的上市公司。无论是按照证监会还是环保部的相关规定，对于这种会影响公司股价及投资者利益的重大事项，必须即刻予以信息披露。然而，紫金矿业却选择了向当地政府请示，而后者作出的决策是隐瞒。尽管上杭县政府和企业在此期间为减少污染造成的损失采取了各种措施，但对广大投资者来说，事故信息的瞒报客观上已经损害了其利益。这有紫金矿业在事故公布后股价暴跌为例。

一家国有的矿业巨头，连污染事故的公告自己都做不了主，而要地方政府决定，可见地方政府在其利益之深。公开的资料显示，上杭县国资委是紫金矿业的控股股东，占股权比例为28.96%，该县近70%的税收均来自于紫金矿业。但实际上，紫金矿业与当地政府的关系远不止此。

据透露，紫金矿业近几年逐渐成为当地政府官员的掘金之地和退休之后的养老院。当地有多位政府官员在企业挂职或任职，还有官员通过各种渠道拥有了企业的股份。所以，尽管紫金矿业是上市公司，但里面众多机构的设置如同缩微版的县政府，大到战略决策，小至人事任免，多数要由当地政府来拍板，而企业高管只负责具体经营业务。在这样一个政企结构下，无论为“公”为私，政府和企业选择瞒报就再正常不过了。

……

紫金矿业与地方政府的这种利益互送，在中国一些地方政府和垄断企业特别是国有资源垄断企业之间，是一种常见的现象。它本质上不过是地方权力和资本结盟的一种反映。

地方权力和资本的结盟特别是政企一体化，其所导致的后果就是，让社会资源大量落入具有政府关系的企业手中，并形成垄断，新企业很难进入其中，同时通过企业的分配最终化为个人的财富。因而，一些地方政府和官员之所以要大肆兴建高能源和高污染项目，并非单纯为了“政绩”，背后有着赤裸裸的利益分配考量；企业则以“资本挟持环境治理”，这是相当一部分企业的环境污染事故最后都被瞒报或不了了之的根源。

要打破政府和企业之间的利益纠结，就必须重构两者的关系，使之回复到一种正常的状态。也就是说，政府与企业之间要界限分明，各司其职。企业的责任是提供更多的就业机会，活跃市场，创造财富；政府的职责是为市场经济提供保障，为经济主体提供公共服务。必须建立这种制度性的社会分工状态。当然，在目前的转型时期，由于政府的职能转变尚未完全到位，政府还在大量参与微观经济活动，干预企业的决策，一时不能建立起制度性的社会分工，但最低限度，需要建立一套严格、公开、公正的监督约束机制，让官员在社会监督下执行政府赋予的职责。

除此外，完善现代金融体系，使真正需要资金的企业能够获得贷款，而无须凭关系、靠领导批条；同时，规范资本市场，使之能够真正起到配置资金的作用，而不是沦为国企圈钱、庄家分食的工具。

近年来，中国发生多起企业重大环境事故，给人民的生命财产，投资者的利益，以及政府的声誉，都造成很大损失。紫金矿业的污染事故不过是最新的一起，相信也不会是最后一起。如果不下决心动手改革政治体制，改变目前这种不正常的政企生态环境，今后的事故瞒报怕只会越来越多。

(三) 突发环境事件进入零存整取阶段

公众环境研究中心主任马军认为，紫金矿业尾矿的废水渗漏，从一个角度来讲，已提示了中国冶金行业尾矿整治问题。来自国家发改委和安监总局的消息称，虽然经历 2009 年大规模的尾矿整治，但仍然存在一些重大安全、环保隐患，整治责任重、难度大。截至 2009 年年底，全国仍有危、险、病库 2098 座，占总数的 16.8%。这些尾矿库普遍存在浸润线过高、调洪库容不够、坝体裂缝现象严重、坝体安全观测设施不健全等重大安全与环保隐患。除此之外，中国仍有 1421 座尾矿库未确定等别，2051 座尾矿库需要重新进行安全度鉴定。“除了关注饮用水之外，更重要的是，要关注污染物对人体的长期影响。像铜这样的物质不会像有机物一样自我净化，它会积累起来，可能进入食物链，也会影响到人体。”这位长期关注中国水污染的专家更关心流域上游即紫金矿业所在地的长期排放情况。“这一次的污染浓度是一方面，总量是另一方面。所以，现在下游要跟上有交涉的是，上游是否在长期排放？每年排放量是多少？今后如何控制？”在国外像紫金矿业这样的企业是必须定期公布排放数据的，然而目前国内并没有相关强制性规定。2010 年 4 月，他所在的研究中心调查了在港交所上市的 175 家企业存在的环境违规记录，试图通过港交所督促上市企业进一步公开排放数据，紫金矿业是其中的一个案例。

这件事情的结果是：紫金矿业必须要公布长期排放数据。按照《环境信息公开办法》，这类超标超总量的企业应公布排放情况，不得以保守商业秘密为借口来推脱。

（四）中外对公司污染罚单金额相差大为哪般

《南方日报》2011 年 2 月 18 日载文指出，近日，厄瓜多尔法官开出一纸 95 亿美元的天价罚单，震惊世界能源行业。作为全球最大的能源公司之一的美国雪佛龙石油公司吞下这份堪称环境污染案件中最贵的罚单。尽管这一罚单最终能否顺利执行还有待观察，但发达国家对重大环境污染案件实施重罚已经是一个大趋势。

从雪佛龙受罚事件反观国内对污染事件的处置，国内对环境污染肇事者的处罚显然与国外存在相当大的差距。2010 年，紫金矿业重大环境污染事件在国内闹得沸沸扬扬。不久前，紫金矿业污染案一审被判罚款 3000 万元，也打破了中国环境污染处罚的记录，却难阻该企业股价上升。国内外罚单金额相差巨大，效果迥异，随即引起了网民热议。

中山大学地球环境与地球资源研究中心主任周永章表示，长期以来，污染治理问题上存在处罚偏低的问题，特别是涉及国有企业、纳税大户的时候，比较“包容”。

处罚力度不足，对污染企业如隔靴搔痒是不少专家诟病污染难治的原因之一。我国修订后于 2008 年 6 月 1 日起施行的《中华人民共和国水污染防治法》，增加了企业违法的处罚力度，比如将原来的 1 万至 10 万元的处罚，改为应缴排污费的 1—3 倍或 2—5 倍的处罚，同时规定对造成重大和特大环境污染事件的，最高可处以不大于其违法损失 30%的处罚。

但对于执行效果，北京大学法学院环境法学教授汪劲却并不看好。2008 年全国环境统计公报数据显示：全国共有 50 余万家一般工业污染源申报单位，缴纳排污费185亿元。汪劲据此数据分析：不管企业大小平均一下，一个企业月均排污费不到3000元，3倍处罚也才不到1万元。

污染损失难以确定仍是阻碍公众维权的一个难题。环境保护部环境规划院研究员於芳教授表示，我国针对环境污染事故造成的生态损失评估还处于起步阶段，技术上存在一定困难，评估制度上还有不确定性。她举例，如果重大污染事件发生在美国，当地自然资源管理机构、环境利益受到损害的非政府组织或个人都有可能委托专业的自然资源损害评估机构启动评估程序，开展损害的评估工作，“比如在墨西哥湾漏油事件中，美国已经启动他们的自然损害评估程序”。发达国家针对生态损失已经建立了相对完善的评估与赔偿制度，尤其是美国建立的由《清洁水法》、《综合环境反应、赔偿与责任法》、《石油污染法》等构建的生态环境损害评估与赔偿体系，就生态损失赔偿主体和对象、评估程序与方法、赔偿范围和赔偿金确定等制定了非常详细的规则。

据悉，目前环保部和司法部正在制定具体环境污染损失计量标准，期待该项标准能够真正发挥威慑作用。

广东省社科院环境经济与政策研究中心王丽娟助理研究员表示，环境成本长期被低估，也反映在我国出口的一些产品价值偏低，偷排污染后的违法成本大大低于其治理成本，这就造成企业宁愿被罚款也要偷排。专家们建议，环保体系能够垂直管理，“从执法上看，环保这样能脱离地方政府限制的纵向的管理，排除地方保护主义的干扰，使得监督机构敢管敢罚”。

暨南大学法学教授李伯侨表示，对于一些造成严重污染的事件，西方国家有集团公益诉讼制度，即政府可以损害公共利益为由，起诉污染企业，为受害者追讨民事赔偿。但国内公益诉讼的制度大门仍没有打开，对污染事件的处理大多局限在政府部门的行政处罚，在民事索赔上仍是不告不理的原则，受害者如果主动起诉的话，往往因为单打独斗、取证困难等问题，难以与企业抗衡。如仅仅依靠政府的行政处罚，由于技术手段限制、污染企业和地方政府往往存在利益联系等原因，罚款数额就会缩水，像紫金矿业污染事故处罚3000万元，对于一个年利润近50亿的上市企业来说，根本罚不到痛处。

专家们表示，相信我国环境保护法制将逐步完善、执法力度逐步提高，企业的污染成本也会增加。

（五）需警惕和破解“权力期权化”

《瞭望》杂志载文指出：

紫金矿业污染事故引起社会高度关注，而媒体披露的一些细节也颇耐人寻味：上杭县政界多位退休领导干部，被紫金矿业委以闲职后，年薪十几万元到几十万元不等。比如紫金矿业监事会主席林水清此前为上杭县县委常委、统战部部长；监事林新喜曾任上杭县纪委副书记、常委。当然，也有来自北京和省里的前高官。比如担任公司独立董事的原地矿部前总工程师、中国地质科学院院长陈毓川；担任公司独立董事的原福建省资产评估中心主任、福建省国有资产管理局局长、福建省财政厅副厅长林永经……此外，有些领导干部还通过各种渠道拥有紫金矿业股份。

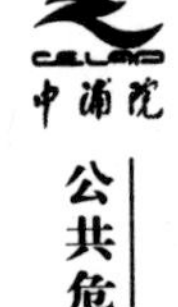

紫金矿业事件并非孤例。据报道，江苏省镇江市京口区原区长沈柯章因行贿和挪用公款罪刑满释放后创办了一家公司，该公司在一座水库堤坝上超规划建设了两幢总面积约1000平方米的别墅。建房时就超出规划定点范围，并将水库堤坝主体铲低了约1.5米。舆论普遍认为，沈柯章经过多年官场经营，即便不在任，其权力影响仍在，而能够通过合法的形式，把违章别墅建在水库堤坝上，权力的期权效应不容小觑。

从紫金矿业到“坝上别墅”，种种迹象表明，领导干部“权力期权化”已经成为一大腐败黑洞，预示了腐败发展的一种新趋势和新动向。

所谓领导干部“权力期权化”，是指他们在位时，利用权力的影响，为某些企业、个体老板牟取非法利益，为规避风险，他们不是当即攫取利益，而是为日后退休、下海经商等谋取更大的利益做铺垫。

“在各种项目和工程资金使用的审批权、决策权过程中，一些领导干部将手中的权力‘放长线钓大鱼’，进行长期的权力投资。”邱霈恩指出，有些领导干部热衷于拉帮结派，这都是淫渗封建遗毒的期权经典。至于借工程项目、提拔晋级搞“权力期权化”，则更是算尽谋绝的期权热点。

从《瞭望》记者调查情况来看，目前领导干部“权力期权化”主要有三类：一是“封妻荫子”式。在任时为企业、他人谋利，离职后让企业、他人将好处赠予自己的妻子儿女。二是“投桃报李”式。在位时为企业谋利，辞职或退休后到企业“高薪打工”。三是“人身依附”式。离职或退休前在要害部门培植、安插亲信，使自己退出权力中心后，仍能享受权力带来的各种方便和好处。

“近年来有些领导干部在腐败活动中，‘现货’交易少了，‘期货’交易多了，不再是当即获利，而是等多年以后，连本带利息一并纳入囊中。”

根据以往案件分析，领导干部“权力期权化”产生原因是多方面的，但权力监管制度存在灰色地带，却是主因。该文指出，遏制“权力期权化”，首先要严格监督在职干部行使权力。“防范‘权力期权化’，必须从体制上增强权力运行的透明度，充分发挥新闻媒体的作用，在全社会建立起立体的监控网络，确保在职领导干部行使权力过程的规范性、程序性和透明性。”

鉴于当前领导干部轮岗频繁的现实，为防离任或退休前突击提拔现象的发生，多位受访专家建议强化用人失察责任追究，将相关的“严禁”、“不准”落到实处，最大限度地压缩“一把手”自由裁量的空间，预防领导干部“突击”批发官帽实施“权力期权化”，以巩固和延续自己的权力网络和腐败链条。

其次，受访专家指出，除加强对在职领导干部的权力监督外，对领导干部离职从业行为进行规范也显得十分必要。“要加强相关法律法规的执行力度，尤其要严格执行《中华人民共和国公务员法》和中纪委文件。”鲁照旺说：“《中华人民共和国公务员法》严格规定了公务员离职从业限制：公务员辞去公职或者退休的，原系领导成员的公务员在离职三年内，其他公务员在离职两年内，不得到与原工作业务直接相关的企业或者其他营利性组织任职，不得从事与原工作业务直接相关的营利性活动。”据了解，中纪委为规范领导干部离职和退（离）休后的从业行为，出台了“三年两不准”的廉洁自律规定：“县（处）级以上领导干部离职和退（离）休后三年内，不准接受原任职务管辖的地区和业务范围内私营企业、外商投资企业和中介机构的聘任，不准个人从事或代理私营企业、外商投资企业从事与原任职务管辖业务相关的经商办企业活动。”但是，在我国不少地方，《中华人民共和国公务员法》和中央纪委文件并没有得到强力执行，还存在严重的“一纸空文”现象。为此，受访专家呼吁，要加大对违反离职从业禁令的处罚力度，并强化责任追究制；让搞腐败的领导干部明白“期权化”并非“安全港”，无论离职多久，也逃脱不了法律制裁。

多位受访专家还建议，要遏制领导干部“权力期权化”，更需完善“权力延续”的跟踪制约制度，包括对领导干部离退休进行严格审计、实行公务人员及近亲财产申报、对离退休领导干部进行长期跟踪检查等。

四、启示借鉴

经过30年的发展，我国环境保护法已基本形成完整的体系，污染防治的立法涵盖方方面面，资源保护的立法得到全面发展，生态保护的立法正趋于健全，特别方面立法得到加强。然而我国环境法制建设仍面临着一些挑战，主要是：环保法仍难以遏制继续恶化的环境质量，权力高于法律使环保法的一些规定形同虚设，环境执法机构难以严格执法，重大环境污染事件频繁发生，许多污染企业越来越肆无忌惮，环保的底线一降再降，环境公益诉讼难以破局，维护污染受害者的环境权益困难重重。因环境引起的健康问题成为部分区域农民返贫的重要因素。维持生态环境的健康已成为不少地区农村最重要的生存条件和最基本的诉求。一句话，环境法治建设与整个法治建设进程不相匹配，跟公众的诉求相去甚远，亟待提速。

必须将《中华人民共和国环境保护法》中关于“地方政府对环境质量负总责”的要求具体化、刚性化，将其与地方主要领导人的领导责任和政绩考核相挂钩。必须着力解决地方政府干扰环境执法的问题。必须对跨行政区污染防治协调规定进行法律定位。必须创新和严格环境法律责任。通过加大惩罚力度等制度建设着力破解相关企业“守法不如违法、小违法不如大违法”的违法心理冲动。

要完善环境民事侵权责任的相关条文。规定环境责任强制保险制度、环境损害补偿基金制度等环境损害赔偿社会化机制，并且要明确这些制度与其他相关制度和机制的关系。在适用无过错责任原则的情况下，加害方首先以保险机制提供的资金承担损害赔偿责任，不足部分以其自身的其他资金或者通过基金机制补足。

要下决心改革目前的民事诉讼制度，至少在环境保护领域适度扩大起诉主体的范围——因环境损害直接或间接受到侵害的公民、法人和其他组织，或者检察机关均可直接提起环境损害赔偿诉讼。司法机关要为无处评理、无奈上访的环境污染受害民众打开司法救济的大门，将四处外溢的社会纠纷和不满情绪吸纳到司法的专门渠道和场域，将随时可能激发的群体性纠纷通过公开公正的程序、理性平和的交涉加以有效化解。同时，还有必要建立环境民事公益诉讼制度和环境法律援助制度，从程序上保障生态利益能够在受到侵害时得到及时的补救。对海事法院的管辖权按可航水域划分，不受行政区域的限制，以防止地方保护主义的干扰。

要积极探索在一些地区的人民法院建立专门的环境保护法庭，以专业化的制度设计解决专门性的环境纠纷。针对很多环境污染的侵权行为地和损害结果地分属于不同行政区域、导致管辖不清的问题，宜借鉴我国正在推行的“环境污染生态补偿转移支付”制度，实行指定管辖。鉴于环境公益诉讼案件法律关系复杂、影响面较大、法律适用难度大，为避免地方干扰和影响，有利于对案件进行公平公正的审理，宜实行提级管辖。有鉴于环境裁判所特有的政策导向和规范指引功能，有必要加强上级法院的司法业务指导。

要合理分配举证责任。有鉴于环境污染破坏具有潜伏性、间接性、复合性，加害行为与损害事实之间的因果关系认定极为困难，加之污染者和侵害公益的违法者一般拥有信息、资金和技术上的优势，以及现有科学技术水平的限制，原告处于相对劣势地位，不易收集证据，在环境民事公益诉讼案件的举证责任分担上，损害事实、损害后果宜由原告承担，侵权行为与损害后果之间的因果关系宜交由被告承担。此外，还有必要对环境诉讼的案件受理费作出相应调整，对提起环境公益诉讼的公民，实行诉讼费缓交制度，即原告胜诉的由败诉方承担全部诉讼费用，败诉方支付的赔偿金由地方环境公益诉讼基金（会）统一保管收支，可从基金中给予原告适当的奖励，其余金额用于环境保护事务和环境保护公益诉讼援助专项资金。原告败诉的可考虑由地方环境公益诉讼基金（会）补助部分合理的诉讼费用。

此外，司法手段优于行政手段的地方，还在于可以实现跨区域的管辖，解决一地政府领导穷尽行政权力也无法解决的问题。应当说，强化对资源环境的司法监督，疏通和扩张对环境污染的司法救济渠道，特别是群体性环境污染损害赔偿纠纷的司法救济渠道，既是大势所趋，也势在必行。

参考文献：

1. 赵鹏：《9100 立方米废水外漏污染汀江》，《人民日报》2010 年 7 月 13 日。

2. 赵鹏：《追问紫金矿业污染事故》，《人民日报》2010 年 7 月 14 日。

3. 赵鹏：《紫金污染阴云何时能散》，《人民日报》2010 年 7 月 16 日。

4. 张华：《妖股紫金》，《南方周末》2010 年 7 月 21 日。

5. 叶文添：《紫金危局：污染事件或有人故意为之》，《中国经营报》2010 年 7 月 17 日。

6. 陈颖晖：《紫金污染事件后续影响扩大》，《21 世纪经济报道》2010 年 7 月 14 日。

7.《紫金矿业污染再升级》，《新世纪》2010 年第 29 期。

8. 张华：《股票紧急停牌　紫金矿业深陷环保原罪——中国最大黄金企业“污染门”调查》，《南方周末》2010 年 7 月 14 日。

9. 何海宁、袁端端：《一江污水向粤流》，《南方周末》2010 年 7 月 21 日。

10. 陈强：《紫金矿业污染事故：天灾还是人祸》，《中国青年报》2010 年 7 月 21 日。

11. 鲁勋：《上杭县：当地居民已多年不敢喝自来水》，《东方早报》2010 年 7 月 23 日。

12. 邵芳卿：《紫金矿业污染门新进展：六价铬浮出水面》，《第一财经日报》2010 年 7 月 20 日。

13. 邵芳卿：《紫金矿业继续停牌　涉及污染整改内容》，《第一财经日报》2010 年 7 月 27 日。

14. 陈强、邵芳卿：《紫金矿业坚称没有给记者“封口费”》，《中国青年报》2010 年 7 月 26 日。

15.《紫金矿业否认封口费　揭黑记者称有录音为证》，《新闻晚报》2010 年 7 月 27 日。

16. 陈强：《〈新财经〉改口否认收到紫金矿 6 万元》，《中国青年报》2010 年 7 月 27 日。

17. 杨传敏：《紫金梦魇》，《南方都市报》2010 年 9 月 1 日。

18. 令狐补充：《紫金封口费迷雾》，《时代周报》2010 年 7 月 29 日。

19. 李松：《多位领导干部退休后挂职紫金矿业暗含腐败内幕》，《瞭望》2010 年 10 月 25 日。

20. 苏杨：《大型环境污染事故为何频发》，《南风窗》2010 年第 19 期。

21. 邓聿文：《从紫金矿业重大环境事故看中国的政企关系》，《凤凰周刊》2010 年第 23 期。

22.《紫金矿业“真相”调查》，《财经国家周刊》2010 年 8 月 3 日。

23. 正义网舆情工作室：《福建上杭紫金矿业污染事故瞒报事件舆情观察》，《反腐倡廉网络舆情》2010 年第 29 期。

24. 苏稻香、谢庆裕:《中外对公司污染罚单金额相差大引热议》,《南方日报》2011 年 2 月 18 日。

25. 邵芳卿:《紫金矿业污染门周年调查: 渔民叹补偿不公转产难》,《第一财经日报》2011 年 7 月 3 日。

26. 邵芳卿:《紫金矿业福建污染案基本结束　广东溃坝案难脱身》,《第一财经日报》2011 年 7 月 22 日。

27. 肖金明:《中国环境法治的发展与转型》,《中国行政管理》2009 年第 11 期。

（李敏　编写）

大连输油管道爆炸起火漏油事件

一、案例始末

2010年7月16日晚18时12分，在我国目前规模最大、水位最深的现代化深水油港——大连新港，一艘利比里亚籍30万吨级的油轮在卸油附加添加剂时，引起陆地输油管线爆炸，引发大火和原油泄漏。数千名消防官兵和公安民警经过15个小时的奋力扑救，大连新港输油管道爆炸现场储油罐的所有阀门全部关闭，火势基本扑灭，事故幸未造成人员伤亡，但数以万吨的原油流入大海中。

（一）事件缘起

2010年7月8日，中石油下属的控股公司中油燃料油股份有限公司（下称“中燃油”），将其添加硫化氢脱除剂的作业委托给上海祥诚商品检验技术服务有限公司（下称“上海祥诚”）。

2010年7月9日，中石油下属的中国联合石油公司（下称“中联油”）原油部致电大连港油品码头公司业务部，7月15日该公司15万吨祖阿塔原油将会到港，由于硫化氢含量较高，将进行硫化氢脱除处理，具体事宜由上海祥诚公司协调。

2010年7月12日，上海祥诚公司现场选定2号输油管线放空阀为加剂口。7月13日，天津辉盛达公司的90吨“HD–硫化氢脱除剂”（下称“脱硫剂”）和上海祥诚的加剂泵运抵港口。

2010年7月15日，一艘名叫“宇宙宝石”号的油轮停泊在大连新港油品码头，这艘30万吨级的油轮为利比里亚籍，隶属于新加坡太平洋石油公司，满载着委内瑞拉出产的原油。15日15时30分，“宇宙宝石”号开始卸油。由于委内瑞拉出产的原油属于高硫油，中石油事先已经委托了辉盛达公司在输油过程中添加原油脱硫剂，辉盛达是为此次添加脱硫剂的生产厂家。

专家介绍，原油中存在有机硫和无机硫，加入脱硫剂后，能够最大限度地降低原油中的硫在加工中引起的设备腐蚀，达到减缓设备腐蚀，提高产品质量，降低生产成本，延长开工周期的作用。受托后，辉盛达公司安排了祥诚商检大连分公司在输油管道上进行现场作业。

2010年7月15日20时左右，“宇宙宝石”号油轮开始向岸上卸送属于中燃油的原油。祥诚公司和辉盛达公司作业人员也开始通过原油罐区内一条输油管道（内径0.9米）上的排空阀，向输油管道中注入脱硫剂。到16日13时左右，“宇宙宝石”号停止了卸油。这时，最蹊跷的事情发生了。外轮已通知中方停止作业，但祥诚公司和辉盛达公司作业人员并没有得到中石油一方停止作业的通知，而继续向管道中输送脱硫剂。由于原油脱硫剂是一种强氧化剂，非常不稳定，一旦出现条件的变化，非常容易爆炸。如果已经停止了输油，而进一步添加脱硫剂，脱硫剂已经不能进行反应，致使管道中脱硫剂的浓度不断加大，条件便产生了质变，从而引发爆炸。至16日上午11点，中间曾经两次停止加注脱硫剂。

2010年7月16日18时左右，在注入了88立方米脱硫剂后，现场作业人员加水对脱硫剂管路和泵进行冲洗。18时8分左右，靠近脱硫剂注

入部位的输油管道突然发生爆炸，火灾由此引发。

罐区 103 号罐距离爆炸油管仅 10 米左右，经高温烘烤，10 万立方米储量的 103 号罐很快爆裂，而在爆炸油管 1 米外，还有一根直径 700 毫米的原油管线，该管线亦很快被烤爆，巨量原油喷涌而出，流到哪儿，哪儿就是一片火海。

（二）紧急灭火

《人民日报》2010 年 7 月 26 日刊发记者王尧采写的纪实性文章——《十五小时生死战————辽宁公安消防官兵扑救大连保税区输油管道起火爆炸事故纪实》，用详细的笔触为人们还原了当时灭火的动人场景：

爆炸发生后，辽宁和大连的相关部门迅速撤离了周围的居民，与此同时，消防员接警后在第一时间冲入了火海。2010 年 7 月 16 日 18 时 12 分，火警响起。18 时 19 分，大孤山消防中队代理中队长刘磊率队赶到现场，陆续赶到的开发区 7 个中队官兵抄起泡沫枪与流淌火展开“拉锯战”。但眼见火越打越大，火苗从粗大的输油管线撕裂开的大口子里蹿出，油助火势，一路狂奔，沿管线翻滚着向外扩散，泄漏的原油液在错综复杂的管线里汇合，一次又一次地形成新的着火点，再形成新的流淌火不断向外蔓延、扩散。“压不住了！”一线指战员扯着嗓子向后方报告。

虽然对化工火灾的严重性有思想准备，大连消防支队支队长丛树印完成火情侦查后，仍倒吸了一口凉气：“咱也是 30 多年的老消防了，从来没见过这么大的火！”直径 80 米、高 20 多米的 103 号油罐起火、爆炸、罐体坍塌；平均储油量达 10 万立方米的多个毗邻罐长时间被高温烘烤，罐与罐之间仅相距 30—50 米，有输油管道并联相通，随时可能发生连锁爆炸；多处输油管线连续发生爆炸，井盖、阀门等被抛向空中，现场浓烟滚滚，火光冲天，火势最高达七八层楼高；更可怕的是，在该罐区周边，还有其他单位的大量原油罐区、成品油罐区和液体化工产品罐区：北侧是国储油罐区，罐区内有 30 个 10 万立方米的储油罐；东侧是总储量 132 万立方米的大连港南海罐区，罐区内有 12 个 10 万立方米的储油罐；4 公里外，则是大连福佳·大化石油化工70万吨/年的PX芳烃项目。"别说10万立方米储油罐爆炸，会引起连锁反应，就是那51个二甲苯罐，只要爆一个，我们现场的扑救人员全得中毒身亡。还有大名鼎鼎的PX项目，那里离大连市区直线距离只有50公里，毒气一旦顺风飘过去，整个儿大连都可能万劫不复。不是危言耸听，当时我觉得这可能是世界的一个灾难日。"一现场救援人员事后如是回忆。

2010年7月16日21时左右，王国开正在全神贯注地与火魔搏斗时，忽然听见腰间的步话器传来大队长李永峰的叫喊声："赶紧撤！""我们刚跑出去十几米远，身后的油泵房就爆炸了。"王国开和同组的战士们被强大的冲击波扔出三四米远。身后的不锈钢水枪、水炮统统化为灰烬。"火从我们头上扑过去。差一步，我们都得'化'了！新港消防队的一辆消防车就没抢出来，整个儿给熔化成铁疙瘩。多亏李大队让我们提前撤了！"提起这次最秒杀的爆炸，王国开至今心有余悸。

那么，李永峰是怎么知道泵房要爆炸的呢？"油泵房里有大量的油，我忽然发现它的声音不对了，刺刺刺地响，火的颜色也不对了，原来是红色的，突然变蓝、变白了，而且管线来回乱跳，这就说明要爆炸了。"凭着丰富的经验，李永峰带战士们躲过了一劫。

大连市消防指挥中心第一时间启动重大灾害事故应急处置预案，迅速调集128台消防车、1000余名消防官兵赶赴现场。

火情牵动中南海。胡锦涛总书记、温家宝总理作出重要指示。李克强、周永康等领导同志也作出指示。中共中央政治局委员、国务院副总理张德江代表党中央、国务院，连夜紧急赶赴事故现场，指挥灭火救援工作。国务委员、公安部部长孟建柱与前线指挥员多次通话提出具体要求，公安部立即启动应急机制。公安部副部长刘金国率领消防局局长陈伟明和消防专家连夜赶到火场最前沿，现场指挥。辽宁省委省政府、大连市委市政府领导迅速赶赴现场。省公安厅及消防总队领导一边赶路，一边迅速决定启动跨区域增援预案，三次调警，命令全省13个消防支队、14个企业消防队，以最好装备、最强人力、最快速度，向大连集结！

在增援部门到来之前，必须阻止火势进一步蔓延！油汩汩地往外喷涌，刚扑灭的火，转眼又被点燃。如果不切断原油泄漏的来路，大火将失控。关阀门，成为灭火的唯一出路。油罐的阀门是电动的，当时罐区早已断电，无法电动关闭阀门。咨询了罐区技术人员之后，消防员们决定闯入火海手动关阀。这个“不可能完成的任务”落到了大连消防支队特勤大队二中队指导员桑武身上。

“我知道，指挥员在下达这个指令时，心里也顶着巨大的压力。空中到处是炸飞的电缆、开关、阀门、窨井盖儿。在场的人无不明白，此去有去无回。”桑武事后说，此起彼伏的爆炸声中，他看到总指挥流着眼泪问他们有没有困难、能不能完成任务，有没有需要交代的事儿，“我硬着头皮，只说了一句‘保证完成任务！’”说完这句话，3 名勇士在一位技术人员带领下，一头冲进了火场，迅速找到了其中一个阀门。

油罐的阀门在罐体之外，类似一个方向盘，如果电动关门只要 30 秒就能关上。可桑武没想到，手动关阀门却关了 3 个小时。“开始罐区技术人员说，顺时针拧，顶多半个小时就能 4 个阀门全部关上。”可桑武拧了十几分钟竟然连一点感觉都没有。“天呐，每拧 80 圈，螺丝才下去一扣，关一个阀门要拧 8 万圈。”桑武说，事后他才知道，那是“聋子的耳朵——架子”，从来就没人尝试过手动关阀，工作人员根本没有丝毫“手动”的经验。

“每个油罐有两个阀门，每关闭一个阀门需要转动 45 分钟。”桑武说，“当我们来到 2 号油罐时，我们能清楚地感觉到，大火已经进入了我们眼前不远处的输油管道，烈焰，距离阀门最多也就三五米远，火舌不断地卷过来。”面对绝境，未经过专业训练的企业技术人员吓得赶紧撤了出去，而桑武也对记者承认，其实他们 3 名攻坚队员内心也十分紧张害怕。只要爆炸，他们就是肉末。

“但是我们不能离开，我们是消防员，这是我们的职责所在。”也许，正是凭着这种对职责的信念，支撑着桑武等 3 名勇士在大火中硬顶下去。

“火场内部实在是太热了，感觉自己都要被烤熟了一样。”桑武事后回忆，“由于我们的防火服一点都不透气，所以刚开始衣服里全是汗水，流不出去。但到了后来，身上的汗水都被烤干了。人，已高度缺氧，全凭一股信念在支撑，要不然真想倒头就睡下了。”

烈火的炙烤下，2号罐与5号罐一共有4个阀门，3名勇士需要转动32万圈，才能把它们全部关闭。“一开始还行，但一个多小时后，两条胳膊就酸得抬不起来，只能咬牙坚持。”桑武说，3个人的手掌都被磨出了水泡，很快这些水泡又被磨成血泡了，而阀门被火烤得滚烫，所以很快他们手上的伤口，泡上叠泡，再被阀门把血泡给烫平了……

3个小时的生死时速，6只手掌被烫得深度烧伤。一直到2010年7月17日凌晨4时，4个阀门全部被关闭，3名勇士才安全撤出。

不久，前线指挥部调来专业供电车，现场多个阀门被关闭。不畏艰险、勇打阻击，主场作战的大连消防支队为后续增援决战决胜扑救赢得了宝贵时间！

2010年7月16日当晚21点多，火场附近下起了一场很大奇异“污雨”，降雨范围只分布在爆炸火场周围的这个最先污染的区域，雨一下就是一个小时。大雨夹着漫天纷飞的黑色油灰，几分钟就将衣服、头发和脸污染成油黑色。原油燃烧发出的焦味，让人感到呼吸困难。这场“污雨”，正是这次爆炸起火事件对环境破坏的开始。

2010年7月17日零时23分，首支增援部队到达现场。辽宁境内沈大、沈丹等高速公路上，一条条由消防车组成的“红龙”全速向大连方向挺进。大连金州公安分局调集15辆警车赶赴沈大高速三十里堡服务区，对所有外市来大连支援的消防车进行引导，同时派出交警沿途进行交通疏导，确保增援力量在最短时间内赶往现场。7月17日零时23分，邻近的营口消防支队增援力量首先到达现场。鞍山、盘锦、沈阳、丹东、本溪、辽阳、抚顺、葫芦岛……7月17日11时半，最远的朝阳消防支队增援力量从600公里外到达现场。“每辆消防车都拉着二三十吨的水或泡沫，高速路上大货车又多，我们的驾驶员还是跑到了120公里的时速，几乎达到速度极限！”朝阳消防支队副支队长王大伟说。各增援部队就位，前线指挥部迅速制定了“先控制、后消灭”的战术原则，划分战区，部署17辆消防车在油罐和毗邻的危险化学品库区之间打开一条防火通道；各扑火阵地利用水泥和沙土围堵外溢原油，以移动水炮和车载水炮对冷却受威胁罐体，采取泡沫喷射、沙土覆盖等方式压制和消灭火线、地面流淌火。

营口消防支队进入被大火团团围住的大连港罐区，不远处就是危险化学品库区，中队长卢天昊、副中队长徐战龙率领两个攻坚组，采用水枪掩护、泡沫炮强行压制、泡沫枪覆盖推进的方法进入火场，立即消失在浓烟烈火之中，后面跟进的水炮车失去方向，驾驶员大喊："中队长，车往哪开啊？"卢天昊吼道："往火里开！"

辽宁省消防部队的拳头中队——沈阳启工中队被派往大连港罐区最危险的位置，任务是阻截烈火从阀组蔓延到油罐群，并贴近油罐阀组寻找漏点。指导员谢立峰带领8名参战官兵，冒着高温和爆炸的危险，以泡沫枪交替掩护，直攻漏点，用移动水炮成功将漏点的火势扑灭。战士张立新、郭人逢手持泡沫枪跪在阀组下战斗了9个多小时。

盘锦市消防支队的主阵地是中国船舶输油码头，必须强攻冷却管道，防止爆炸。支队长鲁晓明立即安排灭火攻坚小组，使用泡沫炮压制火势。

位于码头上面的103号储油罐爆炸后，猛烈燃烧的原油在排污口附近聚集成"火海"。码头下方海面上的船只已经起火燃烧，水面上原油也在猛烈燃烧。丹东消防支队支队长马伟明当即部署灭火阵地，官兵们在海上公安队的配合下，一举扑灭现场明火。

在长达15小时的时间里，现场2000多名消防官兵用意志和毅力坚守着各自的"阵地"：一人顶着七八层楼高的烈焰打水枪，后面一人朝他的身体喷水降温，两三分钟就得轮换一次；流淌火反反复复，指战员们抱着泡沫枪不停阻击，累得实在不行，就趴在地上打，渴了，喝水枪里的水，有的车加的是海水，喝到嘴里发涩，只能润润嘴唇；18岁的小战士负责供水，疲劳过度，头磕在消防车上晕了过去；冲锋在前的指导员不小心掉进满是油污的管线池，耳朵被烧坏；三名指战员负责运泡沫，一桶泡沫19—25公斤，一晚上一台车运将近4吨泡沫，三个人记不清搬了多少趟，实在搬不动了，就坐在地上用背顶着桶往前挪；一线官兵的战斗靴里都是滚烫的泡沫和原油，靴子和皮肤黏在一起脱不下来……

现场先后发生6次爆炸。每次爆炸过后，现场浓烟四起，将正在鏖战的战士们吞没，指挥员们的心就揪成一团。好在浓烟散去，只见战士们趴在满是油污的地上，安然无恙，一颗心才落了地。

2010年7月17日8时许，天亮了。103号罐犹如一只燃烧的火炬，还在向外喷火。前线指挥部一声令下，300余辆消防车、2000余名消防官兵发起全线总攻，一次性喷射水量达到7000多吨，泡沫300余吨，至17日9时许，经过15个小时的连续奋战，现场所有明火被扑灭，灭火作战取得决定性胜利。此后，参战部队全面进入消灭残火和冷却降温战斗阶段。

激战后的火场，到处是横七竖八的各色水龙、扭曲变形的黝黑管道，几十米高的隔离墙水泥部分已经被烧化，露出的钢筋"面目狰狞"。一身油泥、满脸疲惫的指战员们仍坚守在火场，睁大眼睛搜寻、消灭残火，并不断往燃烧过后温度极高的103号罐喷水降温。战斗之激烈令亲历者后怕、令后来者心惊。

"这场战役能打胜，科学决策、技战术运用合理是保障。"辽宁消防总队总队长王路之说。"化工火灾有其特殊的扑救规律。有人说，一开始你们为什么着火的罐不喷，尽对着没着火的喷啊？这叫技战术。化工火灾必须集中优势兵力于重点部位，着火的油罐喷水没用，喷泡沫如果量不够，不能一次性将油与空气隔绝也是白瞎。一辆消防车撑死了带二三十吨水或泡沫，十几分钟就打完了，等于没子弹了，在弹药储备好之前，不能轻举妄动。"辽宁消防总队副总队长李金华说得很形象。三次调警，既是储备弹药，又使消防力量不断得到增强和补充，是此次扑救取得圆满成功关键所在。实施跨区域作战、多方联动，保证"弹药"供应。辽宁省消防总队通过陆路调集全省作战物资的同时，提请公安部消防局调集天津、河北、吉林、黑龙江等地400余吨泡沫以海运和空运多种运输方式送往现场。338台消防车没有一辆在路上抛锚，没有一辆因故障未发挥战斗作用。价值3000多万元的远程供水系统发挥重要作用。现场用水紧张，淡水源不足，现场总指挥果断下令，直接抽用海水，为前方实施24小时不间断供水。

"这次火灾参战力量多、调集车辆多、保障难度大，考验着大连市社会应急救援综合联动体系。"大连市副市长、市公安局局长王立科说。火灾发生后，大连市公安、交警、城建、医疗等社会联动单位第一时间到达现场协同作战，为取得扑救战役的胜利贡献了自己的力量。

（三）奋力清污

“7 · 16”大连原油泄漏事故大火扑灭后，大连市委市政府立即将事故的工作重心转向了海面油污清理，迅速成立了以市委常委、副市长戴玉林和副市长孙广田为组长，市长助理刘岩为副组长的海岸联动清污工作领导小组。领导小组确定分三个阶段打好三个战役，第一阶段要打好大会战，取得阶段性胜利；第二阶段要打好攻坚战，取得决定性胜利；第三阶段要打好歼灭战，取得全面胜利。海上清污领导小组，下设清污、环保、监测、物资保障等多个工作组，明确辽宁海事局是海上清污工作的指挥部门，市环保局、海洋渔业局、港口局、大连港集团全力配合做好海上清污工作，并于 2010 年 7 月 19 日 7 时全线展开了海上清污工作。

根据海域污染情况，将 50 平方公里重点污染海域划分为 12 个清污作业区域，领导小组确定了“围、追、堵、清”的清污工作思路：围——科学预判，层层围控，把所有油污围在大连市近岸水域，确保油污不流向公海，不流入渤海。追——卫星追踪、专家追踪、现场追踪，油污漂到哪里清污力量追到哪里，歼灭到哪里。堵——堵住污染源，防止继续污染，合理安置清污后回收的物资，防止二次污染和次生事故。清——整合力量，多措并举，将油污清理干净，做到海面清、港区清、航道清、滩涂清、岸线清。调集各方力量，全力开展清污工作。2010 年 7 月 23 日起，清污的重点转移到清理沿岸和港湾内的油污方面。同时，把严防油污扩散到外海和渤海作为工作的重中之重，海事部门调集精干力量在清污水域西线严防死守，分别在星海湾、龙王塘、塔河湾、老铁山等海域设置了四道防线，确保油污不流向渤海水域。

2010 年 7 月 20 日，海上骤起大风，天降暴雨，大连市平均降雨量达到 30mm，海上风力 6—7 级，阵风 8 级，油污在涌浪作用下无规则四处蔓延，清污作业受到了严重影响，做好油污围堵工作迫在眉睫。专家组紧急行动，预测出油污漂流的方位和速度等重要数据，立即提出应急建议。

指挥组及时调整部署，迅速调集专业清污船舶和人员，在三山岛—棒槌岛由北向南30公里沿线，部署防控力量，死盯死看死守，昼夜值班，确保油污不流向敏感海域，并在重点岸线采取布设围油栏的预控措施。

2010年7月21日，随着风向转南，油污往岸边和港区集聚。根据专家组建议，指挥部及时制定了“控外清内”的清污举措。专家组的数名成员每天向指挥部提供评估合理化建议，并亲自上清污船指导海上作业。

交通运输部先后调集“北海救111”、“北海救112”、天津大标船“海标11”、“海巡061”等20多艘自有船舶，以及“D7313”、“D7126”、“D3827”三架直升机，火速调集吸油毡、围油栏、吸油机、撇油器、消油剂等各类清污急需物资装备，全力投入清污战斗。清污期间，交通系统共出动各类船艇137艘次、人员数千人次、救助直升机12架次。辽宁海事局统一协调指挥，调集全部船舶、物资等清污力量在规定时间内到达指定地点。经过全力奋战,2010年7月20日17时，大连港解除部分港区临时交通管制，大连港全面恢复正常通航。

国家海洋局立即派出“海监11”、“海监18”等3艘船舶在清污现场附近游弋监测，同时调集了中海油“海洋石油252”、“滨海265”等四艘国内最先进的大型专业吸油船，赶赴大连污染海域清污。中石油也派出了“中油应急101”、“中油应急301”、“中油应急302”等六艘专业清污船舶赶赴污染海域进行清污作业。

指挥部还组织力量从空中和海上对清污进行实时监控、实地巡查；大连海事大学“育鲲轮”利用海上溢油雷达监测系统和便携式油污探测热红外仪对海域污染面积进行测算。同时国家环保部、辽宁省环保厅分别调集国家环境监测总站、省环境监测中心及营口、鞍山等市环境监测站多位专家赶赴现场，开展环境监测工作。辽宁省14个危废处置企业在有关专家的指导下，全部投入清污工作。大连市环保系统70余名环境监测人员昼夜奋战在监测一线，布设了25个陆域、10个海域监测点位，获得2500余个监测数据。为了使广大市民充分了解事故对环境空气质量的影响，从2010年7月19日起，大连市环保局在市内所有媒体连续7天发布大连新港“7·16”爆炸事故大气环境质量公告、日报和预报，公布事故地点、市中心等 11 个点位的总挥发性有机物浓度。

大连市海洋渔业局自 2010 年 7 月 17 日凌晨 3 时 30 分开始，出动海监执法船在油污海域执行 24 小时监视巡航。市海洋环境监测中心，不间断地开展污染海域水质监测，及时掌握海水理化指标变化、油污漂移趋势和污染范围等具体情况。市、区海洋与渔业部门建立联络员制度，指派人员实行 24 小时值班，及时沟通了解海上、陆地油污情况。

大连海事局船舶交管中心依托 VTS（船舶交通管理系统）、AIS（船舶自动识别系统）、CCTV（视频监控系统）、VHF（甚高频通信系统）等科技手段，全天候、全方位密切监控清污船舶和海上油污动态。事故发生后，第一时间指挥事故现场及附近港区 28 艘船舶紧急疏散，加强交通管制，合理组织船舶交通流，开辟清污船舶绿色通道，有力保证了海上清污和港口通航两不误。

从 2010 年 7 月 19 日清污战役开始以来，大连市各级党政机关、各区市县、乡镇、街道、企业均积极行动起来，全力投入清污工作，打响了一场海上清污的人民战争，一些外资企业如英特尔、佳能、东芝、三菱电机等也参加了清污工作。

大连市采取多种措施严防相关海域发生“墨西哥湾式”的二次污染。2010 年 4 月英国石油公司位于墨西哥湾的一口油井发生爆炸后，其与美国政府在油污海面和漏油点附近洒下大量化学分散剂，以消除油污，但分散剂的毒性问题一直受到质疑。一些英国海洋生物学家和环境专家表示，用化学措施清理漏油对环境带来的危害很可能大于漏油本身。化学物质将使当地海洋生物的数目大幅下降。出于环保和预防二次污染的考虑，有关部门决定宁可更多采用原始而耗力的人工清理方式，而不是像英国石油公司那样在墨西哥湾大量使用化学分散剂。大连市海洋与渔业局副局长栾玉瑄介绍说，爆炸事故发生后，大连市海洋与渔业局每天组织 1000 多条渔船、3000 多名渔民，使用瓢舀、笊篱捞等手工方法，全力清理海上溢油。这些办法尽管很原始，但却很实用。

沈阳军区 2010 年 7 月 22 日紧急出动 2200 余名官兵，300 台车辆和大型机械设备，驰援大连海岸清污一线。在清污现场，海面风大浪高，官兵们通过在海陆交接处铺吸油毡、稻草，设置防护带等吸附海水中的原油。稻草甚至近千斤重的隔离带有时在海浪击打下移位，需要战士们重新规整，以阻止浮油冲上海滩。

为鼓励渔民的积极性，市政府出台了一些激励机制。最初市政府提出一个村提供20条渔船出海捞油，一条船一天的奖励是1000元，但这个措施激励效果不大，最后决定将奖励提升至每桶300元，对清理海上受污染的含油废物也作价回收。“重赏之下，必有勇夫”。该政策让养殖户和渔民们蜂拥而至，包括河咀子村在内的大连湾的所有渔村都加入了捞油的行列，海面上捞油的船只密密麻麻，多达几千条。一家几口一条船上轮流捞油，工具是勺子、塑料桶甚至筷子，以至双手都直接上阵。由于原油没那么容易捞，凝固的，一捞后面连着一大块，抱都抱不动，因此必须专门配一个人将捞起来的油块割断。通常一条船出海捞油需要配备三人，一人开船、一人捞油、一人割油。不止养殖户和渔民，大学生、出租车司机、小饭店老板也加入到捞油的人民战争去了。因为奖励丰厚，捞油的百姓竞争激烈，甚至为了争夺海面发生冲突。这些村民们事先并没有被告知原油的毒害，因此在毫无防备的措施下，捞油的村民事后大多出现了蜕皮迹象，伤口处开始溃烂。

除了渔船，大连湾海面上还有政府部门组织的大量专业捞油队，十多天后，海面上的原油块已经基本被打捞上岸，但海面上仍然有一层明显的油污。大连市环保局在大连金山渔港码头成立了现场指挥部，负责调度指挥污染物接收、运输和安全贮存工作。2010年7月21日，大连市环保局发出了《关于将污染物交由有处置资质单位进行安全处置的紧急通知》，明确含油污染物包括油污水、吸油毡、含油沙石（土）、含油草帘等，并要求每天清理出来的含油污染物必须交由环保部门指定的具备危险废物处置资质的企业进行处置。大连市环保局高级工程师杜广玉说，当地政府对于清理的溢油，采取了集中回收的办法，控制作业面，防止岸线及土地受到污染。共在大连金石滩、开发区等地设立了10个收油点，开展污染物的接收工作。由于已经进入雨季，为保证含油废物不被雨水冲入大海，大连市用黏土做成近3万平方米的围堰，并在旁边建立了一座可容纳100立方米的应急池，一旦围堰中水多了，就可排到应急池内。此外，大连市还对从事海上清理溢油的渔船进行集中清洗，使渔船沾上的原油不至于造成二次污染；对于个别污染严重的渔船，政府作价一次性回收，并进行无害化处理。

突然来临的暴雨和东南风已把油污吹到了位于新港油库东北方35公里的旅游胜地——金石滩。曾经绮丽迷人的黄金海岸现已随处可见大片的油污带。从2010年7月18日开始，大连市政府动员了成千上万人开始了大规模的海上清污行动。来自四面八方的志愿者、工作人员们全力清理油污，希望尽快重现黄金海岸的纯净与魅力。他们大多是徒手进行清理工作，用勺舀、用桶装、用草黏、用网围。后来，志愿者接到并采纳了国际环保组织提供的吸附油污办法——用头发。大连环保志愿者协会向市民发布征集头发启事。7月23日一早，志愿者协会接到一位女士的电话，她说已经将自己的头发剪下，要送到协会。大连马兰街道干部顶着烈日，走遍了社区10多个理发店，收集了三袋头发；乐天网站联系市内9家理发店送来头发；在校大学生主动收集头发、丝袜送到协会……云南、湖北、江西等省市的市民也通过特快专递，把收集到的头发寄到大连。三天时间里，大连市环保志愿者协会收到捐赠的丝袜近千条，头发420多斤，麻袋100余条，玉米叶600多斤，企业捐赠的抹布1400块……7月25日上午，600多个志愿者排成一排，将头发装入丝袜内，制成吸油缆放到海岸边，吸满油污后，请有关部门回收。

2010年7月25日晚18时，大连市市长李万才代表海上清污领导小组郑重宣布：历时五天的海上清污攻坚战取得了决定性胜利！

2010年7月26日上午，大连市召开海上清污情况新闻通报会，通报截至25日18时，大连海上清污取得重大成果。大连市市委常委、副市长、海岸联动清污工作领导小组组长戴玉林说："一是完成了党中央、国务院提出'绝不让油污进入公海，进入渤海'的目标要求，二是实现了三个清除，海上污染源已经彻底根治，多个排污点彻底清除，海上污油得到基本清除，大面积海上油膜基本清除。"海水水质达到国家Ⅱ类标准，事故现场和市区空气质量达到优良标准。不过戴玉林也坦言，大连今后的海上清污工作任务艰巨，需要较长时间。虽然油污的量减少了许多，但彻底清除残余很不容易，因为大海捞油比大海捞针还难。大连市已请环保部牵头，聘请中科院等机构的一批环境专家，对这次污染造成的严重环境问题及其治理进行科学评估、提出方案，认真总结教训，举一反三，加大安全防范，防止类似事件发生。7 月 28 日 22 时，30 万吨级油轮“远山湖”号缓缓地靠泊大连港 30 万吨级原油码头，这标志着大连港集团港口生产全面恢复。

2010 年 7 月 30 日，国家海洋局副局长陈连增在大连召开的一次溢油应急会议上坦言，爆炸事件对大连海洋生态的影响将是“长期的，不可低估”。

(四) 初步原因鉴定

根据安全监管总局网站消息，国家安全监管总局和公安部共同发布《关于大连中石油国际储运有限公司“7·16”输油管道爆炸火灾事故情况的通报》，通报称此次事故的初步原因是，在“宇宙宝石”油轮已暂停卸油作业的情况下，辉盛达公司和祥诚公司继续向输油管道中注入含有强氧化剂的原油脱硫剂，造成输油管道内发生化学爆炸。

通报称，事故暴露出以下主要问题：一是事故单位对所加入原油脱硫剂的安全可靠性没有进行科学论证；二是原油脱硫剂的加入方法没有正规设计，没有对加注作业进行风险辨识，没有制定安全作业规程；三是原油接卸过程中安全管理存在漏洞，指挥协调不力，管理混乱，信息不畅，有关部门接到暂停卸油作业的信息后，没有及时通知停止加剂作业，事故单位对承包商现场作业疏于管理，现场监护不力；四是事故造成电力系统损坏，应急和消防设施失效，罐区阀门无法关闭。另外，港区内原油等危险化学品大型储罐集中布置，也是造成事故险象环生的重要因素。

在 2010 年第 34 期《化工安全与环境》杂志上，大连安全科学研究院韩世奇撰文详述分析了“7·16”事故发生的直接、间接原因。2010 年 9 月 21 日，韩世奇因为曾经参与了“7·16”事故的调查处理，被辽宁省政府授予“个人二等功”。韩世奇认为，“7·16”事故的罪魁祸首正在于配方中的双氧水。由于双氧水稳定性差，在一定温度、压力条件下，双氧水会分解产生蒸气和氧气，这一反应会产生新的热量，温度升高又加速双氧水的分解反应。双氧水的初始反应温度为 34.5 摄氏度。7 月 16 日当天，外部气温为 28 摄氏度，但是在 60 毫米厚的保温层输油管内，油品本身的温度为 40 摄氏度。双氧水开始分解反应，不断产生热量、水蒸气和氧气。当卸油停止，热量开始在狭窄密闭的输油管内聚集，最终引发了第一次爆炸。第一次爆炸产生的热量使得不远处 40 米管道内积存的双氧水瞬间分解，双氧水分解所产生的巨大压力又将此处的管道炸成碎片。两次爆炸引起输油管道开裂，油气外泄，外部高温之下，油气不断爆炸，最终演变为“7 · 16”特大事故。韩世奇认为，“HD– 硫化氢脱除剂”没有经过任何小试、中试、工业化试验、产品鉴定和产品安全性评价等必经的过程，而直接投入到了工业化应用中。这一做法违反了《中华人民共和国安全生产法》关于新产品、新技术“应掌握其安全技术特性”的规定。

韩世奇认为，在双氧水分解反应的直接原因之外，此次爆炸的发生还有多方面的间接原因。其中，中燃油下属的四个沥青工厂，所加工的石油全部为进口重质石油，长时间以来，罐区管道长期处于腐蚀性介质中，卸油后没有及时对管道采取处理措施，导致管道边薄，承压力下降，最终在最薄弱处发生爆炸。

2010 年 8 月 2 日，在清污工作收尾时，中石油大连石化分公司召开了“7 · 16”火灾事故抢险救援表彰大会，该公司的主要负责人及下属 9 个单位和 197 人分别被授予“先进集体”和“先进个人”称号，一些事故责任人也受到嘉奖。8 月 3 日，中石油总经理蒋洁敏来到大连指导善后工作，称赞中石油参加抢险救援工作的队伍体现出了敢打硬仗、能打胜仗的大无畏精神和良好素质，是一个能打胜仗的英雄群体。但是，关于损害评估及污染赔偿事宜却一直无人提及。

(五) 爆炸接二连三

2010 年 10 月 24 日 16 时 10 分左右，“7 · 16”爆炸事故现场再次发生火情。中石油辽河油田建设集团施工人员在对位于大连新港原油储备基地103号罐体（即原“7·16”爆炸事故着火油罐）进行拆除作业时，由于中石油工人再次人为操作事故（电火花引爆），导致103号罐内残留的石油再度发生爆炸。爆炸再度造成了大恐慌，附近方圆几十里内的居民纷纷弃家出逃，大连市出动了370名消防官兵、70余辆消防车最终在次日凌晨2点将大火扑灭，还出动了60多辆装满砂土的翻斗车才遏制了火情进一步恶化。虽再没有原油、污水流入海域，但爆炸造成的恐慌让附近居住的大连人心理阴影再次加剧。值得注意的是，从7月16日的大爆炸到10月24日的大爆炸，正好100天。

2010年12月15日18时，中石油大连新港储油灌区附近区域失火，3人在火灾中遇难。火灾就发生在油罐区一路之隔的鑫湾宾馆。这里距最近的油罐约30米，离发生“7·16”和“10·24”火灾的103号油罐仅仅约80米。“一旦引燃油罐，悲剧可能重现”，有目击者回忆说。

对中石油来说，2010年在安全事件方面所积累的教训足够丰富。2011年1月12日，在中国石油集团工作会议上，主管安全的中国石油集团公司副总经理廖永远在讲话中承认，中国石油“较大工业生产安全事故时有发生，重特大事故没有得到杜绝”。

2011年3月18日，中国石油发布了其2010年的业绩，营业收入、利润均大幅增长。但是，这一份不错的成绩单之外，备受关注的大连“7·16”事故的损失情况，以及后续事故处理，却只字未提。

(六) 上访索赔维权之路漫漫

2010年8月4日，大连市相关部门通知要在金石滩海域征海用于开发建设，这个通知让河咀子村的村民们坐不住了，“赔偿至今未谈，却急着征海。政府到底是为百姓说话还是为中石油说话?!”

随后的日子里，大连市金州新区金石滩街道河咀村“村长”邵德善带领众多村民先后前往中石油大连石化分公司、中石油国际仓储有限公司、中石油国际仓储有限公司所在的大连保税区管委会信访办、大连市经济技术开发区管委会信访局。邵德善说："我们要求的也只是一个赔偿办法，成立一个由村民参与的污染损失评估专案小组，由相关部门的专家牵头，制定一个方案。"

因为在大连走了多少程序都没有人理会村民们的诉求。"没有办法了，只有上访。"邵德善说。2010 年 8 月 26 日，近千名养殖户集体赴京上访的计划被当地警方打断，之后，他们"分次、分批"再次赴京。

2010 年 9 月 1 日，邵德善与村里 20 多位养殖大户再次进京讨要说法。在大连市驻京办的协调下，也在多家媒体报道之后，河咀子村养殖户的索赔起头有了一线朝气，"中石油告诉我们，只要政府拿出合理的抵偿方案，他们就出钱，说是抵偿方案在 11 月份出，"邵德善如是说。邵德善等人深知污染损失评估过程的复杂和烦琐，"只要能拿出赔偿办法就行，我们也知道，三年、五年后拿出赔偿金额都是可以理解的。"获得这个动静之后，邵德善在 10 月还特意去了趟北京，去把仍在北京坚持上访的村民们拉了回来。直到 12 月 9 日，邵德善们才看到抵偿方案的收罗定见稿，也恰是这个收罗定见稿，让他们大失所望。"抵偿尺度太低，和现实损失的相差太远，我们不能接管，"养殖户李辉说。金石滩河咀子村的村民觉得，抵偿数字是凭空诬捏的产物，"当地政府没有找过我们调查情况，也没有来我们这里查询拜访，他们的数字从哪里来？"12 月 15 日，邵德善和 40 多名养殖户又一次踏上了往北京的列车，开启了他们再次上访的旅途。"打官司这条路走不通，只能往北京上访，这是解决问题的唯一办法。"邵德善说。

邵德善的考虑不是没有道理。根据《新世纪》周刊报道，大连天正水产有限公司曾提起过索赔诉讼。但该公司一位张姓副总暗示，在提起诉讼后，当地政府很快找到他们，希望他们撤诉，大连海事法院也不受理他们的诉讼。耐人寻味的是，辽宁省高级人民法院网站上至今还悬挂着一条发表于 2010 年 7 月 28 日 8 时 42 分 10 秒的题为《大连海事法院高度重视、快速应对"7·16 输油管道爆炸事故"》的新闻，内容如下：

2010 年 7 月 16 日，位于大连市大连湾新港储油罐区一储油罐输油管线发生爆炸，事故引发大火和原油泄漏。

"7·16输油管道爆炸事故"发生后，大连海事法院高度重视，认为该院作为管辖海事侵权纠纷案件的专门法院，为维护人民群众合法利益、为辽宁沿海经济带建设大局提供优质高效的司法保障和服务、协助相关部门妥善处理善后事宜具有义不容辞的责任。为了解事故的第一手情况，该院王永奎院长第一时间作出安排，由杜林奎副院长、陈玉胜副院长负责，组织研究室、立案庭、鉴定中心三部门联动，先期掌握事故处理进展和清污等后续工作开展等有关情况。当日，该院即与大连市人民政府办公厅、保税区管理委员会、"7·16事故"清污指挥部等相关部门及时取得联系，并进行了有效沟通，建立了联络机制。2010年7月20日，该院还派专人到大连湾新港码头联系、走访相关部门，深入事故现场实地了解相关情况。通过紧张的工作，该院初步掌握了第一手资料，明确了事故处理和后续工作的重点和难点，为做好应对预案提供了可靠的依据。

养殖户们还发现，大连市所有的律师事务所也仿佛在一夜间一律失声，没有律师肯接手与此次事故相关的案子。"有一种无路可走、无处诉苦的凄凉，"邵德善哀叹。但他并不打算放弃，"假如不解决问题，我会一直上访下去"。

面对渔民的索赔诉求，2010年9月，大连市政府牵头成立了事故理赔办事机构。12月，大连海洋局拿出了理赔征求意见稿。2011年3月，大连海洋局口头向大连市金州新区金石滩街道河咀村村长邵德善等人通报了新的理赔方案。

二、案例分析

（一）究竟是什么导致了此次重大漏油事故

国家安全监管总局和公安部发布《关于大连中石油国际储运有限公

司“7·16”输油管道爆炸火灾事故情况的通报》，通报称此次事故的初步原因是，在“宇宙宝石”油轮已暂停卸油作业的情况下，辉盛达公司和祥诚公司继续向输油管道中注入含有强氧化剂的原油脱硫剂，造成输油管道内发生化学爆炸。通报称，事故暴露出以下主要问题：一是事故单位对所加入原油脱硫剂的安全可靠性没有进行科学论证。二是原油脱硫剂的加入方法没有正规设计，没有对加注作业进行风险辨识，没有制定安全作业规程。三是原油接卸过程中安全管理存在漏洞。指挥协调不力，管理混乱，信息不畅，有关部门接到暂停卸油作业的信息后，没有及时通知停止加剂作业，事故单位对承包商现场作业疏于管理，现场监护不力。四是事故造成电力系统损坏，应急和消防设施失效，罐区阀门无法关闭。另外，港区内原油等危险化学品大型储罐集中布置，也是造成事故险象环生的重要因素。

美国学者认为，中国应对重大灾难应着重于“防”。大连新港海域的原油泄漏造成了如此大的海洋污染，很大程度上要归咎于在“防”字上出了问题，各有关方面对于溢油灾害风险的重视程度不够，溢油风险系数与溢油处理能力不匹配。

朱童晖指出，具有与风险系数相匹配的风险应对能力应该是大连新港在建成投入使用前就应当具备的基本条件之一。但是在这次原油泄漏污染事故中，大连新港的风险应对能力被证明是存在严重缺陷的：第一，在布局规划上存在诸多隐患，产业布局没有远离海洋产业密集区，储油基地与港口码头距离太近；第二，基地四周陆地缺乏原油泄漏“隔离导流缓冲设置”，原油一旦泄漏就直接进入海域，没有缓冲余地，造成了海洋原油污染处理的种种困难；第三，港区和有关部门没有配备足够长度的围油栏，原油泄漏入港后，无法将泄漏原油围栏在港内，以致原油很快扩散至港口外海域，大大增加了处置难度；第四，各储油罐体之间的消防通道过于狭窄，消防车无法展开队形；第五，自行维护的供电线路事故后停电，多个油罐的阀门无法正常关闭，最后依靠大连供电公司派出的发电机供电（供电公司同样遇到问题，现场的供电线路由企业自行维护，连电压都有差异），才将剩余的 7 个油罐阀门关闭等。

而在应对已发生的原油污染，国内外专家普遍认为，海洋溢油处置应以专业应急队伍为主、民众配合为辅。但在本次污染原油的处置过程中，专业清理船只的数量明显不足。虽然“海洋石油252”、“海洋石油603”、“滨海263”和“滨海265”等溢油回收环保船在溢油较为集中的时候发挥了重要作用，但有专家总结说：“这次调用了各省份的海洋应急船，问题是等这些专业的船到了，污染也扩散了，错过了最好的时机”；而大部分的海面原油是动员渔船渔民以“徒手捞油”的方式回收的——“大多数渔民都清楚泄漏的原油对身体的危害，但他们没有采取任何保护措施，将泄漏的原油一把一把、一瓢一瓢捞起来”。普通渔民冒着伤害甚至致癌的风险，进行最原始的徒手瓢舀清理工作，实在是无奈之举。而消防队员张良的牺牲反映出的是专业清污技术和设施的缺失这一不争的事实。

周大地认为，沿海各地普遍存在海洋环境保护行政执法难、处罚难、追究难等问题。这使海洋生态保护面临诸多困境。20世纪80年代以来，中国先后加入了《联合国海洋法公约》等近20个有关海洋污染防治和海洋生态保护方面的国际公约，国内也制定了多部海洋环境保护的行政法律法规，如《中华人民共和国海洋环境保护法》、《防止船舶污染海域管理条例》等。但是，由于这些法律法规普遍缺少具体的执行标准和配套的实施细则，导致实体法形同虚设，实际执行中仍然处于“无法可依”状态。即使案件性质和责任认定清晰，海洋行政主管部门也只能处以最高30万元的罚款，迄今并没有一起案件的责任人受到刑事追究。

对中国现行海洋环境监管体制，周大地的评价是“执行不力、低效”。中国投入海洋环境的投资较少，监测设备和专业人才严重短缺，主管部门不但难以在事前发出警示，提出整改意见，而在遇到突发性污染事故、污染纠纷和严重违法事件时，也很难迅速、准确作出反应。

（二）大连漏油事故将会带来什么

国家海洋环境监测中心专家表示，这次泄漏的石油对大连海域附近的生态环境已经造成了严重的影响，包括物理作用、化学毒性以及对生态环境的破坏。2010 年 7 月 20 日，绿色和平组织工作人员到达大连海滨进行环境影响评估发现，“事故对于大连湾的海水质量、生态系统和海洋生物产生了很大威胁，并会影响到当地的渔业、旅游业和附近居民的生活”。溢油污染从两个方面影响水质生态环境：一是油膜阻挡光线，阻挡了海气的交换，影响海洋植物正常的光合作用和海洋生物的呼吸，危及整个海洋生物食物链；二是海面以下的油团变成重油后，会沉降在海底，危及海底生态环境，而溶解在水里的石油对海洋生物有一定的毒性，并且随着在食物链中的积累，通过海产品危及人类的健康。国金证券专家表示：“美国墨西哥湾漏油事件发生后，英国石油公司（BP）曾打算投入 200 亿美元用于清理油污、海洋生态保护等，而大连投入 10 亿元以上的成本，是很有可能的。”

王玲、贾鹤鹏认为，此次漏油事件对于环境的影响很难评估，即便把沙子全部换掉，仍然不能算完，附着在礁石缝隙里的原油也会随着海浪的冲刷造成海面的再次污染。不仅仅是中国，世界范围内也没有成熟的漏油事件环境影响评估经验，对于如何修复被污染的海洋生态系统也尚处在摸索阶段。在二十年以前，人们对于海上漏油污染的认识停留在它对生态环境的最初几个星期的急性伤害方面。随着化学和生物学的发展以及检测技术的进步，科学家渐渐发现，表面上重新恢复的生物种群并不意味着生态环境的完全恢复。1989 年 3 月 24 日，美国埃克森公司“埃克森·阿尔迪兹”号在阿拉斯加威廉王子岛海岸触礁搁浅，泄漏 5 万吨原油，8600 公里海岸线受污染，30 万只海鸟和 5000 多头海獭、海豹死亡。到 20 世纪 90 年代末，看起来曾经重创海洋的油污已经消失得无影无踪，但科学家仍然在水獭等动物的肝脏中发现了原油所包含的石油烃等有害成分。1978 年 3 月，利比里亚油轮“阿莫科·加的斯”号在法国西部布列塔尼附近海域沉没，造成 23 万吨原油泄漏，沿海 400 公里区域受到污染。事故造成了数以万计的海鸟死亡和其他动物的失踪。为了清除石油对于该地区湿地的污染，政府动用推土机和拖拉机铲除了湿地表层近 20 英寸的沉积物，同时引入更多的海水以期净化湿地。然而事与愿违，时间过去十年多后，那些没有被清理过的区域植被已经恢复，那些被清理过的湿地反而有 40%没能恢复。

持同种态度的，在《大连新港漏油事件对海洋经济的影响分析》中，宋维玲等从海洋经济的视角入手，从海运、石油工业、旅游业海洋渔业、生态环境等方面阐述近期及后续影响，较为全面地分析了此次漏油事件可能带来的经济影响。她指出石油泄漏的危害是不可挽回的、长期的，这些影响将缓慢被释放和发现，事故引发的次生环境灾害，处置难度较大。

魏英杰则将这起事故造成的危害主要分成两部分：一是管道爆炸起火对油库造成的破坏和损失；二是原油泄漏造成附近海域污染及可能发生的后续生态灾难。针对前者，需要做的是尽快查清原因，并对国内所有油品接卸港口码头展开安全清查，消除安全隐患。而对于原油泄漏问题，当然是抓紧进行海上清污工作，防止污染蔓延扩散。魏英杰指出无论是在哪个方面，都需要以一种科学的态度对待，并以专业的手段修复灾难，把危害性降到最小。他认为实际上，油污造成的生态污染后果不仅短时间内难以估量，而且也很难斩草除根。从墨西哥湾漏油事件可以知道，即便将漏油口堵住，并回收海上油污，事故也已对该区域造成无可挽回的生态灾难。这是因为，生态是由一连串的因果关系所组成的。假如一条鱼受到污染，除非立即死亡，否则它就可能把污染传递给下一代。可见，降低生态污染带来的危害性，无疑是一个极其复杂的系统修复工程，来不得半点马虎大意。

除去此次漏油事件对于自然环境、宏观经济的影响外，作为此次事故的直接受害人——海港附近的渔民，同样也引起了各方的关注。人民网刊登《大连“漏油门”：只见央企笑，不见渔夫哭》一文指出：“这起溢油量超万吨、已创下中国海上溢油事故之最的事故，至今事发已近两个月，但有关损害评估和赔偿事宜等未见丝毫进展。渔民们求诉无门，只能走上前景莫测的上访维权路。”谈到此次污染造成的损失赔偿问题，周大地表示，由于存在严重的制度缺陷，无论是直接受害人的经济损失，还是污染导致的间接损失，目前都无法从行政罚款中得到全额赔偿。“希望这次事故能使相关部门重视上述问题并亡羊补牢”。《武汉晚报》上刊登了一篇名为《君子不二错》的文章，指出“7 · 16”爆炸事故之初，事故性质恶劣，后果严重，相关报道却很快销声匿迹，相反墨西哥湾漏油事件却占据着大量版面。当时未见追究问责程序展开，未见有明确责任，并积极对正当利益受损者给予补偿，而是人家内部已经召开了表彰会，忙着授予荣誉称号，并从此没了消息。

朱童晖更是直接提出质疑：大连新港原油污染损失谁埋单？何种赔偿方式？具体的赔偿额是多少？这起事件是否会开创中国海洋污染赔偿之先河？这些都涉及我国海上石油泄漏赔偿机制问题。至今，中国尚未建立完备的油污损害应对与事后赔偿机制，同时，国内环境污染责任保险也是缺位的。按照《中华人民共和国海洋环境保护法》规定，对破坏海洋生态、海洋水产资源、海洋保护区，给国家造成重大损失的，由依照该法规定行使海洋环境监督管理权的部门代表国家对责任者提出损害赔偿要求。但由于缺少具体执行标准和配套实施细则，这一规定可操作性不强。

（三）如何应对此类危机

公开数据显示，中国海域的污染源大多来自于船舶溢油。从 1994—2003 年，十年间，中国沿海水域发生的溢油量 50 吨以上的事故就高达 30 起。

作为公共安全事故，大连油管爆炸及原油泄漏事件可能很快退出公众视线，但是这起事故引起的生态污染不仅眼前看得到，而且需要不短的时间来慢慢修复。具体而言，当地养殖业、旅游业以及海洋生态环境究竟会遭受多大影响，需要有关部门马上着手展开调查，作出判断。眼下要做的，不但不是人为“降低”污染的危害程度，而是要老老实实地分析事故走向及其可能后果，以科学的精神对待和处理事故，这样才能真正把事故的危害和损失降低到最小。

同时，目前中国有关溢油污染对海洋生态资源损害方面的研究很少，国际上也没有完全成熟的标准可以借鉴。由于缺乏客观的漏油污染定量化的评估方法，这也使生态损害赔偿困难重重。

周大地指出，环境污染犯罪案件在证据收集、问责量刑等环节，都需要较高的专业技术水平，而中国在这方面只是“刚入门”，因此必须畅通信息渠道、加强国际合作。同时，法律法规的完善、标准的再细化，以及跨部门合作机制的建立，都不可能一蹴而就。

在谈到如何更好防范安全事故发生时，宋立崧指出，首先企业文化非常重要，其次法律法规的执行对于防范安全事故的发生也非常重要。我国安全生产方面的法律法规非常多，但执行的力度却不够，如果所有的企业都能依法合规作业，就不会导致这么多事故发生了。另外，资源积极投入也能有效防范事故的发生。技术不能改进、不断完善能够提高本质安全的程度，这是毫无疑问的。以上各方面都做好，再加上人的因素，就会形成一个系统，从而提高保障能力，降低事故的发生概率。

全球环保组织绿色和平给出了 6 条建议：信息透明、基础设施综合风险评估、改进石油泄漏应对计划、开展环境影响评估、健全石油污染法律体系、发展清洁能源。1989 年的阿拉斯加埃克森漏油事件催生了美国《石油污染法》的颁布。墨西哥湾事件也影响了正在美国参议院审议的《能源和气候法案》。奥巴马在 6 月中旬发表讲话时强调，美国要摆脱对石油的依赖，大力发展替代能源。痛定思痛，此次大连新港漏油事件，定然也会催生中国对于海洋石油运输、开发等新制度。

(四) 中石油应切实对大连漏油事故负起责任

中央电视台“今日观察”栏目评论员刘戈在 2010 年 8 月 14 日的《经济观察报》发表题为《中石油欠大连人民一个道歉》的文章指出：

是的，按照中石油的公开表态，这起事故的责任已经推给了承包商。和 BP 在美国墨西哥湾发生漏油事故后所做的一样。中石油相关领导在内部会议上认定爆炸事故的直接原因是由于负责加注脱硫剂的公司现场操作不规范所导致的管道爆炸着火。但也承认，事故也暴露公司有的单位仍然存在着属地管理职责不落实、现场监管责任不到位、作业许可管理不规范、作业过程监管不落实、安全环保风险意识淡薄等问题。这些问题加在一起，以及带来的对当地经济、环境造成的长久破坏的后果，难道还不足以换来中石油的领导一句“对不起”吗？事故发生后，在大连市连续召开的三次新闻发布会上，没有见到中石油发言人的身影，乃至大连市的新闻发言人在回答记者的提问时，不得不自觉背上工作不到位，没有通知中石油参加的黑锅。面对一起让一个数百万人口与毁灭擦肩而过的重大事故中石油选择了一如既往的沉默。令人窒息的沉默。文章认为，石油开采运输是一个高危行业，不可能完全杜绝事故。但面对周边社区产生的长久危害，连一句对不起都羞于说出口的企业，怎么让人放心呢？

财经专栏作家叶檀于2010年9月14日发表《中石油应对大连漏油负起社会责任》一文，她指出：

中石油在大连漏油事件中的傲慢态度，显示该企业既缺乏社会责任感，也缺乏民事主体平等的法律意识，更缺乏市场经济中的规则意识。到目前为止，中石油对漏油事件惜字如金。到7月26日，大连市政府召开了四次新闻发布会，中石油连续四次缺席。这家公司像个封闭的独立王国，事故信息发布主要受制于中石油集团内部文件《重大敏感信息发布管理暂行规定》，总的原则是低调、正面、有序。与此同时，网络上流传“中国石油天然气集团公司新闻报道公文稿件慎用词汇表”，包括不能用“垄断”、“暴利”、“圈钱”等词汇，并称发布“词汇表”是为“正确引导舆论”。显然，这家公司自视为拥有维护社会秩序重责的特殊机构，只要正确引导舆论就能搞定，很难想象一家拥有公众公司、参与国际竞争的巨无霸企业能说出这样的话。

该文章还指出，中石油总是能够在可怕的安全事故中脱身，无论是2003年12月23日开县井喷事件，2005年11月份吉林石化双苯厂爆炸，还是2011年1月份的兰州石化爆炸事件，以及9月7日中石油辽宁省抚顺市石油三厂的火灾。代表中国企业参与国际竞争的中石油等公司，如果以此等理念、此等心态出现在国际市场，是对于中国形象的严重玷污。刻意的漠视绝不会带来对痛苦的遗忘，而是一轮轮累积起来的愤怒，以及社会价值的扭曲。当中石油大连石化分公司向9个单位和197人分别被授予先进集体和先进个人称号时，很多人将此视为中石油社会责任又一笔难以抹去的耻辱。

《新民周刊》于2010年年底发表《大连"被石油"再调查》一文，指出这是中石油的老套路了：

它连一个最基本的道歉也没有给大连市人民就"潜水"了。"7·16"事故发生至今已过百日，外界仍在质疑辉盛达与祥诚商检取得添加脱硫剂的工程可能有"猫腻"，中石油有责任本应对公众作出解释，遗憾的是，它保持了一贯的缄默。中石油一开始就有推卸责任的嫌疑，在事故发生后，先有"外轮肇事"说，之后中石油集团公司副总经理廖永远曾在中石油集团公司安全环保工作会议上表示，这次事故属于承包商事故。一方面是事故调查报告与追责行动迟迟不见公布；另一方面中石油却急着召开了一个令人大跌眼镜的"7·16"火灾事故抢险救援表彰大会，公司主要负责人及下属9个单位和197人分别被授予先进集体和先进个人称号。真不知道这个企业是怎么想的，它不急着去查因追责、亡羊补牢，却忙着去将"坏事变为好事"。面对外界潮起般的批评声，它继续高调缄默，反思与追责被抛至脑后，又有谁会从事故中吸取教训？文章还指出，中石油对包括泄漏量在内的问题一律避而不谈，这很容易让人对其动机生疑，中石油是否在刻意隐瞒泄漏量，从而逃避行政追责、司法追责、舆论压力与环保追责？修复原油造成的海洋污染，是一个长期而复杂的过程。中石油的表现让人担心它会否在今后数年的修复过程中真正有所担当？国家安监总局与公安部的通告已经明确了中石油在此次事故中负有不可推卸的责任，但这家位居世界500强之首的巨无霸却至今没有拿出令人信服的担责姿态。不得不提英国石油公司（BP）在墨西哥湾漏油事件中的表现，据BP称，截至2010年8月7日，共收到提交的索赔案约14.5万宗，已对其中10.39万宗索赔申请进行了偿付。两天后，美国司法部和BP共同宣布，双方已谈妥共计200亿美元的墨西哥湾漏油赔偿基金的方案。BP已向该基金注入了首期30亿美元资金，向在墨西哥湾漏油事件中的受害人和受害企业提供赔偿，将一直持续到2013年。中石油的企业社会责任形象与其世界500强的地位是否相配，舆论现在很担心它又一次"鲶鱼抽身"。

三、启示借鉴

(一) 深刻吸取事故教训，切实加强危险化学品各环节安全生产工作

1. 严格港口接卸油过程的安全管理，确保接卸油过程安全

一要切实加强港口接卸油作业的安全管理。要制定接卸油作业各方协调调度制度，明确接卸油作业信息传递的流程和责任，严格制定接卸油安全操作规程，进一步明确和落实安全生产责任，确保接卸油过程有序可控安全。二要加强对接卸油过程中采用新工艺、新技术、新材料、新设备的安全论证和安全管理。各有关企业、单位要立即对接卸油过程加入添加剂作业进行一次全面排查。凡加入有氧化剂成分添加剂的要立即停止作业。接卸油过程中一般不应同时进行其他作业，确实需要在接卸油过程中加入添加剂或进行其他作业的，要对加入添加剂及其加入方法等有关作业进行认真科学的安全论证，全面辨识可能出现的安全风险，采取有针对性的防范措施，与罐区保持有足够的安全距离，确保安全。加剂装置必须由取得相应资质的单位设计、制造、施工。三要加强对承包商和特殊作业安全管理，坚决杜绝“三违”（违章指挥、违章操作和违反劳动纪律）现象。接卸油过程环节多、涉及单位多，稍有不慎就会导致安全事故。有关单位要增强安全意识，完善安全管理制度，强化作业现场的安全管理，尤其要加强对承包商的管理，严禁以包代管、包而不管。要采取有效措施杜绝“三违”现象，加强对特殊作业人员的安全生产教育和培训，使其掌握相关的安全规章制度和安全操作规程，具备必要的安全生产知识和安全操作技能，确保安全生产。建立健全“三违”责任追究制度，依法查处渎职责任。

2. 持续开展隐患排查治理工作，进一步加强危险化学品各环节的安全管理

全面加强企业安全生产工作，尤其要加强危险化学品生产、经营、运

输、使用等各个环节安全管理与监督，进一步建立健全危险化学品从业单位事故隐患排查治理制度，持续深入地开展隐患排查治理工作，严格做到治理责任、措施、资金、期限和应急预案“五落实”。对重大隐患要实行挂牌督办，跟踪落实。各地要加强危险化学品安全生产监管工作，督促有关企业进一步加强对危险化学品生产、储存设施的安全监控，特别是加强危险化学品重大危险源的安全管理，切实落实责任，强化措施，保证安全生产。

3. 深刻吸取事故教训，合理规划危险化学品生产储存布局

应认真做好大型危险化学品储存基地和化工园区（集中区）的安全发展规划，合理规划危险化学品生产储存布局，严格审查涉及易燃易爆、剧毒等危险化学品生产储存建设项目。同时，要组织开展已建成基地和园区（集中区）的区域安全论证和风险评估工作，预防和控制潜在的生产安全事故，确保危险化学品生产和储存安全。

4. 切实做好应急管理各项工作，提高重特大事故的应对与处置能力

各地、各有关部门要加强对危险化学品生产厂区和储罐区消防设施的检查，督促各有关企业进一步改进管道、储罐等设施的阀门系统，确保事故发生后能够有效关闭；督促企业进一步加强应急管理，加强专兼职救援队伍建设，组织开展专项训练，健全完善应急预案，定期开展应急演练；加强政府、部门与企业间的应急协调联动机制建设，确保预案衔接、队伍联动、资源共享；加大投入，加强应急装备建设，提高应对重特大、复杂事故的能力。各类危险化学品从业单位要认真研究分析本单位重大危险源情况，建立健全重大危险源档案，加强监控和管理，建立科学有效的监控系统，确保一旦发生险情，能够迅速响应、快速处置。与此同时，要加强应急值守，完善应急物资储备，扎扎实实做好应急管理各项基础工作，切实提高应急管理水平。

（二）留住海洋的清澈，关键在为其披上“法律外衣”

1. 相关法律梳理

20世纪80年代以来，中国先后加入了《联合国海洋法公约》等近20

个有关海洋污染防治和海洋生态保护方面的国际公约，国内也制定了多部海洋环境保护的行政法律法规，从70年代出台的《环境保护条例》，到2000年重新修订的《中华人民共和国海洋环境保护法》，与海洋环境相关的法律法规有近10部，还有2010年10月1日出台的《中华人民共和国石油天然气管道保护法》。但我国关于海洋环境保护的法律并不完善，可实施性也并不大。

2. 法律缺位对于赔偿机制的影响

沿海各地普遍存在海洋环境保护行政执法难、处罚难、追究难等问题。这使海洋生态保护面临诸多困境。

在我国也同样面临这个问题。我们认为原因主要表现在以下两个方面。一方面，是由于海洋环境保护法条文本身过于笼统，缺乏具体的行使标准和有效的司法解释，导致法律条文的操作性不强。这些法律法规普遍缺少具体的执行标准和配套的实施细则，导致实体法形同虚设，实际执行中仍然处于“无法可依”状态。另一方面，则归因于中国现行海洋环境监管体制，“执行不力、低效”。中国投入海洋环境的投资较少，监测设备和专业人才严重短缺，主管部门不但难以在事前发出警示，提出整改意见，而在遇到突发性污染事故、污染纠纷和严重违法事件时，也很难迅速、准确作出反应。

大连石油污染事件是由于缺乏安全作业的规程，在层层分包中，管理失控，安全系统失效。“管理问题其实也是法律问题的集中体现。”陈连生认为，《中华人民共和国海洋环境保护法》中，对于海洋环境破坏的处罚和赔偿，没有明确的法律条文，以至于量刑处罚都太轻，缺乏威慑力。针对此次大连输油管道爆炸事件，只能将其归至倾倒废弃物对海洋环境的污染损害。而事实上，此次事故是爆炸事故，不是单纯的原油泄漏，所引起的后果远超过倾倒废物所导致的海洋污染。油污进入海洋，对海域的渔业、养殖业、海洋加工业等海洋产业都会造成巨大影响。

原因部分阐述的两方面的因素，会导致即使案件性质和责任认定清晰，海洋行政主管部门也只能处以最高30万元的罚款，迄今并没有一起案件的责任人受到刑事追究。现有的法律条文中没有明确责任人的界定以及受害者的具体人群和赔偿细则。也就是说，遇到了意外海洋破坏事故，若提起诉讼，原告方和被告方很难确定。原告可以是渔民，可以是石油公司，也可以是国家。由于双方的人员难以裁定，所以，赔偿问题、赔偿金额，以及赔偿金额的支付方以及受益方也难以裁定。尽管《中华人民共和国海洋环境保护法》给予了国家或政府相关部门在污染损害赔偿纠纷中的民事主体地位，但由于环境污染又大多由环境介质间接引发损害后果，因此在举证中难度颇多。所以，在过去许多重大环境污染事件中鲜见海洋管理部门起诉的身影。

这也解释了“只见央企笑，不见渔夫哭”这一现象：“这起事件中，最诡谲的是渔民连个说话的地儿都没有。不但全市的律师事务所一夜之间失声，海洋与渔业局也未能站出来。”

再则，环境污染犯罪案件在证据收集、问责量刑等环节，都需要较高的专业技术水平，而中国在这方面只是“刚入门”，因此必须畅通信息渠道、加强国际合作。同时，法律法规的完善、标准的再细化，以及跨部门合作机制的建立，都不可能一蹴而就。

同时，目前中国有关溢油污染对海洋生态资源损害方面的研究很少，国际上也没有完全成熟的标准可以借鉴。由于缺乏客观的漏油污染定量化的评估方法，这也使生态损害赔偿困难重重。

3. 法律制度的建构

国家安全监管总局和公安部在《关于大连中石油国际储运有限公司“7·16”输油管道爆炸火灾事故情况的通报》中强调：“要深刻吸取事故教训，切实加强危险化学品各环节安全生产工作；持续开展隐患排查治理工作，进一步加强危险化学品各环节的安全管理；深刻吸取事故教训，合理规划危险化学品生产储存布局。各地、各有关部门和单位要深刻吸取此次事故教训，认真做好大型危险化学品储存基地和化工园区（集中区）的安全发展规划，合理规划危险化学品生产储存布局，严格审查涉及易燃易爆、剧毒等危险化学品生产储存建设项目；切实做好应急管理各项工作，提高重特大事故的应对与处置能力。”

笔者认为，此类事故不是第一次发生，也不会是最后一次发生。就如同人类的需求无止境一般，海上船舶漏油等事故也难以杜绝。我们更期待的是法制的健全与有力的实施，是在事故发生之后对于群众切身利益的保护。从宏观上来看，人类自身的发展与保障才是根本，这也是政府与政党必须遵循的原则。

（三）增强海洋石油灾害风险意识，提高溢油处理应急能力

要尽可能地避免类似大连新港漏油事故的再度发生，就必须首先在思想上正视石油泄漏灾害风险的存在和防范风险的重要性。这次大连新港海域的原油泄漏造成了如此严重的污染，很大程度上可能要归咎于各有关方面对于石油灾害风险的重视程度不高，溢油风险系数与溢油处理能力的不匹配。

大连新港原油泄漏事件告诉我们，应当进一步认识海洋石油污染的风险性。作为一个拥有 300 万平方公里海洋面积的海洋大国，海洋污染问题无疑是政府、部门和相关企业必须引起高度重视的敏感课题，必须切实做好石油污染的预防和应急准备工作。

1. 要从“灾害管理”转变为“风险管理”

中国是发展中国家，正面临着快速工业化所带来的工业灾害高发之苦，工业事故频发，灾害问题比较突出。国家安全监管总局分析显示，我国工业灾害主要集中在石化、化工、冶金、煤矿和有色等几个行业。有关专家表示，我国正处于工业灾害的多发期和危险期，迫切需要将工业防灾提升到应急管理的重要位置，迫切需要转变思路，变被动应急为主动监管，从“灾害管理”转变为“风险管理”，变“事后被动应对”为“事前主动预防”，才能降低事故发生频率，把损失降到最低。首先，石化等危险产业应该有安全、合理、科学的布局，应该从控制环境风险、保证经济社会安全的角度做好产业布局规划；大型的储油基地建设应该远离城市和海洋产业密集区，也不能与港口码头等距离太近，否则一旦发生事故，对城市、居民及其他产业影响和危害程度会极大；对于具有海洋污染风险的工程，如石油储备基地、化学物品储备仓库、输油管道等，在建或者已经

竣工的工程需要进行重新审核，还未开工的则需要在考虑安全性的基础上进行科学规划；唯有在安全、科学、环保的规划布局之下，依赖安全监管制度和企业的安全自觉，公众的生命财产才能免于损害，生态环境才能免于破坏。其次，对存在海洋污染风险的工程要严格进行环境评估和安全评估，对集中储油的敏感地区，除了要求规范建设外，安全连锁应对措施也需要切实做好、做到位。最后，要加强安全监管，可以考虑由安监部门配备专员进行定点监管。

2. 建立具有可操作性的海陆统筹的应急预案

有专家认为，海洋溢油污染等灾难是人为造成的，一旦发生，所在地政府不是抗灾力量有限就是束手无策，这或许该引起全球各国政府机构的反思。事实上，在许多领域，属地政府或某个部门作为管理机构，不太可能具有所有的技术力量和能力来应对可能出现的问题，只能依靠协调有关方面的合作来解决。因此，从机制上着手，建立海洋溢油污染应急预案，整合各种资源和力量，就显得十分重要。

目前世界上许多国家都相继建立了海上溢油清除组织和溢油应急计划。除了美国、英国、日本、法国和德国等发达国家早已建立溢油应急计划外，一些中等发达国家如澳大利亚、挪威、丹麦和加拿大，甚至许多第三世界国家最近几年也建立了各自的溢油应急计划，如尼日利亚、科威特、泰国、巴拿马等国。虽然我国已经先后颁布了《中华人民共和国海洋环境保护法》、《石油勘探开发环境保护管理条例》和《防止船舶污染海域管理条例》等法律法规，但在执法管理和实施防控措施上进展较慢，海上溢油防控系统基础较差，区域性溢油应急计划尚未建立。

一套具备可操作性的应对海洋污染风险的机制能够尽快整合资源，高效地应对可能发生的污染事故，最大限度地减少海洋污染事故发生后的损失，本次漏油事故的有效应对很大程度上正是得益于国家海洋局及时启动了应对海洋污染紧急预案。然而应该看到，当前中国应对海洋风险的机制还存在着诸多不足甚至空白，尽管国家海洋局的应对海洋污染紧急预案能够在各地发生海洋污染事故时起到一定的作用，但仍缺乏陆海统筹，应该尽快予以完善。同时，各省各地区在地理环境、储油条件、人力物力方面

都存在显著的差异，所以仅凭现行的紧急预案肯定会出现“水土不服”的问题。建议各地政府及相关部门特别是重点地区应未雨绸缪，结合本地区实际，制定出一份具备可操作性的应对海洋污染预案；大型涉油企业也应总结大连新港海域原油污染处置的经验和教训，制定或修改应急预案。建议国家相关部门以墨西哥湾石油事故和大连新港溢油等事故为案例，进行大课题立项，对事故发生原因、责任方的应急方案、浮油清理措施等整个过程展开深入研究，以此为鉴，总结教训、吸取经验、引进技术，完善应急预案，进一步提高中国海洋石油污染危机的应急管理水平。

3. 增加投入提高海洋溢油专业清污能力

我国目前溢油处理设备严重不足，处置技术原始落后，海洋应急监测能力与先进国家相比也还有一定差距。因此，建议国家和沿海各级政府增加投入，建造更多专业清理船只，配置充足的拦油等设备，引进各种先进装备，进一步增强海洋应急处置和监测能力，适应应急处置的需要。大型涉油企业也同样应在这方面增加投入，配足应急设施，以便在第一时间进行应急处置。

4. 建立海上石油泄漏赔偿机制和保险机制

从理论和国外实践看，一旦发生海洋石油泄漏事故特别是重大事故，肇事者不仅需要对利益相关方的经济损失进行赔偿，更需要对海洋环境的长期生态损失进行赔偿，所以赔偿金额巨大。为了提高污染成本，提高业主对污染预防的高度重视和防范污染的投入，同时也为了分散业主的赔偿风险，建议实行海洋溢油事故的保险制度。

5. 减少部门隔阂，进一步开展研究工作

大连漏油事故从某种程度上也反映出中国在突发性灾害应急研究方面的不足。于非表示，中国的海洋溢油的立体监测系统和相关的海域环境保障预警工作尚不完善，有必要进一步开展该方面的研究工作。对漏油事件造成的环境影响的研究严重不足也反映了这种情况。

尽管像这次大连事件一样严重的漏油事故此前在中国没有发生过，但小规模的漏油事件不断。据一项研究援引的一份报告显示，1973—2003年，中国沿海共发生船舶漏油事故 2353 起，平均每 3 天半发生一起。然而，《科学新闻》通过文献检索发现，来自中国科学家和科研机构的有关漏油后环境影响的中英文论文少之又少，有关漏油后长期生态影响的研究则一篇没有。

正如彭先芝所说，基础科研部门的科学家在这类事件中，很难拿到样品，而进行长期的生态环境研究又缺乏经费。环境和海洋部门倒是有这类的资金支持，但是由于部门之间的隔阂，这类资金支持又很难为基础研究的科学家所用。

一位署名“fndgy123”的网友发表在天涯论坛上的小诗这样写道：“大连不再是浪漫之城，大连不再是宜居之邦；大连不再是北方的香港，大连不再是梦所在的地方；大连不再是大连人的骄傲，大连人的睡梦从此不再安详；不知道哪一个夜晚会被爆炸声惊醒，不知道哪一个清晨会被PX的毒气埋葬；不知道哪一次的蓦然回首，渐渐远离的大海又一次被推移到更遥远的远方；不知道哪一个偶然的瞌睡，醒来后却已不见了房前的青山，屋后的绿荫，还有那相伴朝夕的鸟儿的鸣唱。”当大连海殇以一种无法预见的方式赤裸裸地呈现在人们眼前时，我们不得不重新审视人类自身，审视由于人类自身带来的不可预见的灾难。诚然，从我们卷进现代化旋涡的瞬间开始，我们需要思考的是如何去减轻、缓解而不是仅仅叹息。痛定思痛，法律制度的建构完善、管理应急系统的提升、灾害意识的警钟长鸣必然能够指引我们走出大连海殇这一片阴霾。

参考文献：

1.《大连漏油事故已过两月尚无赔偿　部分养殖户赴京维权》，《南方周末》2010年9月17日。

2.《大连漏油、舟曲泥石流入选2010中国环境十大关键词》，http://huanbao.gongyi.ifeng.com/detail_2010_12/24/3679211_1.shtml。

3. 刘志洁：《周大地：大连漏油事故有何警示?》，腾讯网，2010年7月21日。

4. 魏英杰：《以科学态度应对“大连漏油事故”》，新浪网，2010年7

月 19 日。

5. 籽言：《大连“漏油门”：只见央企笑，不见渔夫哭》，《新闻晚报》2010 年 9 月 14 日。

6. 许斌：《君子不二错》，《武汉晚报》2010 年 10 月 26 日。

7. 刘荻：《大连漏油之后的 12 个问题》，《今日国土》2010 年第 7 期。

8. 宋维玲等：《大连新港溢油事故对海洋经济的影响分析》，《海洋开发与管理》2010 年第 8 期。

9. 朱童晖：《大连新港海域原油污染处置的反思与启示》，《海洋开发与管理》2010 年第 8 期。

10. 王玲等：《大连漏油“后遗症”》，《今日国土》2010 年第 7 期。

11. 王尧：《十五小时生死战——辽宁公安消防官兵扑救大连保税区输油管道起火爆炸事故纪实》，《人民日报》2010 年 7 月 26 日。

12. 王真、张旻：《大连“7・16”爆炸善后》，《财经》2011 年第 11 期。

13. 刘戈：《中石油欠大连人民一个道歉》，《经济观察报》2010 年 8 月 14 日。

14. 胡展奋、杨江：《大连“被石油”再调查》，《新民周刊》2010 年第 44 期。

15. 纪虹宇：《追问中石油大连油库二次火灾　现场还有多少隐患》，《第一财经日报》2010 年 10 月 27 日。

16. 时轩、海闻：《大连海上清污取得决定性胜利》，《大连日报》2010 年 7 月 26 日。

17. 张超等：《大连：火灾后的盛筵》，《财经国家周刊》2011 年第 1 期。

18. 杨安丽、赵冬梅：《海岸线上摆战场——环保部门积极应对大连“7・16”输油管道爆炸事故纪实》，《中国环境报》2010 年 8 月 18 日。

（李德　编写）

甘肃舟曲“8·7”特大泥石流

2010 年 8 月 7 日夜至 8 日凌晨，一场持续了 40 多分钟的“瞬间性强暴雨”，让甘肃甘南藏族自治州舟曲县突发特大泥石流，泥石流倾泻而出，瞬间覆城，造成重大人员伤亡和财产损失。

一、案例始末

2010 年 8 月 7 日夜天气闷热。8 月 7 日 22 时左右，舟曲县城北擂鼓峰和翠峰山区域突降强降雨。1 小时强降雨达 77.3 毫米，整个降雨过程为 96.3 毫米，持续时间 9 小时。

23 时左右，强降雨引发山洪。洪水形成泥石流，从三眼峪沟大峪和小峪两沟滚滚而下。

借着 300 米的落差顺势而下，泥石流在大峪口首先摧毁了 2010 年刚刚完工但尚未交工的一座拦洪坝，随后冲毁 500 米处一座 1998 年建设使用至今的拦洪坝；与大峪口情形完全相似，小峪口一座2010年刚刚建设完工但尚未交工的拦洪坝，和一座1998年建设使用的拦洪坝也未能幸免。

两股泥石流汇合后，至三眼峪沟口沿途约2公里路段遇到2座拦洪坝。蓄积了更大能量的泥石流挟裹着两三间房子大小的巨石，撕碎了三眼峪沟的第5道拦洪坝。

泥石流旋即冲向舟曲县城最后一道防线。遗憾的是，这座12年前建设，经历了多次洪水肆虐的大坝未能再次经受住泥石流的考验，终于在上游5道防线相继崩溃后，于23时30分溃坝。

23时35分，泥石流沿三眼峪沟狂奔而下。

40分，泥石流到达城关镇三眼村。

43分，泥石流到达月圆村。睡梦中的月圆村人几乎无一幸免，整个村庄淹没在泥石流之中。

46分，泥石流到达北关村。

50分，泥石流到达北街村。

53分，泥石流到达东街村。

57分，泥石流漫过南水门到达南门村。

2010年8月8日零时，泥石流到达九二三林场，摧毁约300米宽民房、九二三林场家属路后注入白龙江。

零时2分，白龙江南岸南冰河路被水淹，河南新村泥石流上涌至3楼窗户位置。与此同时，罗家峪沟泥石流下泄，沿罗家峪河经城关镇罗家峪村、春厂村、瓦厂村，注入白龙江。瓦厂大桥被淹。

两股泥石流注入白龙江形成一条长约2000米左右的堰塞湖。堰塞体导致河床抬高10米左右，致使白龙江水倒流，县城1/3遭水淹。

（一）紧急驰援

2010年8月8日凌晨2时30分，甘南藏族自治州政府即召开紧急会议部署抢险救灾。几乎同时由兰州军区司令员王国生亲自坐镇指挥的应急机制全速启动。随即，集团军下属工兵、舟桥、防化部队的人马被紧急从宁夏、甘肃各地调集，至凌晨4时许，2000余名官兵已整装向舟曲方向进发。军区第一医院、第七医院组成的90人医疗队也紧急赶赴舟曲。空军方面，两架直升机搭载着爆破专家起飞，其目标正是针对白龙江堰塞体的爆破。

8日晨，国家防总秘书长、水利部副部长刘宁率国家防总工作组和有关专家，紧急赶赴舟曲。当天，胡锦涛总书记、温家宝总理作出明确指示，要求甘肃省和有关部门当前要把确保人民生命安全放在第一位，千方百计救人，组织群众避险，确保群众生命安全，妥善安排灾区群众的生活；同时要兼顾上下游、左右岸，科学处置堰塞湖，迅速抢修重要基础设施，特别要尽快抢通道路、电力、通信等，保证抢险人员和救灾物资的运送；解放军、武警部队要全力支持抢险救灾。李克强副总理、回良玉副总理也作出批示。

8日中午12时，温家宝总理率国务院有关部门负责人赶赴受灾地区。专机起飞不久，温家宝即于12时15分许召开有发展改革委、财政部、水利部、国土资源部、卫生部、民政部、交通运输部、国务院研究室和解放军总参谋部等部门负责人参加的会议，对灾情进行初步分析。温家宝指出，甘肃舟曲8日凌晨发生特大泥石流灾情，由于当地地处山区，较为偏僻，水、电、路和通信中断，救灾难度大。会议确定了9项工作：第一，第一位的任务是救人。要千方百计寻找和抢救可能幸存的人员，只要有一线希望，就要做百倍努力，能救一个人就救一个人。第二，必须在查清泥石流情况和地质情况的基础上尽快制定清淤方案。第三，尽快稳妥处理堰塞湖，在确保上下游安全的前提下使湖水缓慢下泄。第四，抓紧修复当地基础设施，尽快通路、通电、通水，恢复通信。第五，根据气象判断雨情灾情变化，立足当前，着眼长远，制定下一步防灾减灾方案。第六，想方设法安置受灾群众，要尽快调运帐篷、粮食、饮用水等物资，确保受灾群众基本生活需要。第七，加强卫生防疫工作。第八，发挥基层组织的作用，领导干部要深入灾区第一线，党员干部要发挥模范带头作用。第九，要迅速、及时、准确通过新闻媒体发布灾情和抢险救灾进展情况。会议决定，成立救人、清淤、地质灾害排查、群众安置、基础设施恢复、卫生防疫等8个工作组，迅速开展工作。

8 日下午 6 时起，温家宝在舟曲县政府召开救灾会议，并仔细部署救灾各方面工作。晚上 9 时，总理来到医院病床前看望受伤群众，11 时，再次主持救灾会议，会议一直开到了 9 日凌晨 2 时。

2010 年 8 月 9 日 7 时不到，原计划从舟曲经天水返京的温家宝总理，更改行程，再次来到受灾最严重的三眼峪查看灾情，慰问救灾官兵。

2010 年 8 月 10 日上午，中共中央政治局常务委员会召开会议，全面部署当前甘肃省甘南藏族自治州舟曲县特大山洪泥石流灾害抢险救援工作。中共中央总书记胡锦涛主持会议。会议听取了国务院舟曲特大山洪泥石流灾害抢险救援指导协调小组关于甘肃省甘南州舟曲县特大山洪泥石流灾害抢险救援情况的汇报。会议指出，灾害发生后，党中央、国务院、中央军委高度重视，对抢险救援工作迅速作出部署，进行组织协调。受灾地区党委、政府和广大干部群众，人民解放军和武警部队官兵、民兵预备役人员，公安民警、消防官兵和专业救援队伍，万众一心，不畏艰险，科学处置，全力开展了一场复杂、艰巨、紧迫的生命救援行动。目前，人员搜救、淤泥处理、堰塞湖处置、基础设施恢复、群众安置、受伤人员转移医治、灾害治理等工作正在有力、有序、紧张地进行。

会议强调，现在正处在抢险救援的重要时刻，一定要把保护人民群众生命财产放在最突出位置，以更加顽强的精神、更加科学的安排、更加有力的措施，争分夺秒抢救被困人员，千方百计做好抢险救援各项工作。要加强统一领导，合理部署力量，采用先进有效设备，全力搜救被掩埋人员。要科学制定方案，尽快安全处置堰塞湖，调集大型机械设备，加快清除城区淤泥，抓紧进行河道整治。要全面排查地质灾害隐患，及时转移受威胁群众，防止次生灾害。要妥善安置受灾群众，保证他们有住处、有饭吃、有干净水喝、有病能就医。要切实做好伤员救治工作，及时将重伤员转移到条件较好的地方治疗，并加强卫生防疫工作，确保灾后无大疫。要组织足够应急抢险力量，尽快抢修恢复水、电、路、通信等基础设施。要抓紧制定支持灾后重建的政策措施，尽快全面启动灾后重建。

会议要求，受灾地区各级党委、政府要把抢险救援作为当前的最重要工作，力争把灾害损失降到最低程度。领导干部要深入一线，加强抢险救援的组织指挥。基层党组织和共产党员要充分发挥战斗堡垒作用和先锋模范作用，深入做好群众的思想政治工作，切实维护灾区社会稳定。人民解放军和武警部队官兵、公安民警要继续发挥突击队作用，为抢险救援作出新的更大贡献。

会议强调，目前仍处于主汛期，各地区各部门要毫不松懈地继续抓好防汛抗洪救灾工作，立足于防大汛、抗大灾，进一步完善应急预案，切实提高防灾减灾能力。同时，要大力发扬一方有难、八方支援的精神，积极为灾区提供各种形式的援助，努力夺取防汛抗洪救灾斗争的全面胜利。

2010 年 8 月 11 日，中共中央政治局委员、中央军委副主席郭伯雄，率军委工作组一行到舟曲视察灾情，看望慰问受灾群众和执行抢险救灾任务的官兵。

国家电网高度重视，紧急成立国家电网公司、甘肃省电力公司、甘南供电公司三级抢修指挥部，由省电力公司组织调集 800 多人和大量装备，全力开展抢修工作。经过昼夜奋战，截至 2010 年 8 月 13 日 16 时，舟曲县城共计 34 个台区恢复供电，农村 115 个台区全部恢复供电；同时，发电车供电保障了移动公司、解放军野战医院、净水车辆、电视台、居民集中安置点的临时用电需求。

炎热潮湿的天气使卫生防疫变得异常重要、更加紧迫。甘肃卫生系统的工作量和强度由这些数据即可得到印证：检测食品和饮用水 22 份；监督检查医疗卫生单位 18 家，餐饮单位 34 家，关闭不合格餐饮单位 3 家；为 2800 余名群众分发中药汤剂；分发大蒜 420 公斤；开展防疫防病知识宣传 7730 人次；向灾区群众发放防病宣传材料 46955 份……

舟曲县人民医院内科医生关新萍医生告诉《中国经济时报》记者，泥石流发生 4 天来，病人比以往没有明显增加，“多为被钉子扎破鞋底后，脚底受伤的救援战士”。她建议“战士穿布底鞋”，因为当地房子大多为砖木和土木结构，木头有很多钉子，“哪怕垫个厚一点的棉布鞋垫效果也很理想”。“被钉子扎伤后，如果不及时治疗，很可能造成破伤风，严重时后果不堪设想。”刘先医生如是说，“一些灾民为了早日发掘亲人，也不及时到医院包扎处理。”

截至2010年8月12日，民政部门已经制定四项受灾群众救助政策。一是应急救助，对应急安置的受灾群众每人每天按150元发放生活补助，时限15天。二是过渡期救助。每人每天按10元钱、1斤粮发放临时生活救助，时限3个月。“三孤”人员过渡期为3个月，每人每月按800元发放临时生活救助，过渡期满后，按正常“三孤”人员标准发放补助。三是遇难人员抚慰和安葬费。每一位因灾遇难人员，对其家属按8000元发放抚慰金和丧葬费。四是居住房屋倒塌重建补助。农村受灾居民住房倒塌或严重损坏需重建的，每户平均补助2万元；需要维修的，每户补助4000元；城市受灾居民住房倒塌或严重损坏需重建的，中央每户平均补助2.5万元。中央财政在5亿元救灾综合财力补助中安排了所需资金。

（二）堰塞体排险

奔腾而下的泥石流裹挟着泥沙、石块以及一路摧崩的墙体、钢筋、碎木等，一起倾入了白龙江，在白龙江下游拦住了河流的去路。泥石流阻塞白龙河水，由瓦坊桥至城关桥，形成了长约1.2公里以上，宽约100米、估计阻塞物在120万立方米以上的堰塞体。

横跨白龙江的堰塞体成为悬挂在舟曲人民头上的利剑。甘肃水利厅副厅长魏宝君告诉《中国新闻周刊》记者：

> 这个不是堰塞湖，堰塞湖只需把围堰炸掉即可，而这是一公里的堰塞体，把河道全部淤塞了，把河道全部填满了，这种情况还没有一个专业上的名称。这是我们国家从未见过的泥石流灾害，而堰塞体非常复杂，要水上作业和水下作业并行，难度很大。它体量很大，河水无法冲刷，但大型设备又陷进去无法工作。我们因此准备开挖河槽，把水引下来，降低水位。现在的难题是施工面无法展开，何时能完成无法预期，只能说是不间断地开展工作。

堰塞体不排除，淹没城区的堰塞湖水位便直线上升，两岸城区受灾面积将持续扩大，而一旦堰塞湖意外溃坝，极易引发次生灾害，给下游造成新的洪灾，加之天气预报暴雨将至，情况十分紧急。

一开始爆破就被提为排除堰塞体的最佳方案，但由于炸药在江中难以固定、安放，不但爆破实施困难，实际产生的爆破效果也可能大打折扣。8 日中午，堰塞体意外垮开一个小缺口，下午 3 点，指挥部拟定先从垮口处着手，采用机械和人工配合的方式，分段开挖，试图疏通堰塞体，然而同样由于施工上的困难使现场推进维艰。

随后，针对堰塞体的爆破方案开始尝试性实施。到 2010 年 8 月 9 日 9 时 34 分第二次爆破时，堰塞体被炸开一个深 5 米多、宽逾 2 米的缺口，堵塞的洪水、泥流开始倾泻而下。

2010 年 8 月 11 日夜晚，舟曲境内普降大雨，再次引发山洪泥石流，致使舟曲灾区“生命线”两河口至舟曲公路南峪大滑坡段交通完全中断。两舟公路是舟曲线通往省城兰州的最近通道，也是通往邻近城市甘肃宕昌和甘肃陇南武都市的唯一通道，这条公路如果发生泥石流阻断交通，将会给舟曲灾区救灾物资运输造成很大的困难。泥石流滑坡阻断交通后，甘南公路总段舟曲公路管理段于 11 日晚 11 时组织装载机、挖掘机及抢险人员赶赴南峪滑坡段迅速展开抢险工作。

2010 年 8 月 12 日 17 点 20 分，救援官兵成功对白龙江中心河道进行两次爆破；当天中午，从上海长途跋涉运抵舟曲灾区的首批 80 块桥厢也已开始铺设，大型机械从 13 日开始对白龙江河道开始清淤。受泥石流阻挡形成的堰塞体险情已基本解除，白龙江河道清淤工作将全面展开。兰州军区某集团军军长何清成在接受记者采访时说，经过两天 13 次爆破，白龙江水位降低了 1 米左右，效果非常好。舟曲堰塞体的蓄水量已从 200 万立方米降低到了 70 万立方米左右，堰塞湖险情已基本排除。

2010 年 8 月 12 日 21 时 30 分，在甘肃舟曲“8・7”特大泥石流灾害抢险救灾领导小组第 7 次新闻发布会上，甘肃省国土资源厅副厅长张国华通报，舟曲地质灾害排查工作基本结束，共查出重点地质隐患 18 处，约 3 万人受到威胁。为了加强防范，应对从昨天开始的异常天气、预防二次灾害发生，国土部门已经制定了应急预案，并组织专家绘制出 6 幅紧急撤离路线图，以全力确保人员安全。

据张国华介绍，“8・7”舟曲特大泥石流事件发生后的第 4 天，同样在舟曲县又发生了一起泥石流事件。2010年8月11日夜晚，舟曲境内一直下雨。“县城及周边地区突降暴雨，城区南峪沟一带1小时降雨量达到21.8毫米，8点左右引发泥石流，8时20分左右到达沟口，历时约两个半小时，泥石流掩埋7辆汽车，冲毁白龙江防护堤约500米和部分农田，10多户居民院子和明德学校冲入洪水，沟口跨越白龙江的桥涵被堵塞。两公里内沟床堆积厚达1.5—2米。泥石泥造成了一定损失但无人员伤亡。”张国华还介绍：“这是一起成功避险的范例。南峪沟是这次紧急防灾预案提出的主要避险区，由于在灾情发生前已通知群众撤离，泥石流发生之前，监测员袁志成、王杜兴、刘佛云等及时发出预警信号，并组织未撤离人员按预定路线疏散，有效地避免了人员伤亡。”但是在回应记者关于为何“几天前刚刚发生的‘8·7’泥石流事件之前，我们的预警系统有没有起作用”的提问时，张国华表示，“在‘8·7’泥石流事件之前，我们的监测员报酬不高。……另外，这次泥石流是后沟口发生的山洪灾害，在我们的监测点之外发生的，所以我们的监测员发挥不了作用。”

2010年8月13日10时30分，甘肃舟曲“8·7”特大泥石流灾害抢险救灾领导小组召开第8次新闻发布会。针对《中国经济时报》记者就舟曲特大泥石流是否与这个区域的植被严重破坏有关的提问，甘肃省水利厅办公室主任贾文平说：“此次舟曲特大泥石流发生与这个区域植被破坏严重有重要关系。”贾文平还进一步介绍说：“包括这次来的司机也给我讲，过去他到过舟曲。山上都很绿，他说得很明确，‘过去在这个地方拉木头’。现在看来山上是光秃秃的，人为地造成破坏，生态破坏的作用非常大。”记者接着问：因为此次灾害是泥石流，而不是简单的水流。泥石流的核心是泥土和石头在流。为什么山上的泥土和石头会流呢？贾文平：“植被破坏了，植被是固定山上的水土的。”

（三）悼念和重建

为表达全国各族人民对甘肃舟曲特大山洪泥石流遇难同胞的深切哀

悼，国务院决定，2010 年 8 月 15 日举行全国哀悼活动，全国和驻外使领馆下半旗致哀，停止公共娱乐活动。15 日上午 10 时，甘肃舟曲在泥石流的废墟上为 8 月 7 日特大山洪泥石流灾害遇难同胞举行哀悼仪式。甘肃省社会各界人士聚集在兰州市东方红广场与舟曲灾区同步举行悼念活动。

2010 年 8 月 16 日，中央抗震救灾资金物资监督检查领导小组召开会议，研究部署甘肃舟曲特大山洪泥石流灾害抢险救援和灾后恢复重建监督检查工作。中共中央书记处书记、中央纪委副书记、中央抗震救灾资金物资监督检查领导小组组长何勇主持会议并讲话。何勇强调，一要加强对中央关于抢险救援重大决策部署贯彻落实的监督检查，督促有关部门扎实做好搜救救治群众、淤泥清理处置、基础设施恢复、群众转移安置、医疗卫生防疫、灾后恢复重建等工作；二要加强对灾区和参与救援的党员干部履职情况的监督检查，督促他们积极投身抢险救援第一线，带领群众尽最大努力把灾害造成的损失减少到最低程度；三要加强对各类资金物资管理使用的监督检查，督促有关部门建立健全规章制度，确保救灾资金物资管理规范、运行安全、使用有效。何勇要求，要把公开透明原则贯穿于抢险救援和灾后恢复重建的全过程，督促有关方面及时公开救灾款物的来源、数量、种类和去向，及时向社会和捐赠人反馈捐赠资金物资的使用情况；督促有关方面定期公开重大项目立项、开工和进展情况，向人民群众交一本明白账、放心账。要严肃党纪政纪，认真受理群众投诉举报，对贪污私分、虚报冒领、截留克扣、挤占挪用救灾款物等行为，发现一起，就坚决查处一起。

2010 年 8 月 16 日为准确评估灾情，为下一步灾后重建提供依据，民政部国家减灾中心派出了技术力量，与甘肃省、州、县各级政府和民政部门的其他人员组成现场评估组，赶赴舟曲灾区开展现场核查与灾情评估工作。在现场核查评估过程中综合运用遥感、地理信息、卫星导航定位和无线通信技术，依托“天—地—现场”一体化业务平台，利用现场灾害信息采集终端，对受灾范围、程度等信息进行了详细核查，并将核查信息实时传回民政部国家减灾中心同步开展数据处理和分析。重点对舟曲三眼峪、罗家峪及白龙江沿岸等主要受灾区域的房屋损毁和浸泡房屋情况、道路、桥梁等基础设施损毁淹没情况、农作物及林地损失情况进行了拉网式摸底核查，核查信息涉及房屋倒损间数、程度、结构、造价、道路损毁里程、农作物受灾、绝收面积等多项指标。此次现场核查评估是历次灾害评估中最为细致的一次，采集了大量翔实的灾害损失数据，极大地提高了灾害评估结果的科学性、客观性和权威性，为下一步的恢复重建工作提供了重要依据。至 18 日，经过 3 天的艰苦努力，完成了舟曲特大山洪泥石流灾害现场核查评估工作。

2010 年 8 月 21 日晚，温家宝总理一行到达舟曲，看望受灾群众。22 日上午温家宝在甘肃舟曲主持召开会议，研究灾后恢复重建工作。温家宝强调，要毫不松懈地抓好当前抢险救灾各项工作，科学规划灾后重建，让灾区人民满意，让全国人民放心。温家宝指出，当前最紧迫的任务是要进一步妥善安置受灾群众。特别是要解决好倒房户和受损危房户的过渡性安置问题，确保受灾群众吃、穿、住、医等基本需要，确保受灾群众安全过冬。要切实加强灾区卫生防疫，确保大灾之后无大疫。要加快河道、淤泥和废墟的清理，按照安全、科学、迅速的原则，彻底处理好堰塞湖问题，加快河道泄流和城区积水排放。要尽快恢复正常生产生活秩序，特别要做好学校开学前各项准备工作，落实好异地教学、就学的补助政策，确保灾区所有中小学在 9 月初都能顺利开学。要严密防范次生灾害，密切监测堰塞湖及其他地质隐患点险情，制定监测预警和临灾避险方案，确保不发生重大人员伤亡。

温家宝强调，当前和今后一个时期的主要任务是搞好灾后重建。要从舟曲自然、地理、民族、经济和灾情实际出发，坚持以人为本、尊重自然、科学规划、合理布局、政策支持、合力推进。切实做到灾后重建与促进民族地区经济社会发展相结合，与扶贫开发和改善生产生活条件相结合，与提高防灾减灾能力和生态环境综合治理相结合，使灾区经济社会发展全面恢复并超过灾前水平。为此，要做好如下五个方面的工作。

第一，抓紧开展灾后重建前期工作。主要是搞好灾害评估和资源环境承载能力评估，这是科学规划和布局的基础。要对人员伤亡、失踪、灾害范围、基础设施和房屋损毁情况等进行重点评估，及时向社会公布。

第二，抓紧编制和实施灾后重建规划。要科学规划城乡布局和产业发展，避免城镇盲目扩张和过度开发。产业发展既要立足资源优势，更要重视保护生态环境。要合理确定重建选址，这是决定灾后重建成效的关键，事关人民群众切身利益和子孙后代福祉，绝不可有任何失误和偏差，也不能敷衍和迁就，该搬迁的搬迁，该避让的避让。

第三，抓紧研究确定灾后重建支持政策。灾后重建所需资金主要由中央财政资金安排，同时与社会捐赠、银行贷款、个人自筹等多种方式相结合。受灾地区各级政府，要统筹兼顾、自力更生、节俭办事，全力投入灾后重建工作。要加强对资金物资筹集、分配、拨付、发放、使用等环节的监督检查，接受社会监督。

第四，抓紧开展白龙江治理和地质灾害防治工作。在灾后重建中，统筹做好地质灾害隐患排查和治理，抓紧编制和实施地质灾害治理规划，尽快建立地质灾害群测群防体系，健全地质灾害防治长效机制。

第五，抓紧进行白龙江流域生态环境综合治理。坚持科学发展，把灾后重建与生态环境保护有机结合起来，进一步加大退耕还林、天然林保护和封山育林等工程建设力度，推进水土流失治理，努力恢复生态系统功能，增强可持续发展能力。

舟曲县人民政府2010年8月22日发布公告：即日起，严禁在泥石流重点覆盖区三眼峪和罗家峪区域挖掘遇难人员遗体。舟曲县政府发布的公告解释说，灾情发生已10多天，根据专家建议，通过征求县乡村干部和群众意见，经请示省州指挥部同意，目前黄金救援时间已远远超过，经专业搜救队伍多次拉网式排查搜救，泥石流覆盖区已无任何生命迹象，遇难者遗体均高度腐烂，如再进行挖掘极易发生疫情和暴发传染病。根据相关法律规定，从22日起，严禁在泥石流重点覆盖区三眼峪和罗家峪区域挖掘遇难人员遗体。

2010年8月22日17时，甘肃舟曲特大山洪泥石流灾害抢险救灾指挥部新闻中心向媒体通报称，截至8月22日，舟曲特大山洪地质灾害已致1435人遇难，失踪330人，受伤住院人数72人，其中转院治疗59人，治愈出院10人，现住院3人，累计门诊人数2092人，已解救1243人。

2010年9月2日上午，国家防总针对甘肃舟曲白龙江堰塞湖应急排险以及河道清淤疏通工作全面完成的情况，决定从9月2日10时起终止针对甘肃舟曲的国家防总防汛Ⅱ级应急响应。当日甘肃舟曲抢险救灾指挥部新闻中心最新通报，截至9月1日，舟曲“8·7”特大山洪地质灾害中遇难1471人，失踪294人，受伤住院人数72人，其中转院治疗59人，治愈出院10人，现有住院3人，累计门诊治疗2315人，已解救1243人。

2010年9月11日，经过一个多月的奋战，舟曲县城大面积清淤工作已经结束，意味着舟曲抢险救灾应急性工作已基本完成，灾后恢复重建工作将逐渐展开。

2010年11月4日，国务院印发《舟曲灾后恢复重建总体规划》，提出舟曲特大山洪泥石流灾害灾后恢复重建工作事关灾区群众的切身利益和生命财产安全，事关民族地区经济社会可持续发展，事关白龙江流域生态环境有效保护，对不断提高灾区人民生活水平，促进民族团结和社会和谐稳定，实现经济社会跨越式发展和长治久安，具有重要意义。各有关地区和部门要充分认识舟曲灾后恢复重建的重要性和特殊性，树立全局意识，切实加强领导，精心组织实施，全面做好灾后恢复重建各项工作。舟曲灾后恢复重建总体规划要求2010年年底前，基本完成城乡居民住房维修加固任务。2012年年底前，全面完成城乡住房、公共服务和基础设施等各项恢复重建任务，使灾区基本生产生活条件和经济社会发展全面恢复并超过灾前水平。

二、案例背景

泥石流是山区沟谷中，由暴雨激降而突然暴发，浑浊的流体沿山沟前推后拥，奔腾咆哮而下，在很短时间内将大量泥沙、石块冲出沟外，在宽阔的堆积区横冲直撞、漫流堆积。

泥石流最大特点是其季节性。我国泥石流的暴发主要是受连续降雨、暴雨，尤其是特大暴雨集中降雨的激发。因此，泥石流发生的时间规律是与集中降雨时间规律相一致，具有明显的季节性。一般发生在多雨的夏秋季节，因集中降雨的时间差异而有所不同。四川、云南等西南地区的降雨多集中在6—9月，因此西南地区的泥石流多发生在6—9月。而西北地区降雨多集中在6、7、8三个月，尤其是7、8月降雨集中，暴雨强度大；因此西北地区的泥石流多发生在7、8两个月。

舟曲县位于甘肃省东南部的嘉陵江一级支流白龙江中上游，东、北与陇南地区的武都、宕昌县为邻，南与陇南地区的文县、四川省南坪县接壤，西与本州迭部县毗连。西秦岭、岷山山脉呈东南至西北走向贯穿全境，地势西北高、东南低。舟曲县城北山是两条山沟——三眼峪沟和罗家峪沟。20世纪50年代以前，二者仍是两股清泉，泉水沿山而下到达县城，变成溪流，形成冲击扇，长年累月积成冲击坡，长满苍松翠柏。因而，舟曲有“陇上江南”之美称。舟曲是一个农业为主体的经济欠发达县，全县总人口13万，而县城所在地城关镇总居住人口只有4万人。县城部分区域坐落在三眼峪冲积扇上，民众世代赖其生存，可以说没有三眼峪，就没有舟曲城。城市建筑基本依山而建，规模较小。

舟曲是全国滑坡、泥石流、地震三大地质灾害多发区。白龙江穿境而过。山高、谷深、坡陡、石多、土薄、水急的特征，注定了舟曲水土流失严重、滑坡泥石流频发的现状。早在20世纪80年代，舟曲就被诊断为泥石流易发区域，不适合居住。自1823年以来至2009年，三眼峪沟泥石流曾11次给舟曲县城带来危害。泥石流最近一次向舟曲人发威还是18年前的夏天。1992年6月4日，在45分钟内，三眼峪沟共冲出10.6万立方米泥沙，冲毁房屋344间，农田87.73公顷，死伤87人。

1997年，由地矿部地质灾害防治工程勘查设计院西北分院承担、中科院兰州冰川冻土研究所参加的《甘肃省舟曲县三眼峪沟泥石流灾害勘查报告》在兰州通过专家评审，称“可为整治该沟20年一遇的泥石流、保护舟曲县城2.14万居民生命和110家企、事业单位1.96亿元资产提供科学依据”。当年也曾经做过防灾治理工程，当时国家投了一部分钱，但舟曲是贫困县，地方配套资金很难到位，治理工程难免出现一些缺陷。

“5·12”地震后，作为地质灾害的重灾区，甘南舟曲制定了迁移新城的规划，但因财政压力一直没有实施。

三、各方评析

（一）舟曲泥石流致害原因需深究

究竟为何会造成如此重大伤亡损失?《中国经济时报》等杂志记者深入当地，通过十几天实地走访和调查认为，此次特大泥石流与当地特殊的地质地形地貌、山地松散物质、短时强降雨、城市化建设、生态破坏、拦洪坝溃坝、预警漏洞等因素皆有关系。

1.自然原因

有关学术资料对泥石流是如此介绍的：泥石流是斜坡上或沟谷中松散碎屑物质被暴雨或积雪、冰川消融水所饱和，在重力作用下，沿斜坡或沟谷流动的一种特殊洪流。特点是暴发突然，历时短暂，来势凶猛，破坏巨大。

泥石流的形成必须同时具备三个条件：其一，流域内有丰富的、松散的固体物质；其二，流域内谷坡陡、沟床比降大；其三，沟谷的中、上游区有暴雨洪水或冰雪融水和湖泊、水库决溃等提供充分的水源。

应该讲，“8·7”舟曲特大泥石流灾害便同时具备了上述三个条件。

（1）地形地貌

舟曲县城地处高山峡谷，正好建于三眼峪沟、罗家峪沟和硝水沟的汇合处。

从地形结构分析，三眼峪沟恰好具备山高沟深，地形陡峻，沟床纵度较大，流域形状便于水流汇集的条件。

从地貌状况分析，泥石流的地貌一般可分为形成区、流通区和堆积区三部分。三眼峪沟的上游形成区则为三面环山，一面出口的瓢状，地形比较开阔、周围山高坡陡、山体破碎、植被生长不良，这种地形有利于水和碎屑物质的集中；中游流通区为狭窄陡深的峡谷，谷床纵坡较大，使泥石流能迅猛直泻；下游堆积区则为开阔平坦的河谷阶地，恰好是舟曲县城所在地。

（2）松散物质

中科院水利部成都山地灾害与环境研究所（下称“山地所”）教授马东涛，14 年前曾作为中国科学院兰州冰川冻土研究所的一名研究人员，专门带队到三眼峪沟进行全面勘察。马东涛在他之前公开发表的一篇论文中指出，由于历史上的几次大地震，造成沟内的堆积物很多。尤其罕见的是，崩塌的山体在沟内形成 4 座高 80 米至 283 米的巨大石坝，拦蓄了沟内大部分泥沙。三眼峪沟内和沟道堆积物超过 5000 万立方米，其中 2000 万立方米堆积物是不稳定的，可直接成为泥石流的补给物。此次“8·7”舟曲泥石流暴发后，山地所派出山洪和泥石流专家奔赴灾区开展灾情调查。初步认定超强降雨与脆弱的地质环境是“8·7”舟曲泥石流暴发的主要因素。

一是三眼峪沟内部有滑坡、崩塌等大量的松散固体物质存在，为泥石流的发生提供了充分的物质条件，其中多数为 1879 年 7 月 1 日甘肃文县 8 级地震所诱发。同时舟曲位于龙门山地震活动带北缘，又临近天水地震活动带，此前也曾受汶川地震波及，土质相对疏松，一遇强降雨容易形成泥石流。

二是三眼峪沟流域上游植被以幼林为主，灌草比例高，局部裸露，储水能力较弱，在经历今年入夏以来长时间严重干旱后，表层土变得更加干松。

三是在近期强降雨作用下，土体强度极大地降低，形成坡面泥石流，并逐步带动沟坡崩滑岩土形成冲击力巨大的泥石流，在从中上游汇流至中下游过程中，使得因地震形成的天然堆石坝逐级溃决，并最终导致泥石流流量的增大和破坏力的增强。

（3）短时强降雨

据当地气象台数据显示，2010 年 8 月 7 日强降雨出现在舟曲县城以北地区，而此时段舟曲县城却降雨较小。“舟曲县城气象站测得降雨记录是从 7 日 22 时 57 分开始，至零时降雨量为 2.4 毫米，最大降雨量零时至 1 时为 6.8 毫米，而整个持续 6 小时的降雨过程为 12.8 毫米。”

舟曲县气象局局长魏新功接受《中国经济时报》记者采访时说：“当晚，同样位于县城以北的东山乡区域气象站监测到 7 日 22 时至 23 时一小时降雨量为 77.3 毫米，整个降雨过程时间为 9 小时，降雨量为 96.3 毫米。”

由于强降雨区三眼峪沟与罗家峪沟无气象记录，气象部门只能依据距离强降雨区最近的东山区域站气象记录来表述此次强降雨。

因此，造成舟曲特大山洪泥石流灾害的三眼峪沟降雨量大小，迄今尚无明确答案。

2. 人为原因

造成如此严重伤亡，除了上述自然原因外，《瞭望》、《中国经济时报》指出，还有一些社会原因不得不引起人们的警惕。

（1）无序的城镇化建设

城镇化无序发展，导致舟曲县城村庄越来越大，沟渠越来越窄，水路越来越小，房子越来越贵，空地越来越少。一个不到 2 平方公里的县城，固定人口有 4 万人，加上流动人口，有近 5 万人，而舟曲全县的总人口才 13.69 万人。城区人口密度位居全省县级城市之首，与甘肃省首府兰州接近。舟曲县城只能用“寸土寸金”来形容，城区扩张与狭窄地貌之间的冲突严重。

近年来，三眼峪沟两边的建筑越来越多，县上单位在沟边建办公楼、住宅楼，开发商建商品房，村民不断建新房，外来人口也在这里建房，沟两边是这几年县城建房最多的地方。由于没有规划，建房时都尽量向沟边靠拢，使河道越来越窄，泥石流的出口越来越小。密集的建筑，使处于地质灾害隐患密集区的舟曲县城，缺失了应有的避险空间。《瞭望》杂志记者沿着白龙江两岸看到，县城的建筑普遍是贴面楼、握手楼、半边楼、悬空楼。在此次受灾比较严重的东街村和北关村，记者看到，村里的小路只有1米多宽，仅能通过一辆摩托车，所有的房子像多米诺骨牌，一旦发生意外，居民根本没有逃生的通道。

早在5年前，甘肃《兰州晨报》就以“无处不在的威胁”来描述舟曲的泥石流灾害隐患，文章直指“寨子沟、硝水沟、三眼峪沟和罗家峪沟等高频泥石流沟直接威胁着县城的安全”。报道称：在舟曲，泥石流冲毁公路、桥梁的事每年都有发生，三眼峪沟泥石流仅1978年、1989年和1992年三次暴发就造成842间房屋毁坏，死2人，伤194人。舟曲泥石流频发不仅没有引起城市管理者和规划者的足够重视，反而是对于三眼峪沟，这个城市最后一片“风水宝地”的掠夺式开发。

随着城市人口的不断增加和农村经济的不断发展，在城镇化建设发展过程中，人与河道争地的现象并非舟曲县所独有。全国很多山区城镇和乡村都面临着这样的两难境地。

此外，据《南方周末》报道，当地近年来开山修路又一定程度上激活了地质灾害。修路需切坡削方，炸山开路，岩体被松动，坡脚遭开挖，从而引发崩塌、滑坡等地质灾害或激活老滑坡。

（2）生态破坏

甘肃省水利厅办公室主任贾文平接受《中国经济时报》记者采访时直言不讳：“此次洪水泥石流灾害与水土流失有很大关系。”

历史上，三眼峪沟林木繁密，植被覆盖率极高。在舟曲老一辈人印象中，森林茂密的舟曲常被冠以“不二扬州”、“陇上小江南”的美誉。此次灾难的三眼峪几十年前都是茂密的树林，最大的树，要几个人才能抱住。但到了20世纪六七十年代，便开始大量采伐林木，采伐最严重的是20世纪80年代和90年代，“现在沟内5公里内很难看到一棵成材的树木”。

舟曲县志记载：舟曲县境内的森林，经30多年的采伐，许多林场森林资源告罄，无材可伐。20世纪70年代，平均每年计划内采伐生产木材8万立方米，消耗蓄积25万立方米。相关资料显示：舟曲县原有林业用地总面积291万亩，占全县土地面积的65%，其中森林面积123万亩，活立木蓄积量1770万立方米。舟曲的森林覆盖率为44.7%，远远高于甘肃省的平均水平（7.48%），也高于全国平均水平（22%）。

据调查，1998 年国家实施天然林保护工程以前，当地村民取暖及其他生活都是用三眼峪沟灌木作为燃料的。而且村民还有一个挖树根的习惯。用三眼峪沟村民刘清泉的话说，每到秋冬两季，山上砍柴的人占 60%，挖树根的人占 40%，“群众烧柴每年消耗近 10 万立方米森林资源”。

“即便是国家十多年前就实施天然林保护工程，即便九二三林场在三眼峪沟口设有保护站，但这两年照样看到不少从三眼峪沟挖树根当柴火的村民。五六个女性护林员只是在上班时间守在保护站，一到 6 点就没人管了。”

舟曲县地方志副主编、地方志续编副主编裴卷举认为，长年来以牺牲生态、透支资源为代价的乱砍滥伐，不但没有引起地方党政部门的重视，而且还得到“充分肯定”：“我们舟曲过去为国家贡献了上百亿立方米的木材，为经济发展作出了巨大贡献。”

据统计，从 1952 年 8 月舟曲林业局成立到 1990 年，累计采伐森林 189.75 万亩，许多地方的森林成为残败的次生林。加上民用木材和乱砍滥伐、倒卖盗用，全县森林面积每年以 10 万立方米的速度减少，植被破坏严重，生态环境遭到超限度破坏。过度的采伐和盗采不仅破坏了三眼峪沟的植被，同时也破坏了整个舟曲的生态，更可怕的是为可预见的灾难留下了巨大隐患。

植被的减少不仅降低了地表对降雨的滞蓄能力，同时也增加了坡面径流，更易诱发泥石流灾害的发生。1981 年的一场特大泥石流就曾经重创舟曲，当时 5000 万立方米的泥石流倾泻而下堵塞了白龙江，主要城区被淹，幸运的是，那次灾难除了农田房屋被淹外，人员伤亡并不多。

中国地质环境监测院地质灾害调查监测室主任周平根博士接受《南方周末》采访时直言甘南地区积重难返的生态窘境，当地无计划的疯狂伐木持续了几十年，不少地方森林资源逐年锐减，生态环境被超限度破坏。而等到地方政府醒悟过来大力植树造林巩固水土时，才发现山高坡陡，土地贫瘠，想种也种不活了。

（3）拦洪坝溃坝

舟曲的拦洪坝分为两种：1998 年版和 2010 年版。两个“版本”的差

别是，前者由舟曲县水土保持局主持修建，为坚固的浆砌石坝，即坝体内外均经泥浇筑；2010 年版由舟曲县环保局主持，为砂浆抹面的堆石坝，坝体内部石头未经浇筑。

2010 年 8 月 12 日，甘肃省地质环境监测院院长、甘肃省地质灾害应急中心主任黎志恒回答《中国经济时报》记者提问时一再表示，经过排查，在“发生泥石流的三眼峪沟和罗家峪沟的上方没有水利设施，没有水库”。“发生泥石流的山上，有两条泥石流拦挡坝，于 1997 年开始建设，建成后对拦挡泥石流起到了一定作用”。“一共有 7 座拦挡坝，此次泥石流毁坏了 3 座。”黎志恒说。

2010 年 8 月 14 日上午，《中国经济时报》记者在三眼峪村 71 岁高龄老人冯昌义、“8 · 7”水灾之后刚刚卸任的三眼村村支书杨金朝等几位村民的带领下，走进此次泥石流的主要源地——三眼峪沟。从三眼峪沟口到沟内，记者在村民的指认下明显看到 6 座被水摧毁的拦洪坝，其中 3 座为 1998 年建设完成，另外 3 座 2010 年基本完工但尚未交付。记者在两座 2010 年建设，已被洪水冲毁后残留的拦洪坝坝体上看到：坝体两边各不到一米，为水泥坐浆衬砌，中间部分约 5 米装填着石块和沙子；但没有混凝土，沙子都是干的，用手轻轻一抽，石块就掉出来了。

“拦洪坝纯粹就是豆腐渣工程，不但没有起到防洪的作用，反而成了一个个随时溃坝的水库。”原舟曲县公安局局长两个女儿接受《中国经济时报》记者采访时说，“没有拦洪坝，洪水只能沿着河道流到白龙江，不会有这么大的面积，更不会有这么多人遇难。”

“我们姐妹从小在这里长大，我们家下面 3 米的地方是邻居家的菜地。这个地方泥石流宽度有 500 米，要不是拦洪坝溃坝，泥石流根本到不了这里。”两姐妹哭诉着说，“就算弟弟和母亲遇难了，起码下游那么多无辜的人不会被泥石流淹没的。”

舟曲县政协委员杨炳成对《中国经济时报》记者更是直言不讳：“今年（2010 年——编者注）修建的大坝是彻头彻尾的豆腐渣工程，一个近 1000 万元的防洪工程，4 道拦洪坝，居然才用了 400 吨水泥！”杨炳成称愿意为自己“说的话负法律责任”。杨是搞工程的，他说“粉刷 8000 平方米的墙体起码也需要500吨水泥，而这道拦洪坝长120米，8米高，底宽6米，顶宽2米……”

他还指出：三眼峪沟的拦洪坝工程不仅仅存在严重的偷工减料，还存在重复承包的现象。就此，杨炳成专门向舟曲县环保局举报过，但问题一直没有得到解决。

另外，三眼峪沟开山采矿、采石弃渣，以及六道被水摧毁的坝体等，也为此次泥石流提供了大量的松散物质来源。

《南都周刊》记者的相关报道也证实了这一点。拦洪坝工程6米宽的坝体，来自临潭县的包工方只在两头50厘米的石头上加了水泥浆，衬砌起来后，直接在里面填进去石料或者沙子。中科院成都山地灾害与环境研究所主任陈宁生认为，如此大规模的泥石流被人工堤坝阻挡的可能性很小，“但如果多一些浆砌石坝，则能多卡住一些大石块，它会减小泥石流对下游的冲击”。实际上，这些已然崩塌的拦洪坝只是规划工程中的拦挡部分，泥石流的排导工程（在沟道两边修筑堤坝引导泥石流顺着堤坝间的沟道走）却始终没有实施。主持工程设计的马东涛承认“没做到位”，后续资金严重不足。

（4）预警机制不健全

事故发生后，外界纷纷质疑为何没有及时发出最基本的灾害预警信息？地处泥石流高发地带的舟曲县，早就建有一个滑坡泥石流预警系统站。从1990年起，按照“十年国际防灾减灾计划”，长江上游水土保持委员会办公室在长江上游重点防治区范围内，组建了滑坡、泥石流预警系统。长江水利委员会水土保持局高级工程师、监督处处长张小林指出：“这是中国首个滑坡泥石流预警系统，也是迄今为止范围最广、规模最大的滑坡泥石流监测系统。”除了舟曲县的二级站，陇南地区还建有一个相对规格更高的一级站。但这套建于20世纪后期的预警系统，仅能预警“点”上的滑坡泥石流灾害，并不能覆盖整个“面”上发生的险情。而2010年8月7日的降雨在整个舟曲县内分布不均，“预警点监测到的雨量，不足以预警泥石流的发生”。而同属于一个监测预警系统的舟曲县锁儿头和泄流坡监测预警点，虽然离事发地不远，但监测设备也仅仅针对滑坡现象，无法进行泥石流监测预警。

“8·7”舟曲特大山洪泥石流灾害发生后，2010 年 8 月 11 日舟曲再次发生泥石流，但由于处置得当幸未造成人员伤亡，当地国土部门称其为“一起成功避险的范例”。《中国经济时报》记者向甘肃省国土资源厅副厅长张国华提问：“看来这次再发的泥石流事件中，我们的预警系统是十分成功的，确保了无一人死亡。那么，几天前刚刚发生的‘8·7’泥石流事件之前，我们的预警系统有没有起作用?”张国华回答说，11 日的泥石流在我们的监测范围之内；在“8·7”泥石流之前，县城监测点有 56 处，56 名监测员负责监测；每个监测员报酬 600 元，负责一个监测点，看每天的变化情况，而且定期作报告。发现险情后，监测员负责上报，或者是正式报警，组织群众撤离。张国华称：“‘8·7’泥石流，是在三眼峪沟和罗家峪沟后沟口发生的山洪灾害，是在我们的预警监测点之外发生的情况。所以我们的监测员就发挥不了什么作用。”记者在“舟曲县重点滑坡、泥石流灾害防灾预案表”上看到，原有的 56 个监测点涉及城关镇的有两处：一处为锁儿头村，另一处为真牙头村，监测人分为张小方和张齐代，监测类型为滑坡和不稳定斜坡。而补充监测员 3 人名单上仍然没有城关镇三眼峪沟和罗家峪沟。

(二) 切实以舟曲泥石流为鉴

舟曲特大泥石流是新中国有史以来最严重的泥石流灾害。数据显示，在我国至少还有 1.6 万个与“舟曲”类似等级的地质灾害隐患点威胁着 700 万人的人身和财产安全。还有大量城镇类似于舟曲，处于高山河谷中的地质灾害多发区。在城镇化过程中，它们对自然的索取越来越多，环境矛盾加剧。

有关专家表示，当前必须充分认识到一些城市发展已经进入了集中支付环境成本的时期，对此要高度重视，科学预防。

首先要科学规划城镇化布局和发展。特别是在泥石流高发地区，城镇化的布局、城市的规划必须服从于防灾的需要，不能因为财政困难等因素，降低规划要求和执行力。特别是在泥石流堆积区，应限制集镇以及人口容量，避免再将建筑物修建在行洪通道内，保持行洪区的排导能力。

其次是健全预警机制。可考虑建立泥石流的灾害预警新机制，根据灾害预报主要来源于气象预警资料的情况，探索按照降雨量的预警级别制作出相应的预警产品。

最后是改进泥石流防护设施标准。在当前极端天气多发的情况下，需要有关部门对泥石流防护设施标准进行重新认定，确保相关设施能够最大限度发挥作用。

专家还建议以舟曲泥石流为鉴，在地质灾害多发区科学排查隐患。对国内的泥石流灾害高发地区，进行更为全面、细致和科学的普查，对排查出的隐患点可能危害的区域，尽早预警，早日采取措施进行预防，避免泥石流灾害造成重大人员伤亡和财产损失。

“但根本的措施还是加强环境保护，实现城市发展与环境相适应。”一位专家表示，只有降低城市发展对环境的刚性需求，才能以最低的代价从根本上解决泥石流危害城市的问题。

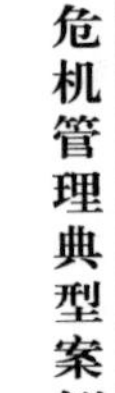

（三）沙特麦加经验可资借鉴

上海世博会城市最佳实践区的沙特麦加米纳案例馆提供一个好例子：每年伊斯兰历第十二个月从世界各地而来的300万穆斯林朝圣者的居住地——沙特的米纳帐篷城，其周围的山体上有着各种预防泥石流的有效措施。

米纳帐篷城位于麦加天房东南7公里的一处山谷之中，是世界上最大的帐篷城。从远处望去，一个个白色的帐篷紧密排列几乎布满山谷，人口密度达到每公顷5000人。在这样的情况下，如何很好地防止四周山谷不发生泥石流等山体滑塌事故与洪涝灾害，确保300万朝圣者的安全，沙特政府采取了一系列的措施。

第一，在岩石地质的山上建造梯田。这些梯田每层宽度4—8米，目的是在灾害发生时对山体滑落的岩石块进行缓冲，削减石块下落的动能，达到降低危害的效果。

第二，在沙土较为疏松的山上使用田网。田网由铁丝网作为边栏，中间填充较为大块的碎石，这样可以在山体滑塌时让下落的泥沙兜入田网，不掉下山去。

第三，向山体岩石内钉入钢筋并浇筑混凝土防护墙。这有助于山基更加牢固。

第四，沙特政府还在米纳帐篷城周围的山上建造了先进的排水系统，以防止雨水过大而造成的各种山体事故。山上筑有不少大坝，坝下积水通过各种管道将水引流出去，到达各个专门的蓄水池。而蓄水池内的水再经处理，就可以为山下300万朝圣者提供生活用水。

四、启示借鉴

中国是一个山体滑坡、泥石流等地质灾害多发国家。据不完全统计，就在舟曲特大泥石流发生两个月前，2010年6月2日凌晨，广西玉林市、梧州市发生多起山体滑坡、坡面泥石流等地质灾害，28日贵州关岭发生泥石流。之后，8月13日，四川绵竹、都江堰发生强降雨，并引发多处泥石流、崩塌等地质灾害，14日汶川县映秀镇发生泥石流，18日，云南贡山发生泥石流;9月1日，云南保山发生泥石流。2011年5月9日中午，广西全州县咸水乡突发泥石流，6月9日晚，湖南临湘因暴雨发生山洪泥石流，14日，重庆奉节发生泥石流，17日，江西修水发生泥石流，18日，新疆和静发生泥石流，19日中午，浙江常山发生泥石流。面对接连发生的泥石流灾害，各地防汛抗灾工作一定不能存在侥幸心理，一定要做好预案，该转移的坚决转移，该停工的坚决停工，“宁可事前听骂声，不要事后听哭声”。

对于泥石流的灾害预防，我们本就有着巨大的欠账和疏漏。尽管从

1999—2008年，国土资源部在全国查出24万处地质灾害隐患点，但2010年发生的地质灾害，三分之一的地点却在监控点以外，多属新发生的。这就是说，我们对于地质灾害点的筛查，很不彻底。2010年舟曲泥石流发生后，国家减灾委办公室也曾发出通知，要求迅速开展地质灾害隐患进一步排查工作，确保不留死角。采取切实有效措施，坚决避免群死群伤事故发生。湖南岳阳泥石流“灭村”的悲剧，再次发出警示：对地质灾害的预防进行“补课”，刻不容缓。各地方政府不能再等上级文件、通知才行动，而是要尽快全面彻底筛查地质灾害点，防止悲剧的再次发生。

第一，加强对孕灾环境敏感性的分析，构建对诱发因子和触发点的风险进行动态监测、分析、评判、预报的预警机制是预防泥石流灾害的关键。

孕灾环境的敏感性是指对孕灾环境的某些特征指标对诱发因子危害性指标的敏感程度。例如可以通过分析泥石流发生的孕灾环境来研究泥石流的发生概率。根据泥石流形成过程，影响泥石流危险性的特征指标有地层岩性、距断裂带距离、主沟分布、相对高度、山坡坡度、山坡坡向、植被覆盖、垦殖状况、道路与工矿用地、土壤侵蚀度等因子，然后根据已发生滑坡灾害的历史调查数据以及影响滑坡灾害发生的孕灾环境因子资料，通过数理统计分析，确定这些因子对诱发因子的敏感程度，可以把这些因子进行分类和分级。此外，也可以结合当地实际情况通过向本地有关方面专家学者征求意见确定对诱发因子敏感性比较强的指标。

在危机管理中要构建对诱发因子和触发点的风险进行动态监测、分析、评判、预报的预警机制和预警指标体系。这种预警机制最好是由两个以上信号或预警指标构成的双侦测机制，并且最好是能够避免人的惰性的自动回馈机制，可以及时、准确地发出预警信息，便于领导者和专家进行紧急决策。

第二，减少人为因素。

很多证据已经证明，人为破坏生态环境是包括舟曲在内的泥石流等地质灾害的重要影响因素。事实上，正如中国地质调查局副总工程师殷跃平所说，据其统计，地质灾害中人为活动的因素占到50%以上，尤其是非法活动。有些泥石流灾害完全就是人祸。2008 年 9 月 8 日上午 8 点左右，山西省临汾市襄汾县新塔矿业有限公司尾矿库发生特别重大溃坝事故，大量的泥石流顺着山沟倾泻而下，波及到下游的一个集贸市场、矿区的生活区和办公区以及部分的民宅，造成 277 人死亡，4 人失踪，33 人受伤，直接经济损失 9619 万元。这次事故的原因最初被认定为“因暴雨后的泥石流引发”。可奇怪的是，事发地在事故发生的最近几天只下了点儿小雨。后经调查，这是一起人为事故。由于该矿山开采出的矿石经选矿厂选出精矿后排放的废渣里的铁粉只比面粉稍粗，流动性很好，所以尾矿库溃坝造成的泥石流能够比普通泥石流冲得更远。

2011 年以来发生的几次泥石流灾害，如广西全州泥石流和湖南临湘泥石流，不乏人为因素的深刻影响。如，干涸的山顶水库年久失修，短时间内被强降水灌满一下子撑裂，采石场造成的山体疏松和堆砌在路边的碎石、碎土又促成了泥石流的发生，等等。

除了特殊的地质构造外，人为破坏生态环境是舟曲连年遭受多重自然灾害的重要原因。由于缺乏可持续发展的长远眼光，舟曲出现了比较严重的乱砍滥伐、开垦坡地、违背科学规律的修路引水等现象，造成了大量水土流失、生态环境和地质环境破坏。超过生态环境承载限度无节制的索取，不善待自然环境，必然会受到大自然的惩罚，最终就会导致严重的灾难性后果。自然原因引发的灾难似乎是人类难以避免的，但人为因素必须要根除。

第三，各级政府要建立强化危机预防的投入机制和全方位的危机治理机制。

舟曲泥石流灾难反映出目前各级政府对地质灾害防治仍然重视不够。各级领导干部要树立从应急鼓励到全方位的危机治理的意识。目前，发达国家普遍采取的是危机监测、预警、应急、评估在内的全方位的危机治理机制。目前，我国很多领导者还存在着“重预案轻防控”、“重应急轻预警”的意识，对各种潜在的突发事件诱发因子存在侥幸心理或鸵鸟心态。危机意识的缺失往往导致危机不能在初级阶段得到有效控制。最好的救灾远远不如最好的防灾，随着危机诱发因子由小到大积累，解决危机的代价往往以几何级数放大。危机一旦形成，化解的难度之大、代价之高，往往让人不寒而栗。因此，必须把导致突发事件的诱发因子作为危机治理的逻辑起点，改变“默默无闻避免危机得不到奖励，轰轰烈烈解决危机成为英雄”的奖惩机制和干部考核制度，建立以人为本，标本兼治，从制度上强化危机预防的投入机制，形成从源头上降低突发事件发生概率的全方位的危机治理机制。

第四，老百姓应当增强防范意识和自救互救的能力。

中国是泥石流灾害的高发区。特别是近年来，随着山区资源的开发和利用以及经济发展，在某些人为因素的推动下，我国泥石流灾害暴发的频度和危害性越来越高。在很多泥石流造成的重大伤亡背后，我们都可以看到人们对泥石流破坏性、危害性认识的不足，以及相关防范意识薄弱的影子。2009 年 8 月 8 日，“莫拉克”台风重创台湾南部，造成重大水灾并引发严重泥石流，致使一些村庄完全被泥石流吞噬。事后有当地村民表示，在小林村惨遭灭顶之灾前，尽管前天晚上村里已经进水，并已感觉到有落石、塌方，但仍没有人弃家逃走。直至翌日凌晨，发现村旁的山即将崩塌，大家才夺门而出，进而遭此厄运。再如，在台东县遭受水灾和泥石流侵蚀的过程中，著名的金帅饭店轰然倒塌。许多民众和游客聚集饭店隔岸围观。对日渐迫近的灾害充耳不闻，期间一些人所表现出的“麻木”与“盲目乐观”，不能不说也是加剧悲剧的原因之一。在有些地区，群众已经撤离了，但在灾害还没有结束时，有的人在返回取东西或查看损失时被后续的泥石流埋了进去。另外，当人处于泥石流通过区时，不能沿沟向下或向上跑，而应向两侧山坡上跑，离开沟道、河谷地带。

参考文献：

1. 刘炎迅：《舟曲的拯救》，《中国新闻周刊》2010 年第 30 期。

2. 陆振华、邓丽、沈晨玲：《舟曲：祸起“点降雨”？》，《21 世纪经济报道》2010 年 8 月 10 日。

3. 康正：《甘肃舟曲泥石流救援如发掘掩埋地底千年古城》，《瞭望东

方周刊》2010 年 8 月 24 日。

4. 张棻：《探源舟曲泥石流》，《环球财经》2010 年第 9 期。

5. 宫靖、王和岩等：《舟曲之痛》，《新华月报（天下）》2010 年第 9 期。

6. 陈满祥：《关于 2010.8.7 舟曲暴雨洪水泥石流之分析和判断》，《甘肃水利水电技术》2010 年第 9 期。

7. 赵玉春、崔春光：《2010 年 8 月 7 日舟曲特大泥石流暴雨天气过程成因分析》，《暴雨灾害》2010 年第 3 期。

8. 刘德镒、喻刻：《舟曲："陇上江南"因何成泥城》，《国土资源导刊》2010 年第 9 期。

9. 中国新闻网：《甘肃舟曲县突发特大泥石流专题》，http://www.chinanews.com/gn/z/gansu_nishiliu/。

10. 王克勤：《甘肃舟曲泥石流灾情目击　近半县城变成泥石阵》，《中国经济时报》2010 年 8 月 10 日。

11. 王克勤、火兴才：《舟曲灾区生活报告》，《中国经济时报》2010 年 8 月 12 日。

12. 火兴才：《还原舟曲泥石流路线时间图》，《中国经济时报》2010 年 8 月 20 日。

13. 火兴才、王克勤：《舟曲特大泥石流成因调查》，《中国经济时报》2010 年 8 月 23 日。

14. 张雄：《舟曲流殇：与泥石流共生的城市》，《南都周刊》2010 年第 32 期。

15. 宋常青、连振祥：《舟曲的天灾与"人祸"》，《瞭望》2010 年 8 月 23 日。

16. 刘玮宁：《工程院院士谈泥石流预防：将传感器布在高发区》，《羊城晚报》2010 年 9 月 5 日。

17.《舟曲泥石流引发思考　沙特麦加馆提供参考案例》，《新闻晨报》2011 年 8 月 11 日。

（朱瑞博　编写）

“8·24”伊春空难

2010年8月24日21时36分，河南航空公司的一架从哈尔滨太平机场飞往伊春林都机场的ERJ-190型客机准备降落时，在距离伊春林都机场跑道690米处发生场外着陆接地，在地上重重弹撞断成两截后旋即坠毁。机上91名乘客和5名机组工作人员中有42人当场遇难，有54人受伤，包括重伤7人（其中一名重伤者于9月10日不治身亡）。这是继2004年“11·24”包头空难、2002年“4·15”釜山空难、2002年“5·7”大连空难之后的又一次航空大难。中国民航安全飞行2102天的纪录就此终结。

一、案例始末

（一）第一现场

2010年8月24日20时51分，河南航空有限公司B3130号飞机执行VD8387哈尔滨—伊春航班任务，在哈尔滨机场起飞，计划于21时40分降落黑龙江伊春林都机场。

21时00分，黑龙江伊春机场上空天气情况：地面风1米/秒，能见度8公里，温度13摄氏度，修正海压1014百帕。

21时08分，黑龙江伊春机场上空天气实况：能见度2.8公里，轻雾，温度13摄氏度，修正海压1014百帕。

21时20分，飞机由哈尔滨区域管制中心移交给伊春塔台管制室。伊春机场机务队与特种车队接到航务部通知后进入一号停机位，并按照规定检查巡视完毕，等待VD8387航班抵达。

21时33分，准备降落的VD8387航班舱内灯光略显灰暗。在空姐的提示下机舱内的91名乘客纷纷拉起遮光板并调直了座椅靠背。

21时35分，机场塔台在看见VD8387在机场上空，确认机组看见跑道的消息后，向飞机发布了落地许可。塔台一工作人员说："落地许可发布后，飞机就自东向西降低高度。"当时VD8387的情况和以往的降落并没有什么不同。机场巡视员王雨森说，在VD8387即将飞抵伊春时，他和灯光队巡视员孙亮，巡视过跑道和助航灯光，"当时一切正常"。

在地面，伊春市市长王爱文已经进入站坪，准备迎接机上即将抵达伊春的重要客人。记者后来从伊春空难乘机名单上获悉，伊春坠机上18人为人保部人员，20人为各地发改委人员。人力资源和社会保障部约18人考察团当时正乘机飞向伊春。

21时36分，在机舱内，感到急速下降的乘客蒋先生听见机腹传来一声闷响，接下来机体撞地受阻产生的冲击力，让他开始反复在两排座椅之间碰撞。另一名乘客王先生坐在飞机尾部。他说，飞机落地后，机身随即从中间断开。"位于飞机中部的一些乘客，连人带椅子都被甩了出去，像被弹射出去的战斗机座椅。后来不知谁喊，先让孩子出去，接下来就有女人哇地一下哭了起来。"乘客蒋先生回忆，舱里一下就黑下来，当时有人喊，"别慌"。舱里的人不断地从后排跑到前排，然后再从前排跑向后排。飞机中间最先起火，有一个乘客身上着了火，一转眼人就成了火人。此时，喊声，救命声，呻吟声响成一片，不过很快就被四处冒出的浓烟吞噬了。飞机起火一分钟后，位于机舱前部的蒋先生在逃生人流的簇拥下，从机头前部的一个裂口逃出。

来自广西有色金属集团的乘客彭石海在顺利逃生后回忆说："飞行过程都很平稳，降落接触地面的时候，咯噔了一下，平时飞机降落接触地面也是这样的，我以为飞机已经到跑道上了。"但飞机"咯噔"一下之后，并没有平稳滑行，而是持续不断地"咯噔"，剧烈的颠簸晃动开始了！机舱内响起呼叫声，彭石海意识到出事了。他把两只手臂搭在前方的座椅靠背上，头埋在臂弯里。剧烈颠簸不知道持续了多久，等飞机停下来后，机舱边缘部位开始起火，烟雾弥漫了整个机舱。在飞机颠簸的时候，机舱里的灯光还开着，而停下来的瞬间，灯光全部熄灭了。"这个时候，我听见撕心裂肺的呼喊，感觉像是生命终止的呼喊。"彭石海说，在起火的同时他把安全带拉开，转身向后舱门跑去。彭石海坐在第18排靠走廊的左侧，距后舱门不足10米。在冲向后舱门的路上，彭石海感觉走廊上躺着一个人，他就从这人身边迈过去。"就1分钟，后舱门被前面的人打开了。等我下去时，看到机舱下面有气垫，已经被烧毁了一半。"后舱门距地面仅1米，彭石海跳出飞机撒腿飞奔，根本不敢回头看，他担心会爆炸。等他跑出二三十米远的时候，身后传来爆炸声。在附近草丛中呆了10分钟，救护人员赶到时，他才发现自己左臂被严重烧伤，头顶也被烫伤。

（二）第一时间抢救

21时41分，机场值班记录显示，VD8387航班消失后的3分钟，伊春机场就启动了一级应急救援预案。机场驻地的民警和消防官兵迅速前往30号跑道正东方向进行搜索。正在机场的伊春市长王爱文立即投入救援指挥。

21时43分，伊春机场消防中队副中队长徐鹏和他的7个战友接到实施救援的命令，随机奔赴失事现场。

21时50分，在机场跑道正东1000米处，救援人员发现了失事飞机。徐鹏后来回忆说：我们赶到现场时，飞机还在不断爆炸。为了控制火势，我们只好用泡沫枪灭火，好些乘客的遗体都淹在泡沫里了。"“太惨了，四处都是火光，飞机在草地上摔成了好几截。看上去就像一条被剁碎了的鱼。”

22 时 00 分左右，正在休息的武警伊春森林支队中队长李高飞与战士冯继承等人接到紧急集合令参与救援。

22 时 10 分，武警官兵等救援人员陆续赶到现场，看到大火冲天，浓烟滚滚，到处是人哭喊的声音。散落在坠机点附近的乘客大部分昏迷，加上大雾弥漫，武警官兵以手电筒和手拉手进行拉网式搜救。参与救援的 150 名森林武警，搜救出 27 名生还遇险乘客。一名参与救援的工作人员后来回忆说：“眼前的场景太恐怖了，飞机在持续地爆炸，每一次爆炸就像在黑夜里升起了一个太阳。”尽管消防队员在奋力地压制火焰，但他还是能经常看见腾空而起的烈焰和浓烟。

飞机残骸明火被扑灭后，全体官兵开始挖掘埋压在飞机残骸下的遇难者遗体。市公安局刑事技术支队民警和法医对遇难者遗体逐个编号，并全部提取 DNA 样本，为确定死者身份做好准备。42 名遇难者名单已经公布。

事故发生后，胡锦涛总书记、温家宝总理就黑龙江伊春市发生空难作出重要指示，要求全力抢救受伤人员，妥善处理善后，查明事故原因。黑龙江省委书记吉炳轩连夜赶到伊春，现场指挥救援。伊春市启动了突发事件应急预案，并成立了抢救组、灭火组、宣传组、医疗组和后勤保障组。

佳木斯市紧急调集 30 多名医护人员从 300 多公里外长途跋涉赶来。伊春市康复医院在第一时间内收治了 13 名伤员。

2010 年 8 月 25 日 00 时 00 分许，失事飞机的明火已经基本扑灭，但飞机残骸仍然冒出浓烟。

01 时 00 分，国务院副总理张德江在首都机场紧急召开随行有关部门负责人会议，并提出了紧急救援的要求。

02 时 45 分，现场遗体清理工作宣告结束，机场封锁关闭。

03 时 00 分，确认遇难者 42 人。12 岁的徐鹤宸是本次空难中年龄最小的遇难者。

5 时许，记者分两组从不同方向赶到伊春市，在事故现场目睹了惨烈的一幕：一架几乎已经燃烧殆尽的客机斜卧在充满积水和蒿草的沙石路上，经过燃烧的机身已断裂成一段段“黑炭”，仅有机头驾驶舱和尾翼还残存着原来的面目。在失事地点方圆50米内，还能看到部分飞机残骸，并能发现书本等杂物。驾驶舱面目全非，看不到任何完整的东西。现场发现了一本比较完整的飞行手册，灾难发生后，前部客舱和机尾的遇难人员比较多，坠毁之后有8名乘客被直接甩了出去，甩到距离飞机二三十米远的地方。

07时30分许，张德江一行到达飞机失事现场，听取了黑龙江省委、省政府有关事故及救援工作的情况汇报，详细查看了飞机失事现场，并决定成立国务院“8·24”伊春空难调查组和事故现场处置指挥部。随后，张德江一行来到伊春市第一医院和伊春市康复医院，看望事故中的受伤人员，之后召开会议对下一步工作进行部署。

07时30分左右，新华社记者在伊春市医院见到劫后余生的失事飞机机长齐全军。正在接受治疗的齐全军面部严重受伤，意识尚清晰，但是说不清楚话，尚不能对飞机失事经过进行描述。

（三）事故调查和善后

2010年8月25日上午，国务院“8·24”飞机坠机事故调查组在伊春正式成立。国家安监总局副局长梁嘉琨任事故调查组组长，安监、监察、工会、民航等部门都参与其中。调查组下设综合、技术、管理、专家四个小组。

当天，伊春失事客机生产厂家巴西航空工业公司发表公告说，该公司已经派出专业人员协助中方调查飞机失事原因。

2010年8月25日上午，河南省人民政府就此事召开新闻通气会，通报了相关情况。河南省民航发展建设委员会办公室新闻发言人吴振坤说：“河南航空现在由深圳航空有限公司控股，另外两家股东是两家境外公司，实际上是由李泽源所控制的两家境外公司。而我们暂时没有在里面具有任何股份。河南航空现在有5架EMB190的飞机，这个失事的飞机是河南航空哈尔滨基地直管，包租的。河南航空还有另外几架飞机是在南宁，还有3架是在郑州机场，在郑州机场的3架已在昨天晚上平安返回。”

事故发生后，河南航空公司启动应急预案，成立工作组全力处理相关善后事宜。2010年8月25日凌晨4点，深航事故处理工作组与河南航空有关人员在郑州会合后，于凌晨5点乘专机赶往黑龙江事故现场。在得知河南航空飞机失事消息后，河南省副省长张大卫立即率领省民航办、郑州机场公司有关负责同志赶往河南航空总部，了解事故处理情况，稳定干部职工情绪，要求河南航空做好安全运营方面的工作，并表示积极支持深航和河南航空做好事故处理和善后工作。

张大卫说：“我们是积极地在这个问题上支持深航和河南航空，去做好相应的救援和善后工作。我们省政府民航办的一个副主任、省政府副秘书长随着深航专机飞到伊春配合当地政府，配合深航方面处理好有关事务。希望他们特别要注意现在对安检运营方面的制度进一步加强管理，管理要进一步加强，对出现的安全漏洞。我们要求他们进行整改，对所有在河南的航空公司都提出了同样的要求。”

2010年8月25日下午，经河南航空公司董事会研究决定，免去李强的河南航空总经理职务，任命曹波为河南航空公司代理总经理。

2010年8月25日19时12分，南航黑龙江分公司派出一架飞机抵达伊春机场，将15名重伤员转运到哈尔滨救治。

2010年8月25日当天，失事客机黑匣子被找到并于当日送至北京。

遇难者和伤者家属自2010年8月25日至27日陆续抵达伊春。据伊春市市委常委、宣传部长华景伟介绍，伊春市采取了一个部门、一个处级干部负责一个遇难者家属的办法，协调满足他们的需求。对54名伤者家属，已抽调专人进行心理辅导。为安排好家属，“伊春市征集了市区所有的宾馆饭店，接送食宿等方面完全负责”。

2010年8月26日，民航总局局长李家祥在全行业航空安全紧急电视电话会议上表示，从初步暴露的问题来看，这次事故的核心问题集中在人员资质、飞行员的能力、特情的处理、安全链条的衔接等环节。李家祥在会上表示，失事飞机在夜航落地时前方还没有通过起始灯，也没有进入机场的边灯范围。“夜航落地最起码要看到起始灯，否则就落到机场外面去了，机场前面有几排灯，非常的明亮非常的耀眼，都没看到起始灯就开始落地显然违规。跑道两侧也有边灯，这就是告诉机组，要落在机场的中心，不能出了这个范围。”李家祥称，“出事飞机还没有到达起始灯也没有到边灯，就开始落地了。从当时落地的速度看，大约在220公里/小时的速度，粗略计算，大约再有22秒飞机就进入跑道了。也就是说，飞行员在落地的时候，起码的标准、起码的规章、起码的判断都没有做到。”

2010年8月26日下午4点，黑龙江省委宣传部组织召开“8·24”空难情况通报会。发布会一开始，主持人黑龙江省省委宣传部副部长陈永芳提议，全体与会者起立，向遇难者默哀半分钟。出席通报会的有民航总局航空安全办主任吕尔学和河南航空公司监事会主席刘航。刘航的发言只有3分钟，以道歉开头，以道歉结尾，为此次空难事件鞠躬致歉。刘航说，空难发生后，河南航空出动180人，成立工作组处理善后事宜。同时，河南航空暂时停航，正在进行安全整顿，并将圆满处理好此次事故的善后工作。最后，他眼含泪水，再次对遇难者表示哀悼，对遇难者家属和受伤者表示慰问，对全社会表示道歉。整个通报会历时18分钟，没有回答记者提问。中央人民广播电台《新闻纵横》节目在播出采集的此次新闻通气会的录音时，当地宣传部门一位官员的一句“没有解答提问的义务”被完整地录播了下来。

2010年8月27日，在伊春林都机场，参与事故调查的有关部门人员脚踢记者凳子，引发部分记者聚集抗议。

2010年8月27日，河南省工商行政管理局发布公告，撤销河南航空有限公司名称，恢复其原有名称，即鲲鹏航空有限公司。

2010年8月28日，4名记者在伊春市殡仪馆采访“8·24”空难事故时先后遭遇当地警方强行关押，引发现场记者及相关群众联合抗议。

2010年8月29日，河南航空公司善后工作组披露，“8·24”坠机事故发生后，河南航空公司决定向遇难旅客和受伤旅客家属发放生活补助，标准是每个家庭1万元。这是在理赔方案出台之前公司紧急拨付的一笔资金，作为受伤旅客和遇难旅客家属在特殊时期的生活补助费用。涉及理赔的各项准备工作，正抓紧进行。至29日零时，河南航空向遇难旅客家属发放的家庭生活补助，已经全部发放到位。

2010 年 8 月 29 日，伊春市政府召开会议部署安排“8 · 24”坠机事故善后接待工作，会议要求全市上下动员起来，带着感情搞好服务，尽最大努力做好善后工作，让遇难者安息，让家属得到宽慰；公共场所要停放音乐。伊春市市长王爱文说，目前，空难死难者家属陆续抵达伊春，伊春市专门成立了接待组和善后工作组，要求全市所有的宾馆、饭店从业人员动员起来，配合河南航空公司做好家属的接待工作。王爱文说：“遇难者家属是一个特殊的群体，他们是带着巨大的悲痛来到伊春。在这种情况下，如果我们的工作稍有不慎，就会给家属带来更大的痛苦，所以我们的精神要振作起来，尽好地主之谊，善始善终地把这件事做到底、做到家。”

会议对善后接待工作提出三点要求：第一，要换位思考，充分理解遇难者家属的情绪和心情，带着感情去做工作。第二，要认真做好每一个环节的工作。交通运输方面，交通局、公用事业局要对出租车和公交车加强管理，要为家属提供出行路线图，让他们少走弯路，方便他们去医院、殡仪馆以及购买殡仪用品等。宾馆和饭店要主动关心，询问遇难者家属饮食要求，住宿环境要考虑遇难者家属的心情，要以整洁美观为主，接待游客的喜庆装饰要尽量减少。殡仪馆方面要全力做好出殡等工作，让死者走得有尊严，让遇难家属了却心愿。机场方面要安排好家属祭奠工作。第三，严肃查处不道德、不文明行为。物价部门要公布举报电话，24 小时值班，做好投诉接待工作，绝不能发生宰客行为。所有参与人员着装要严肃，公共场所要停止音乐。

2010 年 8 月 30 日，是伊春空难发生后的第七天，按照中国人的丧殡习俗，遇难者遗体开始分批分次地火化，善后处理工作随之进入新的阶段。

事故调查才刚刚开始，8 月 30 日，河南航空公司向伊春空难的遇难者家属公布了赔偿方案——每位遇难旅客将获赔人民币 96 万元。

这份名为《“8 · 24”飞机坠毁事故遇难旅客赔偿办法》（下称《赔偿办法》）的通知发送给了每位遇难者的家属。《赔偿办法》明确了伊春空难中 42 位遇难者的赔偿标准包括法定赔偿和非法定赔偿两部分，总的赔偿金额为96万元。其中，法定赔偿为59.23万元，非法定赔偿为36.77万元。

法定赔偿是依据2006年颁布的《国内航空运输承运人赔偿责任限额规定》而得出的。此规定将空难中每名旅客的赔偿金额限定在40万元。随身携带物品的赔偿限额为3000元，托运行李的赔偿限额为2000元，三项合计40.5万元。《赔偿办法》认为，考虑到2006年至2009年，全国城镇居民人均可支配收入的增长幅度，增加赔偿额至59.23万元。

非法定赔偿由四部分组成，分别是精神抚慰金10万元、遇难者丧葬费补贴10万元、近亲属生活费补贴10万元，以及家属交通食宿补助费6.77万元。

尽管每位遇难者96万元的赔偿已是中国历次空难中最高的赔偿额度，但与事故调查的慎重、漫长相比，在遇难者家属看来，这份赔偿方案的出台显得过于匆忙，更为关键的是，这份赔偿方案一旦被家属接受，意味着事故调查结果出来后，家属不得对赔偿问题再提异议。

家属们认为，"8·30"赔偿方案系依据2006年中国民用航空总局发布的第164号令《国内航空运输承运人赔偿责任限额规定》给予了每位遇难者40万元的赔偿，该规定为对中国民航法第128条的补充，但是据民航发第132条规定："经证明，航空运输中的损失是由于承运人或其受雇人，代理人的故意或者明知可能造成损失而轻率地作为或者不作为造成的，承运人无权援用本法第128条、第129条有关赔偿责任的规定。"因此，家属们认为河南航空公司的这套赔偿方案是按照航空公司无过失的前提下制定出来的，在国务院调查小组得出结论之前就提出这种大包大揽的赔偿方案，是一种明显不负责任的做法。

此外《责任解除书》还规定：

本人代表遇难旅客所有近亲属保证于本责任解除书签署后不再以任何形式（包括诉讼或其他任何形式）向全部被免除责任人、被免除责任人之一等提出任何有关的权利主张。

《责任解除书》上的该条规定引发遇难家属们的强烈不满。家属们认为，"对方的免责条款纯属霸王条款，按常理我们在埋单消费的前提下，不但没能使消费者达到预定的旅行目的，反而又搭上了性命，承运人本应顺理成章地履行赔偿责任，非但不兑现、反而乘人之危，理直气壮地加入了免责的附加条件，简直是天理难容。”这实质上“是2004年包头空难事故处理方法的翻版，名誉上可以给家属赔偿96万元，但这意味着在家属签字的同时，自动放弃了对空难直接责任人的追诉权等”，是一种“付钱不负责”。家属们指出，“如果你拒签‘责任解除书’，你就将面临96万元分文取不到的结局，对于这种趁人之危，不合理的附加条件和霸王条款，我们全体遇难家属表示了极大的愤慨和强烈的抗议，为此到目前为止（9月11日）42位家属中只有三家因各种原因违心地签字，余下的39位不但没签，而且坚决要等待公平、公正、公开、合情、透明的最终结果。”

2010年8月31日、9月1日下午，遇难者家属连续几天来到伊春空难善后处理小组的驻地——伊春市体育局请愿。几位遇难者家属告诉《中国经营报》记者，他们对这样的赔偿方案无法接受的原因在于：一是，对于赔偿额度不满；二是，在空难事故调查结果尚未公布，有关事故原因、责任人如何处理等问题没有定论前，航空公司提前拟定的赔偿方案让遇难者家属无法接受。此外，赔偿方案中的免责条款也让遇难者家属无法接受。该免责条款规定，遇难者家属在签订赔偿协议之后，不能再对航空公司及其子公司提出任何诉求。经过交涉后，负责伊春空难善后的深圳航空公司副总裁宋向阳出面与遇难者家属沟通，遇难者家属的要求主要为两项：一是提高赔偿金额；二是删除赔偿方案中的免责条款。

据《新世纪》记者了解，部分遇难者家属之所以要求删除免责条款，与至今仍悬而未决的2004年包头空难赔偿有关。正因为有包头空难赔偿的前车之鉴，部分伊春空难遇难者的家属才坚决要求河南航空公司删除其所提供协议中的免责条款。

(四) 记者遭扣引发网络舆情

2010年8月28日上午，4名采访伊春“8·24”空难的记者先后被当地警方扣留。被抓的记者来自3家媒体：辽宁的《华商晨报》、北京的《法制晚报》和上海的《第一财经周刊》。

据《新京报》报道，《华商晨报》记者王瞬天是第一位被警方扣留的记者。8 月 28 日，当地政府组织遇难者家属在伊春市殡仪馆辨认遗体，大批记者前往采访。大约 10 时 30 分，警方开始拉起警戒线。正在殡仪馆现场试图寻找采访对象的《华商晨报》记者王舜天于是退出到警戒线外，不想突然听到现场指挥的一名公安局领导指着他喊了一声："把那个记者抓起来!"于是，瞬间涌上三名警察，将其反剪双手按住脖子，塞进了一辆警车。据王舜天介绍："在车上我问凭啥抓人，他们说抓的就是记者。"

同时被抓的还有《法制晚报》记者王楠。据王楠描述，当时他正行走在距离殡仪馆不远的路上，距离警方警戒线有 30 米开外。有人喊："把这个记者也抓起来"。喊声过后，三四名警察冲下车，对其展开了擒拿术，他被反扣着双臂，按着脖子塞进了警车。其中一个抓他的警察还一边骂："瞪呵的，滚犊子!"

王舜天、王楠随后被带到了伊春区朝阳派出所，并扣在一间值班室。

大约半个小时后，在殡仪馆内采访的一名《第一财经周刊》记者与另一《法制晚报》女记者被警方控制在殡仪馆的办公楼内。

据遭遇扣留的《法制晚报》女记者林晨音介绍，当时她在殡仪馆办公楼内采访结束，正准备离开，有两个警察守住了楼口不许她出去。林晨音说"我是记者"，试图出去，被对方再次阻拦。过了一个小时，林又说"想上卫生间"，对方强行拒绝。"就这样，从 11 点左右直到一点多，我一直被关在楼里。"林晨音说。

《第一财经周刊》的记者商勤硕同样被限制在殡仪馆的办公楼内。据他回忆，其当时正在采访，两名警察走过来确认了他的记者身份后，两人就架着他，走进了殡仪馆的一栋二层小楼。刚进楼，两名警察把门口堵死不许离开。

当天在现场采访的记者分析，当时警察这样做，可能是按指示阻止记者与前来辨认遗体的遇难者家属接触。

事件发生后，在当地采访的十余家媒体记者，集体抗议要求警方释放 4 名被扣记者。至当日下午 1 时许，被扣押的四名记者均已重获自由。之前，记者们被黑龙江本地一位宣传部官员警告："你们这样做要小心个人前途。"众记者哗然。

当日傍晚6点，当地警方就此事道歉。

针对记者被扣留一事，伊春市市委常委、宣传部部长华景伟说，这是误会。华景伟解释说，空难调查小组规定殡仪馆不许采访，且此规定下达较快，他还没有来得及通知媒体记者，所以造成记者接连被扣留。

据财新网报道，为要求警方道歉，记者们与当地宣传部门和警方进行了近七个小时的交涉。最终，伊春市公安局伊春区分局一崔姓局长向在场十余家媒体记者道歉。"我以我个人的名义，向在这次事件中受委屈的记者表示歉意。"崔某称，发生这次不愉快事件，谁都不愿意看见。"我刑警出身，是个粗人，希望文化素质较高的记者们能够理解。""刚刚发生过'8·16'爆炸，又来了'8·24'空难，连续工作的警员，包括我在内，心情都难免有些急躁。"他保证说，今后此类事件将不再发生。

该崔姓副局长承认，是他命令值勤民警控制四位记者的，但他当时并不知道他们的身份是记者。至于为何长达近两小时才放人，该副局长的解释是，当事民警可能一再打他的电话请示是否放人，但他位于信号不好的区域，无法联系上。

2010年8月28日事发当天，新京报网即发出记者的采访报道《扣留四名记者　伊春警方道歉》，并被中山网转载。29日，相关报道迅速攀升至115篇。新华网、人民网、正义网等都转载了《新京报》的报道。当日，相关评论文章也开始出现，如时评人杨涛在《燕赵都市报》发表了评论文章《扣留记者、非法拘禁真相的底气从何而来?》，中国广播网刊发评论《警察扣留记者事件仅道歉就完事了吗?》。

2010年8月30日，评论文章大量涌现。如中国记协网转发了新华报业网的《"道歉"就能抚平受伤的"新闻采访权"?》，《生活新报》的《"刑警是粗人"抓记者的借口太轻率》，《钱江晚报》评论文章《"误会"记者，难道只是"粗人"所为》，《羊城晚报》的《"抓的就是记者"折射舆论监督之难》，红网的《扣押记者，是警察急躁还是政府害臊》，《半岛晨报》的《局长可以动粗，但法律不能》，等等。当日相关文章达到187篇，达到舆情监测期的峰值。

2010 年 8 月 31 日，中广网发表报道《记者称采访伊春空难不寻常　穿越封锁躲避警察》，播发了中央人民广播电台中国之声对特派伊春记者白杰戈的采访。白杰戈称，在伊春的采访和他早前参加的对玉树地震、舟曲泥石流灾害等重大灾难性事故的报道有着明显的不同，这次可谓困难重重。当天，《工人日报》和新华网分别刊发评论文章《“抓记者”是危机公关的昏招》和《公共事件中的私隐与避讳》。

（五）索赔之路未完待续

部分遇难者和受害者家属一方面还在纠缠于国内的赔偿，另一方面正在准备赴美提起诉讼。虽然伊春空难中的 E190 飞机是巴西制造的，但其核心发动机 CF34-10E 却是美国通用电气公司生产制造的。根据美国的相关法律规定，如果坠毁的飞机和发动机有某种关联，通用公司就要负担赔付的法律责任。

据了解，完成国际理赔的时间一般是 3 个月到 3 年。

二、案例背景

伊春林都机场位于小兴安岭林中，地处山谷交会漫滩处。伊春的森林覆被率达 82%，三面环山的林都机场进入夏末秋初之时，晨间傍晚湿度大、多雾成为了不可避免的气候特征。在专业航空界人士看来这都属于“净空条件不好”。事发当晚 9 时许，伊春市相对湿度为 98%，湿度如此之高的森林城市，夜间出现大雾并不罕见。就在事发后第二天凌晨 5 时，在坠毁现场参与救援的工作人员还处于一片大雾中，能见度甚至不足 200 米，而 EMB190 飞机允许降落的能见度是 300 米。

伊春林都机场是黑龙江开通的第七个机场，该机场飞行区技术等级为4C级，可起降A320系列、B737系列以下机型。伊春林都机场属新建机场，机场地处山谷交会漫滩处。因此夜航条件比较复杂。南航黑龙江分公司运行安全技术部2009年8月27日印发的《关于伊春/林都机场运行安全措施》文件就明确指出："(2009年) 9月1日以后伊春机场原则上不飞夜航。"

中国现行的飞行规则，可分为目视飞行和仪表飞行等，这两种规则在飞行始末交叠使用。飞机在空中正常飞行时基本采取仪表飞行，而在起飞和降落时会参照目视飞行。上述飞行员介绍，如果起飞与降落这两阶段内没有盲降设备，则给飞行员带来极大的难度和考验。目前国内的大型机场多有盲降设备，亦有少数小型机场则并未安装。林都机场目前尚无盲降设备。2010年7月17日发行的《伊春日报》报道，市长王爱文向前来视察的全国政协领导汇报林都机场的建设工作称："在接下来的工作中，我们准备建设机场的盲降设施，该项目已经得到了民航东北局的批复，我们正倒排工期，紧锣密鼓地开展征地、拆迁等前期工作，确保年底前投入使用。"可惜还没有建成盲降系统，机场通航即将满一周年时灾难却不期而至。

伊春林都机场因未安装仪表着陆系统，所以没有精密仪表进近程序，只有非精密仪表进近程序。具体为：30号跑道有VOR/DME程序，12/30号跑道各有一套NDB/DME程序。机场运行细则规定，30号跑道按VOR/DME程序进近，最低能见度要求为2800米。机组在操纵飞机进近，违反了CCAR121.667条关于着陆最低标准的相关规定："当能见度低于所用仪表进近程序规定的最低能见度时，飞机不得飞越最后进近定位点继续进近。"一直到21点56分，河南航空公司签派员还利用系统发送报文屡次催回这架飞机。

民航中南局曾经向河南航空下发飞伊春的机场要对机长进行带飞。失事飞机机长齐全军是第一次飞伊春，无人带飞，严重违反了中南局对其提出的监管要求。从2009年4月7日飞行EMB190到出事前，齐全军飞EMB190也就一年多点儿。出生于1960年的齐全军总飞行时间4250小时，为军转民飞行员，持有的是航线运输驾驶执照，1990 年 8 月入空军航校，1992 年 10 月开始飞行，大学本科学历，所飞的机型有歼 6、K44、运 7-100、运 737-300、运 737-900、ERJ190，2009 年 3 月 16 日，进行 ERJ190 飞机改装，2009 年 3 月 23 日在本场训练，2009 年 4 月 7 日进行 ERJ190 机长航线检查，EMB190 总飞行时间 1413.13 小时。民航总局的一位领导在事发后从深航了解到，齐全军原来在部队开小飞机，33 岁转业，然后进入了民航飞机的改装人员队伍，曾经被认为达到了波音 737 机长的标准，但是深航没有给他波音 737 机长的资质，最后给了 ERJ190 机长的资质。

伊春机场是在 2009 年 8 月 27 日正式通航的。伊春以红松著称，过去曾靠砍伐木材为生，随着近年来国家保护生态，调减木材砍伐量，伊春成了首批资源枯竭型城市，城市需要从替代型产业中找出路。“目前本市五大支柱产业中，旅游是第一大支柱产业。2009 年伊春市旅游业已达到 19.1 亿元，相当于全市 GDP 的 11.15%。”但是，进入伊春这个黑龙江省的神经末梢地区要花一番工夫。天气晴好的时候从公路走，从哈尔滨到伊春 300 多公里的路将耗时 6 个小时甚至更多，坐飞机从哈尔滨到伊春只需要 40 分钟。

在“拥有一座机场是地区经济发达的象征”的观念下，地方政府对于发展支线航空热情高涨。一位当地官员告诉《中国青年报》记者，当初为申请在伊春建设机场，机场筹建处的人敲了“好几百个章”，并用“四千四万”来形容审批过程：千辛万苦、千难万险、千言万语、千山万水。而伊春机场建设更被称为“赶超深圳速度”。机场建设时值冬天，正是伊春滴水成冰的时候。“为了赶工，用热铁锅把沙子炒热开工。”和地方政府的热情相比，航空公司显得有些冷淡。全国各地的支线机场都和伊春机场一样，对南航等大航空公司吸引力不大，支线航班大都是中小型航空公司在运营。2009 年以来，各地市纷纷新建机场。短短一年间，河南航空有限公司、河北航空有限责任公司、天津航空有限责任公司、成都航空有限责任公司、昆明航空有限责任公司、北京首都航空有限责任公司等多家地方航空公司相继成立。

由于设立航空公司的条件较高，一些无法获得民航局批准成立航空公司的地方政府开始成立所谓的“模拟航空公司”。“模拟航空公司”，工商注册类别并不是航空公司。他们不购买飞机，长期包机运营，执行支线航班。其运营前提是，由地方机场集团付给航空公司基本租金，确保航空公司可以保本，待盈利后按比例分成。在航空公司的冷淡和地方政府的热情之间，有关部门才自行出资租赁包括河南航空 E-190 型飞机在内的运力，以填补空白，执飞大航空公司不愿意飞行的航线。黑龙江的“模拟航空公司”模式，由省、市政府和黑龙江省机场集团共同出资，成立“模拟航空公司”，以包机运营的模式开通哈尔滨至省内城市的支线航班。

本次空难的 VD8387 航班就是 2010 年 8 月 10 日才刚刚开通的，每周二、四、六各一班，由 ERJ-190 支线客机执飞，此次也是该机第七次由哈尔滨飞伊春。黑龙江省目前拥有包括哈尔滨、齐齐哈尔、牡丹江、佳木斯、黑河、漠河、伊春、大庆、鸡西共 9 个机场。河南航空在黑龙江省内只有一架飞机，在开通伊春航班后，每天要飞 10 个航班。在不晚点的情况下，要从早 8 点一直飞到晚上 11 点才能回到哈尔滨机场。而在开通伊春航班前，飞机在 20 点 10 分降落后，就可以做检查、保养、维修了。失事当天，VD8387 是机长齐全军执飞的第 5 个航班。

本次空难中的失事客机是一架 ERJ-190 支线客机，飞机由巴西生产，2008 年 9 月第一架交付中国，飞机核定载员 108 人。失事机型近年事故有:2007 年 7 月 17 日，哥伦比亚 Aero Republica 航空公司运营的一架 E-190 喷气式飞机在 Santa Marta 群岛暴风雨中降落时发生事故，未造成人员伤亡。2009 年 9 月 3 日，美国捷蓝（Jetblue）航空公司的一架 E-190 喷气式飞机在降落至巴哈马林登·平德林（Lynden Pindling）国际机场时起火，未造成人员伤亡。

43 名遇难者中，包括 3 名机组人员，其中后舱安全员周宾浩和乘务长卢璐是夫妻。飞机坠地断裂后，两人没有忘记自己的职责只顾自己逃生，而是坚守岗位指挥飞机上的乘客逃生，最后在大火和爆炸中双双罹难，遇难时两人新婚仅 198 天。周宾浩与妻子卢璐的安葬仪式于 2010 年 9 月 19 日上午在周宾浩的故乡湖南湘潭举行。

河南航空的前身是鲲鹏航空，鲲鹏航空于2010年3月29日完成了主运营基地、住所地的变更程序，正式更名为河南航空。鲲鹏航空则成立于2007年9月28日，当时由深圳航空联合美国两家企业合资设立，深圳航空占鲲鹏航空51%的股权，而美国梅莎航空集团持股25%，美国山岳信托公司持股24%。当时的主营机场是在西安，后来鲲鹏航空与河南省政府签署协议后，主营基地变更为郑州机场。鲲鹏航空更名为河南航空后，转由河南省政府与深圳航空联合经营。

上一次中国境内的空难发生在2004年11月21日8时21分，当时由内蒙古自治区包头市飞往上海市的MU5210航班庞巴迪CRJ200在起飞后不久坠入机场附近南海公园的湖里。包括47名乘客、6名机组人员在内的机上53人全部罹难，加上2名地面遇难人员，事故共造成了55人遇难。伊春空难发生后，中国民航2102天的安全飞行纪录被终结。上次失事的客机也是支线客机。从2004年国内民航允许外资和民营资本进入之后，至今已经有超过20家新航空公司相继成立。其中有不少新航空公司都是在执飞支线航班，而使用的机型多为小型的支线客机。

三、各方评析

(一) 空难何以发生

中国民航科学技术研究院谢孜楠研究员曾经对1997—2006年中国民航发生的1140起事故及事故征候进行统计分析，结果表明，飞机滑出跑道升空后的3分钟和飞机着陆前的8分钟是最容易发生事故的阶段，这11分钟被称为“危险11分钟”。

空军试飞专家分析此次飞机失事经过认为，由于夜间能见度较低，飞机状态控制和寻找跑道都比较困难，在强行着陆时由于飞行员无法看到地面和跑道，导致飞机在跑道前方约1公里处接地。此时，由于飞机的速度可能大于正常着陆速度，飞机的姿态也不可能如正常着陆那样带有一定的仰角（6—12度），在这样的姿态和速度下飞机触地必然会引起撞击破损，并且会在惯性作用下继续高速向前滑行，在这个过程中没有系好安全带和座椅脱落的旅客可能会从飞机破损口被甩出机舱外。燃油泄漏很快引起飞机着火，火势扩大甚至引起局部爆炸。机场着陆气象条件差是事故发生的最主要原因。伊春机场地处林区，事发时能见度不及300米，这对夜间飞行的着陆有较大影响。低气象条件下着陆的最大困难是对于飞机状态的控制，尤其是着陆阶段飞行员要精确控制飞机的高度、速度和下滑轨迹，并根据情况不断调整飞机状态和参数，是操纵精度要求很高的飞行阶段。在如此高的技术要求下，飞行员很容易紧张。从“8·24”空难事后受伤旅客的回忆看，此次着陆过程中的撞击强度属于中度，旅客虽然感受到着陆阶段的强烈冲击，但飞机停稳后多数旅客在惊魂未定之际依然能够前后移动，可见飞机在着陆过程中尽管机体在强烈的冲击下发生了断裂，但并未对多数旅客造成严重的损伤。

有民航专家指出，由于我国支线航空发展过快，支线机场管理和设备滞后，导致部分中小机场维修力量薄弱，安全保障系统缺乏统一的标准；在空管指挥方面，一次雷达和二次雷达的性能、指挥调度能力和枢纽机场相比也有差距。

某航空公司高层人士表示，更主要的差距表现在对飞行员、机务、空管等队伍的建设管理上，各地方航空公司纷纷起航，使市场对本来就紧缺的飞行员、机务、空管等人员的需求更加迫切，“即使配备了最好最先进的设备，但人员的能力、经验需要时间的积累，比如飞行员的培训是一个复杂的系统工程，飞行员除了要掌握相关的理论知识和模拟机训练外，还要积累各种气候条件下的飞行经验，这是花钱买不来的”。

中国民用航空局局长李家祥表示，伊春机场航班量不大，当日就只有这架飞机，塔台全部的关注点都应该集中在这架飞机上。“这次事故中初步查明空管没有大的问题，但是飞机在距跑道1200米处降落，2000多米处发生擦树梢，空管人员要是及时提醒，目引目送，按工作要求，塔台工作人员如果观察细致是能看出来的。”

(二) 支线航空发展亟需规范和保障

《中国青年报》转述民航管理部门一名高层人士的话指出：“中国支线航空发展到现在，是需要进行规范的时候了，只有这样才能提高我们的安全水平!”随着支线航空的迅猛发展，已经使一些安全隐患逐渐暴露出来。

中国民航大学航空工程学院飞机系党支部书记、副教授胡静指出，由于航空公司管理重干线，轻支线，往往将经验丰富的飞行员安排到干线运输上。这就导致支线运输缺少经验丰富的工作人员。

中国民航飞行学院的一位专家说，支线飞机执行的安全标准，与波音、空客等大飞机基本一致，可靠性很高。但是，由于我国近年来支线航空扩张很快，“地空协调和地面保障不力对支线飞机的威胁，有时甚至超过机械故障。对一些在我国数量相对较少的飞机，有的中小机场维修力量十分薄弱，安全保障系统缺乏统一标准，一些小问题难以及时发现。”

资深民航专家、中国民航管理干部学院客座教授、中国政法大学航空与空间法研究中心研究员张起淮指出，伊春机场没有可以指示飞机飞行方向和高度的盲降设备。仅有的定位系统只能指示方向，不能指示高度。据张起淮说，我国支线机场中，一般都没有盲降设备，晚上飞行，除非能见度非常好，否则但凡有雾或雨雪天气，都不适宜夜航。据了解，事发当晚，伊春机场雾气浓重，能见度只有 200 米左右。张起淮坦言，支线航空发展快，但支线机场的硬件设备不及干线机场，这样就会增加安全隐患，因此还要增强机场的保障能力。

《中国青年报》认为,“甩鞭子航线”值得警惕，即开设一个新基地后，那里除了飞机和飞行员，缺乏运控、机务、商务等保障服务。当年东航包头空难，就是云南分公司（基地在昆明）的机组到包头过夜，执行包头—上海的航班，早晨在包头起飞，因为飞机机身结霜，起飞时升力不够而坠毁。

据“经济观察网”报道，表面来看，运营哈尔滨—伊春航线并发生事故的是河南航空公司，但这条航线的真正主导者，是一个名为“黑龙江支线模拟航空公司”的机构。该机构并非一家常规注册的企业，而是由黑龙江省机场集团公司牵头，黑龙江省政府及牡丹江、佳木斯、鸡西等市政府与黑龙江省机场集团共同出资，通过三方自主设计航线、租赁航空公司飞机、模拟航空公司运作的机构。河南航空此次失事飞机，就是被上述模拟航空公司租赁，从2010年8月10日起执飞哈尔滨—漠河、哈尔滨—伊春航线。租赁飞机的实际出资方，是黑龙江省政府和漠河、伊春市政府及黑龙江省机场集团。在操作中，黑龙江支线模拟航空公司负责航线设计和市场营销，租赁航空公司飞机执行各支线机场间航线的运输任务，航空公司负责提供飞机、机组，并自行提供航班的维修、保障服务。黑龙江省机场集团一位人士表示，这种模式类似于租车，“你跑伊春，我就给你伊春的钱；跑俄罗斯，我就给你俄罗斯的钱。别的我们都不管。”

“经济观察网”有文章指出，支线模拟航空公司运营中最主要的风险，是安全风险。租赁的飞机大部分是在航空公司总部基地外的区域运行，其机组调配空间和维修保障能力都弱于总部。同时从其他地区调来的飞行员对当地地形气象条件不够熟悉，加之旺季期可能存在违规超时飞行情况，这使支线模拟航空的运作看似简单，实则潜藏不容忽视的风险。

支线模拟航空公司正是诞生于航空公司的冷淡和地方政府的热情之间。其模式最早在内蒙古尝试，后被黑龙江借鉴。

《南方周末》、《法制晚报》等媒体则不忘提醒人们，上次失事的客机——2004年11月21日，由包头飞往上海的MU5210航班——也是支线客机。

（三）设置信息壁垒、警察扣留记者为哪般

在伊春空难的处置过程中，伊春相关单位人为设置信息壁垒，甚至出现警察扣留记者等行径，引发媒体和社会热议。

《京华时报》发文指出：

越是突发事件，越要充分公开信息；若信息公开的条件不足，要主动

创造条件进行公开。在现代信息社会，这已成为公共治理的一种常识。遗憾的是，在伊春空难中，公众没有看到这种积极努力。从空难发生至今（截至2010年8月30日，不包括27日由于机场工作人员和记者发生冲突，民航系统召集了约20名记者与几名救援者参加了一个非正式的见面会——编者注），有关方面只召开了一次新闻通气会，且有效信息较少。这与突发事件发生后，媒体、公众的信息渴求形成强烈反差。还不止于此。27日，机场工作人员与记者发生了冲突。28日又接连发生四起记者被警察扣留事件。"抓的就是记者"，警方行动目的明确。5个小时后，尽管伊春市宣传部门和警方公开道歉，不过前者却解释称"这是误会"——空难调查小组规定殡仪馆不许采访，且此规定下达较快，他还没有来得及通知媒体记者，所以造成记者接连被扣留。

从新闻通气会过少，到"不许采访"禁令，再到扣留记者，一系列反应表明，当地有关方面就伊春空难这一公共突发事件中的信息处置失当，没有创造有利条件使信息保持充分畅通，而且不同程度、不同方式地设置了"信息壁垒"。这很令人疑惑。

该文指出，设置"信息壁垒"是一种传统的、机械的、粗暴的方式，已经不适应形势了。公共突发事件中的信息公开，其实是一门科学，既需要增设懂行的专业部门、专业人员以积极妥善应对，又需要对其中的舆论规律、传播规律、受众心理、社会情绪、公众知情等深入研究和充分尊重。这样才能避免出现信息的严重不对称，使媒体公众和事件之间保持充分有效沟通的良好局面。

很多评论文章都认为，记者遭扣留事件之所以屡屡发生，一个很重要的原因在于：这些事件的制造者未得到严肃处理，很多时候就是一个道歉、解释而已，即使是处理也不过是轻描淡写，从而更加助长了他们的嚣张气焰。多数评论文章都对伊春宣传部门的"误会说"和公安部门的"粗人说"不屑一顾，认为这种道歉无关痛痒，只是有关部门推卸责任的一贯做法。

红网《扣押记者，是警察急躁还是政府害臊》一文分析认为：

如果单纯地来看待这件事，有关部门的"误会"和公安局长的"粗人"

道歉，也许还可以勉强地说得过去。但是，一旦联想到近年来，频频曝出公安机关“抓捕记者”的丑闻，有的甚至还是“跨省追捕”，特别是前段时间闹得沸沸扬扬的《经济观察报》记者仇子明被网上通缉事件，再来看有关部门的不痛不痒的道歉，就显得无关宏旨、虚仁假义了。这样的道歉，不过是有关部门推卸责任的一贯做法。

《警惕“伊春扣留记者”后遗症》一文也批评道：

“误会”已经成为各地宣传部门最喜欢使用、也是使用频率最高的一个词。而“误会”也成了一个万能的借口，放在哪里都管用！

“正义网舆情工作室”指出，就在伊春“记者被抓事件”发生的前一天，即2010年8月27日，国务院召开了全国依法行政工作会议，温家宝总理强调，要继续深入贯彻落实《全面推进依法行政实施纲要》，要健全行政监督体系和问责制度，要更加重视人民群众和社会舆论监督，要支持新闻媒体对违法或者不当行政行为进行曝光。如《“刑警是粗人”抓记者的借口太轻率》一文所言，《全面推进依法行政实施纲要》已经实施6年有余，在此期间，《政府信息公开条例》也已经跟进实施，然而，在这种舆论生态总体向好的势头下，一些类似于“抓记者”的极端弄权行为仍在各地频发，影响极为恶劣。伊春“记者被抓事件”再次表明，构建安全可靠的法治环境与构建航空安全同样重要。

四、启示借鉴

（一）支线航空发展需要社会各界的关心和关注

近年来，民航各项事业硕果累累，特别是支线航空发展突飞猛进，航空安全监管实质上也面临着新的课题。有些地方看到开通航线带来的可观收益急于兴建机场，结果出现了一种虚拟航空公司：地方政府依靠航空集团经营航空公司……空地勤等配套设施跟不上，机场没有充足保障力量就开张运行，留下安全隐患。在支线航空快速发展的背景下，机场运营安全问题开始浮现。有的支线机场系军用机场改造；有的地形复杂；有的跑道过短。种种先天缺陷都是安全隐患。有些机场不具备盲降条件，应该避免安排夜晚的航班，但是为了经济效益，就勉强开通夜航航班，这就为了经济效益而忽视了人的生命安全。

与2004年包头空难相同，伊春空难也是支线航空出现的事故。如果我们放开眼界，就不难发现围绕支线飞机的安全发展问题，仅2010年前后已非“伊春空难”个例。继2010年8月24日伊春空难后，天津航空于8月25日在南宁吴圩国际机场降落时，航班突然滑出跑道；8月28日凌晨1时59分，华夏航空公司CRJ200/B–3001号机执行G52744（石家庄至贵阳）航班任务，在贵阳机场着陆过程中发生机翼翼尖擦地的严重不安全事件，幸无旅客受伤。为此，民航西南地区管理局从9月1日零时起，暂停华夏航空公司的运行5天。这是伊春空难之后，对支线航空市场的又一打击。

有关方面应当重视支线航空的安全问题。首先，支线机场缺乏优良的地面设备与保障力量。其次，因为体制以及曾经存在的航线批租不透明等原因，导致中小航空公司主要集中于支线航空领域。一些民营航空公司即便业绩不错、不差钱，也获得不了更优质的资源。而对支线航空的硬件建设和日常监管，如同江河的支流防汛被忽视一样，很容易成为“溃坝”的薄弱环节，特别是在各航空公司处于重大重组的过程中。最后，飞行员的紧缺，始终是支线航空相同的“心病”。在中国的航空市场上飞行员一直都是稀缺资源。与干线飞机相比，支线航空的飞行员更加特殊，因为中国的主流机型集中在波音与空客飞机，“大改小”的机型转换对飞行员的资质和训练时间有着更加严格的要求。

这些支线航空发展呈现的种种不足，更多是支线航空大发展中面临的困境，很多问题也绝非经营支线航空的航空公司一家可能解决。做航空难，做支线航空尤其难，其间既有人财物的问题，更面临政策和体制机制制度的障碍。空难事故发生后，社会各界很容易加剧对支线航空的不信任和偏见，但支线航空的发展又恰恰需要社会各界的关心和关注。唯有各界的关心和关注，支线航空才能飞得更高、更安全。

(二) 扣留记者不能仅仅一声道歉简单了之

细心的读者不难发现，公权力机关以最强硬的方式扣留记者，以最柔软的道歉声了结，这种现象早已不是孤陋寡闻。

2010 年 5 月 29 日，在中超联赛杭州绿城和天津泰达的比赛结束后，绿城球迷围住天津队大巴，义乌警察在维护秩序时，扣留了一名摄影记者，拿走了记者的照相机数据存储卡，删除了记者拍下的义乌个别警员抓球迷的照片。8 月 6 日下午，正在吉林桦甸采访洪灾的《瞭望东方周刊》记者王立三和《南方周末》记者朝格图被当地十多名警察带走，期间警察曾数次爆粗口，并强行删除了采访设备里面的录音和照片。《经济观察报》知名记者仇子明因报道上市公司关联交易内幕遭全国通缉，潜伏数天后，于 2010 年 7 月 30 日收到遂昌县委宣传部及县公安局负责人赴京的当面赔礼道歉。千龙网记者文良成已于 2010 年 8 月 27 日结束“潜伏式”年假回京。此前他和同事刘洪昌因发表《瀚霖生物：中国生物化工行业的又一大忽悠》一文，披露山东当地一明星企业存在的问题而受到干扰，只得休假躲避。假期中文良成称接到山东莱阳警方来电，要求其立即终止休假赶回北京接受询问，否则警方将千里追踪调查。“为什么这类事件接二连三发生？我从事新闻工作将近半个世纪，最近发生的这一系列事件史无前例。”上海市记协副主席丁法章如是表示。

正如国家行政学院汪玉凯教授所言：“以‘道歉’这种行政手段来处理，说明当地违法犯罪的成本太低，几乎没有代价。”轻描淡写的道歉实际上无形中助长了当地政府机关再次肆无忌惮动用公权力的信心。

舆论监督是社会文明进步不可缺少的力量。维护记者合法采访的权利，在某种意义上就是维护社会正义。记者采访权不同于普通民众的私权，它是一种社会公共权利。它不只是为了某个媒体，更是为了使民众的知情权、表达权和监督权得以充分实现，在这个意义，对记者的采访权进行立法支持、对阻挠侵扰记者依法采访的行为进行党纪政纪和法律上的惩戒，建立依法采访权被地方政府剥夺的记者的救济机制，应成为当务之急。

参考文献：

1. 曹红涛、袁泉、丁志军：《伊春空难，24 小时生死营救纪实》，《人民日报》2010 年 8 月 26 日。

2. 石玉、左志英、孙涛：《专家质疑：伊春空难机场无盲降系统为何还要夜航》，《南方都市报》2010 年 8 月 27 日。

3. 白雪、周伟：《伊春：资源枯竭型城市对通航的渴望》，《中国青年报》2010 年 8 月 30 日。

4. 李克杰：《航空领域的危险驾驶也应一并治罪》，《中国青年报》2010 年 9 月 8 日。

5. 欧阳洪亮、徐凯、孙滔等：《伊春空难调查》，《财经》2010 年第 18 期。

6. 何勇、李宾：《伊春空难原因调查》，《中国经营报》2010 年 9 月 4 日。

7. 乔子鲲：《伊春空难不该设信息壁垒》，《京华时报》2010 年 8 月 30 日。

8. 潘晓凌、雷磊、李顺：《生死航班——伊春空难之痛》，《南方周末》2010 年 8 月 26 日。

9.《黑龙江伊春客机失事42人遇难名单　民航2102天安全纪录终结》，《南方周末》2010 年 8 月 25 日。

10. 陈勇：《伊春空难：魔鬼在细节中》，《经济观察报》2010 年 8 月 28 日。

11. 欧阳洪亮、徐凯：《伊春警方就“一日扣四记者”道歉》，财经网，2010 年 8 月 29 日。

12. 徐超：《伊春空难善后难》，《新世纪》2010 年第 36 期。

13. 正义网舆情工作室:《记者采访伊春空难被扣事件舆情报告》,《政法网络舆情》2010 年第 35 期。

14. 耿雁冰、谢文兴:《伊春空难家属拟海外单独起诉飞机发动机制造商》,《21 世纪经济报道》2010 年 9 月 16 日。

15. 欧阳洪亮、徐凯:《伊春警方就"一日扣四记者"道歉》,财经网,2010 年 8 月 29 日。

16. 李泽民:《伊春空难事发近 3 月　仍有 30 余家属未获赔偿》,《每日经济新闻》2010 年 11 月 23 日。

17.《在伊春采访空难不容易》,《京华时报》2010 年 8 月 30 日。

18. 刘伟勋:《伊春失事客机背后利益链:模糊的模拟航空》,《经济观察报》2010 年 8 月 28 日。

19. 胡晓晖:《伊春失事飞机由哈尔滨基地包租直管　河南未参与该公司运营》,中广网,2010 年 8 月 25 日。

20.《专家称我国支线飞机运营存在安全隐忧》,《法制晚报》2010 年 8 月 27 日。

21. 缪慕怡:《互联网的发展催生公众舆论与新闻舆论关系的变化——以伊春空难个案为例》,《新闻世界》2010 年第 11 期。

22. 李媚玲:《华夏航空因机翼擦地事故停运　支线航空又遭打击》,《新京报》2010 年 9 月 1 日。

23. 王志灵:《支线航空迷途》,《21 世纪经济报道》2010 年 8 月 26 日。

24. 柴莹辉:《支线航空困境加剧》,《中国经营报》2010 年 9 月 4 日。

25. 郭璐、李廷祯:《伊春空难:拉响支线警报》,《财经国家周刊》2010 年第 18 期。

(周光凡　编写)

金浩茶油事件

金浩茶油事件被媒体称为“公共舆论监督的胜利”。早在2010年年初，金浩茶油就被查出苯并（a）芘超标，但是当地监管部门湖南质监局联手（至少是默许）企业湖南金浩茶油股份有限公司对问题产品实施“秘密召回”，并在长达半年的时间里未将相关信息公之于众，且召回不彻底。直到2010年8月中下旬，在媒体的穷追猛打之下，问题茶油秘密召回的内幕曝光，金浩公司才一改“质量安全可靠”的信誓旦旦，于9月1日和6日六天内两度公开致歉，承认金浩茶油确有9个批次的产品致癌物超标，期间实施两次召回但仍有近9吨产品未收回。湖南质监局官员在舆论质疑声中一度表示，当初不公开问题是“为了维护社会稳定”，引发更强烈的质疑和声讨。

一、案例始末

（一）掩盖与谎言：金浩公司否认致癌物超标

2010年8月中旬，关于“金浩茶油被查出致癌物质超标”的说法，开始在网络流传。但是金浩公司一直持否认态度。湖南金浩茶油股份有限公司（以下称“金浩公司”）是国内最大的山茶油生产商，目前年产值11亿元，在湖南各地有多处生产基地，公司曾准备在2012年以前实现上市目标，董事长刘翔浩是全国人大代表。茶油被称为“东方橄榄油”、“金浩茶油”系列先后被评为国家免检产品、全国油茶籽油知名品牌、放心粮油、安全食品等，茶油产销量居全国第一，在全国27个省份销售。

2010年8月19日晚，一条关于“湖南金浩茶油有限公司出品的金浩茶油被查出含有超标6倍致癌物质”的微博消息，在网络上被大量转载。

2010年8月20日，金浩公司迅速展开辟谣行动，在公司网站上发表《关于谣传“金浩茶油被查出含有致癌物质超标6倍”的郑重声明》，称“被查出致癌物超标6倍”是谣传，旗下金浩茶油“质量安全可靠”，并表示“本次网络不实谣传，不排除是竞争对手恶意炒作嫌疑”。

同一天，有网友称因转载金浩致癌物超标被金浩公司“约谈”。有网友发现，在百度搜索“金浩茶油致癌”关键词，找不到一个相关的结果。此后10天，直到2010年8月30日媒体最终曝光此事前，网上关于金浩茶油致癌物质超标的消息不断传播，又不断被删除。有网络公关从业人员表示，这可能是该公司请了公关公司删帖。

2010年8月23日，作为监管部门的湖南省质监局在官方媒体《湖南日报》公告了“茶籽油生产加工企业专项监督抽查结果”，所附的23家企业33种茶油茶品抽检结果均显示合格，其中包括金浩公司。然而，媒体注意到，金浩公司抽检的产品型号为“低温冷榨油茶籽油”，并非市场上常见的、经过高温环节压榨浸出的茶籽油或者茶籽调和油；而且送检产品的生产时间为4月7日。

对于为何不对此前已发现问题的型号产品进行抽检，或者扩大抽检型号范围，湖南省质监局没有作出解释。该局一位工作人员回应说：“抽检只对企业送检的来样负责，不可能对每一个批次都检测。”

2010年8月25日，国家农副产品质量监督检验中心（湖南）对金浩公司8月份生产的茶籽油进行抽检，样品全部合格。

一场关于“国家免检产品”金浩茶油“致癌”的“谣言风波”看似逐

渐平息，然而，质疑之声并未就此而止。

（二）纸包不住火：秘密召回遭质疑

2010年8月30日，《新世纪周刊》率先披露，早在半年前金浩公司就被查出部分产品苯并（a）芘超标，并选择了秘密“召回”问题茶油。这一消息很快被新华网、人民网、《21世纪经济报道》、《南方都市报》等媒体证实。

2010年2月18日，湖南省质监局派出执法人员到金浩工厂抽样，24日检测结果发现26个样本中，9个存在苯并（a）芘超标，最严重的超过国家标准3倍。

2010年3月，国家质检总局在江苏进行风险监测时发现，金浩茶油等一批公司生产的茶油中含有超国家标准6倍的苯并（a）芘，部分茶油更出现严重超标。

苯并（a）芘又称苯并芘，虽不导致急性中毒，但具有公认的强致癌性和致畸性，是世界三大强致癌物之一。根据《食用植物油卫生标准》要求，苯并芘的安全限量为10微克/公斤。但金浩公司生产的浸出毛茶油中含该物质60微克/公斤，即使是通过精炼后浸出的精炼油一级，苯并芘的含量也达到14微克/公斤左右。

国家质检总局在江苏检出相关茶油致癌物超标之后，湖南省质监局即要求各州市质监部门就地封存所有茶油，并启动召回程序。湖南省质监局食品安全处处长罗纳晚回忆，事情发生后省里高度重视，第一时间由省质监局派出一位教授级专家协助企业查找超标原因。2010年4月，省质监局向省委省政府汇报后，省财政紧急拨付数千万元专项经费，组织专家技术攻关。5月份，专家组找到整改办法。之后湖南省25家生产茶籽油的企业均改用新工艺生产。自全面推广新工艺以来，湖南省质监部门抽取包括金浩茶油在内的48个样品检测，这些产品都已达标。

2010年6月底7月初，湖南省质监局下发“关于召开解决食用油中苯并（a）芘超标问题技术分析会紧急通知”。7月2日，湖南省质监局在长沙市东塘新东方大酒店召开紧急会议，研究讨论解决植物油产品苯并芘超标问题。参加人员包括获证生产加工企业技术负责人、检验人员，各市州局食品科科长及检测人员、相关专家等。金浩公司作为“苯并（a）芘超标”这一技术难题的攻克者，在会上汇报了公司自查和难题攻克的研究结果。

但不知何故，国家质检总局和湖南省质监局均未公开这次风险检测的具体结果。对问题茶油的处理，是否召回，若召回是如何销毁这些致癌食用油的，也没有任何公开消息。

金浩公司在2010年7月初提供给湖南省质监局的内部汇报材料《食用植物油中苯并芘超标原因分析及解决措施研究——湖南金浩茶油股份有限公司》中称，相关超标部分原产地湖南、采用“浸出”工艺生产的茶油已下架。但这一情况金浩公司一直未对公众公开，也没有公布被下架或召回的品牌及其产品型号。多家媒体8月30日前后的调查仍然发现，湖南、广东、北京、上海等地的一些大型超市反映，没有接到权威部门要求金浩茶油下架的正式通知，或厂家的召回通知。市场上金浩茶油依然高价在售，对于其致癌的情况，大多数消费者是一无所知。工商部门表示，未接到国家工商总局的通知要求对市场上的金浩食用油下架。

（三）180度大转弯：6天内2次公开致歉

金浩问题茶油秘密“召回”事件曝光以后，金浩公司的态度发生了180度转变。

2010年9月1日下午，金浩公司在沉默了一天后，终于发表了《致消费者的致歉信》，公开向消费者致歉，承认该公司有9个批次的茶油产品存在高致癌物质苯并（a）芘超标的问题。

致歉信中说，该公司2009年12月3日至2010年3月17日生产的9个批次苯并(a）芘含量超标。并于2010年3月、4月进行过两次全面排查、召回。9个批次的问题产品共42.458吨，其中湖北省质监局封存了22.361吨，该公司召回11.152吨。

在致歉信中，金浩茶油称，苯并（a）芘超标，非主观人为因素导致，属于生产环节中，浸出工艺技术上的问题。金浩茶油采用浸出工艺生产的纯茶油占公司产量的1.08%。金浩茶油称，已通过工艺改进，解决了此问题，产品在2010年4月份以来质量技术监督部门的抽查中均合格。

针对“秘密召回”，金浩公司承认存在“未及时公开不合格产品批次、召回过程未通知到位的问题”，向消费者深表歉意，将按规定继续通知。

不过，对未收回的近9吨含超标致癌物质的茶油，金浩公司并没有具体说明究竟流向哪里，只表示如因召回疏漏，消费者还有以上9批次产品，可及时联系公司进行退货或换货，但并未提及赔偿问题。

退换货也仅限于不合格产品。金浩营销部门负责解答问题的人士说，目前市面上销售的金浩茶油大多是2010年4月1日之后的产品，质量是有保证的。而4月1日之前的产品只发现9批次有问题，因此退换货也仅限于这些公布的批次。

2010年9月6日，金浩公司董事长刘翔浩再次致歉。刘翔浩在其公司官方网站，发表了《致消费者朋友和社会各界的一封信》，表示为“金浩茶油苯并(a)芘超标”一事向消费者和社会各界真诚致歉并恳请一次“改正错误的机会”，同时通过微博发表内容基本相同的致歉消息。

刘翔浩在致歉信中说：“此次苯并（a）芘超标事件，给广大消费者朋友带来了伤害，损害了广大消费者的利益。也没有按国家规定的正规召回程序进行产品召回，侵害了消费者的知情权。恳请社会各界和广大消费者朋友，给我们一次改正错误的机会。”

刘翔浩说，他自己经过反省认为，造成此次事件的原因主要有三条，即企业的疏忽、应对突发事件的经验不足以及缺乏直面问题的勇气。

刘翔浩说，在产品出厂的自检环节中，由于企业质监部门的疏忽大意，才最终导致9个批次的问题产品流入市场。此后，虽然企业迅速采取了处理措施，但没有按照国家规定的正规召回程序进行，没有第一时间对外发布消息，侵害了消费者的知情权。

“我们错了！”刘翔浩说，对此，他个人承担全部责任。

致歉信中表示，对于流入消费者手中的9个批次问题产品，该公司将按照国家最高标准退换、赔偿，对确因食用该公司问题产品给消费者造成身体疾患的按国家标准赔偿。

刘翔浩还在微博中透露："现在在消费者手中还未召回的9个问题批次的产品数量为：491公斤！价值约30万元，据不完全统计，这次市场的损失至今已过亿了！"

这是事件发生以来，金浩公司董事长刘翔浩首次作出正面回应。通过微博和官方网站致歉的做法获得了部分网民的肯定，但更多的网民质疑整个道歉举动的诚意，认为其道歉大打悲情牌、民族牌，"是一封公关信，道歉非常不诚恳，不接受"。有网友直言："谁关心你损失多少？这是在道歉吗？"有的讽刺说："如果刘翔浩真觉得要为民族（不是总强调民族产业吗）做点什么，可以变卖所有资产，成立一个'金浩茶油受害者基金会'，巨额赔偿所有食用过问题茶油的消费者，帮助所有可能被金浩茶油伤害的人，一旦有人致病致癌，就用这笔钱帮助他坚强活下去，如果他失去能力甚或死了，就用这笔钱帮他赡养老人抚养幼小，如果没人受伤，就用这笔钱去帮助被其他不良企业伤害的人。"

(四) 湖南质监局回应：不公开为维稳

事件曝光后，湖南省质量技术监督局也开始"发声"。

2010年9月2日，湖南省质监局就该事件进行说明，随后采取了一系列处理措施，包括责令金浩公司停产整顿，召回问题产品等。至于为何没有在发现当天公布消息，质监部门未作出正面回答。

根据媒体调查，湖南质监局2010年7月召开的专门会议上，有人提出要严格防止事件经由媒体公开。在事情逐步曝光过程中，有记者向湖南省质监局追问"秘密召回"之事。对此，湖南省质监局一位高层表示，粮油关系国计民生，不公开是为了"维护社会稳定"。该官员认为，金浩公司的问题情有可原，"它不像三聚氰胺是人为添加，而是因为制作工艺处于提高的过程"，而在问题发现之后，金浩茶油公司及时改进了生产工艺。此后，又有记者问："金浩茶油抽检结果为何在质监局网站上查不到？"对此，湖南省质监局法规宣教处一位人士解释称，有些公告在网上挂两三天就删掉了，“不可能一直挂在上面”。

2010年9月7日，湖南省质监局副局长甘跃华接受新华社独家采访，再度回应公众质疑——为什么质监部门掌握超标情况后，不及时向公众说明情况而是选择秘密召回？

甘跃华表示，《中华人民共和国食品安全法》（以下简称《食品安全法》）第五十三条明确规定，召回产品、通知经营者和消费者的法定责任主体是企业。质监部门履行召回工作的监管责任，督促、责令、处罚。政府有政府的责任，但不能越俎代庖。他说，发现问题后，湖南质监部门一直在督促企业公开信息。2010年2月24日，省局就向企业发出通知，要求其停产整顿，迅速召回问题产品，并向经营者、消费者公开信息。5月份，省局对公司“秘密召回”的行为进行了处罚。8月3日，在发现问题茶油召回不彻底，我们又再次向企业下达《关于责令尽快彻底召回不安全食品紧急通知》，并责成工厂所在的永州市质监局进行立案查处。

甘跃华说，按照我们对《食品安全法》的理解，我们没有公开发布的权限。按《食品安全法》有关规定，质监部门可定期公开日常监控信息，包括企业行政许可、停产停业有关名录、查处非法行为等情况。但我们查处这个事情是国家质监局风险监控中心交办的任务。按《食品安全法》第八十二条规定，对上级交办的案件或食品安全信息，湖南省质监局没有信息公开的权限，必须由国家统一公开发布。甘说湖南省质监局曾向上级专题汇报过相关情况。2010年9月8日，国家质检总局相关负责人表示，对于公众近期广泛关注的金浩茶油召回过程中的信息发布问题，质检总局正在进行调查，并欢迎媒体和社会公众对质检工作进行监督。有专家表示，在此事件过程中，质检总局也有行政不作为的嫌疑。

至于2010年8月中旬金浩公司发布“辟谣”声明后，湖南省质监局于8月23日公布了包括金浩茶油在内的33个抽检样品合格的信息，甘跃华否认“帮企业捂盖子渡难关”的说法，称这属于质监部门“日常监控信息”，按规定必须定期发布。他说抽检是做不了假的，我们抽检的每个批次产品都有据可查。而且这次抽查金浩产品，它确实是合格的。

二、各方评析

在此次事件中，金浩公司固然是众矢之的，但湖南质监局作为公权力机关，隐瞒实情，不公开企业致癌物超标的真实情况，联合企业进行秘密召回，并一度拒绝记者采访，还辩称“不公开是为了维稳”，这些做法更是受到各界广泛批评。

（一）隐瞒真相侵犯公众权利，秘密召回丧失公众信任

舆论普遍认为，政府和企业联合隐瞒真相，侵害了消费者知情权和健康权。《南方都市报》指出：

所有积极应对危机的举措，都将最该第一时间获知信息的消费者蒙在了鼓里。没有人向公众说一声，这些批次的产品不要再食用，取而代之的却是“产品质量没有任何问题”的信誓旦旦。而且，这样的保证不仅来自当事企业，还有身负公共食品安全职责的质监部门。原本是拿着纳税人的钱为纳税人把关的质监部门，居然会在问题发生后站到企业一边，积极地为企业出谋划策，而不想在这漫长的5个月里，有多少消费者浑然不知。有多少本来可以避免的致癌食用油就是在这时被“病从口入”，这已经不是什么“退货和换货”的问题，也不是疏忽，而是在犯罪。文章说，按照有关人士的说法，此次“金浩茶油”事件是“情有可原”的，因为“它不像三聚氰胺是人为添加”，而是制作工艺的原因导致了致癌物苯并（a）芘的超标。如果真的如其所言，问题产品有哪怕一丁点的“情有可原”，那么在问题发生之后的一系列人为掩饰和隐瞒，则已经将事件不折不扣地发展成一场货真价实的“人祸”。

“东方网”文章称：

金浩茶油事件，直接涉及人民群众的健康福祉，理应属于让社会公众及时、广泛知晓的重大事件，在时间就是健康的情况下，政府部门必须立

即公开，而且越快越好。技术监督部门作为受政府委托为人民健康把关护航的职能部门，更应该主动履行职责，帮助新闻媒体弄清真相、告知民众，以保障公民的知情权、监督权和参与权，怎么能与违规企业沆瀣一气、联手蒙骗消费者呢？

香港《文汇报》称：

湖南省质监局发现产品有问题，理应及时告知公众，从而最大限度地降低公众的损害，但他们也选择了沉默，其处理方式让人不可理解。台湾"中央社"表示，在事件爆发之初，湖南省质检单位及厂商却都在极力隐瞒真相事实，罔顾消费者安全。湖南粮油龙头企业隐瞒真相几达半年之久，而负责质检的湖南省质监局也没有公布有关信息，大陆食品安全问题再敲警钟，公众知情权面临挑战。

法律界人士普遍认为，湖南省的此次所谓"召回"既不合法，也不合规。《食品安全法》规定："食品生产者发现其生产的食品不符合食品安全标准，应当立即停止生产，召回已经上市销售的食品，通知相关生产经营者和消费者。"国家质检总局制定的《食品召回管理规定》要求："自确认食品属于应当召回的不安全食品之日起，通知消费者停止消费。"《中华人民共和国消费者权益保护法》明确规定，消费者享有知悉其购买、使用的商品或者接受的服务的真实情况的权利。

中消协律师团律师邱宝昌表示，《食品安全法》对召回有严格的要求和表述，不存在"秘密召回"这一概念。在此次事件中企业涉嫌违法，而当地质监部门在明知产品有问题的情况下，没有及时采取强制召回的措施，公然无视法律，属于严重不作为。

中国政法大学吴景明教授说，按照《食品安全法》、国家质检总局《食品召回管理规定》，在金浩茶油生产企业没有公开真实信息的情况下，质监部门完全有义务，也有权力公开相关信息——所谓政府不能越俎代庖，是站不住脚的。

中国人民大学法学院教授叶林更进一步质疑，湖南省质监局选择性公布信息，有帮助企业捂盖子之嫌。他说："按照《食品安全法》的规定，县级以上农业行政、质量监督、工商行政管理、食品药品监督管理部门依据各自职责公布食品安全日常监督管理信息。如果说2010年2月份的抽查结果不属于食品安全日常监督管理信息，那么它在8月份为什么又能公布茶油抽检合格的信息？这两次抽查都是质监局的工作职责，只是结果不同。为什么当结果合格了，就属于能公布的日常监督管理信息？”

舆论认为，监管部门帮企业糊弄民众，站错了队，秘密召回的背后或许隐藏着更多不可告人的秘密。《中国经营报》评论文章《勿挟公众知情权进行“权利”寻租》指出，为公众看守食品卫生与安全问题之门，本应是食品安全监督部门之天职，如今，它却沦落为食品安全的“敌人”。我们不能不认真审视其角色转换中，所折射出的权力扭曲；不能不警惕权力扭曲背后，所蕴涵的利益勾兑、转换与输送。

《青年时报》评论说：

很凑巧，昨日我刚针对企业涉嫌销售三聚氰胺奶粉一事发表评论，认为对于黑心企业就该严查到底，而不能为了所谓的保护民族企业就手下留情，放它一马。监管部门这样做只会帮倒忙，让违法企业心存侥幸，无法无天。不曾想，如今“金浩茶油风波”又为此添加了新注脚。却不知这是否表明，一些地方的监管部门事实上已经沦为企业利益代言人或护法大师？倘若如此，消费者又该如何维护自身权益？

媒体指出这种秘密处理方式危害消费者健康和安全，并导致公众信任的流失。中国社科院食品药品产业发展与监管研究中心执行主任张永建认为，不公开透明的处理方式加大了消费者的安全风险，同时也可能导致“劣币驱逐良币”的出现，进而可能危害整个茶油产业的发展。

《新华每日电讯》评论说：

有关部门的公信力就是在这类欺骗中搞丢的。大家感觉你不是代表消费者在监管不良企业，而总是代表不良企业在监管群众的“情绪稳定”。长此以往，有关部门、有关专家的公信力越来越差，这也就是在“圣元奶粉事件”中，在长江野生鱼有无毒事件中，不少老百姓就总会采信小道的原因，尽管官方一再解释，情况不是那样的，但总有一部分人不愿意相信，总觉得是在“蒙人”。如果公信力呈现出如此成色，其实是很值得警惕的。

《新世纪周刊》主编王烁亦表示，如果披露不充分，消费者会拒绝相信以后的所有披露。

（二）“茶油维稳”何其荒诞

针对湖南质监局“不公开为维稳”的言论，《扬子晚报》署名邓海建的文章《致癌茶油也敢拿“维稳”当借口》质疑道：

不公开问题果真稳定了吗？“维稳”的结果无非有三：一是助长了企业不诚信的底气，譬如2010年8月20日金浩公司“郑重声明”，称“……谣传……严重损害了我公司的品牌形象”，并作出三点声明承诺产品质量可靠；二是加大了消费者的健康风险，8.945吨问题茶油四散于市场；三是摧毁了消费者对食品安全的信心，消弭着公众对职能部门合法作为的公信，金浩茶油事件里的质检部门以扭曲的“稳定”为第一要义，这样的监管部门凭什么耗靡公共财政？找不出问题怪技术、怨资金，找出了问题又谈稳定、讲大局，消费者就活该很傻很天真地野生于凶险的市场之间——激素也好、毒物也罢？

《南方都市报》评论文章称，这是地方政府扭曲的“维稳”思维在发挥作用。不公开问题是为了“维护社会稳定”，这种论调何其熟悉，在“紫金矿业事件”中当事人就是这么说的。文章说，在良好的监管体系没有建立起来之前，因陋就简的补救措施，在于首先把监管部门给监管好。《现代快报》评论也称，“不公开是为维稳”再次证明维稳是个筐，什么都能往里装。

香港《太阳报》认为湖南质监局“维稳”理由荒谬，利益所驱是本因。文章称，原本事关老百姓健康安危的食品质量事故，到了质监官员嘴中居然被“维护稳定”屏蔽。“维护稳定”在有些地方成为隐瞒真相、欺骗民众的遮羞布，他们利用这面大旗隐瞒事故，掩藏真相，不仅让百姓吃尽苦头，而且整个社会都要付出沉重代价。利用维稳隐瞒真相，都是为了一些部门和商家的特殊利益而罔顾社会公众利益，将一小部分人的利益凌驾于大多数人的利益之上。《新京报》文章亦指出，所谓“稳定”，其实只是官员的“官位”和企业利润的稳定。

舆论认为，瞒报无法带来稳定，只有信息公开、及时披露事实真相才能真正维护稳定，应该反思部分官员的畸形稳定观。有评论指出，在权利意识高涨、信息日渐透明的今天，捂出来、瞒出来的稳定，实际上是一座“休眠火山”：表面上看很“稳定”，但积累了一定的能量，就难免会“爆发”，造成更大的不稳定。食品安全问题直接关系国计民生。真正的稳定，应该是以公开透明的态度，加强事前监管、强化事后问责。如果监管部门把自己放在公众的对立面，把公众的合理诉求当成“不稳定”的原因，把隐瞒当成维稳手段，那是站错了位置、用错了方法，也是忘记了自己的职责。

《南方都市报》文章称，诚然，粮油问题关系国计民生，但如何就能因此而推导出一个不公开才有利于社会稳定的荒唐结论呢？从已经爆出的多起公共产品安全事件来看，又有哪一项不涉及国计民生？而事实一次次证明，恰恰是那些企图不公开的举动导致和加剧了社会的不稳定。信息的通畅与公开，只会有利于社会动态稳定，而这一目标实现的最大障碍，现在看来便是那种总以为“老百姓不能知道那么多”的畸形稳定观。对此，很有必要进行反思和纠正。

《燕赵都市报》发表署名文章《茶油风波：谁给了罪恶光明的理由》称，一种背离了基本行政伦理的地方主义，被职能部门以“维稳”的光明理由来表达，这种矛盾显然有些“顺理成章”，却又“谬之千里”。为什么如此多的违法行为，总可以找到光明正大的“维稳”名目？文章认为，这中间固然有一种行政权力狡兔三窟式的“狡猾”，但更有一种利益取舍后的权衡。什么是稳定，什么是不能被亵渎的“维稳”，这中间的关系必须厘清。

针对相关官员借用行政权力拒绝记者的采访报道，舆论一致批评其违法，是特权意识在作怪。《齐鲁晚报》文章说，作为行政部门，自己给自己增加一个采访审批权，这其实是对权力的滥用。如果每一个行政机构都可以自设采访审批权，那么舆论监督的空间必然被大大压缩，公众的知情权必然受损。遇到重大的突发公共事件，媒体进行采访和报道，让社会尽快了解事件的真相，这是媒体义不容辞的责任，相关部门也应为此提供便

利，而不是利用采访审批等方式限制这种权力。在“金浩茶油事件”中，湖南省相关部门没有及时公开信息，反而对媒体采访设限，是害怕舆论监督的表现。

三、启示借鉴

（一）反思中国的食品安全体制机制

“民以食为天，食以安为先”。近些年来，我国食品安全问题屡禁不止。“瘦肉精”、“苏丹红”、“大头娃娃”、“毒米毒面毒油”、“三鹿奶粉”、“地沟油”、“毒豇豆”、“染色馒头”、“毒豆芽”、“非法和滥用食品添加剂”……一波未平，一波又起，严重影响国家形象和消费者信心，威胁消费者生命健康。为什么我们能够将奥运会、世博会等重大国际盛会演绎得无与伦比，这些大事的成功举办显示了国家强大的动员能力和社会整合能力，但却无法有效治理频发的食品安全恶性事件？本来应该吃一堑长一智、越来越严格的产品质量监管机制，为何一次又一次地出现严重的“漏洞”？

结合这些年来其他类似的案例，反思中国的食品安全体制机制和相关制度，不难发现，政府执法不严、监管不力，相关企业违法成本过低，地方保护主义是造成问题食品泛滥的主要原因。

第一，政府执法不严、监管不力。既包括地方监管部门执法不严、监管不力，也包括地方政府的执法不严、监管不力。以金浩茶油为例，国家质检总局在江苏检出相关茶油含致癌物超标后，已急召湖南省质监局，要求各州市质监部门封存所有茶油，并要求全面回收产品。然而湖南省质监局一直未见行动，北京、广州、长沙等多家大型超市仍见相关茶油或其他品牌茶油在售卖。

有学者总结，当前中国式的食品安全监管模式具有四大弊端（特点）：

其一，它是救火式监管和应付式监管，或曰运动式监管。监管呈现出“弱—强—弱”的周期性节奏，而每一个周期的更迭，都是以无数民众的健康乃至生命为代价。其二，它是舞台式监管，或曰作秀式监管。监管的主要力量似乎并不直面问题的实质，而似乎更多在于粉饰政府部门形象，以便在民愤中解脱压力与责任。其三，它是惩治式监管，或曰外科手术式监管。它以惩治为主，而非防治，而所谓的惩治又非真正的惩治。每次食品安全事件的高潮通常是“杀几个喽啰以谢天下”。其四，它是集权式监管，或曰独角戏式监管。政府还不能完全放开让媒体、非政府组织和民众的参与。民众自发的维权活动更不提倡和准允，正常的法律救济渠道也被堵塞，受害者甚至无法求诸民事诉讼。

尽管言辞激烈甚至不惜言之过甚，但对于理解中国食品悲剧不断重演的制度根源，无疑具有相当的启发性。

《南风窗》杂志刊文描摹出任何一起重大食品事件如出一辙的处理程序，即遵循“权威媒体揭露、相关领导表态、几个部门突击、若干人员服罪、过段时间冷却”的五段式套路，戏法陈旧老套，别无新意。每一起事件过去，似乎都“没带走一片云彩”。

薛世君在《专项整治其实是每日之功》一文指出，“三聚氰胺”吃坏孩子了，才有了“乳业大清洗”，“瘦肉精”成公共事件了，这才“集中整治”。某些部门似乎陷入了一种路径依赖——清理必“专项”，整治必“集中”，日常松懈不算过，专项集中才是功。殊不知，松懈了日常工作，即便来一次“运动式”监管，待风平浪静，一切又会再次回到从前，专项整治之功灰飞烟灭。

第二，相关企业违法成本过低。企业的商业道德和规范的操作规程无疑最能避免问题的发生，但是违法成本太低显然不足以让企业自律，甚至催生“劣币驱逐良币”效应，助长企业利润至上甚至铤而走险之风。国人常津津乐道于美国老太太在麦当劳喝咖啡被烫伤后获得天价赔偿的故事。由于在长达10年的时间里，麦当劳共遭到700余起咖啡严重烫伤的投诉，可就是“屡教不改”，法院认为麦当劳有严重恶意，严重忽视消费者安全，必须通过严厉的惩罚给他们一个教训，于是作出数百万美元的天价赔偿判决。但是自此以后麦当劳没有再发生过类似的事情。即使公司大到如安然，也因为卷入丑闻于几周内被宣告破产。美国法律保护消费者利益严格到如此程度，又有多少商家会选择铤而走险呢？在新加坡也是如此，商家诚实守信、依法经营与严刑重罚同样出名。

第三，地方保护主义。几乎在每一起食品安全事件中，都能看到当地监管机构对食品企业的袒护。诺贝尔经济学奖得主、管制经济学创始人斯蒂格勒早就发现，监管部门和被监管企业，很容易形成蛇鼠一窝式的相互勾结。他称之为“政府俘虏理论”，即本应代表公共利益的政府被企业或官员个人利益所俘获，从而背离应有的公义立场。在当下中国，这种情况也程度不同地存在。企业和地方政府之间有着千丝万缕的联系，企业为地方政府提供税收、创造就业，地方政府则充当企业的保护伞。还有一些企业本身就是某些领导招商引资的项目成果。三鹿事件中是如此，金浩茶油也是如此，后者不仅是当地的支柱企业，还是政府支持2012年上市的后备企业。上海市某基层监管人员告诉《南风窗》杂志的记者，他们有时候在做监管检查时，也会遇到来自上级领导“打招呼”，要求对个别食品企业“有所照顾”，而这些企业要么是地方上的纳税大户，要么是某个领导招商引资的项目，轻易动不得。既然政府和企业的利益高度关联，就不难理解当地政府为何屡屡监管不力，也不难理解其百般掩饰等一系列庇护性反应。

食品安全，关乎国家形象，关乎民众信心。人民群众无法接受食品安全问题的“常态化”，我们的食品产业难以在信任危机中做大做强，中国的国家形象也经不起食品安全问题的反复“抹黑”。必须要像严厉治理矿难、酒驾这些顽疾一样治理食品安全问题，像始终保持“严打”高压态势抓社会治安一样抓食品安全，下猛药、出重拳，“以霹雳手段，显菩萨心肠”，通过严厉打击食品违法犯罪行为，给人民群众食品安全以保障，给加快食品行业产业结构转型升级以契机，给提高政府公信力和执行力以信心。①

① 参见袁曙宏：《没有严厉执法，就没有食品安全》，《人民日报》2011年6月7日。

第一，要突出“食品安全综合治理”的理念。食品安全监管工作要像社会治安综合治理责任制、煤矿安全生产责任制那样，实行最严格的责任制，纵向到底、横向到边，以责任撬动监管体制机制发挥最大合力，倒逼各项法律制度得到严格执行和遵守。

首先，要下大决心破解食品安全监管中出现的“多龙治水”容易造成的权责不明的问题。关于食品安全监管体制问题，是一个部门集中监管好，还是多个部门综合协调监管好？是按品种监管好，还是分段监管好？综观世界各国和地区的实践，都是根据各自国(区）情建立最适合本国(地区）的监管体制，很难得出一个孰优孰劣的结论。我国食品安全采用的是分段监管加综合协调的模式，但客观上会形成缝隙，这就使得综合协调的兜底、补充作用非常重要。在 2011 年 4 月重庆市开展的“食品打黑”风暴中，重庆警方会同卫生、食品药品监督管理、农林水产、工商管理、质量技术监督、出入境检验检疫等部门建立联席会议制度，协调各部门关系，整合监管、执法资源。同时，上述行政部门也与警方建立案件流转移送制度，严重的食品、药品安全犯罪者将移交至司法机关追究刑责。此外，重庆警方还依托全国公安信息系统，建立了食品、药品违法犯罪信息数据库。

其次，群众的食品安全，要动员群众、依靠群众，要让媒体、民间组织、普通民众、社区等共同参与到食品安全监管中，构建食品安全“社会化”格局。在纷繁复杂的现代社会里，政府的能力总是有限的，一些地方政府工作部门和工作人员的查处动力也常有不足。在这种情势下，通过各种积极稳妥的方式吸纳社会力量介入食品问题治理，应予提倡。当各种社会力量成为食品安全监管的一部分，而不是仅由有关的监管部门来唱独角戏，既能降低监管部门的监管成本，又有利于防止监管部门被俘虏。搞定一个食品监督员或监督机构也许不难，但想搞定成千上万个消费者，则近乎不可能。吉林省开通了 24 小时投诉举报热线，聘请 1300 名食品安全义务监督员，深入社区摸排食品安全隐患线索。在重庆食品打黑过程中，重庆警方向社会公布举报电话和邮箱，搜集相关犯罪线索；当地工商部门也建立起有奖举报制度，举报“问题食品”最高奖 10 万元人民币。1979 年台湾台中县大雅乡惠明盲校多名师生出现皮肤变黑的症状，冒出的痘痘排出恶臭的油性分泌物，后经查明是食用油引起的食物中毒。这次中毒事件受害人有2000多人，台湾自此开始重视食品安全问题，并由几位学者和律师成立了“消费者文教基金会”，为消费者权益把关。

再次，要下决心开放让普通民众通过司法的途径和群体诉讼（代表人诉讼）的方式直接起诉和监督无良食品生产商和销售商的制度途径。群体诉讼在规范行业经营方面最显著的作用表现为惩罚与纠错，其具有强大纠错功能，在那里每个做错了事情的人和组织都必须要承担起应付的那份责任。可以设想，如果司法机关能够及时地将群体诉讼的大门打开，诸如奶粉等行业可能就会因一次诉讼结果而得到规范，众多奶粉企业也会对三聚氰胺污染液态奶的现象保持应有的警惕。此外，以代表人诉讼解决大型纠纷的过程中，也会产生一批从事大量被害救济工作的专家。这些专家根据法院的判断从事专业活动，从而将减少因外部干涉而引起的权利受压制的危险。代表人诉讼不但会对相关违法公司本身起到制裁作用，令其吐出违法所得，同时还会对其他生产商和销售商产生威慑效果，整个生产和销售行业的规范都可能因此得以调整。这是行政救济和信访等其他纠纷解决方法所不具备的。①

最后，还要重视行业协会在制定行业标准以及规范行业自律方面的作用和独立性。要特别重视媒体在食品安全监管方面的职能，媒体可以和高校食品安全研究机构合作，适时发布来自权威研究机构的视频安全相关信息，从而对监管部门形成监管压力。要建立完善的实验室检测制度，加强高校和研究机构的实验室专业检测，以弥补一般的政府检测部门所作的例行检测的不足。

第二，落实监管责任，切实严厉执法。乱世用重典，盛世治乱也要用重典。“基层和一线确实存在执法人员不足、执法经费不够、技术装备缺乏的问题，一定程度上影响了食品安全监管成效，应当尽快予以解决。但这似乎不是食品安全事件多发高发的主要原因。如果不严厉执法，那么体

① 参见王福华：《打开群体诉讼大门——由“三鹿奶粉”事件看群体诉讼优越性的衡量原则》，《中国法学》2010年第5期。

制再顺、人员再多、经费再足、设备再新也是徒劳。”①

据《中国青年报》的报道，调查显示，97.4%的人认为监管部门应该对频繁发生的食品安全事故负责，其中89.7%的人认为监管部门应负“主要责任”。93.7%的人表示“被动执法”等食品安全监管问题的出现，降低了他们对相关监管部门的信任度。尤其需要对监管部门的失职渎职进行明确界定，一旦发生重大食品安全事故，对相关责任人须严惩不贷。在长达104条的现行《中华人民共和国食品安全法》中，与追究相关行政监管部门失职责任有关的只有寥寥两条，且对“失职”的具体界定也是语焉不详，只指出需要“查明失职渎职情况”；惩罚力度也限于行政性的，只有“记大过、降级、撤职或者开除”。即便如此，在以往一系列震惊中外的重大食品安全事件中，除了惩治几个生产、流通领域的相关责任人之外，很少有监管领域的相关责任人受到惩罚。不受惩罚的监管部门，在一波接一波的重大食品事件中，其一次次表现出的“连夜突击检查”、表决心、做总结的精神，就容易被视为只是权力的一种作秀。可以参考的办法有：一是通过逐级签订责任书的形式，明确国务院有关部门、各省级人民政府和市县人民政府在食品安全监管方面的严格责任，把各级政府的职责、权限逐级确认下来，尤其是要严格落实县级以上地方政府行政首长、特别是市县政府行政首长作为食品安全监管第一责任人的责任，以及地方政府食品安全委员会的责任，将其纳入地方经济社会发展规划和政府目标考核、绩效考核评价体系，作为对政府领导班子和领导干部综合考核评价的重要内容。二是县级以上地方政府要与本级食品安全监管部门签订责任书，明确每一项监管职责，确保不留下任何监管死角和职责空白，同时防止职责交叉。三是市县政府监管部门要与每一个监管执法人员签订责任书，要使辖区内每一个区域、每一个企业、每一个环节都有专人负责，以保证责任易追溯、可追究。四是推行食品安全连带责任制度。若不能明确应该由哪一个监管部门负责，那么所涉及的监管部门就应共同承担责任。2011年5月起，北京、上海、浙江、广东等省、直辖市相继明确要把食品安全工

① 袁曙宏：《没有严厉执法，就没有食品安全》，《人民日报》2011年6月7日。

作纳入领导干部政绩考核，推行食品安全整治区（县）长负责制，统筹推进市县两级食品安全监管职能调整，实现各环节紧密衔接，形成全链条监管。

第三，要加大违法者的惩罚力度，提高违法成本。我们也必须正视监管部门人手短缺的实际情况。以上海一些区为例，往往有数千家企业，而每个区的实际监管人员只有几十号人。因此食品安全不全是管出来的，更多是食品企业自律哪怕是被迫自律的结果。只有严字当头，重典治乱，才能让无良企业付出难以承受的代价，让一般企业不敢越过违法的红线，让守法企业获得遵守制度的红利。2011 年台湾塑化剂事件也暴露出此一问题。平心而论，台湾对食品添加剂的管理不可谓不细致，什么食品可使用哪种添加剂、可使用多少都有明文规定，违规就会被追究责任。然而台湾的“食品卫生管理法”中对违规业者所处罚金仅为 30 万新台币，违规情形更严重的，依照“毒性化学物质管理法”，最高罚金也只有 50 万新台币。这区区三五十万的罚金，对此次塑化剂事件的“罪魁祸首”、台湾第一大起云剂厂商昱伸公司来说根本不在话下。

与此相应，立法上也要对超市等食品销售主体的违法行为作出相应惩罚。2011 年 2 月 25 日通过的《中华人民共和国刑法修正案（八）》加重对生产、销售有毒有害食品犯罪的处罚，可以看做是对食品安全恶性事件层出不穷的一个理性回应。另外，司法机关对于危害食品药品安全犯罪的累犯、惯犯、共同犯罪中的主犯，对人体健康造成严重危害以及销售金额巨大的犯罪分子，必须坚决依法严惩，绝不姑息。要加大财产刑的适用，彻底剥夺犯罪分子非法获利和再次犯罪的资本。对食品违法犯罪行为要在法律规定的处罚种类、幅度内，依上限顶格惩处。

第四，要建立食品回溯追踪管理体系，即把食品的生产、加工、销售等各环节都记录在案，一旦出了问题，可迅速回溯追踪问题源头。

食品回溯体系在欧美发达国家已有先例。欧盟在 2002 年就规定，在食品工业中，每一个企业必须对其生产、加工和销售过程中使用的原料、辅料及相关材料提供保证措施和数据，并确保其安全性和可追溯性。这种强制性的回溯功能对产品的全部环节进行无疏漏的跟踪，一旦发生食品安全问题，只要一扫条形码，马上即可通过食品回溯查明，问题是出在生产还是流通环节，抑或是哪种原材料出了问题。这样不但可以及时将问题食品全部召回，还可以明白无误地告诉消费者，接下来将会采取什么样的措施来“善后”。当然，对食品经营者来说，有了回溯体系，还可以厘清不同利益方的责任，在谁的链条上出的问题，就由谁负责，想推卸都难。

台湾是全世界第一个实行加工食品追溯制度的地区。1993 年，“农委会”开始推动办理农产品产销履历（TAP）示范计划，后又逐渐扩大了实施范围。在台湾，都将食品从原料来源、生产养殖、加工制造、运输仓储直到销售全过程中的每个阶段都视为下一阶段的源头，在各阶段进行登记。“卫生署”对相关食品加工业实行了“追溯系统计划”，设立了专门的“加工食品追溯网”，消费者只要将具有生产履历的农产品，通过大卖场或超级市场设置的“农产品产销履历资讯查询系统”，就可以了解该产品的生产者、产品来源地、田间施肥、用药以及农药检验是否合格等信息。

其实在北京奥运期间，北京也曾经建成了奥运食品回溯追查体系，只需在系统终端输入食品条形代码，即可回溯查询食品的生产商、运输商、经销商等相关信息，一旦发现相关食品出现安全问题，即可由此系统找到产品生产各个环节的相关产商。从这个意义来说，建立食品回溯体系的技术条件我们已经具备，全面推广起来或许存在这样那样的难度，但食品安全关系百姓大事，再难也应想办法克服，而不是畏首畏尾。

2011 年 5 月 25 日通过、2011 年 9 月 1 日实施的《江苏省农产品质量安全条例》第 22 条规定，县级以上地方人民政府农业行政主管部门应当建立和完善农产品质量安全可追溯制度。第 16 条规定，农业投入品经营者应当建立农业投入品经营档案，记载其经营的农业投入品名称、进货来源、进货日期、进货数量、生产企业、生产日期、批准文号、销售日期、销售去向、销售数量、销售人员等内容。农业投入品经营档案保存期限不得少于两年。禁止伪造农业投入品经营档案。第 21 条规定，农产品生产企业、从事农产品生产的农民专业合作经济组织以及具有一定生产规模的农户，在生产活动中应当建立完整的生产过程和受检情况记录。农产品生产记录保存期限不得少于两年。禁止伪造农产品生产记录。第 32 条规定，农产品批发经营者应当建立农产品购销台账，如实记载农产品的名称、来源、销售去向、销售数量等内容。农产品购销台账保存期限不得少于两年。禁止伪造农产品购销台账。

第五，要完善《食品安全法》及其配套法规，健全食品安全监管的技术建构。精密的制度设计和程序规范，严格而清晰的责任界定，是食品安全的法制保障。

食品安全事件屡屡发生，《食品安全法》暴露出的一些漏洞应及时加以修补。比如在召回过程中，企业和政府应以什么方式、在多大范围内通知消费者停止消费？召回企业只需在企业网站上发表声明，还是应当在媒体刊登公告？食品安全监管部门之间纵向和横向的监管权限和责任亦须进一步厘清。再如《食品安全法》的罚则中，大都规定了没收违法所得的行政处罚，但在具体执行中，对“违法所得及货值金额”难以认定。对餐饮环节发生食物中毒事故的处置，相关罚则操作性不强，难以追究相关人的责任。《食品安全法》对从业人员领取健康证有明确要求，但没有相应罚则，造成了无健康证上岗现象增多的趋势。对食品添加剂的经营管理没有明确规定，一定程度上造成了目前非法添加和滥用食品添加剂的现状。

此外，《食品安全法》相关配套法规滞后。如按照《食品安全法》，保健食品监督管理条例由国务院制定，但保健食品监督管理条例由于种种原因至今未出台，现阶段对保健食品的监管缺少更为明确的法律依据。又如，《食品安全法》规定，对食品生产加工小作坊和食品摊贩的具体管理办法由省、自治区、直辖市人民代表大会常务委员会制定。而这一地方性法规在很多省份也未出台。

另一方面，《食品安全法》及其实施条例对食品安全监管做了总体安排，但内容还相对笼统。例如没有界定生产加工、流通领域和餐饮服务的含义，对“前店后坊（厂）”等小作坊的监管主体不明，给日常监管带来了难度。①

第六，要着力解决基层监管部门办公经费等不足的问题。据《南风窗》

① 参见史竞男：《不能让食品安全法“孤军奋战”》，《人民日报》2011 年 6 月 15 日。

报道，来自山东和浙江的一些基层监管部门的公务员就向该媒体爆料，一些地方监管部门的办公经费和工资福利部分要靠罚款收费返还来实现。这样就造成交费罚款的目的不全是为了整治和确保食品安全，而至少部分是为了部门“创收”。其结果是，违法的生产者和销售者，只要向监管部门上交“保护费”，即可继续运转。监管部门为防止生产者和销售者因过高罚款而无力生产经营，也会适当降低罚款额度，以确保“羊身上还能长出羊毛”，这就等于监管部门与违法的生产经营者一定程度上已形成“利益相关者”。①

(二) 维稳新思维：维权就是维稳

稳定是发展的前提，稳定也是民众的期盼。然而随着社会转型的加快，地方政府追求“稳定”的种种作为已经在某种程度上背离了维护稳定的初衷，走入了误区，呈现出“越维可能越不稳”的恶性循环。

维稳走入了误区。一个最大误区就是将民众的利益表达与社会稳定对立起来，把公民正当的利益诉求与表达视为不稳定因素。“维稳”在一些地方异化为非法行政的借口，非法暴力拆迁，动辄使用警力，称之为“维稳”；隐瞒矿难、污染、食品安全事件等，也是为了“维稳”；打击报复，也是为了“维稳”。《人民论坛》杂志 2010 年 9 月发布的调查显示，79%的受调查者认为一些地方政府借维稳名义不作为或乱作为的现象“较严重”。如此维稳只能是治标不治本，而动用警力等专政工具来压制和牺牲弱势群体的利益表达，以实现一时的社会稳定，只会激化矛盾，使社会更不稳定。

走出“越维可能越不稳”的怪圈，破除社会不稳定的“幻象”，需要的是执政智慧，更需要和社会发展阶段相吻合的新的稳定思维。当前，必须打破刚性维稳或者说压力维稳的思维模式。不能迷信“搞定就是稳定，摆平就是水平，无事就是本事，妥协就是和谐”，不能片面地理解“稳定

---

① 参见张银海：《中央高层推动食品安全治理》，《南风窗》2011 年第 10 期。

压倒一切”，不计成本、不计后果，一切为稳定让路。维稳的重心应放在寻找和解决不稳定因素的根源，而不能把表面的、一时的稳定当做维稳的目的本身。当然，这也要求政府职能的转变和政绩考核指标的优化。应努力建设法治政府和服务型政府，加强公共服务和社会管理职能，避免在社会矛盾中处于首当其冲的位置，强化政府作为规则和程序制定者以及矛盾调节和仲裁者的角色，促进民间组织的发育，形成化解社会矛盾和社会冲突的社会性机制。同时，放弃维稳“一票否决”或“零指标”的考核追求。

社会矛盾不等于也并不必然导致社会不稳定，社会不稳定不等于也并不必然导致政治不稳定。重要的是正视矛盾、解决矛盾，而不是掩盖矛盾，压制矛盾，拖延问题的解决。当然，矛盾的解决也要避免进入另一个误区，即花钱买平安，“用人民币解决人民内部矛盾”，这种个别化的解决方式只会导致政府和法律公信力的下降，并助长“大闹大解决、小闹小解决、不闹不解决”的社会成见。要从根本上解决问题，必须坚持依法治国，提高用制度化方式解决矛盾和冲突的能力。只有通过维护公民权利，才能实现国家长治久安。正如孙立平教授等通过长期专题调研所得出的，新的稳定逻辑应该是：维护宪法所赋予的公民合法权利，有权利的保障才有相对的利益均衡，有利益的均衡才有社会的稳定；这才是解决社会稳定问题的治本之道，就此意义而言，维权就是维稳，维权才能维稳。

(三) 危机公关要义：“快”和“诚”

一起看似简单的产品质量危机，为何最终演化成一场公众信任危机？无视公众知情权和健康权，隐瞒真相，欺骗公众是罪魁祸首。金浩公司副总裁周逸平2010年9月7日接受新华社专访时表示：“我们这次应对危机是极不成功的，‘秘密召回’是不该有的低级错误。我们当时选择隐瞒的原因主要有三：一是担心公开信息会对企业、对市场、对品牌出现不良影响；二是感觉流入到市场的数量不大，公司也实施了召回；三是确实没经验，不知道该怎么办。”湖南质监部门显然也是“确实没经验”，不知道对企业最好的帮助就是尽快公布真实情况，反而以“关爱”的名义隐瞒真相以致金浩公司回天乏力；事情曝光后，面对记者采访还自设审批关卡，更将自己陷于旋涡。然而，这些做法和想法绝非“个案”，面对媒体和记者，特别是采访报道负面事件，政企“没经验”的不在少数，抢录音笔、捂镜头、夺话筒、打记者、跨地拘捕、删帖、撤稿等极尽阻挠之能事的报道常见诸报端，足可见一斑。

危机事件发生之后，究竟如何面对媒体？为防止事态扩大和形象进一步受损，发布信息、与公众保持沟通是政府或企业危机公关的必要组成部分。其要义有二：“快”和“诚”。

第一，“快”，即快速原则，或者说第一时间原则。不能迷信封锁消息，在这个全民媒体时代，信息的封锁已经变得不太可能。必须改变“搞定就是稳定、摆平就是水平”的惯性思维，改变“藏”、“躲”、“阻”、“推”、“拖”之类弄巧成拙的习惯性做法。必须发布消息，不仅要发布，而且要第一时间发布信息，如此才可以抢占舆论先机，避免谣言，掌握舆论主动权。

第二，“诚”，即坦诚原则。坦诚是危机处理最关键也最有效的解决办法。坦诚意味着正确对待负面新闻，有时候态度比事实更重要，强硬和傲慢将引起公众的反感，批评媒体也只会引起媒体的对抗。坦诚也意味着不能说谎，“允许犯错，但不允许撒谎”，这是现代文明最基本的道德要求。说真话，提供真实的情况是危机公关的关键。在危机出现后，无论出于什么动机都不能欺骗公众，否则会有沉重的代价。如果确实错了，最好的办法莫过公开道歉，承认错误，只有这样才能挽回声誉，将损失降到最小。金浩公司的两次公开道歉之所以不被接受，正是失之于此。

在这点上，台湾塑化剂事件处置的“快”和“诚”给人以深刻印象。台湾饮料含塑化剂事件在海峡两岸闹得满城风雨，但台湾从业者在第一时间果断认错，马上下架接受退货，当局设定停损点，要求厂商改依出货日期为判断标准。台湾厂商销往大陆的商品，也马上接受退货，不管有污染没污染，消费者要退就可以退，绝不扯皮。整个处理程序明快而有效率，这点基本还是受到两岸消费者的肯定。

参考文献：

1. 新浪网：“金浩茶油涉嫌致癌”（专题报道），http://news.sina.com.cn/z/jinhaochayou/。

2. 网易：“金浩茶油被查出致癌物超标”（专题报道），http://news.163.com/special/jinhaochayou/。

3. 凤凰网：“金浩茶油陷致癌物超标秘密召回门”（专题报道），http://finance.ifeng.com/news/special/jhcy/。

4. 联合早报网：“金浩茶油被曝致癌物超标”（专题报道），http://www.zaobao.com/special/hotspot/teaoil.shtml。

5. 新华社经济信息编辑部：《新华社分析报告：海外舆情监测》（内部资料），2010 年 10 月 9 日。

6. 邹建华：《突发事件的舆论引导策略——政府媒体危机公关案例点评》，中共中央党校出版社 2009 年版。

7. 王涌：《中国式监管的困境与出路》，《新世纪周刊》2010 年第 8 期。

8. 徐行：《维稳误区：异化与挑战》，《人民论坛》2010 年第 9 期。

9. 郑永年：《中国如何跳出自我击败的治理模式》，联合早报网，http://www.zaobao.com/special/china/milk/pages/milk080924f.shtml。

10. 宋常青等：《权利时代呼唤“维稳”新思维》，《半月谈内部版》2009 年第 7 期。

11. 孙立平等：《维稳新思维：以利益表达制度化实现长治久安》，《领导者》2010 年总第 33 期。

12. 陈丽平：《严惩生产有毒有害食品的犯罪》，《法制日报》2011 年 2 月 24 日。

13. 张银海：《中央高层推动食品安全治理》，《南风窗》2011 年第 10 期。

14. 袁曙宏：《没有严厉执法，就没有食品安全》，《人民日报》2011 年 6 月 7 日。

（周望　编写）

宜黄强拆事件

江西省宜黄县为了扩张需要的土地，在和住户达不成一致协议的情况下，于2010年9月10日指示强行拆迁，导致钟家三人以自焚抗争。随后发生的一系列事件，引起了媒体的广泛关注，《南方都市报》、《新世纪周刊》、《潇湘晨报》等媒体持续报道，微博强劲支援和帮助钟家成员，引发中国社会的汹涌民意，并形成内参专报报送中央领导人案头。8名官员被处理。

一、案件始末

（一）悲剧时刻

根据《新世纪》周刊记者刘长、刘虹桥、谢海涛的采访报道：

这是2010年9月10日，江西抚州宜黄县，天气阴沉，时近8时40分，一切看起来与往常无异。

宜黄县凤岗镇农科所东门郊外23号。早饭后，钟家大女儿钟如翠一边帮母亲收拾餐桌，一边心不在焉地向窗外张望。同一时间，宜黄县主管城建的副县长李敏军，率领宜黄县房管局、拆迁办、公安局、城管大队等部门的约百名人员，正在赶来钟家的路上。

8点45分，眼尖的钟如翠发现，自家楼房左侧的土路上，出现了几辆警车，而更远处的滨江大道旁，则停着黄色的大铲车和红色的消防车。此时，从警车车里下来的人，正快步朝自己家里走来。“不好，拆房子的人来了，快上楼”，听到钟如翠的呼喊，二女儿钟如琴、小女儿钟如九及母亲、大伯快速跑上二楼，并反锁上了楼门。

拆迁办的工作人员事后解释，那天真不是上门去强拆的，但带有最后通牒性质，所以负责拆迁的主要领导全部出面。看到钟家人到处乱跑，害怕他们家有过激反应，所以公安很快上门，想控制钟家人。可是在钟如翠看来，这种解释毫无根据，之前邹家不就是在被控制几分钟后面目全非的吗？

慌乱中，钟家老五钟如琴和妹妹钟如九拎起两桶汽油，上了二楼，并将二楼的门死死地反锁住。钟如琴掏出手机，开始录音，9时9分。

据留在一楼的钟如翠回忆，执行人员起初还比较温和，称要进屋检查汽油和“易燃易爆物品”，并要其将二楼房门打开。钟如翠展示发电机和用于发电的汽油后，工作人员依旧不肯离去。手机录音里，是持续近20分钟的争执声。

9时20分，在乡下干活的钟如奎赶回自家院子。楼内一到三楼的楼梯均已站满人。钟家人意识到，事情不像是简单的“查汽油”，连忙打电话通知外出的家属。

9时28分，在无人留意之时，罗志凤和叶忠诚各拎着一桶汽油，出现在三楼楼顶，与楼下宜黄县副县长李敏军带队的工作人员对峙。

楼内，正在发生激烈的争执。钟如琴的手机录音显示，钟家有人在与工作人员的推搡中喊道：“国家下紧急通知不让强拆，是中央的政策算，还是你们宜黄的政策算？”突然，一位中年男子一声断喝：“把她抓下去！”

三楼的争吵还在继续。楼顶的罗志凤、叶忠诚开始泼洒汽油。有目击者回忆，罗志凤掀起瓦片，将汽油倒在屋顶上，口里喊着，“你们走开，

走开!”

局面一度缓和。楼下开始向钟家人喊话，让家属“下楼来谈”，但楼上的钟家人则坚称，要先撤走警察和工作人员。钟如九站在二楼窗口，用相机拍摄楼下的工作人员。楼底下的人则试探性地往后挪了一些。

然而，局面突然转变。手机录音事后显示，9时40分，猛烈的撞击声出现。由于钟家人关闭了通往楼顶的门，现场工作人员开始撞门。与此同时，冲上三楼的钟家老大、老三、老四被逐个从楼内押出。一时间，男人们的嘶喊声、女人和孩子的哭喊声与执行人员粗暴的呵斥声，混杂一起，院内乱作一团。

目睹被押到一楼的钟家兄妹，每人被五六个人控制，楼顶上的罗志凤和叶忠诚情绪变得激动起来。罗志凤继续将汽油泼洒在屋顶瓦片上，点着了火，屋顶开始燃烧……

“他们不抓人的话，就不会有事，本来都平静得很，也不会有自焚。”事后，钟如九回忆道：“我妈妈看到孩子们都被抓了，认为马上就要拆了……”

9时50分。撞门声还在继续。最为悲惨的一幕发生了——

“她母亲听到下面在撞门——撞门的声音非常大，就往自己身上倒汽油，然后就点着了。”目击者潘俊斌目睹了楼顶罗志凤和叶忠诚往身上泼洒汽油的动作，其中，罗最先着火。两秒钟后，叶忠诚身上也着了起来。

站在侧面的目击者邹来鹏，看到叶忠诚拿着汽油桶从头顶往下浇的动作。“我看到大爷（叶忠诚）在楼顶上，叫了几句，他自己拿了油桶倒在身上，马上就着火了，然后就倒在屋顶上。”邹来鹏说。

一楼的钟如奎看见了楼顶的火光，连忙大呼救人，却被死死扣住。楼顶火光闪过约20秒，钟如琴将一件点燃的毛衣扔下一楼，随即一抬手，将汽油洒遍全身。录音显示，钟如琴在点燃汽油前，曾高呼“有本事你们就来”。紧接着，是一声惨叫。钟如琴在家中七个孩子中排行老五，是姐妹四人中的老二，但她被家人视为最能吃苦耐劳，而且比老大还有担当。

钟如琴自焚前几分钟，远在南昌的老八钟如凤接过她的电话。电话里，钟如琴情绪从未有过的激动，声音中透露着难以形容的紧张。她告诉钟如凤说:“家里来了很多人，赶紧回来!”

火苗嗖地燃烧起来，几秒钟之后，钟如琴从二楼窗户坠落地面。楼下人群涌向坠地的钟如琴，但无人近前。目击者拍摄的现场视频显示，钟如翠欲向前去救坠地的钟如琴，但被几名身穿制服的工作人员拽住，她赤脚蹬在泥地上，拼命挣扎。

挣脱后的钟如翠和大哥钟如满一起，迅速用草和泥沙扑救钟如琴身上的火。由于角度问题，他们根本不知道，此刻，楼顶上的罗志凤和叶忠诚，也正身陷火海。

路过此处的当地赤脚医生周某，看见钟如满孤独地抱着被烧伤的妹妹钟如琴，周围竟无人施救，遂高喊了一声:“怎么没人管啊?”一位穿制服的工作人员告诉他:“已经叫急救车了。”

现场图片显示，此时，众多穿制服者正在楼下静观罗志凤和叶忠诚在屋顶的自焚。“你们快救我妹妹啊，我娘还在上面啊!”现场视频中，钟如奎一边和工作人员撕扯，一边高呼。

“从头到尾就没听到下面有人说，楼上着火了，要救火。”钟如琴说，她一直到母亲衣服全部被烧光，在楼顶呼救时，才知道楼顶上也起火燃烧了。

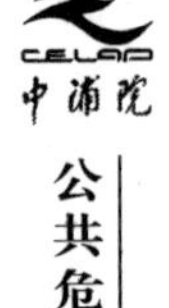

9 时 56 分，老三钟如奎出现在屋顶上。据钟如奎回忆:他上楼顶后，先将伤势严重的叶忠诚托下楼，接着在现场消防队员的辅助下，将母亲罗志凤从楼顶救下。幸亏屋檐边的水槽挡住，他们没有从三楼坠落。

“妈妈，你怎么这么傻?”钟如奎看见母亲身上已经全身烧脱皮，不禁脱口而出。罗志凤说:“头好晕，想吐。”钟如奎把她扶下来，用一块单被把她包住，没法扶她，只好把屋顶的瓦揪开，在消防人员的协助下，将罗志凤救下。

期间，老大钟如满一直抱着妹妹钟如琴，钟如满回忆说:“老五身上皮都烧脱掉了，她一直说，‘不要动我’，‘身上痛’。等了 20 分钟，没有人动，也没有人救。”

救护车迟迟未到。在钟家人的请求下，10 时 10 分左右，政府工作人员终于同意用一辆灰白色的面包车运载钟如琴。一位身着制服的工作人员将钟如琴抱进面包车。尾随拍摄姐姐伤情的钟如九，则被四五名工作人员从身后围住，将记录下事件全过程的便携摄像机强行夺去。

11 时，钟家老六钟如田从外地赶到家中。迎接他的是，一座被烟火熏烧过的房子，以及家中三口人自焚受伤的噩耗。

2010 年 9 月 10 日上午，宜黄县发生的拆迁户钟家三人自焚的恶性事件，最终导致一人死亡两人重伤。事发当日，有相当数量的居民站在加油站、世纪家园的楼房等地，目睹并拍摄下强拆和自焚的全过程。这些照片和视频，以及钟如琴手机的录音，成为外界了解事发经过的最珍贵资料。

（二）两个版本，各执一词

烧伤事件发生后，2010 年 9 月 10 日下午 4 时，罗志凤、叶忠诚、钟如琴三名伤者被转移到南昌大学第一附属医院烧伤中心。医生检查发现三名伤者的肌肤均有 80%的烧伤，伤情非常严重，最近两个月内随时会有生命危险，并向家属下达了三人的病危通知书。

2010 年 9 月 12 日，宜黄政府对事件发布声明称，并未实施强拆行为，是拆迁户“故伎重演”，“以浇灌汽油等极端方式对工作人员进行威吓，不慎误烧伤自己”；伤者家属则坚称以前“从未泼过”汽油，政府近百人上门更不是为了“思想教育”，而是为了把人拉远再强拆。

2010 年 9 月 12 日，宜黄县人民政府办公室在其官方网站发布《关于“宜黄县一拆迁对象泼洒汽油不慎烧伤”的事实情况》（以下简称《事实情况》），对此次事件进行了说明。

该《事实情况》将 9 月 10 日的拆迁烧伤事件定性为：2010 年 9 月 10 日上午 10 时许，宜黄县城建部门工作人员到拆迁对象钟如奎家中，就房屋拆迁开展有关政策法规解释和思想教育工作。期间拆迁对象钟家故伎重演，以浇灌汽油等极端方式对工作人员进行威吓，不慎误烧伤自己 3 人。

《事实情况》先介绍了事件的起因，2007 年 12 月，拆迁人宜黄县投资发展责任有限公司与钟家展开了历时三年的拆迁安置协商。宜黄县投资发展有限责任公司提出了两种拆迁安置方案，但是钟家并不接受，并提出三点要求。拆迁补偿协议始终未能达成。

由于钟家的一再坚持，不肯拆迁，致使新客运站工程也因此一拖再拖，无法正常实施，致使出现了新客运站主体工程建成，却无出口道路及功能性建设无法进行的局面。

《事实情况》随后通报了事件经过，称当天上午 9 时许，宜黄县相关部分工作人员再次到拆迁对象钟家进行政策法规宣传，动员其接受补偿安置。钟家人抵触情绪十分激动，并将门关闭，不让工作人员进入，又故伎重演，将早已准备好的汽油泼洒在二楼窗户、墙壁和自己身上。

三楼的罗志凤（钟如奎母亲）、叶忠诚（钟如奎大伯）两人提了小桶汽油爬上三楼屋顶，快速沿着屋脊泼洒汽油，叶忠诚点燃了屋脊上的屋椽进行恐吓。

"由于风力的作用，吹溅起的火星点燃了叶忠诚身上衣服"，叶忠诚自救并将着火的衣服脱掉甩出去时，"却不慎点着身边的罗志凤"。两人合力自救才把身上的火扑灭。

钟如琴也在屋内点燃泼洒了汽油的棉被，从二楼砸向楼下的工作人员，并在"扔下一件点燃了的泼洒了汽油的衣服时，被火星溅到身上引起燃烧"。钟如琴后从二楼跳下到一楼空地上。

《事实情况》称，事件发生后现场工作人员并未袖手旁观，而是迅速冲上前救人，用草皮和泥土把钟如琴身上的火扑灭，并迅速将伤者送往医院救治。

《事实情况》强调并未进行强拆，"整个事情发过程中，宜黄县城建等部门的工作人员上户开展思想教育工作，未对该拆迁对象实施依法强拆行为（现场无任何机械设备），拆迁对象总是想借点燃汽油的方式威胁上户工作人员离开和达到他们想得到高额补偿的目的，不存在自焚的本意，更没有料到会出现如此后果"。《事实情况》称，目前已经迅速成立事故调查组赶赴现场，调查、核实事情经过，要求一切以事实为依据，以法律为准绳。

根据"财新网"的报道，被拆迁的房子是一栋三层的小楼，房子共分三套房产证，拥有人分别是钟如田、钟如奎、钟如满三兄弟。屋主之一钟如奎表示，他们一家是从安徽迁到江西来的，房子修建于 1999 年，土地证、房产证齐全。但到2009年，政府忽然说要拆迁这栋房。由于拆迁条件未谈拢，双方一直僵持至今。而早在2010年5月间，他们的房子已经被断电，不得已买了发电机，每天用汽油发电。针对宜黄政府的《事实情况》，钟家表示十分愤慨，提出诸多质疑。

钟家三兄弟的妹妹钟如翠指出："怎么会100多个人一起来进行思想教育工作？公安局、建设局、房管局，上上下下差不多有十来个部门，这像是来调解的吗?"据《南方都市报》报道，当天钟家拒绝警察进入并锁上了门，但警察强行把门打开，并同钟家人员发生肢体接触。钟如翠表示，当天有无机械设备到她家，并非判断是否强拆的依据。"之前他们强拆，就是这样的，先把人控制了，拉得远远的，然后再动手拆。"钟如奎介绍，他家附近的邹某房子就曾发生过这种情况：一个月前，政府拆迁工作人员将邹家人"请"去公安局，随即迅速把邹家东西拖出来，"然后直接将房子推掉了。"钟家强调，家中的汽油是为2010年5月房子被断电后用于发电之用，"没有想过拿这个来当威胁的工具"。针对官方文章里提到的"故伎重演"，钟如翠表示，此前他们家从未以泼洒汽油相威胁，"从来没泼过，哪里来的故伎重演？政府说话可要讲证据"。

2010年9月13日，在二楼屋内，钟家人找到了"自焚"当日的"黑匣子"——被拆迁执行人员搜查房屋后侥幸留存下的钟如琴的手机。这台手机记录了从当天上午约9点30分到11点，拆迁人员从抵达到陆续撤走的全部录音。录音中，拆迁执行人员发出"你们今天不拆，明天怎么死的都不知道"的恐吓，钟如琴三哥钟如奎在院中持续的呼喊"快去让我救我妈妈啊，都点着了!"这样撕心裂肺的喊叫声持续了近两分钟。

(三) 事发之因

根据《新世纪》周刊记者谢海涛、刘长、刘虹桥的采访报道：

直接改变钟家和他们邻居命运的，是当地一个叫做新客运站的项目。宜黄县政府2002年发布的文件（宜招项67号）称，公路运输是该县经济流通的主动脉，但现有客运站地处闹市、场地狭窄，已不适应经济和城市发展需要。为此，拟在县城河东新区规划筹建一个功能齐全的现代客运站。规划中的客运站，占地8000平方米，客运站房建筑面积3000平方米。

首先被波及的是钟家西面的轻工厂。2007年夏天，宜黄县房管部门来了几个工作人员，在钟家墙上喷下一个红色的“拆”字，并称：“你家在规划的红线范围内，要拆。”

无声无息地，钟家的北边、西边，昔日大片的良田，已成为世纪家园、华南虎文化广场等项目的工地。在此期间，钟家目睹了推土机辗过稻田、反抗者被抓走等景象。

2007年11月，河东新区客运车站的建设项目正式立项。据当地政府的通报称：涉及该项目的共有21户，其中便包括13户的轻工厂职工以及钟家。同月，轻工厂以及钟家等周边土地，被挂牌拍卖。《新世纪》周刊记者获得的2007年“新客运站旁国有土地使用权挂牌出让公示表”显示，五户申请单位（个人）对该土地的报价在2000万元至2240万元。

同时，客运站项目的真实用地情况也让人质疑。据黄春英透露，2007年11月土地挂牌拍卖显示，新客运站项目涉及21户土地总计58亩。

但无论是轻工厂职工起诉状中所称新客运站项目用地16.5亩，或是2010年“宜黄县城市重点项目建设安排计划”显示新客运站占地18亩地，显然都用不了58亩土地。这不能不让人怀疑政府拆迁这么大面积的真实用途。

钟家的儿媳邓香英回忆称：“最早来找我们说拆迁的事儿，是说建新车站，后来又说建宾馆，后来又说要盖房子，再说要盖新停车场的大门。中间变了几次，我们从没见过规划图。”

一次，无意间，钟家人在他们家后面新开发的世纪家园楼盘，看到一个显示周边环境的立体模型。模型显示，在新客运站附近他们家的位置上，耸立着一座六七层的酒店。

后来，在新客运站工地上，钟家人在“新汽车站及办公大楼鸟瞰图”中也看到，9层高的新汽车站办公大楼旁边，是一栋与世纪家园的立体模型中的酒店外型雷同的楼房。

事实上，对于项目用地真实性的怀疑，在宜黄县的拆迁中并非孤例，如前述河岸东边的邹国宏、潘俊斌家。他们所在的沿河南段，是新城较晚开发的项目。

2008 年 4 月 25 日，邹国宏在潘家的墙上看到，宜黄投资公司贴出公告，称滨江大道南北延伸段（南从解放桥头到卓望塔脚下，北从水岸名苑到六里铺大桥），被列为当年重点建设工程，滨江大道南北延伸段防洪堤、道路、建设用地宽 50 米。邹、潘两家的房子被划入拆迁范围。

“这个公告里明确提到，拆迁片区的土地将用作防洪堤、滨江大道和建设用地。”邹国宏对《新世纪》周刊记者说，“但我们去年 12 月，县里招集我们上访人员开会时，副县长李敏军主持，城建局局长范建华直接就说，‘是用于做堤坝、滨江大道和房地产开发’。当时有十几个人在场，有三户人家，都听到了的。这就从建设用地变成房地产开发，不是公益用地了。”

钟家以及他们的邻居，对于征地拆迁是不是真的用于公益项目，并不是完全关心。如果补偿合理，他们愿意搬迁，并不想做钉子户。但补偿的条件出乎他们的意料。

2007 年 12 月 6 日，宜黄县政府发出拆迁公告，称经县政府研究决定，拟在原轻工厂厂址上兴建新客运站，凡在厂内居住的职工及其他居住人员，必须在 2007 年 12 月 10 日之前搬出，迁入指定的安置房内，逾期将依法强制拆迁。

按照宜黄县政府的通报，他们对钟家提出了两种安置方案：一是货币补偿，给予钟家货币补偿 414612 元，装修价值及各项安置补偿费另行计算；二是房屋产权调换，在与钟家房屋相隔 60 米左右的同一地段进行房屋置换。同时为钟家在凤岗镇农科所范围内批建三户宅基地供其建房，总面积为 360 平方米，并将钟家 13 人全部纳入低保。宜黄政府方面表示，这种补偿安置条件在宜黄尚无先例。但钟家对两种方案均不接受。

宜黄政府称，钟家人提出了三点要求：一是在自家原址自拆自建；二是如不能在原址自建，就要在规划的商业街中置换四块总计 480 平方米的可做店面房的商业用地，并准许他们自建和办理好相关建设手续，其房屋价值及装修等按市场价格另行补偿；三是如不能满足上述要求，必须补偿300万元作为安置费。否则，拒不接受拆迁。

但钟家对政府的上述说法则予以否认。钟如奎告诉《新世纪》周刊记者，他们从来没有提出三点要求："完全是颠倒黑白。我们从来没有说过这样的话，我敢与房管局长对质。"钟如奎表示，政府提出的条件没法让人接受：整栋楼将近400平方米，一共才评估41万多元，算下来每平方米只有1000多元。而周围的商品房已经是2700多元，还不包括装修费用，这样的货币补偿方式根本不合理。

至于给三套安置房子的方案，即与原来同等面积，另外再给拆迁补偿每平方米480元，钟如奎告诉记者，这套方案只是口头说过，从来没有书面协议。而且，安置房子至今没盖，准备盖安置房的土地还是一片荒地，不知几年后才能有房子。"拆迁后搬到哪里去住都不知道。"钟如奎说。因此，钟家拒绝了政府提出的补偿安置方案。

钟如奎告诉记者，他们家提出的补偿方案是，在被拆迁房屋的马路对面给一块土地，和现有房屋土地面积一样大，他们自行建筑房屋。钟如奎说，之所以提出这样的方案，是因为他们家旁边的加油站的补偿方式，就是在马路对面获得一块同等面积的土地，他们希望获得同等待遇。

2009年夏天，73岁的钟家诚去世。钟家兄妹尚未从丧父的阴影中走出，当年11月3日，宜黄县房管局作出三份房屋拆迁行政裁决书（钟家分三户，每户一份——编者注），要求钟家必须在收到裁决书15天内作出选择：要么接受41万余元的货币补偿，要么接受调换相同面积安置房的方式，逾期将视为选择货币补偿。裁决同时限令，钟家在接到裁决书之日起15天内搬迁完毕。此后的2009年11月23日，钟家以及河岸东边的邹国宏家和潘俊斌家，同时接到行政强制搬迁通告，要求在2009年12月8日前将房屋搬迁完毕。然而，12月8日大限到来时，钟家人仍旧坚守着自己的房子。

由于钟家拒绝搬迁，宜黄政府在2010年4月18日断了钟家的电。此后，父亲去世时留下的一台小型发电机发挥了作用。钟家诚自2007年重病卧床后，一直靠呼吸机维持。2008年春节的冰雪灾害时，为防止供电不及时，钟家为父亲买了一台小型发电机，用汽油驱动。为了节省汽油，钟家一般到晚上6点多才开始发电，那样可以赶上看晚7点的“新闻联播”。

面临拆迁之后，罗志凤养成每晚看电视新闻的习惯，格外关注政府关于拆迁的各种法律政策。这个家庭普遍文化程度不高，但并不影响他们很快获悉2010年5月15日国务院办公厅下发的《关于进一步严格征地拆迁管理工作切实维护群众合法权益的紧急通知》(下称《紧急通知》)。钟家人从《紧急通知》中找到了这样的条文：“对采取停水、停电、阻断交通等野蛮手段逼迫搬迁，以及采取‘株连式拆迁’和‘突击拆迁’等方式违法强制拆迁的，要严格追究有关责任单位和责任人的责任。”

罗志凤和女儿钟如翠由此找到当地房管局等部门，希望能够恢复供电，但得到的答复是：你家属于强拆，强拆就是要断电。

情况相近的邹国宏也以为他家不会被强拆，他相信国家政策，“我很清楚，有《中华人民共和国物权法》、《中华人民共和国侵权责任法》，还有2010年5月15日国务院发出的《紧急通知》。两大法，一大国务院通知，他们不可能拆我的房子。”

在不可能强拆的想象中，邹家撑到了2010年8月9日。当天下午，县里有工作人员到邹家看地形，邹国宏开玩笑对公安局副局长说：“你又来吹哨子了？你们明天就要来把我的房子拆掉了？”

晚上，又来了几个人谈拆迁赔偿，邹国宏拿出《中华人民共和国物权法》和《紧急通知》，说：“我这块地是建设用地，你们要做防洪堤、马路和建筑用地三块，我这没有碍事，你们不能打着公共设施的招牌来骗老百姓的土地。”

2010年8月10日早上7点多，宜黄县副县长李敏军来到邹家，谈了十几分钟，没有结果。随后房管局来了十几个人，此后来了几十个警察，人越来越多，邹国宏这才想到：“完了，要来硬的了。”

邹国宏向《新世纪》周刊记者讲述了他们家被强拆的经过：“他们从门里冲进去，我妈妈和丈母娘躲在二楼阁楼上，我把她们叫下来，如果不拉下来，房子一倒，就压死在里面了。大儿子邹来鹏最先被抓走，两个老人叫下来之后也晕倒了，抱着两岁孙女的儿媳妇被绑起来架走。

“这时候就剩下小儿子还在上面，他就拿了汽油往身上浇，手里拿着打火机。我上去的时候很冷静，就打了他一下，跟他说：‘你不要这么傻，还这么年轻，烧了又怎么样？赔你100万又能怎么样？你把衣服脱下来。’我儿子就把衣服脱下来。这时警察也吓住了，然后我就拿着衣服，对他们说，‘你们上来，我就点火。’

“后来，他们把我拉下去，又有五六个人冲上来把我小儿子押下去了，在派出所关了七天。然后，他们就开始清场，把我控制在隔壁邻居家，他们推我房子前面小厨房的时候，我都还在。我看不到，但是可以听到推土机的声音。房子砰的一声就倒了……”

这一天，钟如满、钟如奎、罗志凤都目睹了邹家拆迁的全过程。

钟如翠告诉《新世纪》周刊记者，宜黄政府在“9·10”事件的情况说明中，称钟家“故伎重演，以浇灌汽油等极端方式对工作人员进行威吓”。其实是把强拆邹家时，邹家小儿子浇汽油的行为安在他们钟家身上，由此编造出他们家“还常对上门做其思想工作的工作人员进行语言污辱和人身威胁，并采取将汽油洒泼于地等方式阻挠调解工作的进行”的谎言。

邹家被强拆后，各种信息陆续传入钟家：强拆的下一个对象就是他们家。在南昌打工的钟家子女为此先后赶回家中。

2010年9月8日晚，同样面临被强拆的潘俊斌路过钟家，与罗志凤简单交谈。罗志凤告诉他：最近常有政府的人来她家查看，说是达不成协议就要强拆。

两天后的2010年9月10日上午，潘俊斌看到了宜黄县主管城建的副县长李敏军，房管局局长李小煌，以及公安、拆迁办、城管队等100多人涌进钟家，同时，在钟家直线距离100米远的马路边，还停有一辆黄色挖掘机和一辆红色消防车。

大约上午9时50分左右，潘俊斌看到了站在钟家楼顶的罗志凤往自己身上泼洒汽油。

(四) 机场攻防战

2010年9月15日下午，钟如翠接到凤凰卫视的电话。她们应邀参加最新一期《社会能见度》节目的录制，准备第二天一早飞往北京。

2010年9月16日，出租车载着姐妹俩一路奔向机场。除了家人外，无人知道她们此行的目的。半小时后，她们顺利抵达机场候机楼。此时天色尚早，候机楼大门还未打开。姐妹俩就找了一处偏僻的地方坐在石阶上等候。一个多小时后，候机楼大门开启。钟家姐妹跟着其他乘客一同走进候机大厅。乘坐手扶电梯上二楼取登机牌的时候，钟如翠搂着妹妹说，"再坚持一下就能上飞机了"。

电梯徐徐上升，接近二楼时，迎面而至的却是钟如翠最害怕遇上的人。十多名男女沉默而快速地向她们围拢过来，领头的是一个身穿黑色T恤的男人，钟如翠认得出他是宜黄县房管局局长李小煌的司机，还有不少人曾经到她家做过"拆迁工作"。候机楼的安静气氛随即被钟如翠姐妹嘶哑的叫喊声撕破。她们不顾一切地叫喊着挣脱一只只伸向她们的手，奔向乘客休息区。那里坐着一群正等候办理登机手续的乘客。快冲到休息区时，她们被追上了。钟如翠一下子跪倒在身边一位身着制服的机场工作人员跟前，叫喊着"求求你，救救我们"。此时，她身后的妹妹已经被人围起来，双手被牢牢夹住。

机场工作人员大声呵斥围堵者，要求对方马上放手。随后，他将钟家姐妹扶到了乘客休息区坐下，并通知机场民警。两姐妹在休息区继续向周围乘客求救。但除了一位老年妇女简单问了几句发生什么事之外，其他乘客均没有反应。

穿着白衬衣的宜黄县委书记邱建国带着副县长刘文波等一众领导也赶到现场。"他们好像知道我们会去机场，早就在那里等着了。"钟如翠想不明白宜黄官员的行动如此迅速。

几分钟后，昌北机场派出所一位副所长带着民警赶到了现场。他们说了一句让钟家姐妹稍感安慰的话，"有我们在，你们不要怕"。随后，他们将这对近乎瘫软的姐妹带入机场内的公安局办公室里。而一帮宜黄县来的人如影紧随。

在办公室里，宜黄来的人尝试让钟家姐妹平静下来。但在钟如翠姐妹眼里，他们是“来抓人的”。从未见过如此场面的钟如九一度昏厥，双眼紧闭，牙关紧咬，双手僵硬地蜷缩在胸前一动不动。在一位机场医务人员的安抚下，五六分钟后才悠悠醒转。

情绪稍微平静之后，在公安局办公室，钟如翠拨通了在南昌采访此事的《新世纪》周刊记者刘长的求救电话。

刘长试图在互联网上找到南昌机场公安的电话，但电话过去，均无人接听。7 点 39 分，刘长发表了一条微博，全文为：

【紧急求助！】今天上午 7 点，抚州自焚事件伤者钟家的两个女儿在南昌昌北机场，欲买机票去北京申冤，被一直监控她们的宜黄当地四十多个人控制在机场，家属报警无用，现仍在机场，处于被扣状态中，泣血求助网友。

此外，刘长还附上了民航江西机场公安局昌北机场派出所的电话，不过该电话一直不通。

刘长这条微博起初只获得了寥寥数条转发。大概 20 分钟后，转机出现。网络意见领袖慕容雪村转发了刘长的这条微博。此后，转发开始以几何级数增加。不到一个小时，这条微博已被转载近千次，到当天上午，这条微博已被转发 2700 多次，并获得了超过 1000 条评论。

与此同时，刘长开始打电话联系同行，他试图让尽量多的媒体记者跟进，《凤凰周刊》记者邓飞就是其中之一。

7 时 50 分，距离飞机起飞时间不到半个小时。钟如翠向派出所副所长求助，希望能办理登机手续。但对方称需要先去请示上级。在副所长离开后，刘文波继续不停地给钟家姐妹做思想工作。不久，派出所副所长返回办公室告诉钟如翠：上级指示姐妹俩不能登机。争辩之时，时间一点一点流逝。时针已转到 8 时 30 分，飞机轰鸣而去。

机场派出所建议钟家姐妹离开机场，换一个地方和宜黄官员交流。姐妹俩不得不离开办公室，宜黄来的人依然尾随其后。经过一间女卫生间，钟家姐妹马上走了进去，把自己反锁在卫生间最里边的格子间。她们把卫

生间看成是最后的避难所。

几分钟之后，一个陌生女人喊，“有什么事你们出来说嘛”。钟如翠喊道：“我们连上厕所都要被监视吗?”外面是短暂的沉默。此后每隔几分钟，敲门声就会再次响起。钟如翠和妹妹蹲在格子间抱作一团，打电话告诉凤凰卫视《社会能见度》，说自己被堵在了机场。她们又继续和刘长电话连线，描述现场的状况。刘长一边打电话，一边在键盘上敲出文字，通过QQ传递给《凤凰周刊》记者部主任邓飞。

8点57分，邓飞在自己的新浪微博上发出了这样一条消息：

【昌北机场直播一】被县委书记带队的40多名官员围住，自焚家属们插翅难飞，航班耽搁，钟如九心力交瘁刚才晕倒，幸而医生现场抢救，现在已无大碍。

作为一个记者，邓飞觉得可以持续关注这一事件，开始进入一个记者工作QQ群，呼吁媒体一起关注。

9时4分，邓飞发出了第二条微博：

【昌北机场直播二：两女躲在卫生间和中国保持通话】《新世纪》记者刘长连线家属：钟如九暂时已缓过来，机场派出所一副所长向家属表示：今天是全国民航大检查，需要请家属去附近派出所内接受安全检查，被家属拒绝。目前钟家两个女儿仍然坚守在机场登机口一个卫生间内，不敢出去，靠电话和中国保持联系。

很快，邓飞微博上的“转发”和“评论”数字开始翻滚。邓飞试图让这个话题变得轻松起来，更具围观性。他开始把这个事件变成一场新浪微博的现场直播——女厕攻防战，既是攻防战，就需要双方人物介绍。他在QQ群上呼救，让有空闲的同学们帮助找到钟家姐妹和官员们的相关资料，随即发了出去。

这时，在南昌的《南方都市报》记者张国栋和《新世纪周刊》实习记者刘虹桥已打车从市区赶赴昌北机场。

互联网上的记者QQ群骚动。北京“酷六网”张晓晶问邓飞要钟家两女的电话。上午9时许，“酷六网”连线钟如九。钟家姐妹压低声音将自己被困女厕的遭遇传递出来。两小时后，这段采访录音便上传互联网，钟如翠抽泣着说，“他们太吓人了，跟土匪没什么两样。”

由于微博的即时性，令亿万网民有身临其境之感，互联网已经炸开锅。网友不停地转发微博，甚至给带队堵人的宜黄县委书记邱建国的手机发短信。

腾讯微博将正在进行的机场“女厕门”事件推到了微博页面的首页。

上午 10 时，《南方都市报》记者张国栋赶到现场，钟家姐妹终于走出躲避 40 多分钟的卫生间。门外，仍有两名宜黄县的女工作人员把守。

10 时 16 分，邓飞发出“机场女厕门直播”倒数第二条微博：

【昌北机场女厕攻防战直播之八：宜黄拿下两女，禁飞】在强大攻势下，钟家两女现在被带出厕所，由机场派出所一副所长、一民警和宜黄县副县长刘文波等人看守，对方欲把钟家二女带去机场派出所办公室，钟家人拒绝，现在僵持中。刚才公安向钟宣布：今天你们哪里都不能飞，不仅不能飞北京，全国哪里都不能飞。

北京已经去不成了。宜黄副县长刘文波将钟家姐妹带到机场内一茶座休息，表示要“谈一谈”。

《新世纪周刊》记者刘长在此时赶到机场茶座，拍下钟家姐妹憔悴的面容。当天这张照片被广为流传，网友们给这张照片起名为《中国表情》。最终，钟家姐妹同意刘文波的提议：第二天上午，在媒体在场的情况下，她们将和抚州市一位副厅级干部进行商谈。

至此，宜黄强拆事件的第一次微博直播结束，在短短的一个多小时内，邓飞发布了 20 多条微博，点击率高达百万以上，而借助微博强大的传播效应，宜黄强拆已变为一起举国关注的公共事件。

邓飞的一组微博直播后被人整理成一个文件，放到天涯社区、凯迪社区、猫扑网等论坛上。而后，邓飞又在办公室里先后接受了成都电视台《真相三十分》、广州《新快报》和南京《现代快报》记者的电话采访。凤凰卫视《社会能见度》上午紧急采访已抵达北京的钟家兄弟：钟如奎和钟如田，下午连线南昌，完成对钟如翠的采访，编辑们以最快的速度完成制作了一期节目。

16 日下午，《南都周刊》记者周鹏赶到南昌。《广州日报》、《新快报》、

《东莞时报》、《现代快报》等媒体通过电话联系采访了钟家姐妹，让她们回顾南昌昌北机场的惊魂一幕。16日夜，成都电视台《真相三十分》报道“女厕门”。21时55分，凤凰卫视《社会能见度》播出。由于微博直播，原本单纯的自焚事件，开始向一个万众瞩目的公共事件迈进。

(五) 抢尸事件

一场女厕攻防战让钟家姐妹身心俱疲，但生于1988年的钟如九却从中看到了微博的力量。

2010年9月17日，钟如九在新浪和腾讯分别注册了微博，并发布了第一条消息：

大家好，我叫钟如九。是江西省抚州市宜黄县自焚家庭的小女儿。我在网络上看到了大家对我们家的关心，非常感谢！

根据《南都周刊》记者周鹏的采访报道：

2010年9月17日，原来约好的商谈没有成行。深夜11时，宜黄县副县长刘文波打来电话，说希望跟钟家姐妹见面谈一谈，“县政府很有诚意，你们也要拿出诚意来”。但正在南昌市内一家宾馆里接受数家外地媒体采访的钟如翠拒绝了见面的提议。

而此时，钟家另外三位留在旅店休息的亲人正经历着夜半敲门的惊吓。自2010年9月10日与伤者赶赴南昌后，为了采购给病人煲汤用的食物，钟家六人曾两次转移过住宿的宾馆。当天，他们住的是香绮青年宾馆，距离菜市场只有两三分钟的路程。

为了省钱，他们只开了两间房，两个男的一间，四个女的一间。宜黄县政府的一名领导曾经表示愿意给钟家人提供生活费，但前提是，钟家人搬到他们安排的宾馆住宿，“这样方便找到你们”。这一要求被钟如翠当场拒绝。眼见不行，领导给钟如翠提供了一万元钱。

当夜11点，钟如翠的大哥钟如满、嫂子和侄儿被一阵阵敲门声吓得惊慌失措。除了敲门声，门外还传来多名男人高声说话的声音。这些陌生人没有说自己要干什么，只是一个劲让门里人赶快开门。这样的敲门持续了三次，每次间隔10来分钟。直到钟如翠的侄儿拨通110，民警赶到现场后，门外的陌生人才逐渐散去。

深夜12点过后，确认宾馆房间已经无人骚扰，钟家姐妹辞别记者，打车返回旅店。连续数日的疲劳，像山一样压得她们几乎连说话的力气都没有了。然而，刚躺下一会儿，钟如翠的手机再次响起——医院传来消息：大伯叶忠诚生命垂危，让家属赶紧过去。等到钟家人匆忙赶到医院病房时，叶忠诚已经去世。

钟家人决定先将大伯的遗体存放在医院太平间，明天一早再来医院。但他们已经走不了——在宜黄县县长苏建国的带领下，大量宜黄来的人已经快速赶到。

接下来的事态，钟如九在新开通不久的微博上留下了这样的描述：2010年9月18日凌晨2点51分，钟如九微博上的一条消息让网友们震惊了：

"我大伯1时20分左右过世了，2时30分左右宜黄县委书记邱建国带了100多人到南昌一附医院，把我大伯的尸体强行抢走了，这个社会还有法吗？他又为何有这么大的胆呀，好心人帮忙转吧，求求你们了。"

随后，钟如九连续更新了几条微博，讲述了大伯的遗体被相关部门强行抢夺出医院的过程。

随后的两个多小时里，钟家人试图阻止苏建国乘车离开。他们围坐在苏建国乘坐的黑色轿车前面，这辆轿车当时用迷彩布蒙住了前后车牌。钟如凤一度冲上去透过车窗抓住苏建国的手臂，把头伸进车窗，她叫喊着："你们不让我们活，我把命给你就是了！"

但两位穿白色T恤衫的男人很快就把她扭了出来。钟如翠说，当时宜黄县公安局副局长黄健一度大声威胁说，要把她们"抓起来"。

钟如凤在此期间曾拨打110报警。但警察到达现场后没多久，连车也没下就离去了。警察对上前求助的钟如凤说，这事他们管不了。

面对数十人的围堵拖拽，钟家六人近乎拼命的举动毫无作用。他们一个个被拽住双手拖开，眼睁睁看着苏建国乘车离去。事后，钟如翠记得，当自己被七八个人拽住的时候，她听到正在打电话的苏建国说了一句：

“书记，你放心，有我在。”钟如翠形容苏建国当时脸上是一副“又紧张又得意”的表情。

冲突中，钟家患有肺病的钟如满腰部被打伤，一度无法挺直身躯；钟如凤右脚脚踝扭伤浮肿。所有人的手臂上均有瘀青血痕。

凌晨4点多，钟家姐妹再次来到记者所在的宾馆。她们害怕回香绮青年宾馆会被强行带走。

2010年9月18日，钟如九微博直播的抢尸事件几乎占据了当天互联网各大微博、论坛以及社区的头条位置，钟如九的腾讯微博一夜之间粉丝就飙升至3万余人。而在整个网络上，关于抢尸事件的转帖与评论高达百万计。无数人通过微博，知道了她们遭遇到的冷酷经历。在机场被堵截一事之后，汹涌的网络怒潮再次在深夜掀起。

(六) 当街抓人

2010年9月18日一大早，钟如翠与家人匆匆赶往医院。早上10点，医院要给伤者进行植皮手术，要她们提前到医院办理签字手续。她们没有叫醒最小的妹妹，让她在旅店内多睡一会儿。

在医院烧伤科大楼，10多个宜黄来的人早已等候在楼下，警惕而安静地注视着钟如翠走进电梯。五楼的ICU治疗区，也有多人把守。

9点不到，正在办手续的钟如翠接到了钟如九的电话。妹妹上气不接下气地说，她刚走出旅店大门，就差点被等候在外的四名宜黄县工作人员扭住。拼命挣脱之后，钟如九跑到路边跳上了一辆出租车逃离而去。头脑一片空白的钟如九不知道能去哪里，她拨通了姐姐的电话。而在南昌已经生活了五年的钟如翠也想不出还有什么安全的地方。她让妹妹先到医院跟家人会合。钟如翠觉得大白天在人员密集的医院里，对方不敢太造次。

为了保护小妹妹的安全，钟家四位家人都去医院门口等候，只留钟如翠一人在医院办手续。10多分钟后，钟如九的出租车抵达了医院大门外的路口。她已经远远看到了等候在路边的家人。但刚一下车，数十名男男女女神奇地从四面八方快速涌来，将这家人团团围住。这些人几乎一言不发，唯一的举动是，不允许钟家人离开路口半步。

钟如九当场跪在路上，泪如雨下地恳求一名工作人员让他们离开。但对方四处张望着无动于衷。路人见此情景，开始纷纷围观。有人掏出手机拍照，但很快就被身旁伸出的手所阻挡。随后不久，一辆车身喷涂着“安石中学”的黄色大巴车飞速驶近，停靠在距钟如九家人不到10米远的路边。刚一停稳，围堵钟家人的男男女女仿佛听到号令一样，开始三五成群地扭着钟家人往车上拖拽。夹杂着钟家人沙哑的哭喊声的，是一阵阵的斥责。

一分钟不到的时间，钟家人就被悉数拖进大巴。当大巴轰鸣着离去时，车里的钟如九双手贴在钢化玻璃上，张大嘴巴叫喊着。但没人听得到她的声音。不久后，她的手机便处于关机状态。

一位网友拍下了钟如九绝望的呐喊情景。这天下午，这张图片在网络上被无数网民疯狂转发。

直到傍晚，钟如翠才知道家人们早已被宜黄县来人强行带走的情况。这时，她正孤身一人躲在南昌市青山南路的沃尔玛超市里。

因为迟迟未见到妹妹，钟如翠不安地拨打了钟如九的手机。电话拨通响了几声后，随即被挂断，再拨打过去，手机已经关机。再拨打钟如凤的手机，同样关机。钟如翠发现，所有家人的手机不是关机就是无人接听。她知道肯定出事了。

此时，已是中午11点，正好到了烧伤科患者家属的探视时间。当数十位患者家属鱼贯而入时，钟如翠借口帮妹妹去买午饭，快速走下五楼，从侧门走出了烧伤科大楼。

三名一直在办公室附近监视她的女人一边闲聊，一边尾随其后。走到烧伤科大门时，一名坐在石阶上的男子也一下子站起来跟了过去。

从烧伤科大楼到医院大门大约有300多米。钟如翠越走越快，距离大门约50米的时候，她不顾一切地跑了起来——她发现路边不少宜黄县的“熟人”纷纷跟了上来。

钟如翠冲出医院大门，在绿灯结束前的最后几秒钟里跑到马路对面。乌云一般的追捕者此时也在不顾一切地冲过来。有多名男女甚至在车流中穿插前行，强行翻过近一米高的栅栏后径直扑向钟如翠。

钟如翠钻进最近的一辆出租车时，一个30余岁的矮个子男人也从另一侧钻了进去。一位热心路人冲近车门挡住了另外几名紧跟而至的男人。当他们强力将路人扯开时，钟如翠关上了车门。关门瞬间，她认出其中一名围捕她的男子正是宜黄县房管局副局长兼党支部书记纪焕华。

车内的追捕者没料到抓捕团队一下子就只剩下自己一个人了，他一个劲要求司机停车。钟如翠则一边哀求司机马上离开，一边从包里摸出10元钱递了过去。片刻之后，出租车便载着她和那位陌生追捕者一同驶离了现场，消失在车流之中。

看着人离去，纪焕华转过身大声斥责其他人。出租车开了两三公里后在路边停了下来。钟如翠猛然冲出车门，拼命往前跑。她一直穿着的运动鞋发挥了关键作用——同车那名穿皮鞋的追捕者追了一阵后，体力不支，只能看着她越跑越远。

钟如翠一路狂奔，她担心哪里又冒出一群人来。跑了一阵后，她坐上了路边一辆刚刚启动的摩托车。好心的摩托车主在听了她的哀求后，毫不犹豫地拉着她行驶了10多分钟。当钟如翠跨下摩托车时，已经身处青山南路。不远处就是熙熙攘攘的沃尔玛超市。

整个下午，钟如翠都躲在超市里不敢外出，还多次转移藏身处。直到最后在一处尚未营业的空置区域坐下。这里很少有顾客经过。

在她躲避的时候，外界的形势发生了变化。愤怒的浪潮已在网络上掀起了轩然大波。无论是潘石屹、任志强、闾丘露薇这样的名人，还是无以数计的普通网友，都在网络上对宜黄发出了质问、讨伐的呼声。一位微博用户发帖称自己“现在什么事也不关心了，只关心钟家姐妹的命运”。

(七) 命运逆转

正当钟如翠深感绝望和无助、众多网友无比愤慨之时，情况在当天下午出现了戏剧性的逆转。

2010年9月18日下午3点左右，国内各大知名网站陆续刊出新华社的一则报道——《江西宜黄强拆事件多名责任人被立案调查》，报道称：9

月 17 日晚，江西抚州市委对宜黄县“9·10”拆迁事件相关责任人作出处理，包括宜黄县委书记邱建国、县长苏建国等主要领导均被市委立案调查，并免去各自的领导职务。

除此之外，宜黄县委、县政府、建设局、房管局、交通局、公安局等多个政府部门的领导也受到撤职、检讨等惩处。抚州市已全面接管钟家自焚事件的后续处置工作。

这是国内最近三年来，九起被舆论广泛关注的拆迁悲剧中，第一例地方一把手受追究的拆迁事件。钟家的命运也因此柳暗花明，钟家兄妹被解除了监控状态。

2010 年 9 月 19 日晚上，宜黄县电力局一位副局长带队，给钟家通了电。因拆迁纠纷持续了五个多月的钟家，终于用上了电。

2010 年 12 月 27 日，人民网、中青在线和天涯社区向钟如九颁发了“2010 年度微博人物评选维护权益奖”。钟如九第一时间在自己的微博上展示了自己的证书。

“我要感谢无数的网友和媒体记者们，是你们一路的支持和帮助把我家从困境中救了出来。”钟如九在微博上写道，“微博把我们每个人的力量凝聚在一起，拯救更多的弱者。”“真的不想再看到有人再走我们家的老路，”钟如九说，那样的代价太沉重了。

她在微博上还说：“我相信在草根的不断努力和觉醒中，生活会越来越美好的”。

二、案例背景

(一) 宜黄

进入 21 世纪，宜黄作为一个欠发达的山区小县城，与诸多中国县市一样，将招商引资、开发城建作为主要的发展思路。2000 年，宜黄县人大通过了扩大县城，城区面积向河东发展的决议。至 2002 年 12 月，宜黄县与浙江恒昌集团签订合同，整体开发河东新区。2003 年 3 月 28 日，河东新区建设项目正式开工。

钟家附近的大规模征地由此开始。在桥头村三组杨珊红的记忆里，此前，河东一带，桥头村和河东村，几千亩良田连在一起，旱涝保收，可种两季水稻，供应着县城数万人口的粮和菜。但短短几年间，良田中的大部分几乎消失殆尽。仅以桥头村三组为例，大约有集体土地 500 多亩。村民向《新世纪》周刊记者提供的征地记录显示："2001 年，征地 36 亩；2003 年 3 月 25 日，征地 11.42 亩；4 月 16 日，征地 2.7 亩；5 月 31 日，征地 0.46 亩；7 月 19 日，征地 139.9 亩；9 月 19 日，征地 4.2 亩；2007 年 1 月 22 日，征地 215 亩；5 月 13 日，征地 12.313 亩；10 月 31 日，征地 56.9767 亩；2008 年 4 月 28 日，征地 8.41 亩。"至此，500 多亩良田荡然无存。

"占地不到一年，县里的物价就上涨了不少。"杨珊红称，"2007 年时，白菜 0.5 元一斤，空心菜 1 元一把；2008 年时白菜 2 元一斤，空心菜 2 元一把。"

据村民反映，2008 年 11 月，桥头村三组的村民到县土管局查征地批文，查到从 2003 年到 2008 年为止，县土管局所有征地批文的总数（仅河东和桥头两村）未超过 650 亩，却实际征收了将近 2000 亩的耕地。

在从前的耕地上，宜黄县建起了华南虎文化广场、世纪大道等市政建设，也盖起了大片的楼盘。与此伴随的，则是失地农民的不断抗议与持续上访。

在邱建国从外地调任宜黄县县长的 2006 年，宜黄正处于招商引资的快马加鞭阶段，大规模征地引发的上访事件已时有发生。邱建国则延续着宜黄以往的发展思路，提出"开放富县、工业强县、城建靓县、环境立县"的发展路子，强力招商引资，实施赶超发展战略，全力主攻工业。

在城市化的背景下，钟家拆迁涉及的新客运站项目也于 2007 年正式立项。但该项目运作中，出现诸多纠纷。比如，与钟家毗邻的宜黄县轻工综合厂，本是一个集体企业，实际占地 30 余亩（档案占地 28.5 亩），却被宜黄县政府以国有企业方式改制并强行拆迁。包括30亩的土地在内，连同3000多平方米的房产，仅给该厂职工总计178万元的补偿款。该厂职工至今仍在上访。①

(二)《城市房屋拆迁管理条例》

2011年1月21日，备受关注的《国有土地上房屋征收与补偿条例》(以下简称《条例》)公布并实施，该《条例》取消了行政强拆，将强制拆迁的权力交给了法院。与此前的《城市房屋拆迁管理条例》相比，《条例》被媒体认为具有十大亮点：

第一，公共利益征收与商业开发彻底分开。《条例》第2条规定："为了公共利益的需要，征收国有土地上单位、个人的房屋，应当对被征收房屋所有权人给予公平补偿。"同时第8条以列举的方式将"公共利益的需要"界定在：国防和外交的需要；由政府组织实施的能源、交通、水利等基础设施建设的需要；由政府组织实施的科技、教育、文化、卫生、体育、环境和资源保护、防灾减灾、文物保护、社会福利、市政公用等公共事业的需要；由政府组织实施的保障性安居工程建设的需要；由政府依照城乡规划法有关规定组织实施的对危房集中、基础设施落后等地段进行旧城区改建的需要；法律、行政法规规定的其他公共利益的需要。

第二，政府是唯一补偿主体。《条例》第4条规定："市、县级人民政府负责本行政区域的房屋征收与补偿工作。市、县级人民政府确定的房屋征收部门组织实施本行政区域的房屋征收与补偿工作。市、县级人民政府有关部门应当依照本条例的规定和本级人民政府规定的职责分工，互相配合，保障房屋征收与补偿工作的顺利进行。"这意味着公益性征收、补偿的主体只能是政府，而不再包括开发商。

第三，政府具有公告、听证的义务。一是市、县级人民政府应当组织有关部门对征收补偿方案进行论证并予以公布，征求公众意见。征求意见

① 参见谢海涛、刘长、刘虹桥：《宜黄拆迁负面样本》，《新世纪》2010年第39期。

期限不得少于 30 日，且应当将征求意见情况和根据公众意见修改的情况及时公布。二是因旧城区改建需要征收房屋，多数被征收人认为征收补偿方案不符合本条例规定的，市、县级人民政府应当组织由被征收人和公众代表参加的听证会，并根据听证会情况修改方案。三是市、县级人民政府作出房屋征收决定后应当及时公告。公告应当载明征收补偿方案和行政复议、行政诉讼权利等事项。

第四，征收争执可以提交司法裁决。《条例》第 14 条规定："被征收人对市、县级人民政府作出的房屋征收决定不服的，可以依法申请行政复议，也可以依法提起行政诉讼。"从而突破了以往只能对补偿、安置提起复议或诉讼的局限。

第五，明确了征收补偿的范围。包括：(1) 被征收房屋价值的补偿；(2) 因征收房屋造成的搬迁、临时安置的补偿；(3) 因征收房屋造成的停产停业损失的补偿。对被征收房屋价值的补偿，不得低于房屋征收决定公告之日被征收房屋类似房地产的市场价格。

第六，强调评估机构的中立。被征收房屋的价值，由具有相应资质的房地产价格评估机构按照房屋征收评估办法评估确定。房地产价格评估机构由被征收人协商选定；协商不成的，通过多数决定、随机选定等方式确定。房地产价格评估机构应当独立、客观、公正地开展房屋征收评估工作，任何单位和个人不得干预。对评估确定的被征收房屋价值有异议的，可以向房地产价格评估机构申请复核评估。对复核结果有异议的，可以向房地产价格评估专家委员会申请鉴定。

第七，被征收人具有补偿选择权。被征收人可以选择货币补偿，也可以选择房屋产权调换。被征收人选择房屋产权调换的，市、县级人民政府应当提供用于产权调换的房屋，并与被征收人计算、结清被征收房屋价值与用于产权调换房屋价值的差价。因旧城区改建征收个人住宅，被征收人选择在改建地段进行房屋产权调换的，作出房屋征收决定的市、县级人民政府应当提供改建地段或者就近地段的房屋。因征收房屋造成搬迁的，房屋征收部门应当向被征收人支付搬迁费；选择房屋产权调换的，产权调换房屋交付前，房屋征收部门应当向被征收人支付临时安置费或者提供周转用房。对因征收房屋造成停产停业损失的补偿，根据房屋被征收前的效益、停产停业期限等因素确定。

第八，协议不成政府有权决定。一方面，房屋征收部门与被征收人应当就补偿方式、补偿金额和支付期限、用于产权调换房屋的地点和面积、搬迁费、临时安置费或者周转用房、停产停业损失、搬迁期限、过渡方式和过渡期限等事项，订立补偿协议；另一方面，房屋征收部门与被征收人在征收补偿方案确定的签约期限内达不成补偿协议，或者被征收房屋所有权人不明确的，由房屋征收部门报请作出房屋征收决定的市、县级人民政府依照本条例的规定，按照征收补偿方案作出补偿决定，并在房屋征收范围内予以公告。

第九，违法建筑不予补偿。《条例》第24条第2款规定："市、县级人民政府作出房屋征收决定前，应当组织有关部门依法对征收范围内未经登记的建筑进行调查、认定和处理。对认定为合法建筑和未超过批准期限的临时建筑的，应当给予补偿；对认定为违法建筑和超过批准期限的临时建筑的，不予补偿。"从而终结了一直以来补与不补的争议。

第十，野蛮拆迁可能被追究刑责。《条例》规定，市、县级人民政府及房屋征收部门的工作人员在房屋征收与补偿工作中不履行本条例规定的职责，或者滥用职权、玩忽职守、徇私舞弊的，由上级人民政府或者本级人民政府责令改正，通报批评；造成损失的，依法承担赔偿责任；对直接负责的主管人员和其他直接责任人员，依法给予处分；构成犯罪的，依法追究刑事责任。

采取暴力、威胁或者违反规定中断供水、供热、供气、供电和道路通行等非法方式迫使被征收人搬迁，造成损失的，依法承担赔偿责任；对直接负责的主管人员和其他直接责任人员，构成犯罪的，依法追究刑事责任；尚不构成犯罪的，依法给予处分；构成违反治安管理行为的，依法给予治安管理处罚。

采取暴力、威胁等方法阻碍依法进行的房屋征收与补偿工作，构成犯罪的，依法追究刑事责任；构成违反治安管理行为的，依法给予治安管理处罚。

然而，新《条例》的出台和实施并未给暴力强拆画上句号。2011 年 4 月 20 日，因遭遇强制拆迁，湖北省鄂州市 48 岁的女教师王锦兰因反对强拆，选择自焚。紧接着，4 月 22 日，湖南株洲 58 岁的农民汪家正，在自家房顶自焚，以反抗株洲荷塘区法院的强制拆迁。7 天后，汪家正在医院不治身亡。5 月 9 日，江苏兴化 53 岁的张桂华，因法院要强拆其使用了 10 多年的浴室，将汽油浇到自己身上后点火自焚。

此外，在 2011 年新《条例》实施后各地强拆中也出现了新动向。5 月 2 日，辽宁盘锦发生暴力强拆事件，拆迁人员踹门进房被店主持刀捅成重伤，另有 3 人轻伤。6 月 23 日，山西朔州市朔城区居民吴学文用最激烈的方式反抗拆迁，致政府拆迁人员一死两伤。

北大法学院教授王锡锌认为，将强制权力转移到法院后，一定程度上能够形成有效制约。但他强调，法院要有足够的独立性，不受行政的干预，才能发挥实质性作用，而在拆迁这个问题上，法院的独立性面临很大挑战，原因在于："一个城市的拆迁很可能是当地政府决定的。在这种情况下，法院有多大可能去发挥审查制约的作用呢？"

三、各方评议

（一）疏通权利救济的制度渠道才能降低当事人非制度性反抗烈度

《人民日报》2010 年 9 月 14 日发表《主张权利不能总靠自伤》指出：

对于拆迁的种种问题，不能仅仅寄望于某一部法律的完善。更重要的，是疏通各种权利救济渠道。完善的权利救济机制，不仅给被拆迁者的权利主张找到合理出口，也能提高他们的抵御能力和补救能力。权利救济不能等到矛盾激化那一刻。被拆迁者通常处于弱势地位，谈判筹码与谈判能力都相对弱小，保障他们的知情权和参与权，对其权利救济有积极意义。拆迁房屋评估制度、听证制度等的完善，是在拆迁之前就应有的救济手段。纠纷发生之后，或可考虑引入独立的第三方裁决机构，提高行政裁决的独立性和程序正当性。而法律理应为公民提供更有力的救济。突破行政诉讼藩篱，打通"民告官"的司法渠道，让拆迁的争议可以走上法院裁断。同时，设立专门的法律援助基金等特殊司法援助手段，也是当为之举。救济，只是权利受损后的补救手段。或许，更重要的是赋予公众、社会更多的权利，以平等的协商、有效的程序，在不正当行为发生之前，就扑灭可能引燃自焚者的火星。

财新传媒《新世纪》周刊记者、宜黄事件报道关键记者刘长认为：

双方在拆迁问题上的博弈，与中国当下常见的强拆事件并无二致：钟家与拆迁方谈补偿、补偿问题谈不拢、拆迁方对钟家下强拆决定、钟家行政复议、复议无果、被强拆、以死抗争……最后，悲剧发生。问题的症结何在？有以下两点：其一，拆迁双方谈不拢，原因极简单——补偿太低。拆迁方愿给钟家的货币补偿是41万元，整栋楼将近400平方米，算下来每平方米只有1000多元！而钟家周围商品房已是2700元每平方米，还不包括装修费用。这正折射当下中国的现实：拆迁户在种种压力之下，也许能接受一些小的"损害"——"吃小亏"，但绝不能"吃大亏"。因为"吃大亏"可能危及整个家庭的生活，是对已有的相对较好的田园牧歌生活的毁灭，不可接受。故常有人回忆，早年中国拆迁并非处处流血——无他，补偿价格较高、协议较易达成耳。沿海个别地区百姓甚至因拆迁致富。试想，如此拆迁，何乐不为？但知今，过低的拆迁补偿，与掠夺无异。对此，化解之道也容易，拆迁方、地方政府让出一部分利益即可。事实上，即便只让出哪怕一点点利益，血拆亦可大大减少。

其二，救济的困境。宜黄钟家在进行行政复议时，遭到冷遇，甚至自焚事件后，抚州市房管局宣布从未收到过钟家人的行政复议书。事实上，在拿到强拆决定后，钟家人除了正常的行政复议外，并无其他救济途径。即便是诉诸法院，也不影响强拆决定的执行。因此，宜黄事件与众多强拆事件一样反映出：强拆面前，公民可供博弈的武器少之又少，没有什么能影响强拆决定的执行。最终，钟家人选择了用身体抵御强拆。如果救济渠道畅通，譬如抚州市房管局尽到职责，对强拆决定进行再审查，制止宜黄当地的强拆。又比如，宜黄钟家就此起诉至法院，在司法程序启动后的博弈阶段，房屋拆迁暂停，则宜黄悲剧也许就不会发生。

(二) 公共利益？民众参与！

刘长指出：

检索宜黄事件中铺天盖地的媒体报道，有两点至今仍可追问：其一，假“公共利益”之名却并不纯粹的新客运站项目，为何能顺利立项？其二，整个宜黄县城的规划，包括新客运站项目的立项，究竟有无公众参与？规划大局已定的情况下，公众的博弈是否还有意义？

遗憾的是，关于导致自焚悲剧的宜黄新客运站项目的真相，迄今仍未能完整呈现。2010 年 9 月 20 日，刘长在宜黄当地采访时，曾要求官方提供新客运站项目的规划图。当地官员应允，随即拿出一本彩印资料，名为“世纪家园四、五期工程规划设计图” 里面是一片土地的规划，令人惊讶的是：新客运站竟包含在其中，位于整个地块的西南角上，约占三分之一的面积，剩下部分即为世纪家园的四期和五期工程。

而在整个地块的北面，世纪家园一、二、三期工程已建成该图显示的信息说明，新客运站只是一个大计划中的小计划。与之相印证的是，当地被拆迁户称，规划 58 亩的新客运站项目，用地实际只需要 16.5 亩。那么剩下的近 40 亩地用途为何？一种可能性是，这 40 亩将用于世纪家园的四期和五期工程建设。这让人不得不怀疑：新客运站项目，其实只是一个夹杂了商业开发的伪“公共利益项目”！

回首当下中国，多少拆迁是假“公共利益”之名。如何界定公共利益，如何防止部门利益、商业利益等私利假公共利益之名掠夺百姓，宜黄悲剧正是教训。

至于规划的公众参与问题：导致钟家拆迁的新客运站项目出台前公示情况如何？宜黄县公众在此项目立项过程中的参与度究竟如何？这方面信息，到目前仍然缺乏。

不过，刘长的采访可以侧面印证，宜黄县规划包括新客运站的立项，公众参与程度是极低的。一个细节是，钟家人称，他们直到 2007 年下半年，工作人员在他们家墙上喷上大红色“拆”字后，才知道房屋将面临拆迁。此时，新客运站项目已然启动。

已故著名法学家蔡定剑教授生前最后一次公开露面，是在香山谈拆迁问题。他提到：“拆迁问题的源头在规划。如果不在规划阶段理顺关系，后面发生的推土机前面的对抗是不可避免的。因为老百姓没有参与前两个过程，即使最后拿到许可（怎么拿到况且不论）。只有政府和开发商在前两个阶段谈，这是不对的。”蔡定剑强调，在规划阶段，一是要有规划，二是公众参与应贯穿规划过程始终。

回顾整个宜黄事件，反思拆迁制度，我们的期望值曾一直递减：理想状态是，公众在建设的规划时期即参与，不合理的规划直接被否，拆迁无从谈起；等而下之的情况是，不幸某项目被立项了，但是只要拆迁的补偿能够基本满足被拆迁人的利益，则拆迁能够和平进行。最次之，若补偿协议达不成，拆迁方欲行使强拆，则被拆迁人可以有合法救济的途径，确保在司法框架下继续博弈，免于推土机轰鸣。但是，宜黄事件的悲剧正如中国大地上的很多流血拆迁一样，规划并无公众的足够参与，项目并不一定代表真正的公共利益，补偿又大大低于公民的预期值，连司法救济也无法阻挡强拆决定。于是，2010 年 9 月 10 日，在江西宜黄凤岗镇的福泉岗，钟家三层小楼上，那把惨烈的大火终于燃起。

（三）强拆，既有制度下基层干部无奈之选

宜黄事件发生一个月后，当地政府一名署名“慧昌”的官员投书“财新网”，以自己的角度对强拆自焚事件进行了梳理和分析。这篇名为《透视江西宜黄强拆自焚事件》的文章，在网络上被广泛流传，引发社会和媒体的热议。作者指出：

强拆并非地方政府所愿。这里涉及一个很关键的问题，这就是发展成本的问题。中西欠发达地区与沿海发达地区相比落后至少二十年，中西地区财政困难，又普遍存在冗官、冗员、冗费等问题，“吃饭”与“建设”的矛盾十分突出。搞城市建设需要进行大量的拆迁，如果迁就被拆迁户的利益诉求，大幅度提高拆迁补偿标准，政府肯定吃不消。而与此同时，被高涨的地价和房价吊足了胃口的农民，做梦都想依靠政府征地实现一夜暴富的梦想。在这种情况，要政府与被拆迁户就补偿问题达成一致意见，可以说难于上青天，于是被征地户、被拆迁户越级上访告状便成为常态。而地方政府为实施地方发展战略，强拆更在所难免，或者说不得已为之，否则，一切发展免谈。

宜黄县的拆迁补偿标准应当说还不算低，尤其是近年的补偿标准提高了不少，相对周边的临川区等地算是高的，一般都远高于市场平均价。其实拆迁户应当也是城市化建设最大的受益者之一，如果政府不开发，你地皮、房子有那么值钱么？怎无奈，如今社会物欲横流，谁的心会满足呢，正如古人云：“人心不足蛇吞象”啊！

强拆容易出问题这是肯定的，但政府不能因为容易出问题就放弃不做。因此，剩下的就只是问题出的大小和是否可控，而会不会出大事、出了大事是不是控制得住，实在说，就要靠运气了。这次宜黄强拆出事，显然与以往强拆一般较为顺利有关，因此在对钟家实施强拆可能出现的问题估计过于乐观，现场处置也存在一些疏漏，同时，对于因不满政府强拆而聚集起来的、愈来愈强大的负面力量（尤其有记者加入其中）没有引起足够的重视。这件事发生在宜黄，但强拆问题全国普遍存在，因此，从某个角度看，是不是可以说，宜黄事件是我国城市化运动过程中的一个牺牲品，笔者不敢妄下此结论。当然不是因此就说处理相关责任人不对，面对全国各地愈来愈猛烈的强拆风暴和由此引发的大量被征地农民的维权抗争事件，高层出手杀一儆百大概是必要的。

当大家都在对强拆政策口诛笔伐的时候，似乎大家都罔顾了这样一个基本事实，那就是每一个人其实都是强拆政策的受益者。君不见，当您安住在宽敞舒适房子里、当您行走在宽阔明亮的大街上，当记者住在高级宾馆挥笔写就痛斥强拆政策文章的时候，您是否想过，您脚下的土地可能就是政府用强拆手段征来的？因此，从某种程度上说，没有强拆就没有我国的城市化，没有城市化就没有一个个“崭新的中国”，是不是因此可以说没有强拆就没有“新中国”？

此言一出，责难之声四起。不过，湖北社会科学院院长、曾长期担任基层领导的宋亚平认为，这篇文章说的话反映了全国、特别是第一线搞操作的党政官员的真实想法。他说：

我觉得真正的问题应该是，为什么这些基层干部会有这种想法？我想，确实有一部分干部是抱着个人升官发财等目的，搞急功近利的短期行为、政绩工程，但在我看来，大部分基层干部并不是社会上一些人抱着仇官心态所想象的那么黑。很多县委书记、县长们在第一线操作，还是希望在本届政府任期内，能尽快推动地方经济和发展。况且，在干部以GDP论英雄的考核制度下，他怎么办？他过不了关，就无法向上级党委和广大人民群众交代；如果不发展经济，不发展工业，不发展城市建设，他负责的地区就不会有财政收入。没有财政收入，就没有解决矛盾问题的基本手段。干部职工，包括老师的基本工资都发不出来。这个官怎么当？没办法当。所以干部拼命要发展，一有体制上的原因，二有现实层面的原因。

宋亚平认为：

站在整个宏观上讲，国家要想最终制止这类现象发生，而不仅仅是教育基层干部、县委书记、县长、市长们不能这么做，就要从体制上解决问题。体制机制带有根本性。

根子上有三大原因：第一，在发展是硬道理的情况下，以GDP论英雄的干部管理体制，是无情的指挥棒，在无形中调动所有干部的思维模式与行为方式。

第二，是我们的政府主导经济发展模式。在正规的市场经济理论里，政府不是市场经济的主体，而是一个裁判规则的制定者和监督者。但在中国，政府是第一责任人，在经济发展过程中占主角。这种由政府主导经济建设的模式，决定了政府权力无所不在，无微不至。我们中国现在是全被扛在政府自己的肩上，这就把政府一下子推到前面，再没有退路。实际上古今中外从来没有万能政府。

第三，我们的社会价值观也出现了问题。很多人的思维模式与行为方式，都深深陷入了唯利是图、为了钱不要脸不要命、为了一己私利根本不顾甚至完全不惜损害公共利益的烂泥坑。这里面既有个体，也有群体；既有农民代表，也有市民代表。包括不少富人阶层、知识分子和官员在内，亦难以正确处理个人、集体、国家之间的利益关系。

宋亚平认为，宜黄这件事要透过现象看本质——怎样通过制度性的改革与建设，从根本上解决问题。政府把什么都扛在自己肩上的这种模式，再不能维持下去了。政府该管什么，不该管什么，应有一个明确的责任边界。

现在有一个现象值得我们高度注意，即很多官员十分崇拜甚至高度迷信政府的行政权力，认为只有政府主导下的经济建设与社会发展，才是效率最高、成本最低、时间最短的。无论什么事情，只有由政府亲自抓在手里才能办得成，如果办不成，那肯定是基层干部没有正确贯彻上级政府的方针政策，或者就是操作上犯了错误。

要从根本上避免这些问题，就必须要通过制度改革，另辟蹊径。这就对政府自身的职能转换和政府的行为方式，提出了非常严峻的挑战——政府要革自己的命。

宜黄这件事当然属于坏事，充分暴露了传统体制的弊端。但在很多人看来，只能算是他们书记、县长不走运，被媒体捅出来了。没有捅出来的还不知道有多少。这种体制不变，今天出了“宜黄”，明天还会出另一个“宜黄”。

四、启示借鉴

（一）不能搞拆散民心的强拆

宜黄强拆事件不是第一起因拆迁酿成悲剧的事例，也很难说是最后一起。令人关注的是，强拆的每次曝光，都会在网络上、在广大网民中引发轩然大波。由于网络具有天生的同情弱势群体的特性以及现实生活中一些地方政府公信力不彰的现实，强拆已成为最能刺激人们神经、导致网民围观、挑动大众情绪的社会热点问题。特别是这些年来接连发生的暴力拆迁血案的悲剧，更是让很多媒体发出了“征地拆迁不能拆散民心”的呼吁。

的确如此，在新媒体时代，拆迁工作如果工作不实不细、搞权力霸蛮和粗暴式的强制拆迁，其结果很可能不仅拆走房子，也会拆走民心、拆走党和政府的执政基础。

我们注意到，在安徽省委八届十三次全会上，省委书记张宝顺在专门谈到征地拆迁问题时提出：“要把维护群众的合法权益放在首位，确保补偿达标到位；严格执行有关法律法规和政策规定，确保文明和谐拆迁；严格履行有关程序，严格按照公平公正公开的原则操作，严禁野蛮逼迫搬迁，严禁违法强制拆迁，更不得随意动用公安民警参与强制征地拆迁，确保广大群众的知情权、参与权和监督权。对因暴力拆迁和征地造成人员伤亡、严重财产损失、大规模群体性事件的，要依法依纪严肃追究责任。”

在推进发展过程中，绝不能简单地以为了群众的利益为借口，损害群众的现实利益；绝不能随意地以符合大多数群众的利益为借口，损害部分群众的具体利益。

（二）省级以下人民法院亟待“去地方化”

在《国有土地上房屋征收与补偿条例》实施之后，过去开发商可以作为拆迁缓冲带的作用被消除，政府站到了拆迁的第一线，而这也成为2011 年 5、6 月份在辽宁盘锦和山西朔州接连发生拆迁人员被拆迁户刺死刺伤事件的直接原因。

2011 年 5 月 16 日，国土资源部坦陈，新条例实施后，违法违规拆迁呈增加趋势，这与当初修改条例的初衷相反。开发商出局、政府作为征收主体、司法强拆的“三部曲”，没有化解拆迁冲突。以往在强制拆迁过程中，往往存在“开发商暴力拆迁—拆迁户声讨—部分暴力拆迁人员被处罚”

以稀释矛盾的循环，如今政府身处暴力拆迁一线，回旋余地减少，风险加大。类似抚州连环爆炸案这样的事件，使得被推到拆迁一线的政府压力空前加大。

新条例试图改以让司法介入拆迁来避免违法违规的强拆，行政强拆为司法强拆，其意在改变地方政府既做裁判员又做运动员的立法目的值得称道和嘉许。但在具体实践中，由于地方法院无法独立于地方党政，行政强拆并没有完全消失，由法院主导的强拆看似规范，但在现行的体制设计下，法院的作用其实微乎其微，其中立、公正的形象也没有体现。在2011 年 6 月的山西朔州强拆悲剧中，当地法院也有人员到场，但主要拆迁力量仍来自政府序列的城建局。显然在司法拆迁中，法院并不能完全不受行政机关等各种因素的干涉，依法独立行使审判权，进而不可避免地出现急于政绩发展而触碰到拆迁法律的底线。甚至有些地方法院还为政府的拆迁充当先锋官。

就拆迁问题，对司法沦为地方政府附庸的另一大指责来源于目前反响强烈的拆迁案件立案难。在各地法院涉及拆迁案件时，不立案是原则，立案成了例外。由于拆迁案件多数涉及群体，再加上被告往往又是政府部门，法院立案尤其艰难。

但拆迁问题往往是诸多矛盾的聚集区。如果这些矛盾缺乏有效的制度化解决和释放途径，就极容易出现矛盾外溢化、冲突剧烈化，以及经济问题社会化、政治化效应。因此，通过省级以下人民法院“去地方化”，使地方各级人民法院在人财物上脱离地方各级党政的实际领导，充分发挥地方各级人民法院的权利救济、权力制衡和规则守护者的功能，无论对于化解拆迁问题中出现的各种矛盾问题，还是化解其他基层社会面临的各种矛盾问题，都具有十分重大而紧迫的现实意义。

（三）领导干部要适应在新媒体环境下的媒体行政

今天，新媒体的层出不穷已经有力改变了媒体环境和舆论环境。宜黄强拆事件因为众多微博网友的围观而形成的压力，使得事件的走向在短短几天内得到快速扭转。“微博维权”一词不胫而走。

正如《中国经济时报》首席记者王克勤先生所言，以微博为代表的新媒体，较之传统媒体而言有5大特征：第一，它实现了海量传播，它提供的信息量超过了过去任何一个媒体；第二，它实现了同步传播，日报、早报、晚报都是半日报，广播和电视的同步报道也受到各种局限，而微博实现了同步报道；第三，它实现了多元传播，报纸只有文字和图片，广播只有声音，电视只有声音和图像，而微博可以把四者结合起来；第四，它实现了人际互动传播，每个人都可以随时随地自由表达自己的看法，跟自己的圈子分享信息和见解；第五，它实现了经济传播，对普通百姓而言通过微博等网络工具获取信息，较之订阅报刊杂志经济和便捷了很多。

在宜黄强拆事件中，微博的快速传播信息和进行社会动员的两个重要功能得到了充分的展示。如何善用新媒体、善待新媒体、善管新媒体，如何善于运用各种新兴媒体和传统媒体实现“媒体行政”，善打“组合拳”，应当成为新的时代背景下各级领导干部必须认真面对的重要课题。

参考文献：

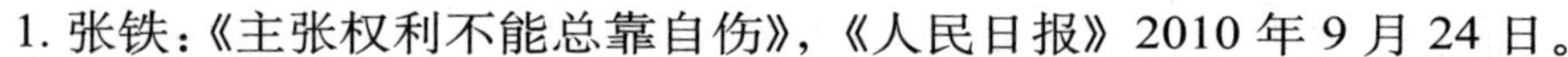

1. 张铁：《主张权利不能总靠自伤》，《人民日报》2010年9月24日。

2. 刘长：《在宜黄，反思拆迁制度》，《民主与法制》2011年第1期。

3. 周鹏：《钟家姐妹突围战》，《南都周刊》2010年第37期。

4. 周鹏：《微博大营救》，《南都周刊》2010年第40期。

5. 彭淑：《一位改革派地方官员对“宜黄事件”的思索——对话宋亚平》，《南方人物周刊》2010年第37期。

6. 邓飞：《微博巨澜》，《时代周报》2010年10月14日。

7. 谢海涛、刘长、刘虹桥：《宜黄拆迁自焚悲剧》，《新世纪》2010年第38期。

8. 谢海涛、刘长、刘虹桥：《宜黄拆迁负面样本》，《新世纪》2010年第39期。

9. 崔晓林：《“燃烧”的宜黄》，《中国经济周刊》2010年第39期。

10. 严英：《“宜黄拆迁事件”对新闻媒体的几点启示》，《新闻世界》2010 年第 12 期。

11. 孟令俊：《微博与突发事件的传播——以宜黄强拆事件为例》，《华中人文论丛》2010 年第 1 卷第 2 期。

12.《宜黄拆迁引发的微博巨澜》，《决策》2010 年第 11 期。

13.《辽宁盘锦一男子用日本刀重伤两名强拆者》，《法制日报》2011 年 5 月 7 日。

14. 夏阳：《内地公务员首度死于强拆》，《凤凰周刊》2011 年第 23 期。

15. 马岳君、兰茜、王亦菲：《山西朔州拆迁官员被杀调查》，《法制日报》2011 年 6 月 27 日。

16.《新拆迁条例下的地方百态》，《法治周末》2011 年 7 月 20 日。

17. 马想斌：《规则失效的强拆没有赢家》，《华商报》2011 年 8 月 19 日。

（肖晋　编写）

奇虎 360 与腾讯 QQ 纷争事件

这是一场中国桌面客户端软件老大与老二之间的“龙虎斗”，以用户电脑为战场，以用户利益为炮弹，从 2010 年年初打到年末，并在 11 月达到最高潮。后在工信部介入后，双方暂时休战，但暗战仍在继续。

一、案例始末

（一）冲突序曲

2010 年 2 月 25 日，网民在利用“QQ 医生”查询系统漏洞并安装系统补丁时，如果电脑中同时安装了“360 安全卫士”，则“360 安全卫士”就会自动提示：“经 360 安全中心和 windows Update 认证，您的系统不需要安装此漏洞补丁。安装后不会带来好处，还会浪费系统资源，并且有可能导致系统异常！建议您不要安装此补丁，并使用 360 漏洞修复进行精确扫描!”

2010年5月30日，腾讯QQ发布“QQ医生”第四代产品——QQ电脑管家4.0。QQ电脑管家4.0 Beta1版本不仅集成了“QQ医生”和QQ软件管理，而且增加了云查杀木马、清理插件等核心功能。这意味着腾讯与奇虎360开始全面竞争。

（二）冲突公开

2010年9月22日，腾讯将用户的QQ软件管理和“QQ医生”强制升级为QQ电脑管家，这是QQ继今年春节强制安装“QQ医生”后的第二次大规模强制安装，被网友调侃为“医生死灰复燃，管家不请自来”。9月27日，360方面推出一款“360隐私保护器”，声称QQ客户端在不停扫描用户的硬盘，通过该软件即可监视QQ的一举一动。在360发布专门监控QQ的隐私保护器后，腾讯于9月28日在科技频道发布《360浏览器涉嫌借色情网站推广遭公安立案调查》一文，对此进行了反击。腾讯文章称，“360安全卫士”董事长周鸿祎投资的一款播放软件快播涉嫌联合360浏览器推广色情网站获取利益。

（三）冲突升级

2010年10月14日，360与腾讯之争再度升级。10月14日，腾讯宣布正式起诉360不正当竞争，要求奇虎及其关联公司停止侵权、公开道歉并作出赔偿。法院已受理此案。腾讯在诉状中称：“360隐私保护器”通过监测腾讯QQ聊天软件的运行，利用虚假宣传手段，误导和欺骗用户，诬蔑原告和原告的产品“窥视”用户的隐私，给原告及原告的产品和服务的声誉造成极大损害。同时，被告还通过官方博客、官方论坛、制作专题等方式，称“QQ窥探用户隐私已久”、“QQ侵犯用户隐私”、“QQ承认窥探隐私”、“QQ正偷窥您的隐私”、“请慎重选择QQ”，诋毁原告及原告的产品和服务。随后360对外发布“对腾讯起诉的三点回应”，称将对腾讯发假新闻污蔑360涉黄，以及封杀360隐私保护器下载地址，提起反诉。360同时表示，腾讯一直在回避外界质疑，此时起诉，除了打击报复外，不排除为了转移视线。

2010年10月27日，互联网业内知名公司百度、腾讯、金山、傲游、可牛共同发表一份《反对360不正当竞争及加强行业自律的联合声明》，上述企业表示，通过发布联合声明的方式表达愤怒是“忍无可忍”的无奈选择，因此在倡导同行公平竞争、呼吁主管机构介入调查的同时，也承诺并呼吁同行企业“不与360发生任何形式的合作”。上述5家企业在声明中表示，网络安全是广大用户普遍关注的话题，也是各企业共同面临的挑战。“这家企业(360）热衷的不是保护用户安全，而是打着‘安全’的幌子，通过对用户实施‘安全恐吓’和‘安全欺诈’，达到诱导用户安装自己软件、卸载同行软件的目的，以此谋取不正当商业利益。”上述5家企业表示将做到以下三点：第一是公平竞争，维护行业健康公平竞争，维护行业健康、良好的市场氛围；第二是不与360发生任何形式的业务合作；第三是共同推动及协助行业主管机构出台行业规范，有效约束市场竞争行为。据悉，发布联合声明的这5家公司中，百度、腾讯与360有过直接的诉讼，而另一些素来与360有业务纠纷的瑞星等企业则没有参加此次联合抵制。

360随后也发布了一份声明，并披露腾讯偷偷扫描用户硬盘的最新证据——“超级黑名单”。360在声明中表示，腾讯打击报复360，目的是为了转移视线，回避外界对腾讯偷窥用户隐私的质疑。360为了用户利益，不惜冒“业界”之大不韪，向一切灰色利益和潜规则宣战，不怕得罪任何厂商，哪怕是中国最大的和第二大的互联网巨头。360指出，腾讯被舆论称为“创新杀手，剽窃之王”，尽管其已垄断了大部分互联网领域，仍然贪得无厌，不但涉嫌偷窥用户隐私，还不断强制捆绑，强迫用户使用其产品，扼杀互联网创业公司。百度长期推广百度搜霸、百度工具条等恶意软件，360坚持为用户清理百度旗下恶意软件，并标注百度搜索结果中的欺诈网站，因此遭到百度报复。金山是收费杀毒的最后一个堡垒，激烈反对360的免费杀毒；傲游强制捆绑金山网盾并静默安装、无法卸载。“可牛”是金山子公司，经常替金山出面攻击360，以壮声势，其实不过是金山的一个马甲。360指出，腾讯把非法扫描用户硬盘的行为解释成“QQ安全模块”的安全扫描，但却一直回避以下问题：所谓的“QQ安全模块”为什么在扫描时不明示用户？为什么会强行启动、无法取消，也无法中止？360表示，通过360隐私保护器和微软的ProcessMonitor，已经掌握了充足的证据证明QQ“安全模块”主要不是用于查杀木马，而是以内置近700款软件的“超级黑名单”方式，非法扫描和获取竞争产品的各种信息。有了“超级黑名单”，腾讯就可以有针对性地抄袭，再以流氓方式强制捆绑安装自己的产品，形成对竞争对手的精确打击。

(四) 冲突激化

2010年10月29日，360公司宣布推出一款名为“扣扣保镖”，360“扣扣保镖”提供了“阻止QQ查看用户隐私文件”的功能，用户开启这个隐私保护功能后，就能自动阻止QQ聊天程序对电脑硬盘隐私文件的强制扫描查看。360公司指出“扣扣保镖”的另一个重要功能是给QQ加速，通过提供灵活的禁用和开启QQ各种插件的功能，可以让QQ启动程序变小，让QQ聊天加速。

2010年11月3日晚18时20分左右，腾讯通过全国IM弹窗形式发表了《致广大QQ用户的一封信》，向网友表达其刚刚作出的“艰难决定”：在360公司停止对QQ进行外挂侵犯和恶意诋毁之前，腾讯将在装有360软件的电脑上停止运行QQ，这一举措覆盖率达到90%互联网用户的QQ。不过在腾讯公告发出时，并未有大规模用户称两个产品起了冲突。新浪科技在腾讯发公告第一时间联系到腾讯公关部，相关人士表示针对360软件的排斥行动在逐步展开，而其中涉及付费用户补偿的问题将会进行研究。

19时18分左右，360通过向新闻媒体发布公告的形式正式表态，指责腾讯要挟用户，并透露“已做好了充分准备，保证大家能够继续同时正常使用QQ和360软件，相应措施将尽快推出，请大家稍候”。

19时20分，奇虎360董事长周鸿祎通过微博公布了“保证360与

QQ同时运营”的举措：为腾讯9月推出的基于浏览器的WEB QQ做一个客户端，用户使用该客户端可以保证360与QQ聊天的顺畅进行。19时40分，360官方通过新闻稿正式向外界公布推出WEB QQ客户端，称用户登录360 WEBQQ客户端，就会新建一个独立窗口，用户不必担心QQ因为在浏览器里而被误关闭。当用户关闭窗口后，QQ可隐藏在托盘区继续运行。

不过360的这一对策迅速遭到腾讯的反击。数十分钟后，腾讯关闭WEB QQ网站入口，web.qq.com及web2.qq.com两个网站均已跳转至“腾讯至广大QQ用户的一封信”。与此同时QQ空间也宣布不支持360浏览器访问。

20时50分，360扣扣保镖官方网页和下载页面均不能正常访问，360首页上除一条新闻之外，也无法找到任何与360扣扣保镖有关的入口。21时10左右，360证实为了不至于给用户造成伤害，已经对这款产品做暂时的下线处理。

21时30分，360发布“致网民紧急求助信”，称目前是360生死存亡的紧急关头，“恳请”用户能够坚定地站出来。360在紧急求助信里呼吁：“请您及您身边的朋友们，为了互联网安全的未来停用腾讯QQ三天，以示对腾讯公司不尊重用户权益的抗议。在这三天之间您或您的朋友可以使用MSN或飞信等其他聊天工具代替。”

23时00分，腾讯对外发布“三项和解条件”，要求360必须在所有客户端完成对扣扣保镖和隐私保护器的卸载，立即停止拦截腾讯和其他合法程序，并公开承诺今后不拦截腾讯程序，公开承诺今后不发布攻击腾讯产品任何软件等。与此同时，一封由腾讯公司董事局主席马化腾发给全体员工的公开信曝光。马化腾在公开信里明确表示：“与360这场战斗还将持续，但因为腾讯是真正把用户价值放在第一位的，因此我们坚信必将赢得用户的支持，打赢这场战斗。”

2010年11月4日凌晨0时38分，360发布了针对腾讯QQ强制网民卸载360事件的最新申明：“今晚发生的QQ强制网民卸载360的事，已不再是360公司与腾讯公司之间的恩怨，而是腾讯、QQ如何对待自己6

亿注册用户合法权益的大是大非问题。”360 同时要求腾讯公司立刻停止强制用户的非法行为，公开承诺今后要尊重用户选择，维护用户的合法权益，并向全体用户道歉。

2010 年 11 月 5 日腾讯联合金山、傲游、可牛、百度、搜狗五大客户端软件厂商今日在北京召开联合发布会，并宣布将不兼容 360 系列软件。但搜狐 CEO 张朝阳表示，搜狗没有不兼容计划。

(五) 政府介入

随着事态的扩大和升级，工信部和公安部进行了果断的干预。2010 年 11 月 21 日发出关于批评奇虎和腾讯的“通报”，责令两公司在通报发布 5 个工作日内向社会公开道歉，妥善做好用户善后处理事宜。11 月 21 日腾讯与奇虎分别在各自官方网站上作出声明，向社会和网民道歉。

(六) 诉诸法院

硝烟淡去。表面的停战，并不意味着双方的握手言欢。2010 年 10 月底，腾讯科技（深圳）有限公司、深圳市腾讯计算机系统有限公司向北京市朝阳区人民法院起诉北京奇虎科技有限公司、奇智软件（北京）有限公司和北京三际无限网络科技有限公司涉嫌不正当竞争案，2010 年 11 月 3 日朝阳区法院依法受理此案。

在起诉书中，腾讯公司要求被诉方立即停止涉案不正当竞争行为，要求三公司连续三个月在 www.360.cn 网站首页显著位置，新浪网、搜狐网和网易等网站首页显著位置，在《法制日报》和《中国知识产权报》等报纸第一版显著位置进行道歉，消除影响；要求三公司连带赔偿腾讯 400 万元，并承担该案的诉讼费用。

2010 年 12 月 14 日庭审当天，双方围绕 QQ 软件是否窥探用户隐私、360 红字提示是否误导用户等问题展开激辩。腾讯由公司法务部知识产权总监徐炎领衔，360则聘请了两名专业律师，双方带来的证据都超过了500页，摞起来厚约半米。整个庭审过程，腾讯和360代理人都未选择和解。

北京朝阳区人民法院于2011年4月26日依法对此案进行了宣判，判令“北京奇虎”、“奇智软件”以及“三际无限”三被告停止发行使用涉案360隐私保护器，删除相关网站涉案侵权内容，在360网站首页及《法制日报》公开致歉30日，并赔偿原告损失40万元。

与此同时，360公司反诉腾讯“侵犯名誉权”一案也已在北京市西城区人民法院立案。截至本书截稿时，该案尚未有结果。

二、案例背景

奇虎公司创立于2005年9月。2006年7月27日，奇虎公司推出“360安全卫士”，以免费的方式推动基础安全服务普及。据艾瑞最新调研数据显示，“360安全卫士”是中国用户量最大的安全软件。截至2010年6月，“360安全卫士”覆盖了近75%的互联网民，用户量超过3亿；360杀毒正式发布仅3个月就成为杀毒行业第一，目前网民覆盖率达到57%，用户量超过2亿；360安全浏览器的网民覆盖率达到49%，用户量突破1.8亿，是微软IE之外最大的浏览器；360保险箱则覆盖了80%的网络游戏玩家，在游戏产业链中发挥了重要的作用。

腾讯公司于1998年11月在深圳成立，是中国最早也是目前中国市场上最大的互联网即时通信软件开发商。1999年2月，腾讯正式推出第一个即时通信软件“腾讯QQ”；并于2004年6月16日在香港联交所主板上市。注册用户过10亿，活跃账户数达6.125亿，同时在线用户人数最高峰也突破1亿人大关。腾讯已构建了QQ、腾讯网、QQ游戏以及拍拍网这四大网络平台，并形成中国规模最大网络社区的格局，腾讯的市值也跃居国内互联网企业榜首，并成为全球公司市值“探花”。腾讯公司在社区经营方面的经验甚至已经成为Google等美国公司学习的对象。

2010年年初开始，腾讯大规模招聘杀毒安全专业技术人员，拓展信息安全市场份额。2010年春节期间，腾讯推出“QQ医生”软件，其功能与“360安全卫士”极其相似，腾讯联合诺顿推出半年优惠礼包来推广“QQ医生”。“QQ医生”是腾讯公司开发的一款免费安全软件，用于预防和解决计算机上常见的安全风险（包括系统体检、查杀木马、修复系统漏洞、实时防护和清理垃圾等功能。“QQ医生”在二三线城市进行大规模的自动安装，与QQ的登陆和使用挂钩。

三、各方评析

（一）两家企业严重侵犯了广大网民的合法权利，必须谴责

腾讯QQ和360之争是中国互联网史上迄今为止最大的一场闹剧，这两家翘楚企业在恶性竞争的商业积怨下持续争斗，引起业内外人士的广泛关注。

人民网的“人民时评”指出，互联网“战场”不能让网民当“炮灰”。毋庸讳言，互联网的竞争是残酷的，良性的竞争有利于维护用户权益，增进整个社会的福利。但不管是抢钱、抢人还是抢地盘，竞争同样有规则有底线。正如腾讯所言，“任何商业行为，无论出于何种目的，都应该在国家法律法规的框架下进行”。然而我们遗憾地看到，无论是腾讯，还是360，迄今为止，双方的竞争要么互吐口水指责对方“恶意诋毁”，要么动用各种技术私刑相互“围剿”，至于行业的良性发展、正当的维权渠道，则统统被忽略了；而广大网民的权益，要不被利用，要不干脆被“绑架”。

中国政法大学法学院副院长何兵教授认为腾讯行为已违反《中华人民共和国消费者权益保护法》，腾讯一方面剥夺了消费者的选择权，另一方面没有尽到保持其服务延续性的义务，同时还通过公告等形式对用户提出了不合理的规定。360是否对QQ造成了损害，可以通过法院裁决，不能挟持消费者，滥用消费者的信任。何教授认为，腾讯此举是在利用其绝对垄断地位，导致消费者没有选择。简单地看，QQ就是一款即时通信工具，但这其实不仅仅是一款工具，这里面还储存有大量用户的信息，比如朋友联系方式、商业合作伙伴信息等，这已经不仅仅是一款软件。这是在强迫消费者必须使用QQ。

北大经济学院夏业良教授认为，无论是360还是腾讯，双方都在做侵害用户权益的事情，这番争斗都站在流氓的立场上，区别只是一个是小流氓一个是大流氓。尊重竞争对手和第三方利益，这是市场竞争的一个前提，市场经济强调自由竞争，同时也强调平等竞争，这是市场经济最基本的商业伦理，绝不能以自己的市场占有率来挟持用户，漠视其选择权。消费者主权不容侵犯，任何一方如剥夺消费者的知情权，窃取用户资料，都应该受到谴责和惩罚。任何商家提供的产品都应该是公开的，不能一方面提供免费服务，另一方面又逼迫用户只能选择什么不能选择什么，你可以要求用户选择什么，但前提是产品发布时就应该告知用户，让用户知情并同意。

南京大学新闻传播学院杜骏飞教授认为，腾讯将商业竞争的危机转向逼宫用户，其本质是劫持公共生活。任何一种公众依赖度达到一定强度的技术服务，其本质都已不单纯是商业应用，而兼具了公共服务性质。腾讯劫持公共生活以赢得商业战争的做法，类似于一家承揽下水道工程的商业机构，逼迫用户不得使用净化器，否则将水流无处。

华南理工大学教授侯力表示，从奶粉到互联网，国内企业在市场竞争中采取直接打击同行的办法对各自行业的发展并没有好处，而像肯德基与麦当劳、可口可乐与百事可乐，这些国际巨头在全球市场竞争多年却相安无事，而且两大巨头都能在与对手的竞争中获得更大的发展，这些都是中国企业在做大做强的同时需要学习的。

（二）我国反不正当竞争执法机构行动迟缓，令人遗憾

学者丁茂中在《法学》杂志2011年第1期撰文指出：

在这起事件中，双方先后持续地相互实施了误导宣传行为、商业诋毁行为、无名不正当竞争行为等诸多不正当竞争行为。QQ于2010年11月3日发出的《致广大QQ用户的一封信》，要求用户在QQ和360之间选择，构成《中华人民共和国反垄断法》禁止的滥用市场支配地位行为——限定交易行为，不仅在形式上直接侵害了广大用户的权利，而且在实质上直接威胁到360的存亡问题。在这起事件中，作为承载我国竞争文化培育重要使命的主体，我国的竞争执法机构对整个事件反映相对滞后。在360和QQ之间从2010年年初到10月底相互之间不断实施不正当竞争行为的情况下，没有任何一个工商行政管理部门对此作出任何性质的劝导，更没有任何一个工商行政部门及时出面制止。即使在来自我国互联网不同领域的五大企业——金山、百度、腾讯、傲游、可牛在10月27日联合发布《反对360不正当竞争及加强行业自律的声明》"恳请有关主管机构对360这种不正当的商业竞争行为进行坚决制止，对360恶意对用户进行恫吓、欺骗的行为进行彻底调查"的情况下，我国反不正当竞争执法机构依然没有作出任何反应。

在这种情况下，360与QQ发生了类似美国"微软垄断绞杀网景"最为严重的恶性竞争。即便在各种报道铺天盖地而来的情况下，作为承担相应部分执法职能的反垄断执法机构——国家工商行政管理总局在2010年11月4日仍然没有任何反应。倒是工信部和公安部在11月4日及时的介入到此事中来，通过强制的行政命令要求双方不得再实施强制用户的任何。直到11月8日，国家工商行政管理总局才对此事作出反应，反垄断与反不正当竞争执法局先后约见了针对QQ提起《反垄断调查申请书》的律师，向其了解所反映的情况，询问市场上对QQ的看法，并收取了律师递交的补充材料。11月20日，工信部正式发文对360和QQ进行严厉的通报批评，责令二者向社会公开道歉，并声明依法将会同相关部门进行调查处理。我国竞争执法机构对QQ和360之间相互频频实施的不正当竞争

行为和QQ对360实施的垄断行为的迟缓反应令人遗憾，在很大程度上反映出竞争文化在我国的严重缺失。

四、启示借鉴

(一) 网络外部性使得竞争成为互联网企业的生存法则

互联网是一个不断制造热点和神话的行业，同时也是热点不断切换的行业。“3Q事件”（即360与QQ事件）反映中国互联网产业的从拓荒时代进入到赢家通吃的时代。网络外部性是新经济中的重要概念，是指连接到一个网络的价值，取决于已经连接到该网络的其他人的数量。通俗地说就是每个用户从使用某产品中得到的效用，与用户的总数量有关。用户人数越多，每个用户得到的效用就越高，网络中每个人的价值与网络中其他人的数量成正比。这也就意味着网络用户数量的增长，将会带动用户总所得效用的平方级增长。当网络产品形成一定规模后，后来的企业想进入同样的市场难度加大。为了分食一杯羹，“免费使用”常常作为后来者争夺市场份额的有力武器，能够起到迅速切入市场，颠覆先入者对消费者的“锁定效应”和先发优势。网络外部性使得先入者对后来者时刻提防，常常是不惜一切代价疯狂绞杀潜在竞争者，合作和共赢常常是理想中的海市蜃楼。“3Q事件”表面上是几个互联网企业之间的激烈争斗的闹剧，实质是整个互联网行业残酷竞争的缩影。

(二) 追求垄断中的垄断是互联网强势企业的终极目标

垄断是企业对一个或几个部门商品的生产、销售和价格进行操纵和控制从而获得超额利润的行为。有些企业为了排挤竞争对手，独占市场，有时会采取强力的竞争手段。竞争一方面有利于促进竞争者追求卓越，提升自身竞争力，另一方面又赋予胜利者在一定时间内控制市场的机会。“3Q事件”中的两位主角都在各自领域处于领先地位，已经实现了某种程度的市场控制，他们之间的竞争不仅仅是基于相同产品市场的竞争，而是基于整个产业链控制权的竞争。360和QQ都试图从一个市场的垄断走向多个市场的垄断，进而实现整个产业链条的垄断。企业通过垄断获得垄断利润会使企业产生怠于创新的惰性，但是，可竞争力理论揭示了垄断者面临潜在进入者的威胁，不断前进。创新一直是互联网行业的最大驱动力，垄断虽然能够给企业赢得创新的资金和时间，但是垄断也同样可能会扼杀企业创新的主观能动性。

（三）“3Q事件”拷问企业核心价值观

竞争是市场经济背景下的正常现象，消费者理应成为市场竞争的受益者，而且市场竞争需要利益相关人遵守基本道德底线的前提下进行。就“3Q事件”而言，市场竞争的结果并没有增加消费者剩余，而且影响了消费者选择产品服务的自由权。坊间有言，“流氓不可怕，就怕流氓有文化，更怕流氓有技术”。虽有些戏谑，却不无道理。拥有中国装机量最大的即时通信软件QQ和中国最大的安全软件厂商360，依靠自身技术实力和市场地位，将消费者作为企业之间商业竞争的筹码，这是有违企业商业伦理的底线，是不守规则的商业竞争行为，反映了行业自治、行业自律的缺失。互联网企业应该坚持“用户利益”至上，而不是“用户数量”至上。企业之间的竞争可以很激烈，但是不可以不讲道德底线。企业之间不能通过侵害用户的选择权、知情权、隐私权来赢得竞争。企业应该也必须遵守商业道德底线，失范的企业虽然能够赢得一时的市场，失去的却是整个产业的声誉。“3Q事件”折射出企业在生存压力下是否仍然能够坚持核心价值观的两难处境。

（四）“3Q事件”对政府规制部门提出新课题

当公众对某一种产品或者技术服务产生路径依赖时，该公司提供的产品和服务就不仅仅是纯粹的商业应用，而且具有公共服务的特点。互联网企业利用技术特长和便利，在软件中进行捆绑强制用户使用，或者在竞争中设置障碍，阻止竞争对手进入用户电脑，这些都属于不正当竞争行为。在触及公共利益的情况下，政府相关部门应该介入。但是如何明确消费者的自由选择权、隐私权，如何界定违法违规行为，这就对相关规制部门提出新的课题。正如时任工信部部长的李毅中同志在接受《财经国家周刊》采访时指出的那样："我们还要把它们两家的情况和我们对事情处理的情况上报国务院。同时，我们不能就事论事，还要举一反三，这次论战停止了，下次呢？要真正认识到错在什么地方，建章立制，加强自我约束和行业自律。同时，我们要尽到工信部对通信市场的监管责任，以后避免发生类似的情况。"《中华人民共和国反垄断法》已由中华人民共和国第十届全国人民代表大会常务委员会第二十九次会议于2007年8月30日通过，并自2008年8月1日起施行。《中华人民共和国反垄断法》在互联网应用中，除了即时通信，其他各个领域也都存在垄断企业。因为按照《中华人民共和国反垄断法》的界定，经营者在相关市场的份额达到50%，就具有了支配地位。互联网产业的特殊性使得反垄断的监管者不仅要看企业是否处于垄断地位，还要看该企业是否在扼杀行业的创新能力，是否在消灭新兴的创新者，是否在利用垄断地位对消费者进行掠夺性定价，攫取垄断利润。这些问题都对政府规制部门提出了挑战。

参考文献：

1. 谢晓萍：《百度腾讯等5大网商"围剿"360》，《每日经济新闻》2010年10月28日。

2. 侯继勇：《周鸿祎与马化腾大战：中国互联网海盗式生存》，《21世纪经济报道》2010年11月4日。

3. 庄春晖、徐洁云:《“企鹅”强卸360分裂3亿显示屏》,《每日经济新闻》2010年11月4日。

4. 孙进、何天娇:《疯狂的企鹅:360与腾讯核战争　3亿网民面临抉择》,《第一财经日报》2010年11月4日。

5. 丁茂中:《“360与QQ事件”凸显我国竞争文化的缺失》,《法学》2011年第1期。

（陈元志　编写）

河北大学“10·16”校园交通肇事案

2010年10月16日晚，河北大学工商学院校区内，两女生被一辆黑色轿车撞倒，一死一伤。肇事司机李启铭不但没有停车，反而继续去宿舍楼接女友，返回途中被学生和保安拦下，他的一句“我爸是李刚”，几经网络和媒体“放大”，迅速成为网友和媒体热议的焦点。后经证实，李启铭的父亲李刚是河北保定市北市区公安分局副局长，“我爸是李刚”迅速成为2010年网络最火的流行语。

一、案例始末

（一）酒驾肇事

1. 第一现场

根据《中国经济时报》记者王克勤、冯军的采访报道：

事发地河北大学工商学院，位于保定市东部的北市区七一东路，是一所文、理科齐全，下辖五个学部，有着近两万名学生的“三本”院校。学苑街将其一分为二，西边为教学区，东边为坤舆园生活区。从生活区的南门进入，全程约 600 米的一鸣路呈“S”形走向，先东西方向然后缓转弯向北延伸，并与兰芷道会合于易百超市门口，再自西向东展开约 300 米，与兰皋道会合于女生宿舍馨雅楼附近。一鸣路宽 9 米，水泥路面。事发地点就位于易百超市门口，一鸣路与兰芷道会合的丁字路口以南约 20 米处；肇事车辆从生活区南门进入，回程逃逸时也是在南门被学生和门卫拦截。事发地段的易百超市门口是河北大学工商学院传统的学生休闲玩耍场地，平时就有许多人在那里打羽毛球、练习轮滑、练功。

2010 年 10 月 16 日 21 时 35 分左右，一辆黑色轿车从学生生活区南门进入，此时很多学生刚下课或自习归来，也从西边教学区穿过学苑街由南门进入生活区。黑色轿车行至女生宿舍厚望楼附近的丁字路口，距南门 50 米处停了下来，从车里走出一女生。三四分钟后，黑色轿车重新启动，沿着一鸣路继续行驶。

“我在前面走，听到汽车加速的声音，特别害怕。我同学提醒我上人行道。”“感觉有风，速度特快。”位于一鸣路拐弯处的一个目击者事后如此回忆。

一鸣路前 300 米段有 3 道减速带，但黑色轿车没有丝毫减速的迹象，反而加速行驶。在易百超市门口，拐弯的黑色轿车控制不住方向，跌跌撞撞地差点冲向右边的人行道。

一位刚从易百超市出来的目击者这样描述黑色轿车撞人前她所看到的情景：“那辆黑色车摇摆不定，东倒西歪地驶来，当时它的状态是猛地冲向便道台阶……就这样摇摇晃晃几下，冲到我面前……当车直接向我冲来的时候我大脑一片空白。”

21 时 40 分许，在快撞上这位目击者之前，黑色轿车突然急促地向左转，冲向左边车道。

这时，在黑色轿车前方的路中间有两个女生（一个穿着轮滑鞋练习轮滑、一个穿着粉红色的帆布鞋）。黑色轿车再次向左打方向，但不幸的是并没有避开，车右边直接撞上了这两个女生。

其中穿着轮滑鞋的女生被撞飞，落下时砸在黑色轿车副驾驶位置的挡风玻璃上；另外一个女生被车前右边反光镜撞倒。两女生脚对着脚地躺在地上，被撞飞的女生伤情严重，头部在流血。

黑色轿车撞倒两女生后，并没有停下，反而右拐继续沿着一鸣路后半段加速驶向女生宿舍馨雅楼。

那位差点被撞的目击者事后描述道："但是（黑色轿车）紧接着是加速开走，没有停车也没有下来看看伤者如何，这整个过程我都是僵硬的惊呆的。"撞人两三分钟后，黑色轿车竟然沿着一鸣路原路返回，经过易百超市门口的事发地点时"没有减速，更没有停下来，就这么直接从躺在地下的两个奄奄一息的女孩身边驶过"。

黑色轿车再次经过事发地点时，被围观的同学们发现前方挡风玻璃破碎。一个男生高喊"追车去"，很多围观学生，特别是校武术协会的成员随即追赶黑色肇事车辆。

在后面有学生追赶的情况下，肇事车辆加速逃逸，但最终因大门被同学及保安关闭，被拦截在生活区南门。

河北大学新校区保卫处透露，当晚生活区南门的关门时间为：21时40分5秒。

被拦截后，肇事司机待在车里足足有四五分钟，一直不下车。门卫要求他将车熄火，并交出驾照、行驶证等证件进行登记。

几位目击者形容肇事司机当时很"嚣张"，下车时"一身酒气"，甚至和门卫"有说有笑"。一位在场的同学质问他："把人撞了还这么淡定？"

"碍你们什么事？"肇事司机回答。

肇事司机甚至说："看把我车刮的……我爸是李刚。"

几位目击者称，以上两句话肇事司机确实说过。

下车后，肇事司机拿着证件走进了南门的警卫室，肇事车辆停放在南门内20米处的路边。

2011年3月28日，《河北法制报》头版刊登了马竞、曹天健撰写的题为《"我爸是李刚"是怎样炒起来的——李启铭交通肇事案的前前后后》

的长篇报道，着重就肇事者李启铭走进南门警卫室后的表现进行了带有澄清目的的补充性报道。文中提道：

早在10月24日，即河北大学校园交通肇事案发生7天之后，保定市公安局就向河北省公安厅呈交了《关于河大校园交通肇事案件有关情况的报告》，该报告显示，针对网络上报道的河大校园交通肇事案肇事司机在出车祸后称“我爸是李刚”的说法，保定市公安局进行了认真调查核实，车祸当晚出警的保定市北市区公安分局百楼派出所民警刘志伟、所长赵晓兵对此给出了明确回答。刘志伟称，接警后他和所长赵晓兵赶到河大校园值班室，“一进屋就看到一个年轻男子从学校值班室里间出来，边哭边说他错了，他叫李启铭，他爸是李刚，说话时带着酒气，而且语无伦次。”赵晓兵说：“我打开警卫室（值班室）的门，见到一个20多岁的小伙子，说话有酒气，我对他说明身份，问他是不是肇事司机，他说是，同时对我说他爸是李刚，是北市区公安分局的副局长。”赵晓兵称，李启铭说话时是在警卫室屋内说的，当时在场的有几名保安，没有学生，另外李启铭说话时是边哭边说，态度很是害怕，还说出了事故他愿意负责任，千万别跟他爸说，样子有点恐慌，但并无张狂的态度。

两位记者还通过事后采访事发在场的三位保安彭文富、房博、毕晨光，他们三人均指出没听到现场有人说“我爸是李刚，有本事你们告去”这句后来被网上反复提及的话。

21时47分左右，救护车赶到事发现场，将两位被撞女生送往保定市急救中心。两位被撞女生分别是陈晓凤和张晶晶，两人是河北大学工商学院2010级光信息科学与技术班学生，且是同宿舍好友。

21时48分，河北大学新校区附近的北市区百楼派出所民警赶到，随后保定市交警支队二大队的交警也及时赶到。

22时31分，交警对肇事司机进行抽血检测，显示酒精含量为151毫克／毫升。之后，肇事司机和车辆被相继带离学校。

2. 逝者

逝者陈晓凤，1990年生，河北大学工商学院大一学生。她来自一个普通农民家庭，老家为河北石家庄辛集市位伯镇南四仲村。家里种有两

亩旱田，父亲陈广乾是打井民工，一天能赚80元左右，供养她和哥哥陈林读书。陈晓凤从小爱学习，在辛集市世纪中学初中三年期间担任班长，之后考入辛集市育学中学。2009年高考落榜，复读一年，于2010年考入河北大学工商学院。上大学后，陈晓凤选了跆拳道课，并且爱上了滑轮滑。事发当时，陈晓凤刚参加完一个社团舞会后，在张晶晶的搀扶下学习轮滑。

事发当晚22时30分许，远在辛集老家的陈晓凤母亲张芳，接到学生给她打去的第一个电话："晓凤出车祸了。"陈晓凤哥哥陈林和父母慌慌张张地连夜包了一辆车赶往保定，17日凌晨3时30分许，陈家三口到达保定市急救中心。

奇迹最终未出现，2010年10月17日17时20分，陈晓凤经抢救无效死亡。接到陈晓凤去世的消息后，她的叔叔、舅舅、姨妈等亲戚及老家村长、村支书都赶到保定。河北大学将晓凤父母及家属安排在省招宾馆的2116房间和2118房间，同时在对门房间也安排了两个老师。

2010年10月17日晚20时，即陈晓凤去世3小时后，学校通知晓凤哥哥把晓凤宿舍的遗物搬走。

据陈林讲述，陈晓凤去世当晚，即10月17日晚22时，肇事者李启铭的父亲、保定市公安局北市区分局副局长李刚夫妇来到省招宾馆。陈林及其父母并未与李刚夫妇见面，而是由晓凤叔叔陈玉茂、村支书代为见面。李刚向晓凤叔叔鞠了躬，并口头表达了"对不起"，塞给其500元人民币。

2010年10月18日晚，李刚第二次赶到省招宾馆，与晓凤父母正式第一次见面，临走时留下一些慰问品。

2010年10月19日晚，李刚第三次赶到省招宾馆，与晓凤父母第二次见面。李刚对晓凤父亲陈广乾表示：要走法律程序李家会积极配合；如果要私了也愿意赔偿。临走时，李刚又塞给晓凤叔叔5000元人民币，说"天冷了给买点衣服"。晓凤父母当时回复，"人都没了，暂时不考虑赔偿的事"。

2010年10月20日，晓凤母亲因为情绪波动大，加上原有的高血压病和心脏病，住进了保定市急救中心。河北大学安排了一个老师在急救中心“陪着”。

2010年10月22日11时20分，交警通知晓凤家属加紧时间办理后事。

2010年10月22日16时30分，晓凤家属收到《遗体处理通知书》，要求在11月1日前将遗体进行处理。晓凤叔叔陈玉茂拒绝签字，理由如下：还没有得到公正答复，家属情绪不稳定，由于当地习俗影响，不能接受。

2010年10月23日，遇难者陈晓凤家人与北京汉良律师事务所胡益华律师、北京亿嘉律师事务所张凯律师相继正式签订委托代理协议，接受两位律师提供的免费法律援助。

2010年10月23日晚21时40分许，即晓凤去世的“头七”纪念日，晓凤父母、哥哥等八九位家属来到河北大学工商学院易百超市门口的事发现场，点上蜡烛、焚烧纸钱对晓凤进行祭奠。家属们悲痛欲绝。刚从医院出来的晓凤母亲身体虚弱，最后被搀扶着离开。晓凤哥哥陈林捧着晓凤的遗像面向围观的几百学生哭着长跪不起。

2010年10月25日，张凯律师与陈晓凤家人前往保定市交警支队二大队交涉，正式向专案组提出两点意见：该案应该以“以危险方法危害公共安全罪”立案侦查，而不是以“交通肇事罪”立案侦查；应当查清肇事车辆事发时的速度。《中国经济时报》记者王克勤、冯军随同采访时，听到办案人员说，“虽然事发地点前后均有摄像头，但两个摄像头都拍摄不到事发地点。因此只有撞人前和撞人后的录像，而没有撞人瞬间的录像，故不太好判断车速。”

为收集和获取更多证据，10月26日，胡益华、张凯两位代理律师发出《致河北大学广大师生公开信》。公开信称：

我们看到公开报道称，河北大学学生集体沉默。对于该报道的真实性我们无法考证。现需要当时目击者实名作证，并愿意出庭。我们愿意陪同你们到公安机关做相关笔录。我们只需要你们将真实的、客观的目击情况讲出来即可。该作证非但出于法律的义务，也出于我们良知的平安。如果你们任何人因为作证而受到不公正的待遇，我们将尽我们所能维护你们的权利。

3. 肇事者

肇事者李启铭，又名李一帆，男，22 岁，现住河北省保定市公安卫士小区，河北传媒学院播音主持专业 2010 年 6 月毕业，事发时在保定市某单位工作。

2010 年 10 月 16 日 21 时 40 分许，在河北大学工商学院生活区南门被拦截住时，李启铭“嚣张”地说“看把我车刮的……我爸是李刚”。经警方确认，李启铭父亲的确是李刚，保定市公安局北市区分局副局长。河北大学即在北市区公安分局辖区。

2010 年 10 月 17 日晚，犯罪嫌疑人李启铭被警方刑事拘留。

4. 学生方

2010 年 10 月 16 日，黑色轿车撞人后，很多学生围拢过来，“大概有 100 多目击者”。有学生拨打 110、120，有学生帮忙维护现场秩序，有学生对现场进行拍照，有学生跑到校医院去叫值班医生并帮助拿救援设备，还有很多学生去通知门卫关门拦截车辆，特别以武术协会成员为主的学生还追赶肇事车辆……

2010 年 12 月 23 日，据接受《齐鲁晚报》采访的河北大学学生讲，李启铭“我爸是李刚”这句话在事发当天就在学校内迅速传播。工商学院有学生当晚在宿舍听说这件事后，拍着桌子喊：“这是强权，人人都是平等的，你爸是李刚又怎样？”

2010 年 10 月 17 日晚 21 时 40 分许，陈晓凤去世当晚，很多学生自发前来事发现场进行默哀悼念。就在同一时刻，陈晓凤的同班同学也在坤舆湖的圆台上进行悼念。

事件发生后很多学生上网发帖，质疑校园安全问题，并发表自己的看法。“河北大学新校区这已经不是第一次上全国新闻了，校园的安全问题很严重。如果河北大学新校区的安全有足够保障，管理足够规范，那么这些事情是完全可以避免的。”

有学生反映，“在学校论坛里对于学校不利的言论大都被删了”，并且学校通过班级辅导员给目击者、学生打招呼要求不要接受采访，不要在网络上发表言论。

记者王克勤在调查期间，明显地感觉到各种阻力，很多目击者闭口不谈当晚发生的事情，甚至否认自己是目击者。接受记者采访的11位目击者也一再要求记者不能透露个人信息。当记者询问原因时，他们说“我们学生也没有办法，谁对这事都很气愤”。甚至有武术协会成员向记者发来短信：“您好！刚刚得到消息，武协已经下了全体封口令。”

2010年10月19日15时左右，在事发现场一男生举着“打倒无耻肇事者，血债血还”的标语，几分钟后被几位老师拉走。事后，这位男生发短信给记者解释自己的举动：我举牌子只表达悲愤，没有任何目的，我相信学校，相信法律可以公正解决这个问题。不过我对学校封杀学生言论的事有点不满。

5. 校方

2010年10月16日晚撞人发生后，五六分钟内校医院值班医生赶到现场，对受伤学生进行了简单处理。

陈晓凤去世后，河北大学把其家属安排在省招宾馆，并派了两个老师住在斜对面。老师表示是受学校委派，过来“照顾家属的衣食住行”的。

对于是否学校禁止学生和目击者发言一事，河北大学工商学院院长办公室主任尹洪伟表示：“我负责任地说，我想学院领导不会公开地说给谁处分，学校领导没有这么低下的水平。”此外，河北大学新闻中心主任、新闻发言人王景明也否认学校下了“禁口令”。

2010年10月21日下午，河北大学组织武术协会三位目击者接受了几家媒体的采访。

2010年10月22日下午，《中国经济时报》记者王克勤得知学校就此次“飙车案”召开新闻发布会，但被告知相关工作还未准备妥当，发布会被取消。

2010年10月23日下午，河北大学组织了16日事发时值班的门卫接受中央电视台专访。

在死难者家人到校进行“头七”祭奠的第二天，即2010年10月24日11时30分，河北大学校长兼党委书记王洪瑞去省招宾馆，首次与陈晓凤家人见面。

“飙车案”发生后，就有呼声要求校方公布现场监控录像。对此校方表示已经将视频移交给公安机关。但2010年10月21日《中国经济时报》记者王克勤、冯军勘察事发现场，仔细搜寻周围，并没有发现任何明显的监控设备。然而23日河北大学宣传部工作人员带领记者再次来到事发现场时，指给记者观看，在易百超市对面的小白楼两层楼高处有一个大的摄像头。对于记者问，为什么两天前没有看到，毕姓门卫回答说，该摄像头被树叶遮住了。但记者观察到，该摄像头一尘不染，至少九成新，而摄像头固定架却锈迹斑斑。该门卫解释说：“我们对摄像头保养得好。”

6. 警方

2010年10月16日当晚，出勤交警对李启铭进行了抽血检测，检验得出李启铭的静脉血酒精含量为151毫克／毫升。10月18日，保定市公安局官网（古城警视网）发布通稿：引起人们关注的河北大学“校园车祸”一案事故调查处理工作正在紧张进行中，涉嫌交通肇事犯罪的李启铭已于10月17日晚被警方依法刑事拘留。同时保定市公安交警支队二大队已成立事故调查专案组。当天警方新闻发言人表示，法律面前人人平等，无论是谁，只要触犯法律，将严格依法予以惩处。

2010年10月18日，保定市公安局给出陈晓凤的《法医学尸体检验分析意见书》，得出结论：死者枕部有挫裂创，周围有挫伤及头皮下血肿，鼻腔及左外耳道有血性液体，分析符合交通事故致颅脑损伤死亡。

同一天，保定市公安局的《痕迹检验报告书》，检验得出：后备箱上机盖有范围约55厘米 ×40厘米的凹陷变形痕迹；右后轮爆胎；距地100厘米，前挡风玻璃有范围为138×85厘米的裂纹破碎痕迹，距前挡风玻璃右侧51厘米，距前挡风玻璃下沿32厘米，前挡风玻璃有三角状贯通破碎痕迹……

2010年10月19日，保定市交警支队二大队事故处理中队出具《速度鉴定书》：冀FWE420逃逸未在现场，事故现场未发现明显的刹车痕，无法计算车速。同一天，警方又出具了《道路交通事故车辆技术检验报告》：肇事车辆型号为迈腾轿车，发动机号为122100，并得出结论“符合安全技术要求”。

2010年10月21日，保定市公安局交警支队二大队给出《道路交通事故认定书》，认定：李启铭负此事故全部责任；陈晓凤、张晶晶无责任。

（二）“我爸是李刚”引发舆论风潮

根据《河北法制报》记者马竞、曹天健了解，河北大学校园交通肇事案发生后，最早提及“我爸是李刚”之说的是事发当晚（16日）11时50分百度帖吧发帖“今晚的车祸”，并在当晚23时的跟帖中称，“保安让他下车，他说‘我爸是李刚’。大家努力转载啊，搜索李刚，人神共愤，力灭其嚣张!”

2010年10月17日11时36分，保定本地网站“莲池论坛”有人发帖“河北大学两女生被撞飞，肇事司机却扬言不怕告”，该帖迅速引起网友注意。当日16时，“天涯论坛”网民发帖“惊!!! 河北大学富二代校内醉驾撞飞两名河大新区女生，‘有本事你告去，我爸是李刚’”，掀起网上点击高潮。网民对李启铭启动“人肉搜索”，并公布了搜索结果，由于李启铭之父李刚担任保定市北市区公安分局副局长职务这一身份，许多网民很自然地将其与“官二代”联系起来。

2010年10月18日，一家媒体的网站依据此篇帖文发表题为《河北官二代大学内撞飞2名学生后接女友》的报道，该报道标题中“官二代”的字眼及文中对肇事者口出狂言“有本事你们告我去，我爸是李刚!”的描述十分吸引眼球，各大新闻门户网站纷纷第一时间在醒目位置予以转载。

自此，“我爸是李刚”迅速传播，并迅速成为最热门的网络流行语。网民在各大论坛和网站上相继发起了“我爸是李刚”的造句大赛，唐诗、宋词、流行歌曲乃至广告语，无一不被网友们拿来改成“李刚版”。参与者迅速过万，纷纷借此表达自己的愤怒情绪。据不完全统计，数日间相关评论跟帖超过36万条。

更有网友自编自唱了一首名为《我爸叫李刚》的网络歌曲，被网友封为“神曲”。这首歌改编自小沈阳那首《我叫小沈阳》，唱道：横行路中央，轿车轻飞扬，黄土地养育了咱那霸道的爹娘……我爸叫李刚，大名鼎鼎的李刚，李是李世民的李啊，刚是金刚的刚……这首歌刚一挂到土豆网，点击率迅速上万，被无数网友转载。歌曲作者声琴相拥表示，这首歌从创作到视频剪辑一共花了8个小时，当日凌晨2时才发到网上，目的是为了代表广大网友唱出心中的愤怒。

（三）“禁口令”

事件发生后，河北大学方面保持沉默甚至要求学生保持沉默。

《解放日报》等报纸报道：

有学生私下透露，事件发生后，几乎所有的班级都开了班会，辅导员主持。他所在的班级，辅导员主要的要求就是不许在网络上写有关此事的内容，也不许转帖有关内容，如果有记者来，也不许接受采访，更不许组织什么活动，否则“会有麻烦”。辅导员还说，学校可能会安排一些学生干部接受记者采访。

这让事件的后续处理遇到了难题。有河北大学的学生私下对媒体说：“现在学校不让我们说这件事情，所以目击者很难找。因为他们一旦向记者透漏什么事情，学校知道后肯定会对说的学生作出处分的，谁都会害怕，所以学校里的目击者都只能什么也不说。”

有目击现场的学生经受着内心的折磨：“我妈已严令禁止我再管这事，但我没办法让自己的良心受煎熬！晓凤惨白的脸一直在我眼前晃动，我若不管，我怕我会夜夜被噩梦缠绕！晓凤、晶晶都是我所在社团的部员，她们甜甜地叫过我学姐，我没法坐视不理！但我真的没办法要求那些目击的同学太多。”

对于目击者的“集体沉默”，网友们感叹：“（事件发生后的）第二天，我们迎来的不是同学的愤怒、有关部门的解释，而是做好事（作证）的孩子不敢承认，目击者也不敢公布事实。”并极力呼吁“请河北大学的目击者站出来”！

不过河北大学方面否认自己封锁消息。“我们从来没有封锁消息!”河北大学新闻中心的王老师对记者说，事件发生后，校方一直为媒体提供帮助，安排甚至动员目击学生接受采访。“有的同学不愿意回忆那一幕，还有的同学有顾虑，可能开始的时候对采访不太配合。”“我们怎么会封锁消息呢？这不符合逻辑。我们一直在努力公开信息，可能因为人手不够，难以满足更多记者的需求。”

网上还曝出传言，“被撞女生的舍友集体保研，让缄口换取研究生的待遇”，同时受伤女生张晶晶还会获得保研甚至保送博士。对此，河北大学新闻发言人王景明表示:“这是绝对没有的事情。”他说，这次事件中受到伤害最大的是这两位同学，其次还有她们的家庭，周围同学也在情绪上受到很大的影响，好多同学现在还难以平复，学校和社会对他们的关心都是应该的、正常的，但是“保研”这个话题的提出，稍微有点常识的人都不会作出这种判断，国家的研究生考试、招生、录取都有一套严格的制度，这样一个（保研）决定，是一件很可笑的事情。他认为，大家从关心的角度提出这样一个问题，还是可以理解，但是如果是有人拿这个做一个话头，则是对学生很大的伤害。

(四) 道歉门

2010 年 10 月 21 日下午，肇事司机李启铭的父亲李刚接受央视独家采访，向受害人及家属表示诚恳道歉，并深深鞠躬。采访中李刚多次哽咽，不能自已。保定市公安局在 10 月 21 日晚 8 点 40 分通过其新浪官方微博（“保定公安网络发言人”）发布了这则消息。同日，河北公安厅新浪官方微博（“公安网络发言人”）发布了上述消息。

李刚在节目中说:“孩子出了这样的事情，给对方造成了这么大的痛苦，我非常痛心。”他掩面流泪，不时摇头，显得非常痛心。他表示:“这些天我也是吃不下睡不着，作为李启铭的父亲，作为他的家长，我代表我全家、也替孩子向受害者及其家属表示深深的歉意。”他表示不会袒护儿子，将尽最大努力，积极配合救治伤者，真正地给受害者及家属安慰。他说："对于孩子的教育，作为父亲，我没有做好，我真的很痛心，很内疚，也非常惭愧。"

被羁押在看守所的李启铭在接受采访时也表现出悔意，他痛哭流涕地说："我给他们带来了很大的痛苦，我真的非常自责，对被害者家属致以万分的歉意。"

李刚父子的道歉没有得到受害者家属和多数网友的认可。受害人陈某的哥哥认为，这更像是逢场作秀，没有实质作用，也不可能给受害者家属任何安慰。"谁都不会说自己是个坏人，这种道歉我不能接受。"他认为央视仅仅采访了肇事者及其家属而未采访受害者家属显得不公平，说："央视只采访李刚父子，对我们来说不公平，我们才是真正的受害者。他们的道歉里充斥着虚伪，这件事对我和家人打击很大。""在现在这种社会舆论下，他们接受采访更像是要获得社会同情。"

多数网友亦称李刚父子道歉缺乏诚意。网友表示，撞人案发生5天之后，李刚才"千呼万唤始出来"公开道歉，显然更宜看做是一种"危机公关"。豆瓣网友"逐影"用"别对我撒谎"对视频进行了分析，称李刚父子面对镜头道歉不真诚，他们的面部表情和肢体语言出卖了他们的虚伪，"前额眉心内角在刻意皱起"、"揉眼睛"、"声音和说话方式"、"全过程一直闭眼、低头"、"表情变化过于突然"、"不断下意识摇头"……这一分析获得了不少网友的支持。诸多网友表示："我对道歉不感兴趣，我只关心结果。"

另据媒体报道，保定市原定于2010年10月21日下午召开新闻发布会，由公安局和河北大学介绍事故发生时的情况以及案件侦破的进展。但新闻发布会并未如期举行。

（五）意外牵出"校长抄袭门"

"因为'我爸是李刚'事件，河北大学党委书记、校长王洪瑞出名了。"2010年10月22日下午，著名学术打假人士、新语丝网站创始人方舟子在其新浪微博上爆料说，"新语丝网站在今年3月份连续发文揭露王校长的两本著作和博士论文均为抄袭之作，王校长曾来函要求删除这些揭露文章，但是未提供任何证据证明自己的清白，所以我们没有照办。”方舟子表示，他经过研究认为“关于抄袭的指控完全成立”。王洪瑞博士论文第七章绝大部分内容与燕山大学电气工程学院毕业生吴健珍的硕士学位论文相关部分几乎完全一致。

《东方早报》记者在中国国家图书馆借阅了两人的学位论文。经过详细比对后发现，编号“TP242.2”的王洪瑞博士论文《液压六自由度并联机器人运动控制研究》第七章的绝大部分内容与编号“TP273”的吴健珍硕士学位论文《6—DOF 并联机器人非线性鲁棒自适应控制》第三、四章相关部分内容存在高度相似。

河北大学官网“现任领导”栏显示，1999 年 8 月，王洪瑞由燕山大学副校长任上调往河北大学，任职河北大学校长。不过，行政职务的变动似乎并没有影响他在燕山大学继续指导学生。王洪瑞曾是吴健珍的硕士论文副导师。吴健珍于 2001 年 8 月完成了硕士学位论文答辩，而王洪瑞则在 2002 年 10 月拿到了工学博士学位，两者毕业时间前后相差一年零两个月。

(六) 剖尸门

根据《中国经济时报》记者王克勤、冯军的采访报道：

2010 年 10 月底，肇事者李启铭一方提出了再次进行尸体解剖的要求。11 月 1 日早上 7 时，保定市公安局交警支队二大队的刘队长和同事就赶到保定市省招宾馆。在省招宾馆的房间里，刘队长对陈广乾说，“原先（尸体）检验不明确，上面要求做尸体解剖”。

陈广乾回答刘队长“坚决不同意（尸体解剖）”，他认为那样“对不住女儿”。于是刘队长又提出第二个问题：和解赔偿。他要求陈广乾“同不同意赔偿，尽快答复”；并且告诉陈广乾如果同意就写个赔偿申请，“不同意赔偿就得解剖尸体”。陈广乾答复：“坚决不同意解剖尸体，至于赔偿问题可以考虑，但对方（李刚）需拿出诚意和可行方案来。”

当天上午陈晓凤哥哥陈林给《中国经济时报》记者王克勤发来短信如下：今天早上7点保定交警支队刘队长和望都办案人员来找我们，提出一是肇事方提出要解剖尸体，查清死因。要我们立即答复，同意还是不同意……二是问我们是否同意赔偿解决此案，如果同意尽管提出数额，说不要错过机会。

2010年11月2日上午11时，刘队长和同事又来到省招宾馆。在2201房间他们向陈广乾和陈林父子表示，“上面”要求做尸体解剖，家属不同意，经请示协调后，“可以不做尸体解剖了，只做尸表检验”。

当时陈广乾和陈林都表示不同意再次做尸检，但刘队长说：“如果不走这一步，我们工作无法进行。”“我们没办法，我就同意了。”陈广乾说。终于，陈广乾写了个“我同意只做尸表检验”的“同意条”，并签字按了手印。刘队长告诉陈广乾“就地做尸表检验”，即在存放陈晓凤尸体的保定市急救中心太平间进行，具体时间下午通知。对于父亲最终同意尸表检验，陈林表示很不理解。于是他找到两位交警商谈，交警说：“我只跟你爸谈。”陈林很无奈，觉得自己被孤立了，他认为警方是在专门避开自己，找其父亲陈广乾谈话，利用父亲的老实和胆小来达到目的。

2010年11月2日午饭后，刘队长打电话通知陈广乾下午三点半到保定市急救中心参加尸检。陈广乾答应：“行，我过去。”陈林听说这消息后，很紧张，他说警方只让父亲陈广乾一人去参加尸检，担心不能得到公平、公正的尸检结果。情急之下，陈林给《中国经济时报》记者王克勤发来短信紧急求助：

王老师，今天上午我爸签字同意重新尸检，下午三点半在保定急救中心进行，他们有很大问题我现在不知怎么办。希望您帮忙，让媒体记者跟进报道，让广大网友关注支持。我恳求社会各界人士能够尽快赶往保定帮帮我！谢谢!!

下午3时，陈广乾来到中国人民解放军二五二医院，把“重新尸表检验”的消息告诉了因情绪波动致血压升高而住院的陈晓凤母亲。晓凤母亲“坚决不同意”解剖并检查自己尸骨未寒的女儿，她选择与儿子陈林站在一起，“誓死要与保定警方抗争到底”。因妻子坚决反对，陈广乾下午并未去保定急救中心参加尸表检验。

得知陈家家属不去参加尸表检验，保定公安局交警支队二大队的刘队长和同事于下午3时左右，赶到二五二医院，劝说陈晓凤母亲，并做陈林的思想工作。陈林当时担心，在他和妈妈与警察僵持时，有其他警察背着进行尸检或者解剖。至今陈林依然担心，在他们没有防备的状态下，或者背着他们，妹妹被解剖或尸检了。

17时30分左右，警方和家属还“没谈拢”，两位交警看到“没希望”了，才离开医院。临走时，他们要陈林写张“拒绝再次尸表检验”的纸条，被陈林拒绝。

2010年11月1日当天，保定公安局交警支队二大队刘队长还给家属送达了《鉴定结论通知书》，鉴定结论是：冀FWE420轿车碰撞前的行驶速度为45公里/小时至59公里/小时。

陈晓凤哥哥陈林不认同这个速度鉴定，他说：“这个（速度）事实上、理论上根本不会把人撞飞。”陈晓凤父亲陈广乾也表示“肯定不认同”这个结论。对此，陈晓凤家属的代理人张凯律师提出了自己的两点意见：

一、鉴定结论不符合常识，45迈速度怎么可能把一个人撞飞，并且砸碎玻璃；二、这份鉴定结论只有一个简单的结论……包括由谁鉴定，怎么鉴定，鉴定方法，鉴定程序我们现在都不知道，所以我认为这份鉴定结论根本没有办法判断出这个结果的真实性。

张凯律师认为，车速问题将直接影响到肇事者李启铭的量刑，“因为一旦车速超过法定速度，肇事者的行为就不能理解为过失行为仅以交通肇事罪论处，而要追究其主观故意责任，依法以危险方法危害公共安全罪定罪。”据此，陈家人正式向望都县公安局提交了重新鉴定车速的书面申请，希望由独立权威的机构重新鉴定。

陈家人在要求重新鉴定车速的同时，极力反对二次尸检。对于警方提出尸体解剖和尸表检验，张凯律师认为尸体是进行速度鉴定最核心的标的物，警方应该解释解剖尸体的目的是什么。“解剖尸体有可能破坏尸体，导致车速没有办法鉴定出来，你把尸体解剖了谁敢保证不会影响到速度鉴定呢?”

对于警方催促陈家申请赔偿，张凯律师说："如果是交通肇事领域我认为是合理的，但是我认为这个事本身不应该按照交通肇事这个规则来做，应该是危害公共安全，一个刑事案件。"

2010年11月3日，陈家将车速重新鉴定申请书上交给公安机关，他们不认同目前的车速鉴定结论，希望由独立权威的机构重新鉴定。

双方为此相持不下，直到2010年11月2日下午两点左右，两名自称"专案组成员"的便衣警察突然现身保定市解放军二五二医院。彼时，陈广乾和陈林正在陪护因情绪波动致血压升高入院的陈母。两名执法人员的到来，让二五二医院的2201病房顿时乱成一团。他们执意要把陈广乾带往当天下午安排尸检的保定市急救中心，理由是"只要有一名家属在场，尸检就能正常进行"。

陈林见势，把自己反锁在病房卫生间，悄悄往外拨电话，向律师和记者求援。陈母则干脆一屁股坐在地下，揪着丈夫衣服下摆不让走。只见陈广乾在原地嗫嚅着什么，因为这天一早，望都公安局专案组成员就在暂住处找到孤身一人的陈广乾，从便签本上撕下一张纸条，写下"同意进行尸检"几个字，让未及和妻儿商量的陈广乾，在落款处画了押，而这张白条现就攥在专案组成员的手里。

因为担心陈晓凤父母被专案组成员堵在病房，陈家两位姨妈匆匆前来"护尸"，以防尸体被偷偷解剖，但她们还没摸进急救中心门口，就被外围执勤的警察阻挡了下来。

2010年11月3日，距离陈家正式提出重新鉴定车速的申请已满三日。按照望都县公安局与律师张凯达成的口头承诺，这天应该得到公安局明确答复。

不见警方音讯的陈林，电话里催问望都公安局的办案警官荆广慧，对方说了句："已经移交检察院"。在陈林的一再坚持下，荆又说："如果把申请交给我们，我们也接受。""这不是出尔反尔吗?"陈林一听急了，几乎在电话一头干吼，"你们知不知道，你们这么做是违法的。"

这天，对陈林的打击接二连三。在与警方交涉不利的情况下，他又得知代理律师张凯被其所在的亿嘉律师事务所领导召回北京谈话，想让其放弃担任陈家的代理律师。而在此前陈家和警方交涉中，几乎都是张凯在张罗。

对陈林触动最大的是，张凯代向刑侦机关提出三项建议，当时就让办案人员沉下了脸。三项建议是：一是要求重新鉴定车速；二是对央视取得进入看守所采访李启铭的特权持异议，要求立刻对看守所的渎职或滥用职权行为立案调查；三是要求保定公安局及下属单位回避此案，并对李启铭立即执行异地关押。

这让专案组成员在二五二医院与记者相遇时，直斥"那个律师张凯是在添乱"，并提出让记者"劝劝陈晓凤的家人，律师是在利用他们，为自己扬名。我们警方办案，一步步按程序走，案子尽快结束，对双方都有好处"。

但两天后，形势急转。2010 年 11 月 5 日下午，张凯收到了陈家解除委托授权律师的协议，其在微博上的表态："个人坚持担任陈晓风家的代理律师"，也成了一句空文；也就在同一天，望都县检察院向陈家发出了一份《告知书》，上书"你有权委托诉讼代理人"。

在解除代理律师的当天，陈家人悄悄地离开了保定。

（七）失踪门：解聘代理律师

因为代理这个案件，陈家聘请的张凯律师受到了很大的压力。2010 年 11 月 1 日晚他被律所主任找去谈话，要求其终止对此案的代理。

然而，就在"尸检攻防战"结束两天后的 2010 年 11 月 4 日，张凯突然联系不上陈家，陈林的手机关机，陈广乾的手机一直无人接听，偶尔接通都说"打错了"，并立即挂掉电话。王克勤、冯军也一直联系不上陈林及他的父亲。

与律师、记者、外界失去联系后，陈广乾突然于 2010 年 11 月 5 日致电张凯律师说："我代表全家感谢你，以后会登门拜访。我们的事情已经解决了。"至于怎么解决的，陈父表示"不方便说"。半小时后，律所告诉张凯：陈家到律所解除了合同。

与外界失去联系后，陈家踪迹无法确定，网友们担心他们的安全。2010年11月8日，记者冯军赶到保定追踪调查，得知陈家已于11月5日退房离开省招宾馆。随后冯军赶到河北大学宣传部，希望确定陈家的去向。工作人员韩俊武始终未作正面回答，只说“学校一直跟家长保持联系”。

随后冯军又与负责此案侦查的望都县交警荆广慧警官联系，她说此案已经进入司法程序，不归她管辖，自己马上要开会，随即挂掉电话。

（八）和解门

《中国经济时报》记者冯军通过事后追踪到陈晓凤老家，采访陈广乾、陈林父子，揭开了双方私了和解的详细经过。

早在2010年11月1日，保定警方就询问陈家“是否同意赔偿解决方案，如果同意尽管提出数额，不要错过机会”。当时陈家，特别是儿子陈林坚决反对，希望以危害公共安全罪立案侦查和起诉，同时依法进行民事赔偿。

然而，2010年11月5日上午，保定市公安局工作人员、陈晓凤老家的乡干部、村长都赶到省招宾馆，告诉陈广乾“上级要求和解此事，不能让事态进一步扩大”。

“你们请的律师是张凯，李刚那边请的律师是张凯的老师，你们能打赢官司吗?”村长还跟陈广乾说。于是陈家只得签署了赔偿协议，并且协议中明确写明“不能接受媒体采访，不能跟外界接触，不能把消息透露出去”。

赔偿协议上规定，李刚赔偿陈家所有费用总计46万元人民币，双方担保人分别为保定市公安局一工作人员和南四仲村村长。不过签署协议前后，作为签署协议的另一方、肇事者父亲李刚始终未出面，协议是李刚早在上面签字之后拿来给陈父，让陈家签字的。为了防止陈家与外界联系，这46万元并没有当场给陈家，而是由老家位伯镇政府暂时保管，等事情平息后才能交给陈家。至于具体赔偿数额如何确定的、保定和石家庄方面怎样联系，陈家也一概不知。直到2010年12月20日，陈广乾才肯定地告诉媒体记者，已经拿到了这笔钱。

陈林后来告诉身边的朋友，2010年11月5日当天，他的手机被叔叔陈玉茂没收，与外界失去联系。因此陈广乾签订协议时，他并不在场。

陈广乾无奈地说："我们只想尽快回归平静生活，多几十万少几十万元对于农村的我们来说也就那样。""我们拖不起啊。"

赔偿协议签署后，村长让陈广乾与张凯律师解除代理协议。"一上午就在省招宾馆签了几份协议，速度很快，不给思考的余地，当天下午我们就被送到老家了。"陈广乾说。

2010年11月5日下午，陈家代理律师张凯接到陈广乾的电话："我代表全家感谢你，以后会登门拜访。我们的事情已经解决了。"也是当日下午，保定市公安局和辛集市位伯镇工作人员将陈广乾签署的解除协议书送到张凯律师的北京律所，而陈父并没有亲自去。

"不和解就说不定整出什么事情来，比如前段时间的尸体解剖，省里专家都已经下来了。和解的话他们什么事情都好说，包括把尸体让我们拉回来。"陈广乾无奈地诉说。

代理律师张凯说，在接案时，他曾和陈广乾约定。"这个案子打起来一定会压力很大，我本人也会受到很大的压力，你们请我做你们的律师，我可以免费代理，但你们不能因为受到压力而私下谈判，即使和对方和解也要和我有充分的沟通。"但约定没有实现。

保定警方同意了陈家"尸体不火化，拉回老家"的请求。2010年11月5日中午，还在中国人民解放军二五二医院治疗的陈晓凤之母张芳也被强制出院。11月5日下午，陈家3口及陈晓凤遗体由保定警方派车直接送回老家，河北大学也派了两个老师随行。

回到老家，很快就有当地新亡男子的家人，按照当地风俗，将陈晓凤"娶"了过去，配了阴婚。并于2010年11月7日，土葬。

陈家父子向冯军诉说时多次强调他们压力很大，很多事情是被逼得没办法。他们被要求不接受记者采访，不与外界联系，不把和解的消息透露出去，否则46万元就不能交给他们。

2010年11月11日，他们还未拿到钱，“乡政府一拖再拖，说是明天会给我们”。因此，陈家最担心的就是拿不到钱。“这事挺复杂的，不好说，说出来对我们不利的。”陈广乾一再向冯军强调。

另外，陈晓凤叔叔陈玉茂在辛集市审计局工作，县领导多次找他谈话，压力很大，“如果陈家不和解就把他辞退”。

陈林一直是家里最反对和解，并且积极与律师、记者联系的人。2010年11月5日签署赔偿协议那天，他被晾在一边，手机被叔叔陈玉茂没收，与外界失去了联系。

“太突然了，我都觉得太突然了……我现在没有任何沟通工具，我只知道大概，(家人)不让告诉你……不让在微博上发。”“一直没有我参与这事的份儿，我妈都不知道，突然让我妈退院走。”“整个事情我家都相当于一个局外人。”陈林紧锁着眉头说。

面对压力，陈家最终选择了“失声”，断掉与外界的一切联系，“草率了结就算了”，期望早日拿到46万元钱，“过平静的生活”。

另外，陈林透露，一位在河北廊坊工作的唐山籍网友，因为打算邀好友一起赶往保定声援陈家，而被唐山老家的警察“跨市”调查。其电脑被搬走，QQ聊天记录被提取，并被要求第二天到公安局去谈话。

针对“目前你个人什么态度”的提问，陈林表示涉及的事情太多，涉及地方政府了，是地方政府干预下的和解，再坚持下去就是反地方政府了。

他说，自己以前更多的是为妹妹考虑，要求得到一个公平公正的结果；而现在他应该更多的为活着的父母考虑，尽快把46万元钱拿到手，让家里尽快恢复平静。

“我不管外界怎么看待我和我家，反正现在我是这样想的。”陈林最后强调。

河北省保定市公安局新闻发言人办公室2010年12月21日表示，此案属于应由检察机关提起公诉的刑事案件，不可能做和解结案，目前犯罪嫌疑人李启铭依然羁押在看守所，该案已经移交检察机关，案件正在审理中。

但警方同时也证实，2010年11月5日，犯罪嫌疑人李启铭的委托代理人与车祸受害人陈晓凤的家人达成了民事赔偿协议，这一协议已经如期履行完毕。依据法律规定，该案民事赔偿部分可以双方自行和解或在他人调解下达成和解，但此案的刑事部分还在审理中，李启铭涉嫌犯罪，必然要受到法律的处罚。

目前，案件还未开庭审理。针对陈家在压力下的“民事和解”，有媒体评论：“如果受害者家属是完全出于自愿而接受和解，不管和解的条件在外人看来多么有失公平，别人都没有理由置喙。但是，即使和解的条件非常优厚，只要这种和解不是出于自愿，或者是在各方压力下的‘被自愿’，这样的和解就已经超出了私事的范畴，需要接受公众的评判。”

在河北大学“飙车案”中受伤的学生张晶晶，家在河北承德市丰宁县凤山镇沙锦营村，种有10亩玉米地，全家人是普普通通的农村家庭。张晶晶在车祸中左膝盖被撞得线性骨折，后被安排在解放军二五二医院接受治疗。10月22日，张晶晶做了韧带修复手术。张晶晶的医疗费和父母亲的吃住费用由李启铭的父亲李刚支付。

已于2010年12月8日出院回到学校。出于腿脚不便等考虑，她不再住以前的宿舍——厚望楼四层的六人寝室，而住在馨雅楼一层角落最深处的某间双人间宿舍里，由母亲照顾着她。作为肇事者父亲的李刚一直未与张晶晶家谈及民事赔偿问题。

2010年12月20日左右，受伤者张晶晶和李刚签署了《民事赔偿协议》，规定李刚赔偿张晶晶4.8万元医药费，另外一次性补偿4.3万元人民币。

（九）审判

2011年1月7日，望都县法院办案人员通知陈家，案件已移交到望都县法院，近期将开庭审理，送达了“起诉书”。并询问陈家是否参与诉讼，如果参与，五个工作日内到法院提交相关材料。

2011 年 1 月 13 日，陈家向法院递交诉讼材料。但望都县法院给陈晓凤老家辛集市位伯镇南四仲村的村支书打电话，要其劝说陈家放弃参与诉讼。陈家临时改变主意，放弃诉讼。“虽然我们放弃了参与诉讼，但我们还是要将自己的意见提出来。”陈林说。13 日下午，陈家向望都县法院提交了一份书面的法律意见书，其主要内容为以下两方面：

一是李启铭的行为构成了以危险方法危害公共安全罪，要求法院以危险方法危害公共安全罪定罪。

二是在以危险方法危害公共安全罪的前提下，请求法院对李启铭进行从轻处罚。

2011 年 1 月 26 日早 9 点，李启铭在河北省保定市望都县法院出庭受审，其被起诉的罪名是交通肇事罪。整个庭审过程持续了约 100 分钟，受害者陈晓凤的 6 位家人出庭旁听。

公诉方望都县人民检察院以交通肇事罪起诉李启铭，认为被告人在 2010 年 10 月 16 日晚在河北大学新校区生活区驾车撞人导致 1 人死亡 1 人受伤，后经警方鉴定其为醉酒驾驶，且在肇事后有逃逸行为，应负事故全部责任。起诉书上记载，李启铭目前关押在保定市看守所。

公诉人当庭出示了多组证据，包括李启铭本人笔录、目击者证词、河北大学校园监控录像等，还原了李启铭当天的犯罪事实：2010 年 10 月 16 日晚，李启铭在保定市一家酒店请朋友吃饭，并喝了不少白酒，当时共有 9 人在场。饭后，李启铭驾驶一辆黑色迈腾轿车送朋友回河北大学新校区生活区，当行驶至河大新校区生活区一家超市门前时，撞倒两名女生。公诉人提供的证据还显示，当时事发地点有明显的警示牌“限速五公里”，但当时李启铭没有理会。

公诉人提出“应该以交通肇事罪，对被告判处三到七年有期徒刑”；同时认为被告的行为存在“危害公共安全情节”：在有两万多学生的河北大学校园里超速行使，而且事发路段经常有河北大学武术协会的训练人员。

公诉人出示受害者陈晓凤家属和受伤者张晶晶分别签署的两份《民事赔偿协议》和《刑事谅解书》。《刑事谅解书》显示：鉴于李启铭家属积极进行民事赔偿，受害者家属对其刑事谅解，请求法院从轻处罚。陈晓凤父母、张晶晶及其父亲分别签字捺印。

整个庭审无证人出庭作证，公诉人出示了受伤者张晶晶、学生目击者、学校保安、陈晓凤室友、李启铭朋友等证人的书面证言。

李启铭在庭上陈述：2010 年 10 月 16 日案发当晚，他和另外 4 个男生喝了两斤半白酒，自已喝了“一壶”。撞人前“看到前面有人影，鸣笛，减速，左转，撞没撞到人不知道”。李启铭当庭认罪，对公诉人的发言没有异议。李刚未出现在法庭上，李启铭的辩护人为其作了辩护，其辩护意见主要有以下几点：其一，李启铭本人认罪态度好；其二，其父李刚积极“举债”进行民事赔偿；其三，受害家属签署了《刑事谅解书》，李启铭已获得家属理解；其四，李启铭在校和实习期间表现良好，是预备党员，并出示了其在保定电视台实习期间的优秀表现证明、河北传媒学院的预备党员证明；其五，肇事后造成如此大影响与案件本身无关；其六，请求法院对被告量刑 3 年，并适于缓刑。

公诉人对被告辩护人的辩护意见进行了反驳，认为被告存在“超速”（校园限速 5 公里 / 小时，李启铭的车速鉴定为 45—59 公里 / 小时，超速 11 倍多）、醉酒驾驶（肇事后李启铭的血液酒精含量为 151 毫克 / 毫升）、逃逸（李启铭撞人后未停车，再次经过事发现场后被拦截在校园南门）等严重犯罪情节；同时此案造成了很大的负面社会影响，不应适用缓刑。

在法庭上张晶晶未出庭作证，其本人及家属也未出庭旁听。

2011 年 1 月 30 日，农历兔年春节前夕，望都县人民法院作出判决，认定李启铭醉酒驾驶，致 1 人死亡 1 人受伤，且肇事后逃逸，构成交通肇事罪。李启铭被判处有期徒刑 6 年。李启铭在法定上诉期没有上诉，该案判决已经生效。

宣判后，不少网民对法院以“交通肇事罪”定罪李启铭感到不满，认为罪名太轻，佛山黎景全、四川孙伟铭案中，当事人醉酒驾车致人伤亡均认定以危险方法危害公共安全罪，判处无期徒刑，李启铭案也应以“以危险方法危害公共安全罪”判罚。针对公众质疑，望都县人民法院专门作出了解释。法院表示，醉酒驾车是一种危害公共安全的危险行为，但并非所有醉酒驾车造成人员伤亡的犯罪，都一律按照以危险方法危害公共安全罪定罪处罚。现有证据不能证明李启铭对其驾车撞倒被害人陈晓凤、张晶晶的结果持希望或者放任的态度。李启铭肇事后，亦无出于逃逸等目的，不顾道路上行驶的其他车辆及行人安全，继续驾车冲撞，造成更为严重后果的行为。因此，应认定为过度自信的过失，按交通肇事罪定罪。

针对有关判处李启铭有期徒刑 6 年量刑依据的疑问，法院答复说，量刑首先要符合法律规定，其次要符合宽严相济刑事政策，同时考虑被告人的从宽和从严处罚情节，在法定量刑范围内，慎重稳妥地作出决定。《中华人民共和国刑法》第一百三十三条规定，交通肇事后逃逸的，应当判处 3 年以上 7 年以下有期徒刑。虽然李启铭亲属积极代为赔偿被害人经济损失，取得被害方的谅解，且其当庭自愿认罪，悔罪态度较好，具有酌定从轻处罚的幅度，但李启铭醉酒驾车、超速行驶，在校园内发生交通事故，致 1 人死亡 1 人受伤，且肇事后逃逸，犯罪情节恶劣，后果严重，应依法严惩。一审法院综合考虑本案的具体情节，判处李启铭有期徒刑 6 年，量刑适当。

因被告人李启铭在法定上诉期没有上诉，该案一审判决即为生效判决。

二、各方评析

“河北大学车祸”事件引起国内媒体、网民和社会公众的广泛关注，网民纷纷声讨，并对保定市警方对此事件的处理过程持续关注，敦促政府尽快查清事实，一致强烈要求严惩肇事者。舆论几乎一边倒地表达对肇事者及其盛气凌人言论的愤怒、批评和谴责，并将矛头指向特权现象和社会不公。因肇事者的所谓“官二代”身份和狂傲言论以及中国社会的强烈反应，该事件也成为海外媒体关注的焦点。

（一）子不教，父之过：冰冻三尺非一日之寒

《京华时报》评论称，在一定意义上说，作为权力的“身边人”，李启铭的言行表现得那样嚣张、跋扈、霸道、冷漠，正是权力放纵后果的折射，他自己则正是权力放纵的牺牲品。该文说，没有人不明白“冰冻三尺非一日之寒”的道理……如果没有平日里言与行的一以贯之，如果不是在其父亲李刚担任副局长的区公安局辖区肇事，如此言行不太可能。硬要说这是酒后的孩子气话，谁信谁都会觉得自己傻。

香港《太阳报》评论说，一件人命关天的事情，为什么儿子认定“爸爸李刚”就能“搞定”？一个心智正常的成年人，若要坚定这个悖谬的信念，需要多少“例子”常年佐证？《扬子晚报》亦评论道，李衙内如此高调的姿态，肯定非一朝一夕养成。也即是说，正因为此前借助父亲大名占尽了便宜，才会有“权力通吃”的心理状态，也才有紧急状态下喊出父亲大名的自然反应。华龙网也没有停止追问：李启铭为何有此底气口出狂言，李刚父子此前是否有过类似情形而被掩藏于黑幕之中？李启铭的迈腾轿车价值20余万元，他一个“实习生”钱从何来？李刚流泪道歉背后，还有多少谜团待解？

也有文章指出，从常理讲，有其父必有其子也好，有其子必有其父也好，都属于典型的有罪推定。官员优秀并不意味着官员子女优秀。与之同理，官员子女不可一世，并不一定意味着父母不可一世。具体到李氏父子身上，儿子违法犯罪，应该自己担责。李刚是不是个好官员，不能凭儿子的表现来断定。从网络上的反应看，公众对身为父亲的李副局长的声讨，几乎盖过了交通肇事者本人的谴责。但是，该文同时指出，只要官员能够严格自律，并在子女面前以身作则，就不会有“官二代”的嚣张。一个不合格的父亲，很难成为一名群众拥戴的官员。而怎样对待子女的错误，完全可以成为考察官员品质的试金石。

（二）"我爸是李刚"刺痛了谁的神经

一句"我爸爸是李刚"被视为是对民意的极端藐视，更是对社会公平的公开叫板，被称为"史上官二代最强音"。对于"我爸是李刚"被网民恶搞成流行语这一现象，媒体普遍认为，这种看似幽默搞笑的举动背后，其实是人们自发形成的对"特权阶层"的一种声讨，是当前不满情绪的集中宣泄。

《南风窗》杂志指出在今天的中国社会，任何一起社会冲突，不管是大是小，一旦涉及身份和阶层的较量，总能刺痛公众那股最敏感的神经，那些企图以强势的身份来挑战规则者，无一例外，将自己变成了众矢之的。

有评论称，如今，李衙内们处处炫耀"爸比法大"的权力逻辑，即使撞死人也敢如此嚣张，这已经威胁到了每个百姓的生存权。谁也不知道这些衙内们的房车会开到哪里去，谁也不知道自己能否幸免于衙内们下一次的疯狂。所以，民众与其说是在关注不幸女大学生的命运，不如说是对权力失控的惊恐以及深入骨髓、唇亡齿寒的愤怒。

香港《信报》认为，在打油诗创作和传播的背后，民众拷问的是官二代的特权意识、造成特权泛滥的制度弊端；也拷问司法的公正、官方整治官场腐败的决心。网络抗议兴起的一个原因，是对地方当局特别是市、县、乡镇官府的不信任。

有文章说，观察"李刚门"，另一个惊心的事实，是民间的怨恨。积压已久的民怨，终于找到了一个出口，仿佛火山喷发般奔涌宣泄，在网上，人们对李刚父子的痛骂排山倒海。

也有人质疑，36 万条"李刚版"的创作者，他们在现实中，真的曾为公理正义战斗过吗？真的是对邪恶零容忍的吗？真的不曾苟且？可为什么在网络的遮蔽下，个个看上去像勇士呢？他说，在任何时代，都需要围观与发声，36 万个"造句"，确实表达出了一种态度，但以为说了就是做了，甚至只在说的技巧上花样翻新，这就很可能进入新的误区。

媒体和舆论呼吁，政府部门要警惕特权意识，坚持群众路线，加强权力监管。有文章称，“官二代”的特权意识激怒公众，凸显当代中国社会对民主法治和公平正义的呼唤。中共一贯秉承“群众路线”，对此应予以足够重视，遏制官僚主义作风的苗头。国家行政学院教授许耀桐亦称，群众路线是中国共产党一切工作必须坚持和贯彻的根本路线，密切联系群众是中共的优良作风，也是中共的最大政治优势。“权为民所用，情为民所系，利为民所谋”永远是高悬在各级党员干部头上的行为标尺。

香港《文汇报》则称，不受制约的权力，总是催生出这样的不肖子孙。……但愿“李刚门”能让更多的官员清醒过来，看到现有政治架构的弊病，看到民众的不满，看到贫富悬殊带来的恶果，看到再这样下去的巨大危险。是下决心进行改革的时候了。应有足够的明智、悟性和历史感，勇敢担负起时代赋予的重任，果断实施政治制度上的变革。

南方网评论指出，车祸案件本身并不复杂，但车祸案件变成“李刚门”就复杂了。“李刚和解门”，既是“李刚门”的一个片段，也是“李刚门”由猜测变成确证的一个污迹。在和解中，车祸受害者一方再次受害，这次受害是公开、正当地表达和主张的权利被权力直接侵损。遭遇车祸属于不幸，遭遇权力侵损属于更大的不幸。车祸受害只是意外，而二次受害则是有意的；车祸受害无所谓屈辱，那是身体被人为的祸难而摧毁，而二次受害乃是社会地位而导致，并且伤害人格与心灵。文章不乏严厉地批评说，车祸事件经由“和解门”使社会产生挫败感，显示权力与社会加速度地反向而行。“李刚门”的后面，站立的不只是一个“李刚”，更是一个与加害者同在的团队。

还有评论指出，“李刚门”反映了当代中国官民对立的严重程度。如不加以警惕，可能带来一个可怕的后果：加深民粹阶层与精英阶层在如何推动政治体制改革上的分歧，从而使得中国未来的政治改革更加艰难。修正现实不正义乃中国当务之急。

(三) 集体沉默：“我校是脓包”

校园撞人案发生后，河北大学师生被打招呼不能接受采访或传播，这

一“禁口令”引发公众的普遍愤怒和广泛批评。

《新京报》评论认为“我校沉默”比“我爸李刚”寒心。文章说，如果说一开始“我爸是李刚”的狂嚣，让人心痛的话，那么此时校方的冷落，则如一场秋雪，寒意破骨，直刺心灵。实在难以理解，校方为什么不允许老师和学生接受采访？难道花样的生命就融化不了人性的寒冰吗？

有言论不乏激烈：“谁都可以沉默，校方不可沉默。每一个高校，都应该立志于让学生引以为傲。我不知道，一个连姿态都不肯露的高校，又怎么会让学生有骄傲感？”“难道一个学生，在校园里丧命，连她的母校发出一声道义的同情，也只能成为奢侈吗？逝者已逝，生者长哭，这是他们的母校吗？这是他们向往的充满大学精神的母校吗？校方碰到了事情，怎能像鸵鸟一样蜷缩起身体，不由得人不感慨，大学精神里难道也有明哲保身这一条？”

有评论质疑：“‘我爸是李刚’竟将堂堂河北大学镇住了？”该文引用某大学校长的话说，学生品性是社会良心的最后堡垒。作为培养大学生品性的神圣课堂，学校在培养学生的良知、品性和勇气上有着至关重要的作用，如果学校在一句“我爸是李刚”面前就胆战心惊，就立马用“处分”的抹布把学生的嘴给堵上，这样的学校领导、学校本身又有多少良知？该文认为，作为社会风气的主要传播者，如果认识不到这一点，这样的大学也就没有多少存在的意义了。

《山西晚报》文章亦称，在“我爸是李刚”的狂语面前，一所大学居然如此毫无骨气、毫无尊严，恬不知耻地置不幸死亡学生的权益于不顾，毫无现代法治信仰与人人平等信念，就算抄袭拼贴的论文成果再丰硕，又怎么能匹配得上大学的名号？

英国政治家柏克说：“恶人得胜的唯一条件就是好人袖手旁观。”马丁・路德・金说：“社会最大的悲剧不是坏人的嚣张，而是好人的过度沉默。”不幸的是，在“李刚门”中，这种围观与沉默却潜滋暗长，蔓延于人心。因此，有声音强烈呼吁“良知在喊你，河北大学站出来”。

(四) 李刚和王洪瑞：是否被"误伤"

有一些网民替李刚和王洪瑞抱不平，认为他俩是被"我爸是李刚"这句"官二代"的无知妄言所"误伤"。对此，《人民日报》刊文说，即便李刚和王洪瑞有受到"误伤"的苦衷和代人"受过"的委屈，但事情进展到这一步，面对质疑，已经容不得任何鸵鸟式的躲避。当事人不仅应该主动向社会公布自己的有关情况，回应社会质疑；纪检等相关部门也宜迅速介入调查、果断披露实情。如果确有腐败、抄袭等行为，李刚等人就应被依法依规惩处；反之，则应还以清白。

三、启示借鉴

(一) 社会流动与社会团结

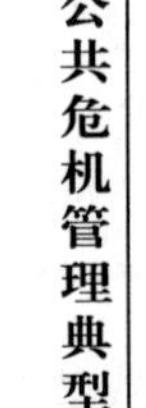

如果注意到以下两个事实，或许我们就不能不对阶层固化的风险保持警觉。首先，如果某个事件所涉当事人构成官民关系（如邓玉娇案、上海"钓鱼执法"案、重庆钉子户案）、贫富关系（如杭州飙车案）、劳资关系（如富士康连跳事件、张海超"开胸验肺"事件、罢工事件）或医患关系（如南京儿童医院"医生玩偷菜致婴儿死亡"事件），也就是说，当一方是强势者而另一方是弱势者时，该事件很容易演变为公共事件，并引发民意汹涌的网络抗议运动或网民联合行动，而舆论亦通常是一边倒地倾向于同情、支持、保护弱势一方而批评、谴责甚至"人肉搜索"强势一方。但是若就此批评中国的网民不成熟，是"网络暴民"，或者说中国社会"仇官仇富"的心态不正常，未免过于简单，亦未切中要害。其反映的深层问题在于，中国社会的不同群体正在对号入座地进行身份的自我认同，而一旦被贴上某个标签（如官员、富人、资方、医方），就相当于被划入另一个标签(如民众、穷人、劳方、患方)的对立阵营。因此，即使是局域性的、个人化的事件也可能演变成标签化的群体的集体行动。

其次，近些年利益关系的失衡呈现出一个特点，吃亏的永远吃亏，占便宜的永远占便宜。这意味着什么呢？有学者深刻指出，如果是某些政策偶然失误的结果，它不会是吃亏的永远吃亏、占便宜的永远占便宜。这样的一个结果是另有原因的，这个社会已经有了强势和弱势之分，强势的每一次都得好处，弱势的每一次都得坏处。改革的阻力之一也在于此，先富起来的没有动力带动后富，也不欢迎损害既得利益的改革。

健全的社会从来都是多元群体互惠共生的融合体。利益固化，社会流动受阻的风险显而易见，不仅难以形成开放包容的社会文化，反而容易增加不同群体之间的对抗，扩大社会鸿沟，带来社会分裂，而“一幢裂开了的房子是站不住的”(林肯语)。因此，当前应拓宽社会流通的渠道，职位和机会向社会普遍开放，畅通正常的社会上升途径，并建立包括利益表达、利益凝聚、利益协商和协调、利益分配、弱势者保护在内的利益均衡机制，由此增加社会团结，凝聚人心，共同推进现代化和长治久安。

(二)“拼爹”时代病与社会公平、价值重建

“我爸是李刚”的“炫父”言论不是第一个，也不是最后一个，虽说骄横，却也真实。它反映了两个基本的现实。第一，社会资源的占有和分配失调。仅就贫富差距而言，数据显示，我国贫富差距正在逼近社会容忍红线。人们日益担心，社会的优质资源将日益被少数人垄断，大部分人会失去改变自身命运的机会。有种说法就说现在80后、90后的男孩子最可怜的、最惨的是：在事业上跟官二代竞争，在感情上跟富二代竞争。因此，有人不无玩笑地称中国已经进入了一个“拼爹”的时代！第二，社会普遍的急功近利的浮躁心态。如果说“我爸是李刚”是对权力的崇拜，那么“宁可坐在宝马车里哭，也不坐在自行车后面笑”则反映的是对金钱的崇拜。2010年4月11日，广州地区首届女大学生论坛首次发布的《广州女大学生价值观调查红皮书》显示，59.2%愿意嫁给“富二代”，理由是

可少奋斗很多年。

“拼爹”显然损害了社会公平和基本的价值秩序，也滋生出“投资不如投胎”的有害风气，通过奋斗改变命运、获得成功的价值被贬低和扭曲。如此，如何培养出中国的“大师”，中国的发展动力如何持续，“创新型国家”又从何谈起？而要破解“恨爹不成刚”这一难题，也须双管齐下，不仅要重建社会核心价值，包括但不限于对官二代、富二代的价值塑造和教育，更根本的是推进社会公平，让资源和机会获得公平的分配。

（三）权力制约与民主法治

“我爸是李刚”显示出权力的张狂和失控，道出了“爸比法大”的嚣张和霸气。近些年，官员的“雷言”、“雷行”层出不穷，与此有异曲同工之妙。“雷言”如“替谁说话”、“你是不是党员”、“你敢曝光，我就叫它关闭”、“跟政府做对就是恶”、“没有强拆就没有城市化”。“雷行”如甘肃兰州一位局长开车与他人刮擦，一边叫嚣着“我是局长”，一边扬言要“修理”人；深圳海事局一位林姓官员调戏小女孩后，竟高呼对方是“屁民”；新疆建设兵团的一位团职官员和夫人自觉高人一等，举手就打讲解员；等等。正如有评论指出的，这种“雷言”、“雷行”已超越个体素养层面，而是呈现出权力失范惯性下的骄纵狂傲之态。往更深处探寻，可能已不是某个官员口无遮拦的无心之失，而是折射了当地官场生态和权力格局的飞扬跋扈。

权力的狂妄和滥用已成为诸多社会矛盾积聚和爆发的根源。而约束政府权力，人类迄今找到的最有效的办法就是民主和法治。法治的真谛在于限制政府权力，保障公民权利。党的十五大确立“依法治国，建设社会主义法治国家”的治国方略，1999 年将此写入《中华人民共和国宪法》；2004 年国务院发布《全面推进依法行政实施纲要》，提出用 10 年左右的时间，基本建成法治政府。

当前，应继续坚持和完善民主法治的道路，有效约束政府权力。其一，通过权力制约权力。权力要靠更高的权力来制约（但更高的权力如何制约是一个问题)，但是当前的实践仍有诸多待完善之处。以反腐为例，中央的反腐决心和力度不可谓不大，每年查处的腐败官员无论是人数还是级别都比较可观；反腐制度也不可谓不多不密，文件接二连三，规范越来越细，但是反腐形势依然严峻。这既有制度规定本身的不足，更有制度形同虚设的问题，也有配套衔接跟不上的问题。其二，通过权利制约权力。政府权力来自公民权利，服务于公民权利。保障公民知情权、参与权、表达权、监督权本身就是对政府权力的制约。作为其中的基础一环，公民知情权要求政府信息公开，增加透明度，让权力在阳光下运行。

(四) 政治信任：道与术

政府的合法性来自民众的认同，因此民众的政治信任是政府最宝贵的财富，也是坚持群众路线的中国执政党最大的政治优势。

近年来，随着社会管理危机事件的增多和政府透明度的增加，各地政府竞相学习“危机公关”，特别是“领导干部如何面对媒体”，以改善政府形象，赢取政治信任。然而，这次李刚父子在央视对受害人家属流泪道歉未获普遍认可的事件表明，领导干部与媒体打交道的“术”固然重要，但根本在于“道”。李刚父子在肇事 5 天之后才发表道歉，显然在技术操作上有问题；但这种问题背后的根源在于他们并不是要真诚道歉，只是将其作为一种技术。事实上，只有真正执政为民才能赢得公众理解和信任，心里没有装着群众是难以装得出来的，毕竟群众的眼睛是雪亮的，他们最易感知其切身利益。而河北政府在处理此事过程中，对媒体的态度也显示出终究未得其精髓（或有难言之隐），自省政府高调宣布成立工作组进驻河北大学调查和处理该起事故以来，公众高度关切，但两个月过去未曾有一次媒体见面；至于李刚父子是否有五套房产，是否涉嫌腐败，要查清也并非难事，但是面对公众的质疑和关切，没有人出面发声。

总之，媒体沟通不是作秀。媒体既是危机爆发的途径，也是危机控制的关键，但绝不仅仅是危机公关的工具。媒体是公众的代言人，如何对待媒体其实就是如何对待公众。对待公众须依执政为民的大道而非实用主义的小技，否则自欺欺人的后果将酿成新的危机。媒体本身也应当洁身自好，客观中立、理性表达，“只采李家泪，无视陈家殇”的报道偏向性同样会损害自身公信。

参考文献：

1. 凤凰网：“河北大学车祸引发‘李刚门’”（专题报道），http://news.ifeng.com/society/special/ligangmen/。

2. 联合早报网：“大学车祸引发‘李刚门’”（专题报道），http://www.zaobao.com/special/hotspot/ligangmen.shtml。

3. 南方报网：“我爸是李刚”（专题报道），http://china.nfdaily.cn/socail/keywords/lm9/default.htm。

4. 李静：《李刚在国外火了》，经济观察网，http://www.eeo.com.cn/today_media/media/2010/11/18/186261.shtml。

5. 张子森、廖雯颖：《“李刚案”达成民事赔偿协议　受害者父母获赔46万》，《齐鲁晚报》2010年12月26日。

6. 祝华新：《别以为老百姓忘了“李刚门”》，《中国青年报》2010年12月20日。

7. 孙立平：《中国亟须一场社会进步运动》，《南方都市报》2010年3月7日。

8. 新华社经济信息编辑部：《新华社分析报告：海外舆情监测》（内部资料），2010年11月15日。

9. 新华社经济信息编辑部：《新华社分析报告：海外舆情监测》（内部资料），2010年12月15日。

10. 朱述古：《三重解读河北李衙内的“炫父”心态》，《扬子晚报》2010年10月19日。

11. 于泽远：《河北大学校园车祸余波：一句“我爸是李刚”引发揭密爆假公共事件》，联合早报网，http://www.zaobao.com/special/hotspot/

pages/ligangmen101027.shtml。

12. 陈家兴：《权力的放纵遮蔽了人性的善》，《京华时报》2010 年 10 月 24 日。

13. 蔡辉：《全民娱乐“我爸是李刚”的悲哀》，《北京晨报》2010 年 10 月 22 日。

14. 毛建国：《“我校沉默”比“我爸李刚”更寒心》，《新民晚报》2010 年 10 月 22 日。

15. 梦离柯：《河北大学致力于培养沉默的羔羊?》，《第一财经日报》2010 年 10 月 22 日。

16. 谭浩俊：《河北大学撞人案　学校为何让目击学生沉默》，新华网，http://news.xinhuanet.com/comments/2010-10/22/c_12688175.htm。

17. 原碧霞：《官话凶猛，没有最雷只有更雷》，半月谈网，http://chat.banyuetan.org/yqsm/yqdt/101018/14478_3.shtml。

18. 李晓亮：《雷人官话制造官民对立》，《中国青年报》2010 年 10 月 20 日。

19. 李劭强：《围观的不是“官二代”是集体焦虑》，《法制日报》2010 年 10 月 19 日。

20. 王克勤、冯军：《河北大学车祸案件调查》，《中国经济时报》2010 年 10 月 25 日。

21. 王克勤、冯军：《“河北大学飙车案”乍现“剖尸门”》，《京华时报》2011 年 11 月 4 日。

22. 张子森、廖雯颖：《“李刚门”和解玄机》，《齐鲁晚报》2010 年 12 月 26 日。

23. 廖雯颖、张子森：《跟那一家比，我们很幸运》，《齐鲁晚报》2010 年 12 月 26 日。

24. 马竞、曹天健：《“我爸是李刚”是怎样炒起来的——李启铭交通肇事案的前前后后》，《河北法制报》2011 年 3 月 28 日。

（周望　编写）

上海“11·15”特大火灾

2010年11月15日，周一。天气不算好，阴转多云，风有些大，东北风4—5级。

坐落于上海市静安区余姚路胶州路728弄1号的这栋28层公寓大楼高85米，钢筋混凝土结构，建筑面积18472平方米，1997年12月竣工，1998年3月入住，是商品住房，底层商铺，2—28层为住宅，其中有5家单位、156户居民。实有人口440余人。谁也想不到，2010年11月15日下午，一场大火吞噬了这一切，58人最终不幸罹难，71人受伤，156户居民失去家园，直接经济损失1.58亿元。

一、案例始末

（一）救援第一现场

根据2010年11月16日上海“11·15”大火第一次新闻发布会上上

海消防局局长陈飞介绍，“11 月 15 日 14 时 15 分，上海市应急联动中心接警，静安区胶州路 728 弄 1 号高层居民住宅发生火灾。14 时 16 分，上海市消防局接警出动，迅速调集静安、宜昌等 45 个中队，各类消防车 122 辆，官兵 1300 多人赶赴现场扑救。”

首批消防力量到达火场时，该高层建筑已处于立体燃烧状态。消防部门采取“灭火与救人同步进行，内攻与外攻同步实施，堵截与强攻相结合”的基本灭火战术，近 200 名攻坚队员冒着浓烟高温实施强行内攻，营救生命，从楼顶、疏散楼梯间、脚手架等处，救出 107 人。消防部门运用云梯车以及登高毗邻建筑架设移动炮进行扑救。3 点 54 分，三架警用直升机企图使用索降对屋顶进行救援，但此时已经浓烟太大，整栋楼都在燃烧，索降失败。经过全力扑救，火势于 15 时 22 分被控制，18 时 30 分基本扑灭。然后进入消灭残火和搜索遇难人员阶段。特别是搜索人员，消防部门反复搜索不留任何死角，整个搜索行动将于 15 日晚些时间结束。在 16 日的新闻发布会上，消防局局长陈飞谈及，在救火中也启用了在 11 月 9 日消防演习时曾亮相的能处置 300 高空火情的先进设备压缩消防车，但压缩消防车抵达现场时，整栋楼已经形成了立体全面燃烧的情况。

《新世纪周刊》和《经济观察报》等记者现场采访报道显示，火灾现场一些目击者表示当日消防部门的高压水枪在救火初期喷射高度不足，高层灭火消防设备迟到。火灾时在现场的目击者吴立强表示，他 14 时左右拨打 119，十多分钟后，两三辆消防车到达失火现场，这时火已经将楼边的大树点燃。两辆车都停在大楼北侧，一辆对着一楼的火焰喷水，另一辆的水柱只能够及六层楼高度。再过两三分钟，消防队增援，又来了好几辆车，但水枪喷出的水柱依然够不到六层以上，只能眼睁睁地看着楼上的火在烧。另一位目击者周庆灵告诉记者，他最早看到宜昌路消防队的车到达这里，后来静安区消防中心的车增援。约两个小时后，才有两辆大型消防车被调来，其中一辆带有升降梯，水柱可以打到 20 层的位置。而这时，大楼的北面已被烧光，这辆车还在南面救火。在胶州公寓 2701 租房的黄雅芬，在住所附近上班，被同居者告知大楼起火后，立即赶回火灾现场。据她描述，在消防车赶到的最初一段时间内，“我住在 27 楼，消防云梯只能架到10楼左右，至少27楼的火，消防力量够不到”。一位长期在地铁7号线常德路站拉客的摩的师傅向记者反映，高架云梯和高层水枪是在15日下午3点30分左右才赶到的。

卫生系统方面。上海市医疗急救中心以最快速度调集所属急救分站30辆救护车开展现场抢救和伤员转运，共计转运伤员147车次，确保所有伤员安全、迅速送抵相关医院。静安区中心医院、华东、华山、瑞金、长海、长征医院、普陀区人民医院、普陀区中心医院、武警医院9家市、区级医院，立即开辟绿色抢救通道，在第一时间调动专业人员，启用各种设施全力抢救伤员。

上海市卫生局连夜部署落实加强伤员抢救工作的措施：一是组织市级专家对在院病人进行全面梳理。2010年11月15日晚瑞金、长海的呼吸科、烧伤科专家分别赶赴各救治医院，对所有伤员进行紧急会诊，进一步明确诊断，确定治疗方案。二是对病情较重的病人进行集中收治。瑞金、长海医院分别是本市烧伤临床救治中心和总后烧伤诊治中心。上海市卫生局决定在专家组会诊的基础上，除因伤情严重不适宜转运之外，对静安区中心医院、长征医院的重症伤员转运至瑞金医院救治；对华东医院、普陀区人民医院的重症伤员转运至长海医院救治，以更有效提高诊断水平和诊疗效果。三是在全市层面立即组建专家组，及时增援有关医院。从应急储备物资库紧急调配抢救设备，增援瑞金、长海医院。四是建立对口救治机制。对在静安区中心医院、华东医院、普陀区人民医院和长征医院的住院伤员，由瑞金医院、长海医院分别负责组织专家进行巡诊和指导。

上海市卫生局调度全市医疗卫生资源，调集全市医疗专家和抢救设备，全力救治伤员，并确保血液储备。启动应急储备机制，中山、市六医院随时准备收治危重伤员，市卫生应急储备中心的5台呼吸机和仁济医院5台监护仪也分别调拨至瑞金、长海医院。上海市卫生局还成立心理干预工作组和专家组，制定火灾心理干预应急应对预案。

2010年11月16日上午，上海市卫生局还抽调市精神卫生中心和静安、长宁、徐汇、虹口四区共63名精神卫生专业骨干组成现场干预组。11时起，63名精神卫生专业人员分20个工作小分队到临时安置点和收治医院等，分四个层面对病人、受灾群众和家属、周围居民、消防救援工作人员等开展心理干预。截至 20 日 17 时，仅静安区卫生局共派出 21 个心理干预组对安置点、救治点的伤员和家属开展心理救援工作，共派出 66 位心理专家，累计派出 270 人次，开展心理问题筛查 3960 人次，实施干预 746 人次，其中对有严重应急症状者干预 186 人次，进行药物治疗 88 人次，开展专科转诊 6 人次。

静安区方面。2010 年 11 月 15 日下午 3 点 30 分左右，静安区紧急成立了善后处理工作领导小组，下设医疗救治、安置阶段治安防控、后勤等 7 个工作组，分别承担灾后善后工作的各个方面。当晚在市委紧急会议召开之后，10 点钟静安区召开全区的党政干部会议，传达市委、常委扩大会议的精神，落实相关的工作措施。15 日晚，静安区从各个街道抽调善于做群众工作的同志组成志愿者，做好受灾居民的安抚工作。16 日一早，又从静安区所有的 53 个部门当中分别抽出了干部，组成了 53 个综合的帮扶小组。每个综合帮扶小组的组长都由各个部门的主要负责同志担任。在 53 个综合帮扶小组当中都配备了专职的律师和心理咨询师。此外，静安区还紧急安排了 16 家宾馆共 700 余个房间，在第一时间把发生火灾大楼以及同一个小区另外两幢大楼的居民，共约 800 余人，紧急疏散到 16 所宾馆当中安置。对于当晚有 30 多户找不到亲人的受灾户，静安区按照一户一组、一组两人，就是每一户配备一个工作小组，每个工作小组安排两位同志。陪同这些受灾的居民到医院接待点和各个安置点，竭尽全力帮助受灾居民做好寻找亲人、心理疏导、情绪安抚等各项工作。要求各工作小组不找到最后一个亲人，坚决不撤岗。从 16 日上午开始，静安区分别安排遇难的居民家属到龙华殡仪馆认领遇难者。每一户配备了两个民警、两个志愿者和一个医生，确保不发生意外。同时，也在积极地与受灾居民的单位取得联系，共同做好安置和安抚工作。

静安社工服务队的工作人员分成五个工作组，尽最大努力提供各项便利。综合组（哀伤辅导组）主要服务对象为受难者家庭。对于刚公布的赔偿救助政策，第一时间告知了各受难家庭，并注意收集了他们的想法和反应。这期间社工们还陪同受难者家属回自己的房屋查看、悼念。静安寺街道服务组的社工们分别前往受灾家庭开展工作。服务对象情绪相对比较平稳，针对介入灾后工作团队较多，受灾家庭被走访过于频繁的问题，社工们合理调节了与服务对象的相处时间，给他们相对自由的空间，恢复他们自我修复功能。曹家渡街道服务组继续开展寻访调查工作，与服务对象建立更加牢固的联系。社工的陪伴角色穿插在事务性的工作当中，更好地协助服务对象处理各项事务。石门二路街道服务组继续做好常规的安抚工作，去医院探望了住院的受灾老人，帮助受灾居民咨询补办证件的手续。服务对象在社工的陪伴下，情绪基本稳定。南京西路街道服务组小组会议讨论了前期工作情况，统一了日志反馈表格和上报形式。走访安置点，提供最新的政策信息。联系服务对象，了解家庭其他成员信息。

(二) 事故原因

2010 年 11 月 16 日傍晚，上海市政府召开火灾新闻发布会。会上上海市公安局副局长宣布，经公安消防部门连夜侦查，事发时，有人在 10 楼现场违规实施电焊施工，导致溅落的火星点燃脚手架上竹排和可燃材料引发大火。

然而，《中国经营报》、《经济观察报》记者各自经过详细的调查后认为，此次火灾得以在短时间内烧透整栋建筑物，“导火索”极有可能是施工队所使用的保温材料——聚氨酯（PU）材料。目击者告诉记者，火灾是由建筑面外层烧起，火势由外往内迅速蔓延，并伴有大量弥漫的黑色烟尘。有观点认为，火势迅猛或与“外墙节能综合整治”项目所使用的保温材料有关。不过，保温材料究竟为何物，在 2010 年 11 月 16 日下午的新闻发布会上则未被官方提及。上海市消防局局长陈飞在谈及为何火势迅速蔓延并难以控制时，将原因归结为建筑物脚手架上的尼龙织网、脚踏板是竹片板，均是易燃物所致。16 日上午，《经济观察报》记者在烧毁住宅楼下看到一堆塑料泡沫材料，包装上写着“保温防火材料”。有意思的是，傍晚时分，记者看到这堆材料已经不在原处。而在事发地，一辆车身印有静安环境建设公司字样的货车正在匆忙装运材料，一位中年男子在一旁指挥工人将泡沫材料装进袋子里，抛上车运走。一辆车装满开走后，另一辆接着装载，过程大约持续一小时。之后，《经济观察报》记者在该处发现一片塑料泡沫材料，其一面有附着在水泥墙上的痕迹，另一面则是撕开的断面，疑似是从火灾建筑物墙上拆下来的。塑料泡沫材料呈淡黄色，断面上还有灰绿色的颗粒。《经济观察报》记者在火灾第二天带着现场搜寻到的外墙保温材料向一位不愿透露姓名的沪上保温新材料专家求助化验与鉴定。经专家鉴定，该材料学名为聚氨脂（PU），导热系数较低，在 0.03 左右，有很好的材料密度和抗压强度。据介绍，聚氨酯由于导热系数更高、保温性更好，在市面上的价格可达到 1000 元 /m3—1500 元 /m3。但由于价格偏高，市场份额并不大。"但这种材料缺点在于其阻燃性能差，燃烧速度快且过程中会产生过度溶滴，容易导致火势加速蔓延。并且，聚氨酯在燃烧时还会产生更多的有毒气体，以一氧化碳为主。"这位勘察过火情的专家称，"聚氨脂在燃烧的过程起到了很大的作用。"在官方说法中，罹难者多为被燃烧时的有毒气体呛死，而非被烧死。记者在某安置中心获悉的住院抢救的名单中，病因多为"吸入性损伤"。上海市卫生局副局长李卫平向记者证实，已有多名被抢救者已经无法正常呼吸，只能切开气管。专家在现场试验，记者从事发地获得的聚氨酯材料，即使是用打火机点燃——而不是高温火，亦可在极短的时间内烧透，并散发大量的黑烟，味道呛鼻。《中国经营报》记者通过详细调查获悉，在此次节能环保工程中，施工方共采用了三个公司的建筑节能保温材料，可能涉及材料不合格的因素。它们分别是由上海亮迪化工科技公司生产的"LD–R 型抗裂无机保温材料"和聚氨酯（PU）材料，上海大道包装隔热材料有限公司生产的聚苯乙烯泡沫（也俗称聚苯板，EPS），日本聚氨酯工业株式会社生产的多苯基多亚甲基多异氰酸酯（PAP，也属于 PU）。而这三种材料除了"LD–R 型抗裂无机保温材料"为不燃材料之外，其余皆为易燃材料，其中 PU 的燃点仅在 130℃左右，与普通纸张相同，而 EPS 的燃点是 346℃，仅比木料燃点高一点儿，而 PAP 的燃点为 218℃，以上三种材料均为易燃物品，为此次"11・15"大火迅速蔓延，短时间造成多人伤亡之导火索。从相关新闻报道得知，大楼硬泡聚氨酯喷涂保温工程只是施工到 12 层左右，其中 10 层以下已经进行了砂浆找平。这也是为何大火从 10 层开始燃烧之原因所在。

依照国家有关法律法规，并报经国务院同意，2010 年 11 月 17 日成立了由国家安全生产监督管理总局、监察部、公安部、住房和城乡建设部、全国总工会和上海市人民政府及有关部门人员组成的国务院上海市静安区胶州路公寓大楼“11・15”特别重大火灾事故调查组。最高人民检察院应邀派员参加调查。

2010 年 11 月 17 日上午，国务院上海“11・15”特别重大火灾事故调查组全体会议举行，从会上传出的消息，发生火灾的胶州路大楼工程建设涉及的总包、分包、施工、监理等有关情况均已查明。“11・15”火灾发生时，上海胶州路 728 号大楼正在实施当年的静安区政府实事工程——节能综合整治项目。

根据《新世纪》杂志记者报道：

按《静安区建交委 2010 年度既有建筑节能改造计划》，该区于 2010 年要完成 15 万平方米既有建筑节能改造工作，而教师公寓项目并不在其中。

根据 2011 年 7 月 18 日高伟忠在法庭上交代，教师公寓项目起因于其南面的 105 地块建设。该地块原属上海南洋电机厂，将由静安区政府推进保障性住房建设。因预计建设多栋高楼，会影响到教师公寓的采光，遭到居民反对。

静安区计划于 2012 年在全市率先完成旧区改造工作，解决 105 地块施工和教师公寓居民的矛盾成为当务之急。高伟忠多次出面沟通，在向区政府汇报后，同意把教师公寓项目列入 2010 年外墙保温改造计划，与 105 地块捆绑开工，以补偿教师公寓居民。时任静安区副区长的徐孙庆（后被撤职），在建交委关于推进静安区保障性住房的情况说明上，批示原则同意。

按规定，2010 年静安区 15 万平方米既有建筑节能改造工作，年初就已立项，资金 9000 万元，从科技创新专项资金中支出。高伟忠是项目负责人，建交委分管副主任为姚亚明。2010 年 6 月 1 日，高伟忠主持建交委主任办公会，讨论教师公寓项目。此前，佳艺公司经理黄佩信闻讯后，来找高伟忠。“黄佩信来找过我，他听说教师公寓要进行保温工程，问佳艺能不能承接。我说考虑一下。”高伟忠称。

佳艺公司是上海静安区建设总公司（下称“静安建总”）的子公司。而静安建总为静安区全资国企，原属区建交委。2007年左右，资产划归静安国资委管理，但建交委对其仍有一定的管理关系。董放自1998年出任总经理。高伟忠同样出身静安建总，与董、黄相熟，时有利益往来。

在前述的建交委主任办公会上，按高的授意，姚亚明发言实施教师公寓项目，高伟忠提议由佳艺公司实施。姚、周、张提出佳艺公司资质不够。教师公寓项目造价预计3000万元，施工单位需要建筑装饰装修工程施工一级资质，而佳艺公司只有二级资质。高伟忠转而提出由静安建总出面，中标后，再承包给佳艺公司，姚、周、张未反对。

按照工作流程，上马一项节能保温工程，需由区建交委向区发改委（节能办常设于此）提出申请，报区科协、区财政局，获批后才能实施，资金才有保障。教师公寓项目显然未经正常流程，资金来源成了问题。高伟忠称，从建交委当年和往年的结余中出，第二年再追加。

按照《上海市建设节能管理办法》，建筑节能须纳入建设项目管理流程。项目首先要到建交委受理服务中心进行报建，到招投标办进行招标登记，到受理服务中心进行合同备案，再到质安监站进行安全质量报监，到受理服务中心领取施工许可证，一周内到公安消防部门进行消防报备。正常施工时，由质安监站进行现场安全监督，由公安消防部门进行消防监督，施工完成后，要到受理服务中心进行竣工验收备案。

而静安区以往的节能保温工程，并未走报建报监程序。教师公寓项目也同样如此。会后，姚亚明提出，节能减排项目，不涉及新建、改建、扩建，不需要进行报建报监。对于教师公寓项目，姚提出按房管局的程序走一走，即列入上海市房管局旧住房综合改造计划。

对此，姚亚明2011年7月18日在法庭上表示，是自己错误理解了房管局207号文件（根据上海市房管局《旧住房综合改造实施办法（试行）》（沪房地资修[2007]207号），列入该计划的项目，同样要进行行政监管）。

事后，具体承办者周建民、张权并未走房管局程序。2010年静安区旧住房综合改造计划6月上报，总体预算8000万元，包括70多个小区和公寓。胶州路教师公寓并不在内。

周建民称，由于该项目没批文，没手续，也不能去房管局备案。至于未列入房管局计划，姚亚明称，也是源于错误认识，静安建交委自2008年做旧区改造项目以来，市房管局曾抽查过，但并未提出报批要求。

至此，本来建交委无权单独决定实施的教师公寓项目，层层违规后顺利出笼，从一开始就脱离了行政监管，为后来的火灾发生埋下了隐患。

直到大火后，静安区建交委领导才如梦初醒。高、姚、周、张，或亲自出马，或致电静安区房管局，欲亡羊补牢，把胶州路教师公寓和其余四栋正在节能改造的公寓，纳入房管局2010年旧住房综合改造计划，但均遭拒绝。

在2010年6月1日建交委会议次日，已知内情的黄佩信赶到建交委。周建民称项目由静安建总出面，而静安建总并非2010年节能减排入围单位，需走一次招投标手续，要有三家一级资质的公司参加，具体手续由张权操作。黄佩信当即表示，自己可以找来另外两家一级资质公司。其后，黄佩信向静安建总总经理董放、副总经理瞿幼棣、周峥汇报。

2010年6月15日，就教师公寓项目，张权代表静安区建交委与上海富达工程管理咨询有限公司（以下简称“富达公司”）签订施工招标合同。将教师公寓三栋大楼中的常德路999号大楼公开招标，标的1144万元，工期135天，要求具有建筑安装工程施工一级以上(含一级）总承包资质、且有旧建筑综合整治工作经验的企业投标。而后来起火的胶州路728号大楼，并未列入招标范围。

在建交委为招投标布局之际，黄佩信曾经很得意地透露，他抢到了一个大项目。据静安建总生产科科长范正荣回忆，黄佩信后来对他称佳艺公司已接到胶州路教师公寓项目，是建交委交给他做的，需要施工一级资质企业承接。建交委的意思是要借静安建总的资质来做。黄佩信请范正荣准备好静安建总的营业执照、资质证书和安全证书，并找两个一级资质公司陪标。

此后，范正荣征得瞿幼棣同意，复印好建总的“三证”，并应黄佩信的请求，拿到星宇公司和龙宇公司的“三证”复印件。

几天后，佳艺公司员工顾泉炜在黄佩信授意下，取走上述三证复印件，并致电富达公司陈卫。之后，顾泉炜拿到招标文件，制作三家公司的标书。三份标书的格式和内容基本相同，区别在于造价、工期和违约承诺。为确保静安建总中标，顾泉炜以招标文件中工程投资额1144万元为基础，将静安建总的报价定得最低，为1109万元。

三份标书做好后，顾在范正荣安排下，先后盖好静安建总、龙宇公司、星宇公司的公章。

2010年7月22日，项目正式开标，顾泉炜代表静安建总，佳艺公司安全员陶忱代表星宇公司，丁凌峰代表龙宇公司，一起参加了开标会。当天，张权生病在家，周建民代表建交委参与评标过程，并给静安建总打了最高分。

第二天，陈卫即将静安建总入围的通知书，交给顾泉炜。而根据《招标投标法》的相关规定，投标人不得相互串通投标报价，不得与招标人串通投标；投标人相互串通投标或者与招标人串通投标的，中标无效。显然，这些规定，在这场招投标中完全被漠视。

在静安建交委进行的招投标中，这种走过场的虚假招投标并非孤例。黄佩信称，2009年和2010年，建交委进行节能改造和综合整治施工单位招投标时，周建民和张权事先就告诉他，佳艺公司已定下来入围，并让他去找陪标单位。2010年招标，为八选四，每家内定中标单位各找一家陪标单位参加投标。

2010年9月15日，静安区建交委和静安建总签订了《教师公寓建筑节能改造工程施工合同》，招标时仅常德路999号作为示范点。但施工合同上明确的是3幢楼，总价3000万元，工期190天。

三天后，静安建总与佳艺公司签订了《建设工程施工分包合同》，合同价款1200万元。合同中称，将部分工程委托给佳艺公司施工。

根据佳艺公司的二级建筑资质，1200万元是上限。黄佩信称，虽然分包合同是1200万元，但建安建总会将3000万元扣除一定的管理费，全部支付给佳艺公司。瞿幼棣在两份合同上代表静安建总签了字。在法庭上，他称对建总出借资质给佳艺公司并不知情。

2010 年 6 月，当佳艺公司为教师公寓项目奔忙之际，位于该利益链下游的一些“老关系”闻风而动。

在静安区建筑领域，处于利益链条上游的，是静安建总和其他区属国企。静安建总拥有房屋建筑工程总承包一级和房屋建筑装修装饰一级资质。

成立于 1987 年的佳艺公司，虽然名义上是静安建总下属子公司，实际上为公司管理层控制，黄佩信执掌该公司已 14 年。其最初注册资金 24 万元，2010 年才增资至 500 万元，凭借其特殊身份，所获项目甚丰。2007 年至 2010 年 9 月，拿下 60 多个工程项目，多为静安区政府工程。2007 年，公司销售收入达 3990 万元，2008 年是 5100 万元，2009 年增至 1.1 亿元。事实上，佳艺公司职工最多时 30 余人，目前在职职工仅 10 人，退聘职工 5 人，没有自己的施工队，近似空壳公司。接到项目后，一般是转包出去，按工程量收取 18%的管理费。

处于利益链条更下游的小公司和包工头，则依附佳艺公司分羹食利。黄佩信及佳艺公司副经理马义镑，则在转包工程的过程中收取好处。法庭一审认定黄受贿 62 万元，马受贿 94 万元。

现年 44 岁的江苏盐城人支上邦，1991 年到上海打工。2008 年、2009 年时，在万航渡路一个工程中，支上邦做的脚手架项目被黄佩信看中，之后双方有了合作。2010 年 6 月，支上邦借用上海快鑫脚手架工程公司的资质，包到了佳艺公司在海防路 100 弄项目的部分脚手架工程。在工地上，他结识了江苏启东人沈建丰。沈建丰先后做过油漆工、泥水工，2008 年在佳艺公司的关系单位烽权公司打工时，与黄、马相熟。

听说佳艺公司已拿下教师公寓项目后，支、沈先后去找黄、马，请求承接脚手架项目。马义镑称，教师公寓高 28 层，承接该工程须具备脚手架搭设作业劳务分包一级资质，而支、沈既无公司，也无资质，支上邦挂靠的快鑫公司也只有二级资质。

2010 年 9 月初，沈建丰找到了上海迪姆物业管理有限公司（下称“迪姆公司”）法定代表人劳伟星，借用迪姆公司的建筑施工企业资质和脚手架搭设作业劳务分包一级资质。

同年9月22日，支上邦、沈建丰以迪姆公司的名义，与佳艺公司签订《脚手架搭设工程承包合同书》，工程造价暂定500万元。合同甲方为静安建总，盖的却是佳艺公司的印章。

这是沈建丰第一次接工程，事后，他向马义镑送去1万元以表谢意。而支上邦则在2009年3月至2010年7月，先后向马义镑送去4万元，并在其帮助下挂靠快鑫公司，从佳艺公司承接了句容小区节能减排改造等工程。

脚手架工程之外，教师公寓项目尚有外墙保温、调换节能型窗等多项内容。在迪姆公司签约之际，当年9月、10月，佳艺公司继续肢解剩余项目，分包给六家公司。上海中航装饰有限公司（下简称“中航公司”）拿到了门窗工程。实际签约人为挂靠该公司的杨为民。该公司原为西安飞机工业（集团）有限责任公司控股企业。后几经改制，现由洪培强和何莉控股，注册资金1000万元。

上海沪巢建筑装饰工程有限公司（下称“沪巢公司”）拿到了常德路999号大楼的拆窗和室内修补工程。该公司成立于2004年，由彭宏云、许少忠注册100万元成立。该公司代表许少满，曾向马义镑行贿1万元。

上海正捷节能工程有限公司（下称“正捷公司”），签下三栋大楼的外墙保温材料施工项目。该公司成立于2010年3月25日，由张利与张曙光出资200万元注册。据沈大同供述，在与正捷公司签订供货合同后，张利称公司改名，要重新签合同，供货单位改为上海亮迪化工科技公司（下称“亮迪公司”）。

教师公寓外墙保温使用的聚氨酯材料，出自亮迪公司。该公司于2005年由席文亮、庄家兰出资200万元在松江成立。2008年迁至嘉定，主要从事LD-R抗裂无机保温膏、外墙保温材料的加工生产等。张利曾为亮迪公司保温材料的销售代理，也多次借其资质承接工程。

公诉方指控，2009年至2010年，张利先后向周建民行贿3万元，向张权行贿1万元，向马义镑行贿2万元。周、张帮助张利，以亮迪公司名

义成为2009年和2010年区建交委节改项目外墙保温材料采购商，并承接多项工程。张利一审被以行贿罪判刑两年。

上海烽权建筑装饰工程有限公司，则承包了教师公寓小区公共部位的墙面粉刷。该公司于2006年，由姜建东出资720万元、吴井林出资80万元注册成立。其法定代表人姜建东曾向周建民行贿3.5万元及价值3万元的联华OK卡，向黄佩信行贿4.5万元、价值7.68万元的翡翠手镯一只；向马义镑行贿7万元、4万元的联华OK卡、价值10万余元的金条2根。一审中，姜建东被以单位行贿罪判刑两年。

上海永林建筑装饰工程有限公司分到了胶州路728号大楼的拆窗和室内修补工作。该公司成立于1993年，原由中国管理科学研究院上海分院所属公司上海昊昌实业公司组建，后几经改制，目前由蔡汉林等5人控股。该公司曾和佳艺公司多次合作，其法定代表人蔡汉林于2010年，向黄佩信行贿价值1万元的联华OK卡，向马义镑行贿1万元、1.8万元的购物卡。

上海一雄装饰工程有限公司（下称“一雄公司”），分到胶州路718弄2号大楼的拆窗和室内修补工作。该公司与高伟忠渊源颇深。1996年10月，该公司成立时，高伟忠与陈建雄同为股东，高出资10万元，占股5%，出任监事，陈为副董事长。直到2003年12月16日，高才出让股权，退出一雄公司。2004年至2010年间，陈建雄通过时任静安区房屋管理局局长和建交委主任的高伟忠，从黄佩信处获得区房管局办公楼装修项目等。2008年，陈送给高一枚价值6.16万元的宝格丽戒指。

至此，佳艺公司将教师公寓项目肢解转包完毕。而《中华人民共和国建筑法》规定，禁止建筑施工企业超越本企业资质等级许可的业务范围，或以任何形式用其他建筑施工企业的名义承揽工程；禁止承包单位将其承包的全部建筑工程转包给他人，禁止承包单位将其承包的全部建筑工程肢解以后，以分包的名义分别转包给他人。在施工现场，往往出现兵不识将、将不识兵的现象。而工程每分包一层，风险就增加一层，分包到最后，就是风险无法控制，安全隐患重重。

2010年9月27日下午，静安建设工程监理有限公司（下称“静安监理公司”）监理张永新，按公司安排，急赴教师公寓项目任总监理工程师时，工地已经开工三天了。当时他手上还有另外两个项目。静安监理公司并未与教师公寓项目签订监理合同，只是在2010年2月，与静安区建交委签订了2010年静安区节能保温工程项目的监理合同。

这一天，静安建总技术监督科科长助理范玮民，刚刚在公司的红头文件上，看到自己被任命为教师公寓项目经理。范玮民后来在法庭上痛哭，称自己并不具资质，也没接受过任命。只是2010年9月26日，公司副总瞿幼棣对他说：教师公寓人手不够，就写你的名字了。这以后，公司送来《安全责任状》，范玮民拒绝签字。“我就是挂名的。”此后，公司里没有人跟他讲过该项目，他也从未去过工地。而这已是他第二次被动出任项目经理了。

上述任命书同时任命沈大同为副经理（执行经理），曹磊、陶忱为安全员。曹磊在法庭上回忆被任命时的情景称，瞿幼棣对他说，把你的（安全员）C证挂到那个项目吧。“就是挂在那里，人不去。”曹磊解释说，他也是第二次被“挂”了。此后，对于教师公寓工地，曹磊只是作为建总安全科科员，去过4次。在法庭上，瞿幼棣否认了“挂证”的说法。

张永新到工地的那一天，项目部只有两个人：并不具备一级建造师资质而实际行使项目经理职责的沈大同、安全员陶忱。而一个正常的项目部，须六员齐备：施工员、质量员、材料员、预算员、资料员、安全员。项目部没有施工许可证，没有施工组织设计，没有专项施工方案，也没有消防报备，而这时三栋大楼的脚手架已搭到三四层。

按照规定，一项工程开工前，由项目部向监理部门提交开工报审表，包括总、分包合同、中标通知书、报建手续、施工组织设计（方案）、专项施工方案等。根据建设部《关于发布国家标准建设工程监理规范的通知》，总监理工程师应组织专业监理工程师，审查承包单位报送的施工组织设计（方案）报审表等，并经总监理工程师签认后报建设单位。专业监理工程师，应审查承包单位工程开工报审表及相关资料，以及施工许可证、施工组织设计是否获批等；再由总监理工程师签发，并报建设单位。

在教师公寓项目中，建设单位静安区建交委并未进行报建报监，也就没有施工许可证。而在佳艺公司过去参与的建交委既有建筑节改工程和综合整理工程中，同样无施工许可证。

一项无报建、无报监、无消防报备的工程，是怎么开工的？按照计划，项目先是定在2010年8月15日开工，争取在春节前工程主体完工，拆除脚手架。沈大同从7月底就开始准备施工方案。由于教师公寓的居民无法停车等原因，工程无法开工。项目部在办完道路占有审批、工程搭建等工作后，已是9月20日。周建民在后来的供述中称，9月20日左右，高伟忠打电话说可以开工了。周随即打电话给黄佩信、沈大同。最后确定在9月24日进场，9月25日开工。

按照施工合同规定，施工组织设计方案为实际开工日期前7天提供。而搭脚手架、外墙保温的专项施工方案，按规定需要报静安建总审核，建设单位审批，未完成审批手续不能开工，若发现开工应停工整顿。

2010年9月29日，在教师公寓第一次项目工程例会上，监理人员就提出上述施工方案未批复的问题。10月8日、14日的例会上，监理方再次提出该问题。建交委代表张权、总监理工程师张永新均未提出停工。

教师公寓建筑节能改造工程方案、脚手架施工方案，2010年10月8日才送达静安建总，10月16日由静安建总安全科、技术科审核、总工程师签字；张永新事后供述，静安建总向其提供脚手架专项施工方案副本时，实际为10月底。

2010年11月10日，大火前五天，张永新才在上述方案上签了字。这时脚手架已搭到了16层。大火事发晚上，张永新把脚手架方案上的签字日期改为10月20日。

2010年9月24日，支上邦和沈建丰的施工队最先进场。按照口头约定，沈建丰负责1、2号楼（常德路999号、胶州路718弄2号）的脚手架工程，支上邦负责3号楼（胶州路728号）。两人把脚手架工程中的电焊作业，分包给电焊包工头沈建新。沈建新的电焊工分批进场。10月10日，河南汝南县人马东启来到工地上。此前的9月22日，马东启接受沈建新委托，为他拉人手。马东启联系了表哥余军伟和以前认识的吴昌飞。余军伟拉来了老乡王永亮。10月15日，25岁的江苏盐城人吴国略，在姨弟吴昌飞的介绍下，从浙江平湖赶来。这个班组只有余军伟有电焊资质，吴国略于2003年考取《特种作业操作证》，但2005年没有进行复审，证件已过期。沈建新、马东启以及监理人员、安全员均未检查过吴国略的电焊资质。

工作中，马东启作为带班人，余军伟、吴国略为电焊工，吴昌飞、王永亮为电焊小工，即在电焊工操作时，准备材料、接火盆和灭火器，以防止火灾发生。工地上有四台电焊机，灭火盆却只一个，平时放在三号楼。

在搭建脚手架队伍进场的同时，永林公司、沪巢公司等先后进场，接下来门窗施工单位进场。10月中下旬，负责保温工程的单位进场。

施工队纷纷进场，仅有两人的项目部无疑捉襟见肘。7支施工队中，沈大同只审核了迪姆公司的资质。陶忱只查过一位电焊工的特种操作证，也未对工人进行安全教育。一审中，陶忱因重大责任事故罪被判3年半。

对于项目部人员的资质，总监理工程师张永新也未审查。作为安全监理员，卫平儒也未核查电焊工的资质。刚从新疆退休返沪的卫平儒，2010年10月12日到岗，作为临时工，月薪1400元，虽做监理已4年，但从事工程安全问题还是首次。他的工作包括审查分包单位安全资质、特种作业人员资质、巡视检查等。

混乱的管理之下，安全隐患犹如地雷，遍布工地。

一是违规动火。在静安建总的建筑工地消防管理制度中，要求建立三级动火审批制度、电焊作业，需提前申请动火证。作业时，需专人看护，备好接火盆、灭火器。高层建筑（含高处悬空）动火作业，还要落实隔离措施、动火监护和结束后的巡视。而电焊工们并不是每次都申请动火证，都使用接火盆。从开工到大火，工地上开过四张动火证，最后一张截止日期为2010年10月27日。此后，卫平儒又制止了两次违规动火。卫在法庭上说，他几次在巡查记录中做了违规动火的记录，但对方不改，自己也没办法。沈大同在一次楼下的切割作业中，也看见灭火器没放在旁边。

二是建筑垃圾问题。从2010年11月5日至15日，在施工监理日记和安全监理巡视检查记录中，有5次提到建筑垃圾没有清理。这些建筑垃圾，多为墙体施工找平时从墙上掉下来的聚氨酯泡沫。聚氨酯材料，易燃，会释放毒气，在深圳龙岗舞王俱乐部大火中，仅46秒就夺命44条。此外，监理日记中还出现地上有烟头问题等。对于大量违规现象，张永新多次在例会上反映。按照总监理工程师的职责，发现严重安全隐患时，可暂停施工令并报告建设单位。在施工现场，作为静安建交委代表的是周建民和张权。公诉方指控，周和张对施工中安全隐患，未采取有效制止措施。

除了管理混乱，各种工程之外的因素也使得项目并不顺利。先是因业主原因停工7天，国庆节停工7天，空调台板问题停工8天，工期因而紧张起来。为赶工期，2010年10月14日，沈大同在例会上提出交叉施工，即搭脚手架和喷保温材料同时进行。此前，他与马义镑商量过。张永新、周建民、张权均未反对。交叉施工使得项目风险进一步增大。静安建总的教师公寓项目外墙节能减排改建工程施工方案中明确提到，聚氨酯喷施时严禁电焊作业。沈大同在供述中称，按照道理，在交叉施工中，不允许在同一垂直面上进行施工，他们也做了相应的安全措施，比如每四层楼做了木模板的隔离，开会规定不可以在同一垂直面上施工，电焊时一定要放置接火盆。但是，这些措施未能奏效。

2010年11月15日上午9点半，支上邦、沈建丰、陶忱、卫平儒等，在工地上例行安全巡查。他们发现脚手架上的保温材料碎屑未清理。这是支上邦多次反映的老问题。陶忱后来称没检查3号楼，具体原因记不清了。

这一天，没人申请动火证。上午，吴国略在3号楼的22楼电焊，王永亮在旁协助，一直干到中午11点，没用接火盆，灭火器也没放在旁边。中午吃饭时，带班人马东启让他们到3号楼的10楼电焊一下。

在10楼的悬挑支架上，要加一根水平工字钢和四根斜支撑的槽钢，是项目部之前提出来的。2010年11月15日上午，支上邦又向马东启叮嘱了该任务。这一天，沈建新因交通事故摔伤，在家睡觉。

13时30分许，吴国略和王永亮干完22楼的活后，把电焊机搬到10楼背面的楼内，把焊枪和电线搬至脚手架上。这时，马东启在地面，让吊机把22层的电缆线及电箱吊至10层的北面。吴国略从窗户翻到外面的脚手架，把电焊机的电线接到电箱上。

然后，马东启去找支上邦，让工人去吊工字钢，随后去了一号楼。这时，余军伟在2号楼电焊。14时，项目部召开第二次施工单位协调会，马义镑、沈大同、支上邦、沈建丰等均在场。

当天，总共28层的3号楼，北立面脚手架已搭到了27—28层，其余三面在24—25层左右。在吴国略上方，永林公司的人在1901室拆除窗户，架子工在更高处搭脚手架。这个大楼里活动着五支施工队，拆窗、内墙粉刷、保温、喷涂、脚手架等七八十人。

外墙保温工程，包括数道工序：清洗墙面、刷界面剂、贴模块、喷涂聚氨酯硬泡体发泡、找平、刷界面剂、无机材料抹平。当天，大楼的东、西、南三侧，14层以下已被无机材料抹平，北侧9层至14层，已于14日上午完成聚氨酯泡沫发泡喷涂作业。

从2010年11月14日下午起，47岁的工人牛全红和两个老乡从14层往下找平，做一层扫一层，通过脚手架与外墙间的缝隙，垃圾都清扫到9楼的脚手架上。大楼的2层、6层、9层、15层设有木板或布作为阻挡，掉下来的泡沫屑会落到板上。每天下午三点，他们会把施工楼面的泡沫屑扫到有木板的楼层，然后再把泡沫屑装袋运走，每天清扫的泡沫屑装满四个化肥袋。

2010年11月15日14时左右，牛全红和老乡的找平工作以及垃圾清理工作，进行到10层与11层之间时，他们正好在电焊工吴国略的头顶。找平中不断有聚氨酯泡沫碎块掉下来，落在9层铺有木板的脚手架部位。

吴国略看到了这些泡沫碎屑，却并不知道是否易燃，也不知道保温材料喷涂和电焊能否同时进行。他开始接地线，让王永亮检查电焊机是否有电。王永亮看到电焊机上有风扇在转，有电。连接好电焊机，吴国略对王永亮说，要焊接一根地线。他右手拿着焊枪，左手拿着地线，地线连着一根约10多厘米长的搭铁。吴国略要把这根搭铁焊在10层北面的一根脚手架钢管上。他用电焊枪点了两下，焊枪点出的火星溅了出来，往下掉。

吴国略把焊枪在搭铁上维持了3秒钟，又在旁边的脚手架钢管上点了两下，接着把电焊枪挂在脚手架上，看了看脚手架上需要焊接工字钢的材料。这时，听到有人喊："着火了。"他低头一看，发现9层脚手架竹片上的泡沫塑料着火了，冒出很浓的黑烟。这时，牛全红们在11层到10层之间的脚手架上，也看到位于北墙的9层中部凹陷处，切割下来的泡沫堆正在着火，并迅速蔓延。

吴国略大喊"着火了！"王永亮赶紧跑到9层去找灭火器，一罐灭火器喷完，火也没有灭。吴国略在10楼脚手架上，围着大楼跑了半圈，找到两罐灭火器往下喷。都喷完了，火仍没有灭。

这时，在工地上进行的协调会，还没开多久，支上邦接到电话就跑了出去，发现3号楼黑烟滚滚。支上邦拿了灭火器，顺着脚手架就往上爬……

法庭后来认定，当天14时14分许吴国略和王永亮在未配备灭火设备、未使用电焊接火盆的情况下，在大楼10层电梯前室北窗外凹档内的脚手架上违规实施电焊，溅落的金属熔融物引燃下方9层位置脚手架防护平台上堆积的聚氨酯保温材料碎块、碎屑，引发火灾。

国务院调查组认定"11·15"大火事故原因是：起火大楼在装修作业施工中，有两名电焊工违规实施作业，在短时间内形成密集火灾。其中有五大问题：一是电焊工无特种作业人员资格证，严重违反操作规程，引发大火后逃离现场；二是装修工程违法违规，层层多次分包，导致安全责任不落实；三是施工作业现场管理混乱，安全措施不落实，存在明显的抢工期、抢进度、突击施工的行为；四是事故现场使用易燃材料，导致大火迅速蔓延；五是有关部门安全监管不力，致使多次分包、多家作业和无证电焊工上岗，对停产后复工的项目安全管理不到位。

骆琳表示，这起事故是一起因违法违规生产建设行为所导致的特别重大责任事故，也是一起不该发生的、完全可以避免的事故。

时隔半年，2011年6月9日，上海"11·15"特别重大火灾事故处理决定公布。国务院事故调查组查明，该起特别重大火灾事故是一起因企业违规造成的责任事故。

事故的直接原因：在胶州路728号公寓大楼节能综合改造项目施工过程中，施工人员违规在10层电梯前室北窗外进行电焊作业，电焊溅落的金属熔融物引燃下方9层位置脚手架防护平台上堆积的聚氨酯保温材料碎块、碎屑引发火灾。事故的间接原因：

一是建设单位、投标企业、招标代理机构相互串通、虚假招标和转包、违法分包。二是工程项目施工组织管理混乱。三是设计企业、监理机构工作失职。四是市、区两级建设主管部门对工程项目监督管理缺失。五是静安区公安消防机构对工程项目监督检查不到位。六是静安区政府对工程项目组织实施工作领导不力。

根据国务院批复的意见，依照有关规定，对54名事故责任人作出严肃处理，其中26名责任人被移送司法机关依法追究刑事责任，28名责任人受到党纪、政纪处分。

司法机关已采取措施的26名责任人员是：静安区建交委主任、党工委副书记高伟忠；静安区建交委副主任姚亚明；静安区建交委综合管理科科长周建民；静安区建交委建筑建材业市场管理办公室副主任张权；静安区建设总公司法定代表人、总经理董放；静安区建设总公司副总经理瞿幼棣；静安区建设总公司副总经理、安全总监周峥；静安区建设总公司项目经理范玮民；静安区建设总公司项目安全员曹磊；上海佳艺公司法定代表人、总经理黄佩信；上海佳艺公司副总经理马义镑；上海佳艺公司项目经理沈大同；上海佳艺公司项目安全员陶忱；静安建设工程监理有限公司总监理工程师张永新；静安建设工程监理有限公司安全监理员卫平儒；迪姆公司法定代表人劳卫星；无固定职业人员支上邦；无固定职业人员沈建丰；无固定职业人员沈建新；教师公寓节能改造项目工地电焊班组负责人马东启；教师公寓节能改造项目工地现场电焊工人吴国略；教师公寓节能改造项目工地现场工人王永亮；承揽铝门窗施工业务的杨为民；承揽外墙保温材料供应和施工的张利；上海烽权建筑装饰工程有限公司法定代表人姜建东；上海市金山区添益建材经营部经理冯伟。目前，上述人员均被检察机关批准逮捕。28名受到党纪、政纪处分的责任人中，包括企业人员7名，国家工作人员21名，其中省（部）级干部1人，厅（局）级干部6人，县（处）级干部6人，处级以下干部8人。分别是：给予静安区建设总公司生产科科长范正荣行政撤职处分；给予静安区建设总公司安全设备科科长汤士刚行政降级、党内严重警告处分；给予静安置业设计有限公司设计主管、党支部委员赵雨时行政撤职、撤销党内职务处分；给予静安置业设计有限公司总经理、静安建筑装饰实业股份有限公司党委委员、本部第二党支部书记龚晓栋行政撤职、撤销党内职务处分；给予静安置业设计有限公司董事长、静安建筑装饰实业股份有限公司党委书记张慎娣行政降级、党内严重警告处分；给予静安建设工程监理有限公司执行董事、法定代表人、党支部书记、静安区建设工程服务中心主任陈邱良行政撤职、撤销党内职务处分；给予静安置业集团公司上海巨星物业有限公司总经理、党支部副书记张伯余行政记大过处分；给予静安区江宁路派出所消防民警封良培行政降级、党内严重警告处分；给予静安区江宁路派出所副所长兼执法办案队队长孔寅翼行政记大过处分；给予静安区消防支队防火监督处参谋倪彦雯行政记大过处分；给予静安区消防支队防火监督处处长、党委委员白玉奇行政记过处分；给予静安区建设工程安全质量监督站安监室主任唐亮行政撤职、党内严重警告处分；给予静安区建设工程安全质量监督站副站长、党支部书记柴光成行政撤职、撤销党内职务处分；给予静安区建设工程安全质量监督站原站长、现静安区建设和管理服务中心工程协调部经理张家明行政降级、党内严重警告处分；给予静安区建设工程招投标管理办公室主任、静安区建筑市场管理所所长邵振丁行政降级、党内严重警告处分；给予静安区建交委建筑建材业管理办公室主任、静安区建设工程安全质量监督站站长周正行政降级、党内严重警告处分；给予上海市建设工程安全质量监督总站副站长张常庆行政降级、党内严重警告处分；给予上海市建交委建设市场监管处处长、稽查办公室主任曾明行政记大过处分；给予上海市建交委副主任、党委委员蒋曙杰行政降级、党内严重警告处分；给予上海市建交委主任、党委副书记黄融行政记大过处分；给予静安区江宁路街道办事处副主任兼社区管理工作部部长朱德富行政降级、党内严重警告处分；给予静安区江宁路街道党工委副书记兼平安工作部部长张金生行政撤职、撤销党内职务处分；给予静安区江宁路街道党工委副书记、办事处主任王国平行政记大过处分；给予静安区政府党组成员、副区长陈静薇行政记大过处分；给予静安区委常委、副区长徐孙庆行政撤职、撤销党内职务处分；给予上海市市委委员，静安区区委副书记、区长张仁良行政撤职、撤销党内职务处分；给予上海市市委委员，静安区委书记龚德庆党内严重警告处分；给予上海市副市长沈骏行政记大过处分。同时，责成上海市人民政府和市长韩正分别向国务院作出深刻检查。

国家安全生产监督管理总局依据《中华人民共和国安全生产法》、《生产安全事故报告和调查处理条例》等法律和行政法规规定，责成上海市安全生产监督管理局对事故相关单位按法律规定的上限给予经济处罚。

（三）善后工作

1. 保险及房屋理赔

据了解，在建筑安装险中，装修队引起的火灾，保险公司承担保额范围内的责任。人保财险上海分公司相关负责人接受新民网采访时称，财险公司相关的责任险险种，包括火灾责任险、装修责任险、建筑安装险等。如果建筑安装公司投保的话，可以得到赔付。但他表示，目前投保的企业非常少，建筑安装险的话，都是一些新建的楼盘在投保。

人保财险上海分公司财险部负责人张璐告诉记者，类似火灾事故中，居民可获得保险赔偿的财产险，还有家财险与房贷险。如果投保的是家财险，以保险金额为限，按照实际损失获得赔偿。家财险还细分为房屋与室内的附属设备，以及室内的财产，理赔时看总的保单金额及分项的保额。若实际保单金额为10万元，而损失达到100万元，最高赔付为10万元。此外，一些向银行贷款买房客户，可获得一定的保险赔偿。太平寿险上海分公司相关人士告诉记者，在此次火灾中遇难的人员，如果投保了意外险、终生寿险等相关人寿险种，将获得一定的保险理赔。受伤部分人员的理赔，则要视受伤及医疗的情况而定。

上海市静安区区长张仁良2010年11月23日在接受人民网记者采访时说，胶州路“11·15”特大火灾善后工作在市委、市政府的领导下，正在积极有序的推进中。对于房屋赔偿问题将按照“市场价格、全额赔偿”的原则进行。财产理赔问题将通过购买服务的方式，由居民自主选择，委托第三方机构实施受灾居民家庭财产评估，为依法赔付提供依据。胶州路718弄2号、常德路999号的居民回搬工作，正在有关部门指导下有序推进。市建交委将组织相关单位对上述两幢楼房进行外墙清理等工作，并成立专家组进行评审评估，尽快安排居民回搬。两幢楼房后续实施方案，将充分征求居民意见和建议，在此基础上优化完善，并抓紧推进实施。

每位遇难人员获得约96万元赔偿和救助金。其中，按《中华人民共和国侵权责任法》一次性死亡赔偿约65万元、政府综合帮扶和社会爱心捐助等31万元。非上海市户籍遇难人员和上海市户籍遇难人员按同样标准处理。

2010年12月7日，静安区“11·15”善后工作领导小组，就“11·15”特别重大火灾事故的善后过渡安置房租补贴事宜，在督促事故责任单位前期征求受灾居民意见的基础上，根据《突发事件应对法》等有关规定，结合《关于“11·15”火灾善后赔偿和相关救助的方案》，制定了《胶州路728号受灾住户善后过渡安置房租补贴建议方案》(以下简称《方案》)。《方案》从补贴办法、补贴对象、具体补贴事项三个方面提出了具体的建议，所涉及的补贴费用由事故责任单位以现金方式支付给受灾住户。《方案》提出，对搬离临时安置点的胶州路728号内的房屋产权人，按房地产权证计户，参照同等地段、同等房型的市场租金标准，就高设定70元/平方米/月房租补贴标准，按户发放过渡安置房租补贴。对可能发生的中介费，按一个月的房租补贴标准发放给房屋产权人。房租补贴自受灾住户签订房租补贴协议并搬离临时安置点之日起算，至受灾住户签订受损房屋的正式赔偿安置的相关法律文件之日止。对未申请过临时安置的住户，补发其自2010年11月15日起算至本方案实施之日的房租补贴。善后过渡安置期间房租补贴费用首期按6个月结算发放，以后每次按三个月的补贴费用在第一个月的前7天内给予结算发放。此外，《方案》对胶州路728号原有承租户的租赁关系的终止及赔偿做了明确的规定，将对承租人按照3个月的房租补贴标准一次性支付赔偿金，并按每户人民币5000元标准另行给予房屋产权人及承租人一次性租房安家补贴。

2010年12月16日，静安区公布了《关于胶州路728号受灾家庭物品财产损失赔偿的方案》，内容包括资产评估机构的选择、财产申报和评估的范围及评估和赔偿工作的步骤三个方面。根据该《方案》，胶州路728号受灾居民家庭物品财产损失申报和评估的范围包括：室内装修，家具、家电及洁具，衣服及其他生活用品，机动车类，以及受灾居民认为需要申报的其他贵重物品，包括金银首饰、无记名有价证券、现金、古董、名家字画、红木家具等。评估和赔偿工作分为前期准备、现场勘察、评定估算、征求意见、出具报告、协商赔偿六个阶段。一是前期准备阶段。受灾居民可以选择由上海市资产评估协会推荐的、依法设立并获得财政部门颁发的《资产评估资格证书》的专业资产评估机构，或者按以上资质标准自行选择其他的资产评估机构进行资产评估。由静安建设总公司对受灾居民选择的一家资产评估机构予以认可并办理委托手续，承担一次评估费用。二是现场勘察阶段。受灾居民完成家庭物品财产损失申报后，受托评估机构评估人员分期分批进入受灾居民家庭开展现场勘察。三是评定估算阶段。评估机构根据受灾居民提供的相关资料，结合现场勘察情况，在进行充分调查的基础上，对居民家庭财产损失进行评定估算。四是征求意见阶段。评估人员将初步评估结果反馈给受灾居民和本公司，在充分听取受灾居民的意见后，拟定评估报告。五是出具报告阶段。评估初稿完成后，结合征求的意见，资产评估机构完成三级审核，依法出具《资产评估报告》。六是协商赔偿阶段。《资产评估报告》是受灾居民与本公司协商财产赔偿的参考依据。责任单位须与受灾居民充分、合理、合法地协商，签署、履行财产赔偿协议。协商不成的，可以通过司法途径解决。此外，受灾居民可就家庭物品财产损失申报和评估等事宜，向安置工作组、善后工作政策咨询点咨询。

2. 慈善捐助

在闻讯灾情后，上海市慈善基金会于火灾发生当晚向受灾群众送上价值20万元的物资。上海慈善物资管理中心党政班子以及十余位员工纷纷从家中赶到单位，紧急组织救灾物资。翻仓、整理、打包，经过两个多小时的紧张工作，将棉被、棉衣、枕芯、棉毛衫裤、毛衣、衣裤六大类物资装满了一辆卡车。晚上11时许，这批救灾物资送到了设于海防路的救灾指挥部，为政府妥善安置受灾群众助了一臂之力。

此次特大火灾牵动了上海广大市民的心。2010 年 11 月 16 日一大早，市慈善基金会副理事长金闽珠代表基金会来到“11·15”特大火灾受灾群众的临时安置点，为受灾群众送去 50 万元善款，并安抚受灾群众的情绪，上海各单位、企业、个人纷纷捐款，表达对受灾群众的帮助与同情。

3. 领导慰问

2010 年 11 月 16 日凌晨 1 时许，国务委员、公安部部长孟建柱立即赶往火灾现场，实地查看现场情况，了解搜救工作最新进展，宣布成立国务院上海“11·15”特别重大火灾事故调查组，指导部署救援和善后工作，并赴医院看望慰问受伤人员。

孟建柱在得知公安消防官兵已经对大楼进行了多次拉网式搜寻，仍不放弃最后的努力时强调，大火已经扑灭，当前最急迫的任务就是尽全力搜救幸存者，不放过任何一个死角，不放弃任何一丝希望，同时要科学施救，确保救援人员自身安全，并采取措施消除隐患，严防次生事故发生。

随后，孟建柱赶往瑞金医院看望伤员。在病房里，孟建柱亲切握住伤员的手，仔细询问他们的伤情。孟建柱说，这次火灾事故牵动着中央领导和许多群众的心，党中央国务院委托我们专程来看望你们，党和政府一定会提供最好的医疗条件全力救治，希望你们积极配合治疗、安心养伤，早日恢复健康。

凌晨 2 时许，孟建柱主持召开会议，传达胡锦涛总书记和温家宝总理的重要指示精神，听取上海市委市政府的情况汇报，宣布成立国务院上海市“11·15”特别重大火灾事故调查组。他说，火灾事故发生后，党中央、国务院高度重视，上海市委市政府全力组织灭火和人员施救，努力减少人员伤亡，有关处置和善后工作正在陆续开展。

孟建柱强调，在全力以赴做好搜救工作，全面核清死亡、受伤和失踪人员；千方百计救治伤员，减少因伤死亡、因伤致残，确保受伤人员得到最好、最及时的治疗的同时，妥善做好善后工作，把这项工作做细做实，请上海市组织精干力量，一家一户地做好安抚救助工作，及时疏导情绪、化解矛盾；彻底查清事故原因，明确性质，认定责任，依法严肃处理；客观、及时、准确地发布人员伤亡、现场搜寻、伤员救治、财产损失等信息，回应社会关心的问题。他进一步强调，要认真吸取此次火灾教训，切实防止类似事故再次发生。各地区、各有关部门要全面落实冬季防火会议精神，深入开展消防安全大检查，及时消除火灾事故隐患，同时要做好其他安全生产工作。

中共中央政治局委员、上海市委书记俞正声一同查看现场、慰问伤员并出席会议。俞正声强调，我们要认真落实党中央、国务院指示精神，全力以赴抢救伤员、做好居民安置工作，尽快准确查明火灾原因，市区两级立即组织专门班子妥善做好善后工作，本着实事求是的态度，及时报道火灾实情。要高度重视，举一反三地做好各项安全生产工作，绝不能松懈大意，必须始终绷紧安全这根弦，确保人民群众生命安全、社会和谐稳定。

上海市市长韩正说，必须痛定思痛，深刻吸取“11·15”特别重大火灾事故血的教训。必须全力配合国务院调查组工作，依法依规严肃追究责任。必须直面问题，深刻剖析事故中暴露出的上海建筑市场的混乱现象，痛下决心、严格改进。特别要针对转包、违法分包，老建筑改造领域制度和规范缺失，安全生产责任制特别是企业法人责任制不落实，监理形同虚设，政府部门监管和公共安全意识不足等深层次问题，健全法律法规体系，完善体制机制和技术规范。要大力整顿本市建筑市场，规范市场秩序，坚决打破工程建设领域区域内封闭循环的现状，促进市场公开公平竞争。

(四) 无尽的怀念

2010 年 11 月 21 日，“11·15”火灾死难者的“头七”。俞正声、韩正等上海市领导来到胶州路 728 号火灾事故现场，与参与吊唁的群众一起，鞠躬默哀，献上鲜花，向“11·15”特别重大火灾事故遇难者致哀。

同日，十万市民手持鲜花现场祭奠，除了上海市民，还包括外地公众，有的专程从北京、广州等地赴现场吊唁遇难者。上海城市交响乐团在入口处演奏莫扎特的《圣母颂》。没有组织者，没有明确的政治或社会诉求，没有任何暴戾或非理智的情绪渲染，人们克制、庄严而又坚定地走向丑陋的过火楼，端庄地低下头颅，鞠躬，或者点燃蜡烛，然后把大把的百合、菊花和玫瑰铺满街道。《南都周刊》认为，这样的场面在这个国家的历史上尚属首次。以前曾有的大规模民众献花悼念活动都是因为伟人的离世，而这样由潮水一般的自发人群向无名者献花，表示哀思，这是全球都罕见的活动。它开创了一个先例，一种“非社会的社会运动”。引人注目的还有，在“头七”祭奠现场，一张卡片上写着：“向遇难的民工和保姆们致哀，我们会找到你们的名字。”还有人在地上用粉笔写下：“民工兄弟一路走好！”

2011 年 1 月 11 日，上海市出台《关于进一步规范本市建筑市场加强建设工程质量安全管理的若干意见》，意见共 22 条。上海市政协常委、上海市建纬律师事务所主任朱树英律师认为，“每一条意见都是围绕着上海大火暴露的问题而来。”在这 22 条新规中，十个方面的建筑市场顽疾得到了政府的重视，堪称建筑市场管理的十大亮点。

一是严格了工程建设审批程序。上海大火案中教师公寓的外墙改建按照《中华人民共和国物权法》规定，应由全体业主共同表决通过，发包人本应是大楼全体业主或者是得到授权的业主委员会。但令人不可思议的是：该案装修工程实际上的发包人却是上海市静安区建设交通委员会，政府主管部门越权发包、越权审批，因此静安区建交委主任高伟忠等 3 人因涉嫌滥用职权罪等被刑事拘留。二是明确了安全风险评估制度，要求质量安全重大问题，要在工程可研报告中有专门分析，并提出方案，预留费用。三是招投标的条件中新增加规定，要求“安全防护、文明施工措施费、监理费不作为评标条件。对施工招标中涉及质量安全关键岗位的注册建造师列为评标条件”。四是总包和分包合同都要进行备案，政府要建立总包、分包单位和劳务单位数据库。五是关注到了建筑材料的质量管理。要求加强监测管理，对生产和提供不合格以及假冒伪劣建筑材料的，要列入“黑名单”，但是新规对于易燃材料没有特殊的管理。六是对监理问题作出创新规定。要求取消监理费用竞标，政府投资项目监理费实行国库直拨，监理单位要提高现场控制能力。七是加强施工现场监控能力。要求工程监理对于施工现场中的各类违法违规行为要及时发现、及时制止。八是强调了建筑企业法定代表人是企业安全生产第一责任人。九是规定了施工作业人员的用工管理。要求加强建设工程施工作业人员的职业技能和安全培训，建立多层次培训体系，逐步实现关键岗位技术工人经培训持证上岗。尤其是针对大火引起的直接原因是使用了无上岗证书的电焊工，规定要求在市区两级财政安排的教育费中应当单独列支施工作业人员培训教育经费。十是要求建立建制独立的质量安全监督机构。

（五）责任追究

大火发生不到24小时，4名违章操作工人——无电焊工证的民工王永亮、电焊工证过期的民工吴国略、电焊包工头沈建新，以及脚手架包工头支上邦——因涉嫌重大事故责任罪被刑拘。第二天上海警方将嫌疑人对象扩大为8名，其中包括佳艺法人代表黄佩信。

2010年11月26日，上海市人民检察院第二分院对上海“11·15”特别重大火灾事故中涉嫌重大责任事故罪的13名犯罪嫌疑人依法批准逮捕。被批捕的犯罪嫌疑人包括：原上海市静安区建设总公司法定代表人、总经理董放，原上海佳艺建筑装饰工程公司法定代表人、总经理黄佩信等。此前，经公安机关连日侦查，上海市静安区建设总公司、静安区建筑工程监理有限公司和上海迪姆物业管理有限公司等相关负责人对“11·15”特别重大火灾事故均负有重大责任，已被依法刑事拘留。

2010年12月23日新闻界获悉，上海市人民检察院第二分院已依法对上海市静安区建交委主任高伟忠、静安区建交委综合科科长周建民和静安区建交委建管办副主任张权三名“11·15”特别重大火灾事故责任人以涉嫌滥用职权、受贿等罪名开展立案侦查并刑事拘留。2011年全国“两会”期间，全国人大代表、上海市检察院检察长陈旭在接受中新社记者采访时透露，上海“11·15”特大火灾案正在抓紧审理，不久检察机关将提起诉讼。陈旭说，上海“11·15”特大火灾发生后，检察机关及时介入，迄今为止，已批准逮捕了由公安局拘留的16名重大责任事故犯罪嫌疑人，检察机关直接侦查并逮捕了8名滥用职权以及行贿犯罪的嫌疑人。这些犯罪嫌疑人中包括国家机关工作人员、企业的主要负责人、工程监理以及直接操作不当引起明火的工人。

2011年6月9日上海大火处理决定公布，28名责任人员受处分。国务院上海市静安区胶州路公寓大楼“11·15”特别重大火灾事故调查组，经调查取证，查清了事故原因、性质和责任，提出了对有关责任人员的处理建议和防范措施，完成了《上海市静安区胶州路公寓大楼“11·15”特别重大火灾事故调查报告》。根据国务院批复的意见，依照有关规定，对54名事故责任人作出严肃处理，其中26名责任人被移送司法机关依法追究刑事责任，28名责任人受到党纪、政纪处分。

2011年8月2日，上海市第二中级法院对“11·15”火灾事故26名责任人作出一审判决，静安区建交委原主任高伟忠犯滥用职权罪、受贿罪被判处有期徒刑16年。

责任人	职务	罪名	刑期
高伟忠	静安建交委原主任	滥用职权罪、受贿罪	有期徒刑16年
姚亚明	静安建交委原副主任	滥用职权罪	有期徒刑5年
周建民	静安建交委原综合管理科科长	滥用职权罪、受贿罪	有期徒刑13年6个月
张　权	静安建交委原综合管理科经办人	滥用职权罪、受贿罪	有期徒刑13年6个月
冯　伟	上海金山区添益建材经营部负责人	受贿罪	有期徒刑11年
黄佩信	佳艺公司原法定代表人、经理	重大责任事故罪、受贿罪	有期徒刑16年
马义镑	佳艺公司原副经理	重大责任事故罪、受贿罪	有期徒刑15年6个月
沈大同	佳艺公司原项目经理	重大责任事故罪	有期徒刑5年
陶　忱	佳艺公司安全员	重大责任事故罪	有期徒刑3年6个月
董　放	静安建总原法定代表人、总经理	重大责任事故罪	有期徒刑5年
瞿幼棣	静安建总原副总经理	重大责任事故罪	有期徒刑4年6个月
周　峥	静安建总原副总经理	重大责任事故罪	有期徒刑4年6个月
曹　磊	静安建总安全设备科科员	重大责任事故罪	有期徒刑2年

责任人	职务	罪名	刑期
范玮民	静安建总原技术质量科科长助理	重大责任事故罪	有期徒刑2年，缓刑3年
张永新	静安建设工程监理有限公司监理	重大责任事故罪	有期徒刑5年
卫平儒	静安建设工程监理有限公司监理	重大责任事故罪	有期徒刑2年
杨为民	工程项目采购供应商	行贿罪	有期徒刑5年
张　利	保温材料采购商	行贿罪	有期徒刑2年
姜建东	上海烽权建筑装饰有限公司法定代表人	单位行贿罪	有期徒刑2年
支上邦	脚手架项目承包商	重大责任事故罪、行贿罪	有期徒刑6年
沈建丰	脚手架项目承包商	重大责任事故罪、行贿罪	有期徒刑5年
劳伟星	上海迪姆物业管理公司原法定代表人	重大责任事故罪	有期徒刑3年6个月
沈建新	电焊包工头	重大责任事故罪	有期徒刑3年6个月
马东启	电焊带班人	重大责任事故罪	有期徒刑2年
吴国略	电焊工	重大责任事故罪	有期徒刑1年，缓刑2年
王永亮	电焊工	重大责任事故罪	免予刑事处罚

二、案例分析

（一）政府应如何吸取这次特大火灾的教训

中共中央政治局委员、上海市委书记俞正声在十一届全国人大四次会议上海代表团开放日上回答记者提问时指出，“11·15”火灾是由于静安区主管建设部门的负责人以及下属企业彼此形成了一个利益共同体，下属企业为主管部门支付费用，主管部门为下属企业承揽工程，甚至不惜以身试法。他说，这起火灾的另一个教训是建筑市场的管理有缺陷。对工程建设的监管，更多的是开始时的准入监管以及事后出现问题的处理，而疏于对过程的监管。此外，“消防的教训也有，城市安全意识教育（的教训）也有”。

央视评论认为，每次重大火灾事故发生后，政府相关部门的“严打”和整顿措施要落到实处，不能走过场。针对接连发生的清华大学清华学堂火灾和“11·15”上海特大火灾，住建部发文《进一步加强建筑施工消防安全工作的通知》，要求各地加强建筑施工消防安全工作，特别是对既有建筑的改、扩建项目施工消防隐患排查治理工作。住房城乡建设部还特别强调，要严厉打击擅自从事建筑施工活动的行为，以及违法分包、转包、挂靠的行为。这又是一次“严打”，但对这次“严打”到底持不持乐观态度？

人民网杨金志、陆文军认为，每一起重特大工程质量事故和安全生产事故都是血淋淋的惨痛教训，汲取教训、亡羊补牢就必须追根溯源解决问题。这场火灾的教训极其深刻，由此再度暴露出来的工程分包转包问题不能再容忍下去。央视评论认为：

“11·15”火灾，其实就发生在上一次刚刚结束的严厉打击之后。第一，住建部发文表示严厉打击层层“分包转包”的通知是在“11·15”火灾之后。其实在这场火灾之前，2010年8月3日，住建部就发布了《关于集中开展严厉打击建筑施工非法违法行为专项行动的通知》，这个通知在建设部的网站上就可以看到，这个行动历时3个月，在10月底结束，也就是说在这项行动结束之后的15天发生了上海的这起火灾。我们想如果新一次严厉打击仍然是按照这个套路来进行一遍的话，能取得什么样的效果呢？我们都会打着问号。但实际是：为什么这样的层层“分包转包”总是屡禁不止？这样的层层分包转包实际上是在编织一个利益共沾网。那么谁来监督他们，这样一个工程会有监理单位，是谁呢？是我的亲家，我的孩子的老丈人，都是一家人自己在玩这样的事情，我想这样的局限绝对不能再继续了，特别是在“11·15”这样惨重的一个火灾发生之后，我们对这个局面应该是忍无可忍，这种在建设领域“左手监督右手”的局面必须尽快改变，如果不能改变，我们想一想还要多少火灾，死多少人，破坏多少个家庭，我们才能真正避免下一次火灾的发生？

新华网新闻评论员梁江涛认为，问责应公开细节，只有这样才能揭开层层转包的重重迷雾，让真相大白于天下，使责任与处罚一一对应，以警示来者。《中国青年报》评论说：惨剧再次验证"人祸"猛于虎。这起特别重大火灾事故，已经被定性为一起责任事故。举一反三，痛定思痛，绝不能再因为疏忽预防和问责不得力，而付出血的代价。建筑施工方曾遭上海建交委两度"点名"、为何仍能 4 年 36 次中标政府工程？以往火灾中作恶多端的易燃材料，如何被大量使用等，成为这次火灾起因的多处疑点。只有公开细节，才能找出问题的节点所在，便于其他地方汲取教训；才能揭开层层转包的重重迷雾，让真相大白于天下，消除公众质疑，接受社会监督；才能使责任与处罚一一对应，以警示来者。

凤凰网资深评论乔子鲲警示：上海大火再敲高楼消防警钟。他认为，基于国内外普遍存在的高楼救援难题，基于高楼不断长高的现实，对于高楼的安全设计和配置，国家是否应该有制度的刚性约束？比如，必须执行最严格的安全管理制度，必须配备有效的逃生工具，必须设置有效的安全避难所等。尽管这样的约束在一些特定情况下依然作用有限，却可以最大限度地把生命损失降到最低，也算是在无奈的现实困境之下的最优选择。不少城市的高楼救援装备，只为满足基本公共需要，提供基本公共服务，根本不合乎高楼消防要求，否则就必须极大地增加成本。同时，技术发展还有待进一步提升。那么，城市的超高楼救援装备成本是该由公共财政埋单，还是由高楼业主埋单？在高楼救援装备配置之前，城市的高楼大厦是否该无限制地长高？

（二）高楼大火如何救治

事实已经一再证明：高楼在火灾面前不堪一击。新闻评论员丁刚认为，上海火灾暴露了高层建筑安全软肋。按照日本的标准，超过 60 米的建筑就属于超高型了。目前中国各地都在建造高层和超高层建筑，如何应对这些摩天大楼的火灾，理应成为确保城市安全的一个重要课题。

凤凰网评论有三点：

（1）现有消防能力难以扑灭高楼大火。上海高楼大火让人们知道，原来国内大部分的高压水枪和消防云梯高度是极其有限的，只有北京等极少数的城市装配有极小数量的高度可达七八十米的高压水枪和消防云梯。因此，对于大部分地方的人来说，一旦高楼发生大火，居于20层左右及以上的人们，恐怕除了听天由命，再无他法。此次上海大火，上海市迅速调集25个消防中队的百余辆消防车前往扑救。但救援面临多重挑战。因为火灾发生地为高楼，消防云梯难以达到20层以上，仅有的一台90米的云梯车要居高临下压制火势也很吃力，其余云梯车更是显得力不从心。而且现场水压不够。尽管有10多支水枪朝着失火大楼喷水，但一些消防水枪喷出的水柱明显乏力，未到达着火区域就散落下来，影响了灭火效率。警用直升机也参与了此次救援。但因现场浓烟、火势太大，飞机无法靠近大楼。原本计划将楼内居民从楼顶通过直升机撤离的计划没能实现。

（2）防范高楼火灾，最现实的努力仍是防患于未然。高层建筑一般都存在火势蔓延快、人员疏散困难、火灾扑救难度大等弱点。高层建筑的楼梯间、电梯井、管道井、电缆井、风道、排气道等竖向井道，如果防火分隔或防火处理不好，发生火灾后，井道就像一座高耸的烟囱，成为火势迅速蔓延的通道，而且建筑物越高，“烟囱效应”越明显。据测定，火灾中一座高度为100米的高层建筑，在无阻挡的情况下，烟火顺竖向井道扩散至顶层只需要30秒，整幢建筑瞬间即可成为“立体火场”。高楼消防的难度非常大，因此最现实最重要的努力应是防患于未然。而高层建筑消防设施合格率低，室内装修不符合消防规定，室内消防给水局部水压不足，消防设施的日常维护与管理制度不科学，重要岗位人员缺乏消防安全意识，自防自救能力差等，这些都是现实隐患。

针对高层建筑“烟囱效应”，搜狐网站评论认为，高层建筑按规定每2000平方米应设立为一个分区，每个分区应设置2道消防楼梯，因此面积超过2000平方米的大楼有的会有3—4道消防楼梯。每14层还应建一个避难层。所谓的避难层，就是用特殊的阻燃材料建成的一个楼层，地板、天花板、楼梯等都有较强的防火和耐火性，而且避难层还要配备专门的增压设备，将空气往避难层外压出，防止浓烟和烈火的侵入。理论上，只要楼不塌，避难层里人员的安全就能得到保障。

（3）临时性的高管控，只能获得临时的安全。实际上，刚刚举办了世博会的上海，对消防狠下了一番工夫。2010年4月份，上海市政府即要求由各区县政府牵头组织对全市单位尤其是人员密集场所、易燃易爆单位、高层建筑、地下空间、“三合一”场所、“城中村”等重点场所、重点目标进行一次“全覆盖”的消防安全普查，明确社会单位消防安全义务、责任及违法后的处罚条款，加强志愿者安全培训，实行消防安全群防群治，确保无一遗漏、万无一失。要全面构筑“无缝隙覆盖式”社会消防安全“防火墙”，要“彻底铲除极易造成群死群伤恶性火灾事故的重大火灾隐患”。但是世博刚刚结束不久，即发生了此次造成重大人员伤亡的高楼大火，教训不能不让人深思。这中间的管理废弛，监督松懈问题，应当彻底查清。

业内人士指出，对于高层居民来说，火灾初期的自救更加重要。“只要每年对小区内的居民搞一次消防演练，把整个流程走一遍，大家就全明白了。”也有媒体认为：物管的“防”比“消”更有意义。上海高楼大火提醒人们，在高楼时代，知识和演练的普及范围不能仅限于学校内和理论中，日常的应急演练也很重要。

宜昌路消防队一位消防员对《新世纪周刊》记者表示，像这样的高楼着火，前一个小时如果不能把火势控制住，整个救火就会处于被动地位。他坦言，大型消防设备的启用必须通过市消防局，而且并不常用。这次大家都很尽力，但效果确实不佳。他建议当这种特大突发性火灾发生时，基层单位可直接申请并调用大型高层灭火设备。尤其在上海市中心，高楼密集，交通拥堵，一旦层层上报必然耽误最佳救援时机。

《新世纪周刊》记者认为，消防体系的建设不是孤立地增加消防人员或者采购先进消防设备，而应在整个城市的综合治理上都要有所体现。在上海城市规划日益超高容积率之下，科学有效地改变高楼建筑设计方式、旧城改造方式，以及政府城市管理模式，已经刻不容缓。政府在规划城市建设和基础设施建设时，就应将城市消防总体布局、消防通道、消防水源建设、高层建筑消防自动灭火设施建设等纳入规划之中，做到

同时设计、同时施工、同时投入生产和使用，并严格控制建筑消防的审批。由于防火设计在高层建筑中属隐性设计，而肉眼可见的外部和内部设计才被业主所关注，因此为了追求整体效果而挤压消防设施空间、更改消防防火设计，以至于严重影响建筑本身防火性能的事例并不鲜见。

曾在中国参与过 SOHO 现代城等大型项目设计的美国建筑师 Carraf Andreas 表示，在国外，对建筑安全的发言权，从高到低的顺序应该是建筑监督者、建筑师、房主，最后才是建筑公司。但在中国却是相反的，而且监督者缺位，建筑师和建筑者还往往是同一个人。Carraf Andreas 称，作为建筑监督者，他在国外“权力就像警察一样，如果我认为这栋建筑不安全的话，就必须要关闭它。我甚至可以让警察来协助驱散大楼里的人”。但他在北京参与一个项目时，“我告诉建筑公司要改正这个那个，没有人听。后来这个项目的代表告诉我，我只需要负责提一些建议和想法”。Carraf Andreas 还表示，火焰蔓延指数（Flame spread rating）是对建筑材料的要求。如果建筑材料不符合这个指数的要求，就不能用于高层建筑。中国的建筑师们甚至都不知道火焰蔓延指数这个指标。“北京、上海这样的城市，达到了发达国家最发达城市的水平，但其建筑材料仍然停留在第三世界国家的水平。”他透露，由于中国没有相应法律，在美国、加拿大、欧盟都禁止用于建筑的材料，在中国却能进口并使用。

同济大学建筑与城市规划学院教授、博导王伟强认为，未来的街区发展是不是一定要靠高层高密度模式，这值得探究。现在很多人都说土地少人口多，需要建高层，但我们看日本国土面积和人口关系比我们更紧张，日本住宅的主导形式却都是低层和多层的，并没有大面积推行高层高密度也能住得很好，且很低碳。“高密度也不是只能靠高层一条道路。低层也可以实现高密度，关键是我们应该去研究不同发展目标、不同条件下的密度模式、街区模式。我们当前的土地开发缺少这样系统的研究和引导，更多的还是靠拍脑袋决策，甚至是跟着发展商的感觉和需要走，结果我们的城市形态成了集体无意识的选择，也反映了我们当前缺少城市理想的状态。”

（三）上海大火“违章操作”的背后是什么

火灾发生的第二天，上海官方立即公布了事故原因调查结果，称是无证电焊工人违规操作导致，并且迅速拘留了四个违章操作工人。对此舆论一片哗然。

一位参与失火大楼保温项目施工的农民工直言，他们大都是根据项目需要，临时从附近招来的。工程方招工时根本没有要求必须拥有上岗证。事实上，上海每天基建工程项目很多，需要大量电焊工，而有证的寥寥无几。

每一次事故都惊人地如出一辙，但相同类似的事件仍然接连不断。《经济观察报》评论员仇子明撰文指出，仅仅将责任推给“无证上岗”的电焊工，是不全面的，更是对死者的不负责。被刑拘民工的工友告诉《经济观察报》记者：“电焊工没证，上海佳艺为什么要雇用他们呢？如果说，是无证电焊工叩响了大火的扳机，那么，给他们提供枪支、提供子弹的人又是谁呢？”上海佳艺的法人代表黄佩信已进入刑事司法程序。黄佩信所执掌的上海佳艺，近年来收到的静安区政府工程项目源源不断。静安区政府网站上显示，2007 年 6 月到 2010 年 9 月间，上海佳艺在招投标中揽下的静安区内政府机构改建工程达 60 余项，其中仅与教育相关的项目就多达 29 个。但这家静安区的明星企业，却又是上海市“黑名单”的常客。2006 年，上海佳艺被列入“取得安全生产许可证但已不具备安全生产条件的建筑企业名单”，被通报要求整改并被扣除企业安全生产许可证（耐人寻味的是，就在同一年，静安区还给它评个优秀公司）；2008 年，该公司又在上海城乡建交委公布未按规定开展 2008 年度安全质量标准化考核的企业名单中榜上有名。于是有评论就发出了这样的疑问，一方面是上海市建筑安全黑名单上的常客，另一方面又是静安区一些工程总包方的宠儿。三年接获 60 项政府工程，上海佳艺到底有什么样不同寻常的底蕴呢？既然如此，总包访静安建总又为何将胶州公寓“节能保温综合整治项目”分包给上海佳艺呢？这家公司在“11 · 15”特大火灾前，即世博期间的 7 月 7 日，在上海百乐门大酒店装饰装修工程，因施工不规范烧损外墙保温材料，引发了一场火灾。不过，因时处世博期间，政府有关方面低调善后，故此，该火灾信息未得以全民皆知。《关于百乐门大酒店“7·7”火灾事故的情况通报》中明确“责成静安区建设总公司对分包单位和事故责任人进行责任追究。要求各有关单位的领导一定要举一反三，吸取教训，强化隐患排查治理，确保一方平安”。与上海佳艺屡因安全生产问题被点名一样，在上海城乡建交委公布的“未按规定开展2008年度安全质量标准化考核的企业名单”中，静安建总与前者双双上榜。静安建总、上海佳艺、无证电焊工，政府的监管部门在哪里？为何要将众多的政府工程项目频频给予这两家安全质量问题严重，且有失火前科的公司？而且还是世博会期间百乐门酒店失火之后，又将胶州公寓项目批复给静安建总！我们更想知道，从来不缺静安区政府项目的上海佳艺，其在2009年的年销售额达1.1亿元，但净利润仅有30万元左右，净利润率不足0.3%。这样一家微利公司，有何能力做好关系民生的政府工程项目？抑或者，账面的净利润仅仅是表象？——那么，我们必须追问，上海佳艺从源源不断的政府工程项目中，获得的利润究竟流入了谁的腰包？这场火灾，如果没有这个尚未被查究的“责任人”，或许真的如事故调查组组长、国家安全生产监督管理总局局长骆琳所言的那样，上海大火是“一起不该发生的、完全可以避免的事故”。

三、启示借鉴

（一）完善制度、加强监管是防止重大事故发生的根本途径

工人“违规操作”、“工程层层转包”的背后是重大工程安全制度建设的缺失和安全监管过程的流于形式化。政府监管角色确实存在缺位的现象，正如上海市市长韩正所言：“建筑市场混乱现象以及监管不力，是“11·15”重大火灾重要原因之一。有关部门安全监管不力，致使多次

分包、多家作业和危险的保温材料，对停产后复工的项目安全管理不到位等。”

1. 危险的保温材料

在近年来多起重大火灾事故中，聚氨酯泡沫等易燃保温材料已经成为助燃和致命的罪魁祸首。2008 年深圳市龙岗区舞王俱乐部“9·20”火灾中，由于大量使用聚氨酯材料装修，表演人员使用道具枪引燃顶棚聚氨酯材料，现场监控录像显示，火灾发生后仅 46 秒，有毒浓烟就笼罩了整个大厅，造成 44 人死亡。此外，央视新址大楼火灾、济南奥体中心体育馆两次失火、哈尔滨“经纬 360 度”双子星大厦火灾以及 2011 年 2 月 3 日沈阳万鑫国际大厦火灾，都跟外墙保温材料为可燃物、燃烧极快有关。央视大火后国家出台相关规定要求提高保温材料的耐火性，但聚氨酯等并未被禁用。据“11·15”火灾发生后第一时间赶赴现场指挥灭火救援和事故调查工作的公安部消防局副局长朱力平表示，不仅是这次火灾，从更多火灾来看，聚氨酯泡沫等易燃装修材料已经成为当前火灾亡人的罪魁祸首。为此，有关部门应尽快出台规定，建筑工地脚手架必须用难燃和不燃材料搭建，杜绝聚氨酯泡沫用于外墙保温和室内装修，必须用难燃的物质代替，而且应加大执法力度，采取各种有力措施切实杜绝施工单位为降低成本使用未达到规格的聚氨酯产品。

2.“层层转包”的致命隐患及对策

工程层层转包、层层盘剥也是重大事故频发的深层次原因。任何安全事故不是在那一刻发生的，而是日积月累的安全隐患所带来的。无论是桥梁还是房屋的建造，都可以由一个公司“转包”给另一个公司，一个再转包给另一个。价钱越包越便宜，最后的施工方为了保证获取利润，偷工减料、以次充好，工程质量越来越粗劣，越来越糟糕，以致时有桥梁、房屋坍塌的事故发生。因此，相关部门要对市场上经销的建筑材料的质量问题进行严格检查，哪些材料是可以上市的，哪些不能上市，安全部门要有规章制度进行规范和有效监管。

在层层分包背后更为致命的是，大量工程建设违法违规，施工作业现场管理混乱，安全措施不落实，存在明显的抢工期、抢进度、突击施工的行为。此次大火事故现场违规使用大量尼龙网、聚氨酯泡沫等易燃材料，导致大火迅速蔓延。

2011年2月10日，住房城乡建设部召开的全国安全生产电视电话会议指出，“当前安全生产形势依然严峻：全国房屋市政工程事故起数和死亡人数，虽比2009年有所下降，但事故总量和死亡人数仍比较大；建筑市场不健康、秩序不规范等问题依然突出；部分运行时间长、负荷重的市政公用设施存在安全隐患。”会议提出，在今后相当长一段时间内，要严厉打击建筑施工领域违法违规行为，在全行业开展以严格执行标准规范为重要内容的安全生产活动，严肃查处违反法定建设程序、违法分包、转包、挂靠等行为。对不满足资质标准、存在违法违规行为、发生重大质量安全事故的企业和个人，要及时依法撤销、吊销或降低其资质、资格，清出建筑市场。

杭州地铁工程事故、上海“楼脆脆”事件、上海大火……希望这些血与火的教训唤起相关制度建设的完善与安全监管措施的切实到位。

面对这千丝万缕的分包、转包行业体系、利益集团，应该如何应对，如何解决本质问题？深圳市宝安区建设局的梁小群提出：论资按质管理，规范工程承包体制。工程的层层转包和违法分包问题的发生，与一些企业管理人员质量观念淡薄，管理不得力有直接关系，同时与领导干部的法律意识不强也有关系。《中华人民共和国建筑法》规定：“禁止承包单位将其承包的全部建筑工程转包给他人，禁止承包单位将其承包的全部建筑工程肢解以后以分包的名义分别转包给他人。”这就是说主体工程不得分包。合同确定分包的，只能分包一次。

对工程承包行为的监督管理，除了论资按质，允许有条件地专业分类包、劳务择优包外，关键是要抓好综合总承包，既按《中华人民共和国建筑法》的规定和要求实行承包，又要有计划地参照国标惯例的总承包的有益做法，从深化设计到材料配备、建设直到最后成品交付使用实行全面负责，也就是我们通常讲的“交钥匙承包”模式。通过这一办法可以调整现有承包机制，优化建筑业结构，形成总承包企业的综合能力，同时，也能兼顾供水、供电、供气部门要求进场分担室内相应专业工程的愿望，从而达到建筑企业不敢滥包工程，承包企业不敢乱分工程的目的。

（二）加强防灾教育、提高自救能力是应对突发灾难的有效措施

据报道，这座发生大火的28层高楼的消防通道多有堵塞，以致逃跑的人往下走时受到阻拦。另据《人民公安报》记者事后调查，主动逃生的居民中，只有一人在逃生通道内遇难。火场死亡人员绝大部分位于室内房间各部位，他们没有或来不及逃生、没等到消防官兵施救，就倒在了屋内。

这说明国人防火或防灾意识缺失，缺乏这方面的训练，也没有这方面的强制措施。比如，防火道、安全门、安全通道必须保持畅通，不得用垃圾或其他杂物阻塞。这种措施的执行，要有专人监督、检查。

如果大部分人具有防灾意识，不违规，或及时发现并向相关部门反映，可以避免很多大的灾难。国内由于安全门堵塞，在火灾发生时造成惨重的人员伤亡，已经不止一起。如2000年12月25日21时35分，河南省洛阳市东都商厦发生特大火灾，大火浓烟涌进四楼的歌舞厅，导致正在厅内参加圣诞节活动的309名人员窒息死亡。2009年2月9日，央视附属楼发生大火，在高达159米的建筑物的立体燃烧面前，消防人员不得不付出生命的代价才扑灭火情。2011年2月3日凌晨零时，2名犯罪嫌疑人燃放烟花引发沈阳第一高楼皇朝万鑫国际大厦火灾事故，过火面积大约1万余平方米，虽然没有造成人员伤亡，但造成巨大财产损失。舞厅、电影院等公共场所发生的多起类似事件，难道还不足以引起有关部门的注意而采取有效措施吗？这种措施的执行，都是属于“养兵千日，用在一时”的事，需要制度化，不可有一日懈怠。在德国，商店和其他公共场所的安全门必须保持通畅，并且备有灭火装置，有人定期检查，定期更换。违者受罚。每座房屋也有专门的、强制性的火灾保险。对灭火装置的使用也进行专门的交代。

面对突发性灾难，我们如何能够吸取教训、防患于未然，把损失降到最低，预防事故再次发生？ 1996年冬天，香港弥敦道嘉利大厦遭遇5级

火警（仅次于需要出动军队的最高灾情警报），造成41人死亡，80人受伤。这是自第二次世界大战以来，这座城市所遭受的最严重的火灾事故。这与“11·15”大火有着惊人的类似：同样是旧楼改造，同样是电焊工施工引燃楼内物品，同样导致大量市民伤亡。香港这场大火全面革新了香港的消防细节。经过整整两年反复地磋商、辩论，《消防安全（商业处所）条例》于1998年出台。这项法例规定，1987年前的商业楼宇，都必须符合更严格的消防安全结构，包括出口通道的宽度、数目、安排及防烟防火设施，不同单位之间的耐火分隔等；必须增设的消防装置及设施包括：自动喷洒系统、机械通风系统的自动停止设施和消防栓系统等。同年出台的《建筑物管理条例》也增加了消防安全的内容。可以说，香港政府深刻吸取1996年火灾的教训，从制度和法律层面来填补漏洞，甚至不惜巨资对不合规定的建筑物进行改造，确保城市高楼不成为另类的“夺命建筑”。

日本气象厅的统计表明，近年来，每年平均有800多次大大小小的地震光顾日本列岛。但是，近年在日本发生的里氏6级至7级地震中，人员伤亡相对都比较轻微。9月1日是日本的防灾日。每到这一天，全国各地都会组织大规模的防灾演习，其中的一项内容是演练当东京这样的大都市发生强震时，各地应如何组织或参加救灾。正是经过了这些理论和实践的洗礼，并保持警钟长鸣，地震来临时很多日本人才能沉着自救，力争将地震对生命的威胁降到最低程度。可以说，日本政府未雨绸缪的危机意识和国民丰富的应急知识发挥了重要作用。在美国，这不仅是成人的课题，也是3岁孩子都在温习的一门功课。1911年，美国纽约一家工厂的大火夺走上百条生命，美国借此通过34部法律，昭示生命重于财富。

2008年5月，四川发生地震时，安县桑枣中学没有一个学生受伤，原因就是他们的校长叶志平具有很强的防灾意识，重视学生的防灾教育，花40多万元加固建筑时才花了17万元的实验教学楼，经常组织学生进行消防及灾难疏散演练，在大震之后，把孩子们带到了家长面前，告诉家长，娃娃连汗毛也没有伤一根，被人们尊称为最牛校长。

痛定思痛，警钟长鸣，这次上海大火也充分暴露出我国在应对突发性灾害教育及日常演练方面的严重缺失。地震、火灾、暴风雪……这些突发事件总是带给我们意想不到的灾难。如何在灾难发生时顺利逃生，将灾难带给我们的损失与伤害降到最低，是人类永远的课题。人们期望上海大火能唤醒全社会的良心，集体发力，全面反思，推进制度和法律层面的革新，推动社会领域的相关改革，让悲剧从此不再延续。

参考文献：

1. 杨禹：《“11·15”上海大火发生在严打分包15天后》，新浪网，2010年11月21日。

2. 凤凰网：“上海大火专题”，http://news.ifeng.com/opinion/special/fansishanghaidahuo/。

3. 许伟军：《面对上海大火，难道只能说一声“违章操作”》，凤凰网，2010年11月17日。

4. 乔子鲲：《上海大火再敲高楼消防警钟》，凤凰网，2010年11月17日。

5. 陈哲、仇子明：《上海大火100天》，《经济观察报》2011年2月25日。

6. 静安区门户网站：“11·15”特大火灾专题新闻发布，http://www.jingan.gov.cn/sypd/1115zt/xwfb/。

7. 仇子明：《谁是上海大火背后第一责任人》，《经济观察报》2011年11月21日。

8. 仇子明、田鹏、陈哲：《上海大火初期消防水枪喷射高度不足》，《经济观察报》2010年11月19日。

9. 仇子明：《需要官员之泪　更需要向官员问责》，《经济观察报》2010年11月21日。

10. 仇子明、陈哲、田鹏：《上海大火急速蔓延探秘：保温材料可能系元凶》，《经济观察报》2010年11月17日。

11. 叶文添、何勇：《上海大火真相调查：城市消防能力面临诘问》，《中国经营报》2010年11月21日。

12. 叶文添、何勇：《多方证据显示保温材料为上海火灾祸首》，《中国经营报》2010 年 11 月 21 日。

13. 王克辉:《悲剧绝非偶然教训切勿忘记——上海胶州路公寓“11 · 15”大火透视》,《人民公安报》2010 年 11 月 26 日。

14. 谢海涛、栾文钰、于希旖:《还原上海大火》,《新世纪》2011 年第 31 期。

15. 王晓庆、徐红、栾文钰、于希旖:《大火赔偿持久战》,《新世纪》2011 年第 31 期。

16. 萧瀚:《善后赔偿的法与政治》,《新世纪》2011 年第 31 期。

(李德 编写)

新疆智障“包身工”事件

2010年12月13日，多家媒体报道了新疆托克逊县发现非法雇佣智障人员的事情。继三年前山西“黑砖窑”事件后，此次新疆奴工事件的曝光再度震惊全国。一家名为佳尔思的绿色建材化工厂，十余名工人（其中8人为智障人）在这里遭遇长达三四年时间的非人待遇：逃跑就遭毒打、干活如牛如马、吃饭与狗同锅、工钱一分都领不到……顺藤摸瓜之下，作为智障劳工来源地，四川省渠县乞丐收养所（后改名“渠县残疾人自强队”）的十年贩奴路浮出水面，该收养所负责人曾令全终于褪去了渠县工商联执委和所谓“慈善家”的光环，17年里形成的完整智障劳工输出链条也暴露在阳光之下；而渠县流浪人员救助站沦为“奴工基地”的黑幕也终于得以揭开。

一、案例始末

(一) 智障人沦为“包身工”

新疆克逊县库米什镇老国道247公里处有一家名为佳尔思的绿色建材

化工厂（以下简称“佳尔思厂”），十余名工人（其中8人为智障人）三四年来在这里遭遇了非人待遇。

当地人形容他们为“猪狗不如”：工人们逃跑就遭毒打、干活如牛如马、吃饭与狗同锅、工钱一分都领不到……很多人家专门砌了围墙，为的是看不到老板用皮鞭抽打工人的场景。一家石英厂的王姓老板介绍，这里的工厂一般10月份就会停工，第二年的3月才会复工，工人每人每天工资最少150元，而佳尔思厂则完全不同：“一年365天佳尔思厂从来没见停过工，而且这些工人一分工钱都领不到自己的手上。”

周边邻居在经过多年沉默后，再也无法忍受良心折磨，向媒体举报了奴工黑工厂。《新疆都市报》的记者在接到举报后，于2010年12月10日中午到了新疆西部的佳尔思绿色建材厂调查。据记者目击，该工厂空地上的粉尘有近20厘米厚，工人们身上头上落满粉尘，却没有一个人戴防护口罩，只有一名工人鼻子上挂了片烂布。工人们机械地干活，工作呆滞、迟缓。正在搬运成品的彭根贵（音）面对记者的问题，重复着这几句话：“一般情况下，只要不违反厂里的规定，就不会挨打。”“一般情况下，我们干不动的时候，就有肉吃。”“一般情况下，只要不逃跑，就不会挨打。”

记者去的第一天，没有人喊工人们吃午饭，直至晚上，工人们仍在干活。

第二天，记者以有人举报环境污染为名采访了工厂老板李兴林。

李兴林是一名来自四川南充的农民，40多岁，他居然理直气壮地认为自己的用工是手续齐全的，因为他与四川省渠县残疾人自强队签订过用工协议，他甚至认为残疾人自强队的负责人曾令全是在做善事，因为他组建了自强队，让智障人“自力更生”。

随后他出示了一份签订于2008年9月9日的《劳动协议》。但这份所谓的协议只有李兴林和曾令全两人的指印，没有任何公证机关的证明，在这份协议前，李兴林已经从曾令全那里接收了一批智障人。这份协议写明，经甲（李兴林）、乙（曾令全）双方协商，甲方用乙方（渠县残疾人自强队）第二批队员5名。前面的人员按前面订的协议不变，继续实行。

在签字之日起，一次性支付5名队员半年工资9000元，所欠工资于2008年10月15日起，每月付750元，到2009年9月15日付完。第二批队员5人，每月每人工资300元。第二批5名队员，2008年9月15日至2009年9月15日期间，每人工资3600元，不论在任何情况下，不管有没有活干，甲方必须给乙方付清工资。

“我前前后后已经接过来了30名工人，有些当时看着有劳动能力，来了什么活都干不了，就又送回去了。”李兴林拿出自己与曾令全的合影说：“曾令全很有名，网上有很多他的介绍。”李兴林找出上个月才支付过的银行凭条说：“我们每个月都给他支付工资的。”凭条上显示交易时间为2010年11月12日，转账金额2520元，由一位名叫蔡涛的人代转入曾令全账户。

李兴林是怎样管理这些智障人的呢？当地人揭露，他从没见过这样狠心的老板，动不动就朝工人脸上打巴掌，动不动就拿鞭子抽。

在佳尔思厂，这些智障人员按照李兴林的介绍，“从不爱洗澡，从不喜欢戴口罩”。李兴林的话外音似乎自己对这些智障人已经仁至义尽，但事实揭穿了他的谎言。在这家工厂，工人们住处冰冷而简易，褥子就是一层薄薄的床单，甚至只是铺了层硬纸壳。一名自称叫王力的工人透露，他曾尝试逃跑，但被抓回来了打得半死，被打怕了。他说，被骗到这里好几年，一分钱也没有拿到，两年间也从未洗过澡，家中还有母亲。

当天下午两点，当着记者的面，老板给工人们开饭，但这个时间开饭让工人们有点不知所措。老板娘将盛面的铝锅放在地上，一勺勺舀给工人，两条狗不时探进锅内舔食面条，老板娘举着勺子冲狗吆喝也不退下，便无人再管。这个场景被当时在场的记者拍了下来，很多人在看到这张照片后愤怒地上网谴责，然而李兴林却不以为然。

在李兴林的逻辑里，他认为自己与曾令全签订了劳动协议就可以心安理得地强迫智障人从事强体力劳动，甚至，他还认为自己是在做善事，“这些傻子在外边得不到温暖，在这里有饭吃”。他甚至冷血地说：“这些人，站时是个光鸡蛋，死了就是方块块。”怕记者不明白，他又补充：“活着的时候不值钱，死了就值钱了”。

在李兴林的眼里，这些可怜的智障人完全就是工具，而不是鲜活的生命。事实上，工厂开在国道边，群众此前也不是没有举报过，库米什镇派出所副所长付昌民表示，派出所也曾去厂里查看过，但厂老板称与四川省民政部门签署过用工合同，就没再过问。

尽管口口声声说自己是在做善事，李兴林对自己的罪行还是心知肚明的，因此当记者来访后，便偕工人逃往四川。

（二）曾令全：慈善家还是黑心老板

与佳尔思厂紧密相关的另一端，是四川省渠县一个名叫曾令全的“乞丐收养所”负责人。据李兴林所说，佳尔思厂所用智障工人正是由曾令全输出，工人们的工资也是汇到曾的银行户头上。

曾令全到底何许人呢？曾令全，渠县渠江镇幸福坝人，1964 年出生，身份是农民，曾经是建筑老板，有车有房，在当地也是小有名气的人。1996 年，曾令全在幸福坝修建有院子，专门收留流浪、智障人员。

渠县工商局网站资料显示，2009 年 1 月 17 日，曾令全被增选为渠县工商联八届执委。渠县工商联在总结 2008 年工作时特别提到曾令全，称“曾令全同志出生在一个农民家庭，在家养过猪、卖饲料，外出务工小有积蓄后，萌生爱心，1996 年创办了渠县渠江镇残疾人自强队，专门收留在街上的智障乞丐、精神病患者及好吃懒做的‘问题人’。”

但是，曾令全卖智障人到新疆做工已不是第一次。在曾令全的残疾人自强队基地有一本通讯簿，上面记录了分布于四川、湖南、广东、江苏、北京等多地砖厂、建筑工地老板的电话号码，基地还有曾令全与南通某工地的用工协议。2006 年还曾被媒体曝光。据《中国青年报》、《民主与法制时报》2007 年 4 月的报道：2006 年 5 月 13 日，一名乞丐被抓至湖南耒阳市锡里砖厂强迫做工，不从，被殴打后抛于野外死亡。耒阳市公安侦查案件意外发现，耒阳市锡里砖厂内大量外地工人或者精神不正常或者痴呆，被强制劳动，不支付工钱，甚至被用电刑监工。其管理人员常采用捆绑，用铁棍、竹片和机器皮带抽打，电击等残忍的体罚方式强迫残疾人劳动。这批外地工人来自四川渠县“残疾人自强队”。

根据近年媒体的披露，至少 13 个省市发生了智障工事件，除“黑砖窑”事件发生地山西外，其余 12 个省市智障工来源均指向四川山区。

当地一位村民说起曾令全，也是摇头不止：“他做的这些事啊，只有他自己知道。”“他有些事还是要不得。”

(三) 事件处理

2010 年 12 月 13 日，新疆维吾尔自治区党委书记张春贤听闻在托克逊县发现非法使用智障人员之事，非常愤怒，要求严厉打击丑恶现象。张春贤说：“即着专门小组协调相关省份，即使‘上天入地’，也要把不法分子缉拿归案、依法严惩、公开处理，还人民群众一个公道。”

2010 年 12 月 13 日上午得知相关情况和指示后，吐鲁番地区托克逊县召开专题会议，并责成库米什镇、公安、国土、经贸委、劳动监察、工商、安监、卫生、环保、工会等部门主要负责人立刻前往现场查明情况，解救工人。

2010 年 12 月 13 日 20 时 50 分许，托克逊县有关部门召开发布会，通报了智障“包身工”事件的最新调查处理情况。托克逊县常务副县长杨锦说，目前，托克逊县库米什佳尔思绿色建材化工厂已被查封，老板李兴林 12 月 12 日 7 时许已带领十几名雇工乘上开往成都的列车。托克逊县公安局已经与铁路公安部门取得联系进行沿线查堵，并派出公安干警飞赴四川。现场只剩下佳尔思绿色建材化工厂老板娘，目前已被警方控制。托克逊县正在全县范围内开展企业用工情况大检查。

杨锦说，经初步调查核实，托克逊县库米什佳尔思绿色建材化工厂于 2006 年 7 月 16 日注册，法人代表为李兴林，主要经营大白粉、石英砂等。该企业用工主要是经过四川渠县曾令全负责的“渠县社会福利院乞丐收养所残疾人自强队”以劳务派遣的方式获得。

杨锦说，托克逊县组织部、纪检委已组成工作组，追查相关部门的监管责任，根据调查结果进行责任追究。

2010年12月14日20时30分许，新疆吐鲁番地区托克逊县委、县政府召开黑雇工事件第二次新闻发布会，向媒体通报了最新调查处理情况。托克逊县县委常委、常务副县长杨锦通报说，通过托克逊县公安部门和四川省公安部门的通力合作，黑雇工事件的雇主李兴林及其子李成龙已于今天（12月14日）18时在成都被捕，并解救出12名智障工人，其中四川籍5人，安徽籍1人，黑龙江籍1人，河南籍4人，甘肃籍1人。12名智障人员现在成都，托克逊县政府正在与四川省渠县人民政府进行协商对被解救智障工人进行妥善安置。而李兴林及其子将被很快押解回新疆接受调查。李兴林及其子李成龙，现在户口在新疆托克逊县，原籍是四川省渠县。现已查清，李兴林是独自1人乘坐火车回成都，而其子李成龙带着12名智障工人乘坐大巴车回成都。

杨锦说："在新疆人民满怀豪情加快新疆跨越式发展的时候，托克逊县发生了残酷剥削智障者、非法限制人身自由的黑雇工这样的事情，这让我们很痛心、很惭愧。这一事件给托克逊县带来了极大的负面影响，这充分暴露了我们政府部门和工作人员监管不力的问题，我们将作深刻检讨和反思，并对干部队伍和工作作风进行一次大的整顿和教育。"

2010年12月15日，托克逊县委、县政府对佳尔思建材厂非法用工案中负有主要责任的5名党员干部进行了问责和党纪政纪处分。给予库米什镇党委书记李宗新党内严重警告处分；给予库米什镇党委副书记、镇长阿不都瓦·哈力克免职处分；给予库米什镇政法副书记崔涛免职处分；给予人事劳动和社会保障局分管劳动监察工作的副局长伊力汗木·阿不来孜免职处分；给予劳动监察大队大队长阿里木·库尔班党内严重警告、撤职处分，免去其劳动监察大队大队长职务。

四川方面，黑工厂事件曝光后，渠县政府回应称，渠县乞丐收养所是渠县农民曾令全个人行为，已于2010年12月13日下午组织渠江镇、民政局、残联、人力资源和社会保障局、工商局等有关部门成立联合工作组，对曾令全本人开展调查，并已派出工作小组，连夜前往托克逊县库米什镇进行情况核查和维权救助。当地公安机关于12月13日晚对曾令全立案调查。

据通报，曾令全、李素琼夫妇在既未向工商、民政部门申报，也未获得审批的情况下，擅自开办自称是民间公益事业的“残疾人自强队”，将乞丐、智障人员输送到外地务工，非法获得智障人员的劳动报酬。经立案侦查，2010 年 12 月 14、15 日，曾令全夫妇先后因涉嫌非法经营罪被刑拘，曾令全所办的“收容所”被取缔查封。渠县救助站职工杨军义在被指派为渠县救助安置基地负责人期间，私下以个人名义与曾令全签订智障人员用工协议。2010 年 12 月 21 日下午，渠县警方决定，对杨军义纳入曾令全案一并侦查，对其刑拘。同日，渠县救助站站长刘定明被停职调查。

事发后，渠县警方已从广东解救了 10 名智障残疾人，在渠县当地解救了 6 名智障残疾人，在北京解救了 30 名智障残疾人。

2010 年 12 月 30 日下午，渠县县委常委会议研究决定，免去王勇渠县民政局党委书记、局长职务，免去廖泽彪（时任渠江镇镇长）县人大内司工委副主任职务，免去范云渠江镇副镇长职务；对渠县人力资源和社会保障局党委书记、局长邹毅给予行政警告处分，对县残联理事长张秀清给予党内警告处分。至此，加上之前被先行停职的救助站站长刘定明，四川渠县共有 6 名官员被问责。

但曾令全案调查仍无进展。渠县公安局副局长沈晓称，该县救助基地是否涉嫌“奴工黑市”交易仍不得而知，杨军义依旧只承认与曾令全间有已被媒体发现的“用工协议”。渠县官方称，因民政局长等人已被免职，相关信息采集更为困难。操纵经营该县救助站太平寨安置基地的幕后人员是否另有其人依旧成谜，而此时已距该县启动调查“智障工”案 3 个多星期。

2011 年 4 月 30 日，新疆托克逊县人民检察院以强迫职工劳动罪、重大责任事故罪，对李兴林、李云华提起公诉。托克逊县法院审理认为，公诉人对被告人李兴林、李云华指控的罪名成立，追究被告人刑事责任，数罪并罚，依法判处李兴林有期徒刑四年零六个月，并处罚金 5 万元；判处李云华有期徒刑两年，缓刑三年，并处罚金 5 万元。

二、案例背景

四川渠县幸福坝，曾令全，一个46岁的农民，他的另一身份是渠县工商联执委，不想因新疆智障工事件名扬天下。他和渠县救助站的安置基地，做着同样的生意：输出智障工人。

1993年之前，曾令全是当地的一名猪倌，平时种地种菜，靠养猪为生。但当他在农贸市场“捡”到了第一个蓬头垢面的智障人员李兵后，他的“事业”发生了改变。

曾令全想着家里的猪总是需要有人喂食、照料，缺个人手，因此曾令全就问李兵愿不愿意跟他回去养猪，李兵就这样成为曾令全的第一个被收养者。陆续几年，随着养殖业的扩大，曾令全又“捡回来”两名智障人员，分别叫李小平和朱国庆。

就这样过了三四年，曾令全的命运因为记者的参与发生了转折。1997年，四川某报报道了曾令全收养乞丐的文章《一个猪倌和三个乞丐》，文章副标题中这样写道：“衣不遮体、食不果腹；天为帐、地为床；被呵斥、被投石、被鄙视；被人不把他们当人看，就连他们自己也忘记了自己是一个人。是一个善良而普通的农民青年改变了这一切。”因为报道，曾令全的行为得到了当地政府的认可，他也第一次得到了来自政府的资助，15000元“爱心款”。此外，有报道披露，民政部门当时因为觉得流浪汉在城市碍眼，还委托曾令全把他们带走。

随着收留的流浪乞讨人员不断增加，曾令全发现了一条比养猪发财来得更快的路子。从1997年起，曾令全开始将这些智障人员规模化地输出务工，并逐渐形成了一条收养、培训、输出“智障工”的“产业链”。

为扩大“智障工”来源，曾令全向渠县三轮车和出租车司机打招呼，以每人100元—300元的价格，“收购”智障人员。他还成立“抓捕队”上街抓人。后来被解救的奴工之一的李红阶，能清晰地与人交流，可以工整地写出姓名和家庭地址。他说，他2009年正月到渠县，在县城捡破烂时，突然一辆车停下将他强拉进去。在接受了“培训”13 天后，他们一行 13 人被送到西宁一个工地背沙。干了一整年，没有一分钱工资。

一份材料显示，从 1993 年到 2006 年期间，曾令全称自己先后收养了 137 名残疾（主要为精神残疾）人员。

在长达 17 年的时间里，曾令全一直被外人视为行善。曾令全“自封”为自强队队长，“统帅”数十名智障劳工团。当地政府也一度承认曾令全的善举，不仅仅默许其收容残疾人、智障者和流浪乞讨人员，逢年过节还专门带上米、面、油等前来慰问。

曾令全给这些残疾人取名“残疾人自强队”。看着队伍逐渐庞大，曾令全一度很想给“残疾人自强队”找到合法身份，打报告希望县政府能够给他这个民间组织授牌、授印，并借此扩大收养规模。一直到 2006 年，曾令全的“残疾人自强队”都没有得到许可。

自强队由曾令全出任队长，其妻李素琼出任会计。自强队的智障劳工被编为多个小组，第一组有 8 名残疾人在深圳打工，由曾令全妹夫罗政当组长；第二组有 17 名在湖南打工；第三组有 7 名在广东打工；由李兴林任组长的第四组有 5 名在新疆打工；第五组还有 20 名残疾人在家培训。

值得注意的是曾令全的妹夫罗政，2006 年因为一名智障劳工的非正常死亡导致案发，当时被湖南方面判处有期徒刑八年，至今仍在狱中服刑。但奇怪的是，曾令全并未受到波及，仍然继续向全国各地输出他的智障劳工团。曾家也反复强调，自己所做的事情甚至比政府做得更好，而且他们曾经与政府的收容站有过多次合作。从曾令全留下的电话本上可以看到，他的生意已经做到了整个中国，几乎所有的大城市都有过曾令全自强队的身影。

2007 年，曾令全在当地政府的支持下，将已经停止使用的幸福小学以几万元的价格买下，整改、装修，建成了一个培训基地，对外，曾令全把这个基地称作“乞丐收容所”或者“渠县残疾人自强队培训基地”。曾的培训手段是：不听话就打。当地村民们时常会听到基地内传出的智障人被打的“呼天叫娘”声。有村民说：“有时候半夜里听到隔壁在打癫子，听得人都不敢睡觉。”

对于曾令全夫妻的做法，该村村民表示总的感觉曾令全是在做善事，但后来不少人认为有点变味了，打工后这些钱到底如何在用也只有他们自己知道。

新疆事发后，渠县政府在第一时间作出让自己陷入舆论被动的举动：派人赶在媒体到来之前搜走了培训基地一堆物证。12 月 16 日深夜 10 点多，当地政府又突然组织了几十人分乘七辆车连夜赶到曾令全的“培训基地”，将旗杆砸毁，连同基地内剩余的锦旗、标语一同带走。据曾令全的弟媳黄长琼称，被毁和搜走的证据包括渠县民政、残联、统战等部门此前颁发的铜牌、荣誉证书、锦旗、批复的文件以及县各个部门领导前来视察、慰问的照片等。曾家人说，这些证据足以证明曾令全收留残疾人并派到外地务工完全是在渠县相关部门支持下进行的。

基地办公室里还曾挂有一张自强队组织结构图。排在第一位的是董事长熊克志、第二位才是曾令全，熊克志曾担任渠县县长、人大主任，但他否认了自己是残疾人自强队的董事长，他认为曾令全懂得利用政治。

渠县民政局局长王勇说曾令全所谓的渠县乞丐收养所没有任何审批，政府也不可能审批，这全系曾令全的个人行为，对于曾令全的具体情况，自己也是从网上知道此事，其他一概不知。曾家指责渠县政府在竭力想跟此事撇清关系，为此摆出了另一些证据。

曾家人回忆 2009 年、2010 年连续两个春节，渠县县委统战部副部长张有荣和民政局干部都到培教基地视察慰问。“他们送来了 60 件棉大衣、10 壶油、大半片猪肉、20 袋大米……”曾家人说，培训基地多年来都是渠县民政系统的慈善典范，“政府说他们事先不知情，可能嘛?!”

曾家手头有一份复印件，内容为：兹证明“四川省渠县乞丐收养所”经渠县政府同意、人大许可，成立属实。在证明文件上签字盖章的包括当时的渠西乡政府、渠县民政局、派出所，日期为 2000 年 3 月 20 日。

这是渠县首次对曾令全的“乞丐收养所”作出官方认定。渠县民政局最初曾试图将这个收养所收归当时的渠县收容遣送站管辖，定名为“渠县收容遣送站渠西教育场”。不过，曾令全认为这是民政局眼红，想夺他的利，因此四处上访，认为渠县民政局的做法改变了他个人自筹自办公益事业的性质。

新疆案发后，渠县救助站（前身为收容遣送站）也牵扯其中，被曝光与曾令全一样输出“智障工”赚钱。曾令全的妻子李素琼在被刑拘前解释，渠县收容遣送站在水口乡太平寨麻风病院原址建立了一个收容教育基地，实际上是准备与曾令全一样进行劳务输出，当时的收容遣送站站长（现救助站站长）刘定明还曾提出让曾令全去管理，月工资 1000 元，太平寨基地的管理人杨军义也多次找曾商议合作，都被曾拒绝。为此，双方曾发生冲突，收容遣送站以没有户口为名突袭曾令全家，将智障人全部带走，曾令全最终妥协。曾家人说，双方的合作模式为：收容站将残障人送给曾令全培训，然后外派务工，所得收入与收容站分成。此外，收容站在接到生意但人手不够时，也会向曾要人。

2003 年，渠县收容遣送站更名为渠县救助管理站，但双方的合作仍在延续，曾家出示了一份曾令全与收容站护送股股长杨军义签订的用工合同，显示杨军义向曾令全处带走 3 名残疾人，工资每月 1000 元，合同期为 2006 年 4 月 30 日至 2007 年 4 月 30 日。期间工人工资必须交付曾令全，如丢失 1 名工人要向曾令全赔偿，如故意将人带走将赔偿 2 万元。

调查发现，渠县救助安置基地从 2003 年 5 月起就以“太平寨桃花农庄”的名义对外经营农家乐，但刘定明只承认，“出于经费考虑”，该站从 2008 年起将该安置基地以 3000 元 / 年承包给了杨军义。刘介绍，从 2008 年开始，该救助安置基地已承包给护送股股长杨军义，由其管理经营，每年收留的智障者平均有三四十人次，每人都按照最低生活标准的 70%予以补助，每月直接拨付 80 元。

2006 年，曾令全的妹夫罗政在湖南耒阳被捕后曾交代，所有智障工人的工资都没有发，而是曾令全和政府部门分成。不过，对曾家所有指控，渠县民政局救助站站长刘定明在接受采访时坚决否认。

罗政被抓也曾牵出了曾令全以及“渠县残疾人自强队”，曾令全因此被湖南警方追捕，这是曾令全与渠县救助站合作后的第一次危机，但曾令全并未受到影响。几乎在湖南警方要求渠县警方协助追捕曾令全的同时，曾令全居然顺利拿到了渠县渠江镇民政办批复同意“残疾人自强队”改名为“渠县渠江镇残疾人自强队”的批复文件。渠江镇鼓励曾令全“为促进我镇残疾人事业蓬勃发展，全面建设和谐社会贡献力量”。

有了渠县相关部门的“尚方宝剑”，曾令全的“慈善事业”从此“蓬勃发展”，其个人后来也在2009年、2010年当上了渠县政协委员、县工商联执委，不仅得到政府多部门的赞誉，更是获得了政治光环，他还神通广大地为部分智障人办了身份证、低保，每月骗取政府补助。

当初给曾令全这些政治光环和特殊照顾的部门现在却都在正义凛然地“喊冤”与“辟谣”。已退休的原渠县人大主任熊克志表示，2009年他和其他领导到培教基地慰问时曾提出两个问题：第一，残疾人是否享受到了与正常人同等的权利；第二，这些残疾人挣的钱是否真的用在了自己身上。“做善事和打着善事的牌子去敛财是两码事。”熊认为他这番话与其说是对曾令全说的，不如说是在提醒当时在场的官员。“可惜他们并没有意识到。”

三、各方评析

（一）人道主义谴责：文明社会的耻辱

《齐鲁晚报》文章称“智障人沦为奴隶是社会耻辱记录”。文章说利润、发展对一些人已是如此重要，以至于人伦、人性、不忍之心、怜恤之道都已失陷，以至于能够让人类最古老的悲悯和现代世界的基本价值一锅端掉、齐根拔除。它进一步强调，只要人仍然被视为工具和手段，而不是价值和目的，程序不同的奴隶化与被奴隶化就不会绝迹。

《新民周刊》发表评论文章说，这是新中国成立以来，全国第一起由基层民政机构插手的恶性拐卖人口的事件。事件的恶劣程度，无论怎样形容，都不过分。他说，这样的犯罪，已经远远超出了人类的底线。山西黑砖窑事件爆发，举国一致声讨，居然没有让他们收手。如此肆无忌惮，如此胆大妄为，真是令人惊掉了眼镜。

还有评论说，新疆托克逊的智障包身工的种种非人遭遇，无一不在挑战着这个文明社会的底线。它无情地撕开了这个社会华丽的外衣，明白无误地向世人展现了人性的丑恶与贪婪。这不仅是这个文明社会的耻辱，更是当地所有官员的耻辱。

《华商晨报》文章称这一恶性事件是对社会文明和廉耻公德的挑战。因为这些和我们一样拥有平等权利的公民，他们的生命尊严遭遇了肆无忌惮的践踏。

也有文章说，令人惊讶的是，雇用智障人士的老板竟然认为自己是在“行善”，说什么“这些傻子在外边得不到温暖，在这里有饭吃”。事实上，这个禽兽不如的老板根本没有把智障人士当人看待，他们的生活与狗并无分别。这样的老板已丧失起码的良知与人性，必须受到严惩。

（二）为何发生？谁之责任？

智障包身工的发生，直接原因在于企业主的逐利冲动和资本的逐利本性。正如有评论指出的，趋利的冲动，盖过了一切。《中国青年报》指出，没有“德障”者，哪来智障包身工？……德障者多了，不是智障的无权无势者，也可能沦为变相的包身工。试问天下还有比这更可怕的事情吗？

制度环境不健全给这类事件提供了可乘之机。有评论说，现代版包身工的再度上演，赤裸裸地表现出我们用工环境极其脆弱的一面，没有一个深入而全面的防护制度来防止此类顽疾的发生。中国政法大学副教授萧瀚撰文指出，智障奴工们被置身于一个以强欺弱的制度环境中，同时，这种制度环境也恶化了整个社会伦理生态，导致其所身处的上述伦理场域中，保护性力量远不敌伤害性力量，于是为了经济利益不择手段的各种惨剧就发生了。因此，以强欺弱的制度环境不变，伤害性的总体社会伦理生态就难以改善，民族品格不立，文明也就如镜花水月。

新疆曝出残疾奴工事件也折射出中国智障人权益保障体系不健全，法律界人士呼吁有关部门正视智障人士法律权益问题。新疆社会科学院法学研究所所长、副研究员白莉指出，虽然曾出台过《中华人民共和国残疾人保障法》，但立法不具体、不完备，比如政府建立的社会救助站只规定解决城市无家可归的乞讨人员（包括智障人士），农村、家庭无力供养和无人监护的智障人员不包括在内。她呼吁构筑智障人员保护防线。

政府负有不可推卸的责任。中国人民大学公共管理学院副教授杨洪山认为，新疆非法用工非个案，“黑雇工”普遍存在，反映出地方一些部门的监管失职，相关部门必须要变被动处理为主动出击，否则只能是对侵害行为的放纵。有评论指出，一个地方如此长时间的存在“包身工”，只能说劳动监察与管理部门形同虚设，犹如废气般缥缈。呼吁劳动管理部门在劳动监察、劳动维权、劳动保障等关键环节有所作为，防止如此野蛮的包身工事件再次发生。

有评论认为，政府监管缺位是根本原因。评论说，官商勾结是不少人的第一想法，但人数不多、规模不大的工厂、残疾人自强队牵涉上腐败，颇为牵强。其真正原因，还是基层职能部门监管缺位、缺范有信息收集不够、确没有发现问题的客观因素，也有出于地方利益、企业发展为重、对劳动者权益睁只眼闭只眼的主观原因，还有对居于弱势群体最底层的智障人士缺乏体察关爱的社会原因。而这些因素，也正是各方总结出的山西黑砖窑事件的祸因。

新疆托克逊县委常委、常务副县长杨锦也承认，这一事件暴露了有关部门和工作人员对劳动用工监管责任心不到位、人员不到位、措施不到位的问题。

新华网发表署名文章，比较全面地分析了黑工厂再现的根源。文章说，这一丑恶现象出现在一个法制化的文明国度，背后其实隐含着社会的多重失范与失守。首先是资本失范与失守。资本逐利的方式，包含着从劳动者身上榨取剩余价值。但社会文明发展到今天，纵是资本主义国家，带血的资本也是懂得珍惜劳动者的，况且我们还是一个推崇按劳分配的社会主义国家。可是，在现实生活中，资本却尽显不择手段逐利的丑恶，肆意利用资本优势，压榨劳动人民和特殊人群的血汗。其次是人性的失守。智

障人士也是人，是更需要社会关心和爱护的人。没有关爱也就罢了，还不给工钱、从他们身上榨取血汗，把他们当狗一样养，让他们与狗同吃一锅食物。人性在资本冷血的现实里，沦落到人不如狗的地步！再次是政府公权的失守。一个比“血汗工厂”还要黑暗的工厂，在当地存在了多年，工商、公安、民政、工会、劳动保障、环保、残联……这些部门都做什么去了？难道真的全是被蒙在鼓里？为人民服务的公权，失职到如此程度，这实在是一个让人无法理解也无法容忍的事情！

(三) 反思与改进：如何避免再发生

智障人士无法像健康人那样表达自己的诉求，也不能自觉地维护自身权益，尤其是流浪在外、失去监护的智障人士，很容易沦为黑心工厂牟利的“奴工”。为了避免智障包身工事件再度重演，各界人士献计献策。

有的认为，相关部门需要忏悔，更需要以公义的名义重拾社会的人性。中国法律界人士则呼吁不仅要在司法层面严惩不法之徒，政府也应完善维护智障人的法律权益。

中南财经政法大学教授乔新生认为，收容遣送制的废除以及新的社会救助机制在实施中的困境或许给智障包身工案件的滋生提供了空间。“如今的解决之道需要借助两只手——政府福利部门、NGO（不以营利为目的的非政府组织）。”乔新生表示，除了反思收容遣送、社会救助机制外，还必须反思当今中国社会结构的组成——“非政府组织的缺失”。

“社会救助是政府责任，但也应该鼓励民间力量进入，但这个民间机构一定要是非营利性的，如果通过‘智障’人士进行牟利，就一定要予以严打。”武汉大学社会弱者权利保护中心主任、法学院教授林莉红认为，就如曾令全的“自强队”，政府一直不愿意进行登记，它就处于一个“非法状态”，只有在出了事再追究，其实是政法管理上的“失控”。“鼓励民间救助更加要强调政府责任，这里的责任更多的是进行引导、监管，最好能形成相关机制。”

四川省人大代表、达州市法院副院长蒲春天说，曾令全利用“慈善”

的幌子，使用智障人员劳动，牟取利益、游离于守法与违法之间，给相关管理部门带来了许多监管的难度。他表示，在即将召开的四川省“两会”上，将建议出台智障人员专项救助办法：第一，现行的《城市流浪乞讨人员救助办法》无法解决农村流浪乞讨人员的问题，在农村也还存在流浪乞讨现象，应完善农村流浪乞讨救助办法，让农村流浪乞讨得到救助，做到有章可循；第二，国家应出台农村智障人员和滞、呆、傻、瘫人员的专项救助办法，按智障等级给予适当救助，按标准兑现给个人，或者完善城乡低保救助制度，能考虑家庭有智障人员和滞、呆、傻、瘫单独纳入保障范围，让其有基本生活保障，家里不会作为包袱推向社会，达到以实行家庭监督为主，减少社会压力；第三，加大打击力度，凡是监护人员遗弃智障人员和滞、呆、傻、瘫的，一经查证核实要予以打击，虽然我国现行法律有遗弃罪，在执行过程中很难掌握，但是全社会要形成良好的社会氛围，让其家庭承担起监护管理责任，切实履行保障其生活的义务；第四，加大西部地区福利设施建设投入力度，西部地区财政收入困难，靠地方财政投入福利设施难度较大，福利设施滞后与需要安置人员之间矛盾突出，每年国家应有计划地安排革命老区、贫困地区福利设施的投入。

也有文章积极推介境内外关于智障人士保障的经验做法。北京慧灵智障人员服务机构顾问、香港社工周佩仪介绍，在香港，智障人员有完备的服务体系。一个孩子出生后，由母婴健康院初步诊断症状，成长到一定时候，儿童体能智力测验中心对其做详细评估。确定智障后，将被建立特别档案，终生有社工跟进服务：在0—6岁，为其联系特殊幼儿中心，接受学前服务；6—15岁，进特教学校；15岁之后，进行职业训练或辅助就业……周佩仪介绍，香港社会福利处的社工平均一个人对应约百名智障人员，终身跟踪服务。“有些智障人就喜欢流浪的生活方式。也会有社工保持跟进，定期把他们‘抓’回去理发，洗澡。”

《新京报》文章介绍了加拿大的经验。在加拿大，这类救助站设立相当普遍，像温哥华这样的城市就有几十所，这些救助站有些是政府部门设立的，有些则是民间组织、机构承办，但无论姓公还是姓私，其管理都是透明的，不仅财务公开，大门敞开，而且内部经营、管理往往是义工唱主角，每逢重大节日或极端气候，救助站展开大规模行动，都会在媒体上及时公布。文章指出，中国也应关注救助站体系本身，使救助站杜绝黑幕，真正发挥“救助”职能。为此，在救助站的管理上，必须贯彻社会化、透明化和受救助自愿的原则，把救助站的大门对舆论、公众敞开。这不仅能有效防范黑幕现象的出现，防止救助站功能的异化，更可以把救助工作变成全社会、全民共同的慈善事业。

四、启示借鉴

（一）国家担责：建立智障人服务和保障体系

2007 年山西洪洞县黑砖窑奴工案后，有媒体发出追问，“黑砖窑”还会不会卷土重来？时至今日，这一种追问依然让人心惊胆寒。

新疆智障奴工事件暴露出来的只是冰山一角。中国智残协会统计，2007 年山西黑窑工事件后，河北、河南、安徽等 10 多省份出现过大量侵害智障人员事件。这表明，个别事件的责任追究无法“引以为戒”，无法杜绝此类事件的重演，必须从源头上填补智障人权利保护的制度缺失。

国家担负起保障智障人士尊严、安全和发展等基本权利的首要责任，当属其中应有之义。不仅仅因为从道德上讲，对待弱者的态度，反映了一个社会的文明程度，“事实上，残疾人的产生是人类发展的代价，照顾他们是整个社会的责任”；而且从法律上讲，“国家尊重和保障人权”是中国宪法的明确宣示。

根据 2006 年的一次抽查数据显示，我国智障人士总数近千万。其中有较好工作能力并处于就业年龄段的 150 万人。但是长期以来，我国残疾人特别是智障人的权利保障和服务体系并不健全。其一，我国虽有《中华人民共和国残疾人保障法》，但是保障范围和力度跟社会实际需求还有一定的差距，根据规定，只有少数残疾人有机会纳入低保体系或纳入农村“五保”体系，照顾残疾人的责任主要落在家庭头上而不是首先由国家承担；对智障人士的关注不够；农村、西部和贫困地区的资金保障更是困难重重。其他如《城市生活无着的流浪乞讨人员救助管理办法》也面临着类似的问题，既无法解决农村中流浪乞讨问题，城市中也有资金之忧，因为对于流浪乞讨人员救助，中央财政一级并不安排财政预算，而由各地方政府自行安排。没有相应的保障体系，任何智障人都可能成为流浪人，存在被奴役风险。其二，关于残疾人特别是智障人的生存状态，缺少科学决策的基础数据。目前中国唯一关于智障人的数据，来自2006年的残疾人抽样调查，但这只是一个推测数据，并非普查。数百万智障人在什么地方？他们有无监护人？有无基本的生存保障？哪些人面临流浪的危险？……并无真实可靠的资料。中国残联相关部门也坦承，没有掌握智障人员就业、托养、保障等情况的数据。

由于制度的不健全，智障人士大多处于无机构庇护的状态之下，处于被人遗忘甚至遗弃的角落，因而“被奴役”的非人道风险也就难以避免。因此，国家宜参照国际惯例，借鉴国际先进经验，在摸清残疾人基本生存状态的前提下，尽快制定《残疾人福利法》，针对残疾人特别是智障人建立普遍福利制度，不分其家庭是否富有，统一享受福利，共享社会文明发展成果。如此，变事后追究为事前预防，方可为智障人建立起一道免遭奴役的“防火墙”，逐渐消除社会排斥，而被解救的智障工才能得到无后顾之忧的“妥善安置”。

(二) 官员问责：直击政府不作为

从山西黑砖窑事件到此次新疆智障包身工事件，同样的问题周而复始禁而不绝，政府监管缺位、行政不作为都是重要原因所在。全国政协外事委员会副主任韩方明一针见血：“每次用人单位使用智障人士做苦力的现象被媒体曝光后，就会得到社会舆论的广泛关注。在领导作出重要批示后，事件会得到迅速调查，在社会的高度关注下，最终得以解决。为什么会一而再、再而三地出现这种情况？为什么每次此类事件，都需要先通过媒体曝光，才能引起人们足够重视？为什么当地监管部门没有事先进行调查？”这种现象的确应该引起我们的反思。

此次新疆和四川智障工事件，本来有多次可以避免的机会。第一，收养所的负责人曾令全，早在2006年就因为类似事件被湖南警方通缉。然而渠县方面显然有不作为甚至放任之嫌，2009年曾某居然还当选四川渠县工商联执委。第二，渠县和新疆工厂当地均有居民向政府反映情况，但均无果而终，新疆工厂当地政府还表示工厂手续齐全，没有办法。具有讽刺意味的是，事发之后，渠县政府又急于划清界限，宣称曾某所作所为均为“个人行为”，开办10余年的收养所一夜之间变成违法。

总之，展现给我们的现状是，恶性事件的发现机制具有偶然性，很多事情往往是要等到被媒体关注并影响恶劣之后，才等来公权对案件的查处（和对奴工的解救），这本身已是对公权力的巨大反讽；处理效果则往往取决于高层权力者的主观意志以及逐级贯彻的实力，而高层介入的成果又难以固化为长效机制，经常是媒体曝光“一下子”，监管跟进“一阵子”，难觅常态执法的影子。如此极大地减损政府公信和制度权威，并增加社会运行成本。因此，在强化公仆意识和为人民服务的执政观念的同时，建立健全对不作为、慢作为的官员问责制，完善政府监管势在必行。

（三）社会担当与多元治理

智障包身工的存在无疑是政府管理缺失的明证，但是要彻底根治之，单靠政府力量却也有限，必须借助社会力量的多元参与。至少包括：

第一，鼓励民间力量进入社会救助领域。综观本次智障工事件，不能忽视以下两点：其一，曾令全的“自强队”（收养所）长期没有获得“合法身份”，客观上形成了政府监管一定程度的真空地带；其二，政府无力为救助站提供充足的资金，而曾令全和救助站的智障工输出模式不仅可以减轻政府负担，还能增加收入，客观上也促使政府放任自流，对这种行为听之任之。由此形成了政府能做做不好，民间能做好但不能做的困局。中残联常务副理事长王乃昆在2010年9月份的中国特奥高峰论坛上透露，截至2009年年底，全国残疾人托养服务机构仅3474个，仅能为全国包括智障人在内的约11万残疾人提供服务。而要登记成立智障人员服务类的民间组织却很难。解此困局，只需国家放权，鼓励民间力量进入社会救助，民间组织有了合法身份也能更方便地接受社会募捐，而政府的责任在于建章立制，加强引导、规范和监督，必要时提供资金和政策支持。

第二，加强企业社会责任。劳动者特别是智障劳动者的权利保护，是企业社会责任的应有担当。智障奴工事件暴露出来的，不仅是无良企业（主）对法律尊严的亵渎，对人类道德底线的挑战，也是企业社会责任的缺失。美国佛罗里达州来自墨西哥的农业季节工也曾被当做奴工来对待，这些季节工每星期的工资一般只有200美元，住在货车里，晚上还要上锁，每次洗澡要被收费5美元。美国记者多伊尔2007年发表题为《奴工让美国蒙羞》的文章揭露此事，并指出，这种“低于人的待遇”是“一条剥削和虐待的长锁链的最末端”，呼吁整个社会都要对此负起责任。美国企业界为此展开了帮助农业季节工的实际行动，并达成了一个关于每磅西红柿增价1美分的协议。据估计，每磅西红柿增价1美分，可使西红柿收入每年增加25万美元，也就是让每个摘收西红柿的农业工人每年增加100美元的收入。虽然不多，但却是一个能帮助提升全社会公正意识的举措。世界上最大的饮食连锁企业麦当劳带头签署，拥有3.5万家餐饮店的Yum！公司也签署了，它旗下的著名公司包括肯德基、Pizza Hut和Taco Bell。尽管劳工权利保护不能全靠企业主或资本者的良心，但是强调企业社会责任无疑是有益的。

第三，塑造关怀弱者、善待弱者的社会观念。在社会上倡导一种关爱弱者的道德伦理，建设一种关爱残疾人的慈善文化，树立“平等、参与、共享”的现代文明社会残疾观，形成人性关怀的道德感和对人性尊严、道德尊严的敬畏感。要在逐渐消除对残疾人的忽视和歧视中，形成这样一种社会共识，即残疾人享受社会福利，是他们的权利而不是对他们的恩赐，

是全社会应当负起的责任，而不应把他们看成是社会的负担或者仅仅是某个家庭的责任。这是防止弱者沦为奴隶、增强社会融合的观念基础，这种观念是民间公益性救助力量得以壮大的基础之一，也是企业担当社会责任的约束条件。

参考文献：

1. 新浪网："新疆智障人黑工厂事件"（专题报道），http://news.sina.com.cn/z/xjzzgc/index.shtml。

2. 网易："新疆一工厂以智障者当包身工"（专题报道），http://news.163.com/special/xinjiangid/。

3. 联合早报网："关注中国奴工"（专题报道），http://www.zaobao.com/special/hotspot/slave.shtml。

4. 凤凰网："解救智障奴工"（专题报道），http://news.ifeng.com/society/special/xinjiangzhizhangzhe/。

5. 马乐：《智障人沦为"包身工"》，《新疆都市报》2010 年 12 月 13 日。

6. 张鹭：《新疆"智障奴工"原委》，《财经》2010 年第 26 期。

7. 张晓晖：《新疆智障劳工事件调查：17 年里形成完整输出链条》，《经济观察报》2010 年 12 月 20 日。

8. 李勇钢：《四川渠县残疾人自强队曾获县工商联高调评价》，《华商报》2010 年 12 月 21 日。

9. 杨江：《曾令全与他的智障人培训基地》，《新民周刊》2011 年第 2 期。

10. 杨江：《渠县官办"奴工基地"揭秘》，《新民周刊》2011 年第 2 期。

11. 白翔：《阳光下的罪恶》，《新民周刊》2011 年第 2 期。

12. 胡舒立：《人权保障的法治环境》，《财经》2007 年第 13 期。

13. 季卫东：《解放奴工之路》，财经网，2007 年 6 月 25 日。

14. 杨万国：《黑奴工背后智障人庇护之困》，《新京报》2011 年 1 月 12 日。

15. 袁凌：《渠县"救助基地"智障奴工调查》，《凤凰周刊》2011 年第 1 期。

16. 王贵松：《食品安全信息决定监管成败》，《中国改革》2011 年第 8 期。

（周望　编写）

责任编辑：洪　琼

图书在版编目（CIP）数据

公共危机管理典型案例·2010 / 肖晋 主编．–北京：人民出版社，2012.5
（中浦院书系·研究报告系列 / 冯俊主编）
ISBN 978–7–01–010840–7

I. ①公…　II. ①肖…　III. ①国家行政机关–紧急事件–公共管理–案例–中国–2010　IV. ① D63

中国版本图书馆 CIP 数据核字（2012）第 075859 号

公共危机管理典型案例·2010
GONGGONG WEIJI GUANLI DIANXING ANLI · 2010

肖　晋　主编

人民出版社 出版发行
（100706　北京朝阳门内大街 166 号）

北京凌奇印刷有限责任公司印刷　新华书店经销

2012 年 5 月第 1 版　2012 年 5 月北京第 1 次印刷
开本：710 毫米 ×1000 毫米 1/16　印张：31
字数：470 千字　印数：0,001–2,500 册

ISBN 978–7–01–010840–7　定价：69.00 元

邮购地址 100706　北京朝阳门内大街 166 号
人民东方图书销售中心　电话（010）65250042　65289539